YSGRIFAU BEIRNIADOL 34

YSGRIFAU BEIRNIADOL 34

Golygydd:
Angharad Price

Golygydd Ymgynghorol:
Gerwyn Wiliams

Gwasg Gee

Argraffiad cyntaf: Tachwedd 2016
ISBN: 978-1-904554-233

Cydnabyddir cefnogaeth ariannol
Cyngor Llyfrau Cymru

Cyhoeddwyd gan Wasg Gee (Cyhoeddwyr) Cyf.
gwasggee@gmail.com

CYNNWYS

Cyflwynir y gyfrol hon er cof am

Yr Athro Gwyn Thomas

un o gyn-olygyddion Ysgrifau Beirniadol

Wylwn yng ngŵydd ysgolor, – ddoe yn fardd,
  Yn fud mae ef rhagor;
 Gorweddai lle canai côr
 A'i athrylith ar elor.

T. Meirion Hughes

Rhiannon Marks: Darlithydd yn Ysgol y Gymraeg, Prifysgol Caerdydd. Mae ei phrif ddiddordebau ymchwil yn cynnwys llenyddiaeth gyfoes, astudiaethau rhywedd a theori lenyddol.

Heather Williams: Mae Heather Williams yn Gymrawd Ymchwil yng Nghanolfan Uwchefrydiau Cymreig a Cheltaidd Prifysgol Cymru. Mae wedi cyhoeddi'n eang ar gyfieithu a rhyngddiwylliannedd yn Llydaw, ac enillodd wobr M. Wynn Thomas yn 2015.

Manon Wynn Davies: Daw Manon Wynn Davies o Lanfairpwll yn wreiddiol, ond mae bellach yn byw yn Aberystwyth. Cwblhaodd ei doethuriaeth ar waith Iwan Llwyd yn 2016.

Llion Wigley: Enillodd ei ddoethuriaeth o Brifysgol Aberystwyth. Mae wedi cyhoeddi erthyglau yn *Y Traethodydd, Cylchgrawn Hanes Cymru, Y Faner Newydd* a *Llafur* ar agweddau amrywiol ar hanes Cymru yn yr ugeinfed ganrif.

Marion Löffler: Mae Marion Löffler yn Gymrawd Ymchwil Hŷn yng Nghanolfan Uwchefrydiau Cymreig a Cheltaidd Prifysgol Cymru, Aberystwyth.

Leila Salisbury: Magwyd yn Llangynog, Caerfyrddin. Graddiodd mewn Cymraeg a Cherddoriaeth ym Mhrifysgol Bangor, a chwblhau gradd MPhil ar 'Alawon Gwerin Iolo Morganwg'. Canolbwyntiodd ar weithgarwch cerddorol Mair Richards 'Darowen' ar gyfer ei doethuriaeth.

Manon Wyn Williams: Graddiodd yn y Gymraeg ym Mhrifysgol Bangor cyn cwblhau graddau MA a PhD yno dan nawdd y Coleg Cymraeg Cenedlaethol. Bu hefyd yn gweithio fel sgriptwraig, actores broffesiynol a thiwtor drama. Mae hi bellach yn ddarlithydd drama a sgriptio yn Ysgol y Gymraeg, Prifysgol Bangor.

Ieuan Parri: Magwyd yn ardal Llawrybetws, ac addysgwyd yn Ysgol Llawrybetws ac Ysgol Tytandomen, y Bala. Graddiodd mewn meddygaeth o Lerpwl a gweithiodd fel meddyg teulu am 30 mlynedd, cyn mynd ati i gwblhau gradd ymchwil ar waith D. Tecwyn Lloyd dan arweiniad yr Athro Gwyn Thomas.

Aled Llion Jones: Darlithydd yn Ysgol y Gymraeg, a Dirprwy Gyfarwyddwr Canolfan Ymchwil Astudiaethau Arthuraidd, ym Mhrifysgol Bangor. Ef yw awdur *Darogan: Prophecy, Lament and Absent Heroes in Medieval Welsh Literature* (Caerdydd: Gwasg Prifysgol Cymru, 2013).

ANGHARAD PRICE

GOLYGYDDOL

Fis Ionawr eleni fe lofnododd dros dri chant o awduron ac ysgolheigion Cymraeg lythyr at Mr Ken Skates, y Dirprwy Weinidog Diwylliant, yn gwrthwynebu penderfyniad Llywodraeth Cymru i wneud toriad disymwth o 10.6% yng nghyllideb flynyddol Cyngor Llyfrau Cymru. Llofnododd dau gant o awduron Saesneg Cymru lythyr tebyg, a hwythau hefyd yn mynegi pryder am effaith andwyol y toriadau ar awduron, cyhoeddwyr a darllenwyr yng Nghymru, a'r bygythiad i swyddi llawrydd yn y diwydiant llyfrau mewn ardaloedd lle roedd cyfloedd gwaith eisoes yn brin.

Roedd y toriad yn annerbyniol ac yn anghymesur, yn fwy na dwywaith yr hyn a arfaethwyd ar gyfer cyrff tebyg megis Cyngor Celfyddydau Cymru (a wynebai doriad o 4.7%). Ar 19 Ionawr 2016, y diwrnod y cyflwynwyd y llythyr i Mr Skates, aeth dirprwyaeth o awduron ac aelodau Cwlwm Cyhoeddwyr Cymru, yng nghwmni Elin Jones AC (Plaid Cymru), i gyfarfod â'r Dirprwy Weinidog ym Mae Caerdydd. Drannoeth, yn syfrdanol, cyhoeddodd Mr Skates yn siambr y Senedd na fyddai Llywodraeth Cymru, wedi'r cyfan, yn tocio cyllideb y Cyngor; yn wir, byddai'n parhau i gael ei ariannu i'r un lefel â'r flwyddyn flaenorol.

Tystiodd y bennod ryfeddol hon i ddau beth, o leiaf. Yn gyntaf, o safbwynt y brotest ei hun, fe ddatgelodd werthfawrogiad cymuned awduron, ysgolheigion a darllenwyr Cymru o waith y Cyngor Llyfrau, a'i lwyddiant yn cynnal diwylliant cyhoeddi hyfyw, deniadol ac amrywiol ar gyllideb eithriadol o dynn sydd wedi wynebu toriadau blynyddol er y flwyddyn 2011.

Yn ail, o safbwynt yr ymateb i'r brotest, fe ddangosodd y tro pedol ym mhenderfyniad y Llywodraeth mai byrbwyll fu'r toriad yn y lle cyntaf, ac mor rhwydd yw ildio'n feiopig i'r demtasiwn o ystyried y celfyddydau a'r dyniaethau (llenyddiaeth ac ysgolheictod yn yr achos hwn), yn dargedau 'meddal' y gellir ymosod arnyn nhw, pan fo'n adeg o wasgfa ariannol, heb beri gofid gwirioneddol i'r cyhoedd. Mae'n gyfeiliornad hawdd ac arwynebol: y gred mai moethusrwydd y gellir gwneud hebddo yw darllen neu lenyddiaeth pan fo'n hysbytai'n druenus o brin o adnoddau, pan fo ymhell dros filiwn o bobl Prydain wedi defnyddio banciau bwyd eleni, a phan fo tri o bob deg plentyn yng Nghymru, yn ôl Sefydliad Bevan, yn byw mewn tlodi. Ac mae'n gyfeiliornad sydd eisoes wedi cael effaith, a degau o filoedd o blant yn gadael ein hysgolion heb sgiliau darllen digonol, a'n llyfrgelloedd lleol yn cau wrth y dwsinau.

I'r gwrthwyneb: dan amgylchiadau o'r fath, mae'r angen am ddiwydiant llyfrau hyfyw, amrywiol ac egnïol yn bwysicach nag erioed. Nid sgiliau technegol yn unig mo ysgrifennu a darllen, ac nid dim ond addurn ar fywyd yw llenyddiaeth ac ysgolheictod. Mewn cyfnod pan fo meddyliau pobl, heb sôn am eu cyrff, yn cael eu gorthrymu gan hwyr-gyfalafiaeth fyd-eang, mae'r pethau hyn yn un modd inni fynegi a thrafod pwy ydym mewn ffordd agored a lluosog, gan herio a chwestiynu'r grymoedd sy'n ein rheoli, boed hynny'n ddifrif-ddwys neu'n chwareus, yn uniongyrchol neu'n ddychmygus. Maent yn fodd inni ganfod ac archwilio ein perthynas â'n cyd-ddyn ar draws ffiniau hil, rhyw, dosbarth a chrefydd, ac yn fodd inni ymegnïo'n wleidyddol yng ngoleuni ein profiadau cyffredin. Maent hefyd yn rhoi pleser synhwyrus, yn ogystal â chynhaliaeth ddiwylliannol, gan ein galluogi i ddal gafael ar orffennol (a phresennol) sydd mewn perygl o lithro i ebargofiant. I genedl fach, mae'r materion hyn yn fwy tyngedfennol byth, ac mae'r her a'r hyblygrwydd a roddir i iaith leiafrifol fel y Gymraeg wrth ymgodymu â'r pethau hynny yn allweddol.

Dangosodd hanes nad yw'r ystyriaethau hyn wrth fodd pob grym llywodraethol (sy'n awgrymu, efallai, fod mwy nag un rheswm pam mai'r rhain yw'r cyntaf i fynd pan fo pethau'n poethi). Ond mewn unrhyw ddemocratiaeth deilwng, mi ddylai pob un, waeth beth fo'u cefndir economaidd a chymdeithasol, fod â'r hawl i gael mynediad llawn at lyfrau, boed y rheiny'n argraffedig neu'n electronig, yn eu holl gyfoeth a'u posibiliadau. Mae'n wasanaeth iechyd o fath arall. Trwy fframwaith gofalgar a thryloyw cyrff megis y Cyngor Llyfrau, gellir cywiro peth ar yr ideoleg gynyddol ormesol mai dim ond rhai lleisiau mewn rhai ieithoedd sydd â'r hawl i gael eu clywed.

Fel mwyafrif y cyfrolau academaidd a gyhoeddir ar draws y byd, derbyniodd cyfrol gyntaf *Ysgrifau Beirniadol* nawdd adeg ei chyhoeddi ym 1965, dan olygyddiaeth eangfrydig ac ymroddedig J. E. Caerwyn Williams. Hanner cant ac un o flynyddoedd yn ddiweddarach, mae'r gyfres yn dal i fynd, diolch i'r un nawdd, i barodrwydd ein hysgolheigion i lunio ysgrifau yn y Gymraeg y mae 'eu cyfoeth a'u sylwedd yn dal o hyd yn rhyfeddod', yng ngeiriau Dafydd Ifans, ac wrth gwrs, i'r darllenwyr am ddangos yr angen am yr ysgrifau hynny.

Wrth gyflwyno *Ysgrifau Beirniadol 34* i ddwylo'r darllenwyr hynny, felly, diolchaf o'r newydd i'r cyfranwyr am eu gwaith disglair ac amrywiol, ffrwyth eu hymchwil a'u myfyrdod. Boddhad mawr i mi yw bod nifer o gyfranwyr y gyfrol hon yn cyhoeddi'n academaidd am y tro cyntaf, yn ogystal â'r ffaith fod eu deuparth yn ferched. Ers dechrau ein cyfnod yn gyd-olygyddion, mae Tudur Hallam a minnau, fel ein rhagflaenwyr, wedi gwneud ymdrech, nid yn unig i elwa ar brofiad a dysg ysgolheigion amlycaf Cymru, ond hefyd i roi llwyfan i leisiau newydd ym maes beirniadaeth, ysgolheictod a syniadaeth, nifer ohonynt wedi eu hyfforddi dan adain y Coleg Cymraeg Cenedlaethol. Ymdrechwyd hefyd i gyflwyno syniadau a damcaniaethau newydd yn y Gymraeg, cyflwyno darlleniadau ffres o rai o'n cerddi mwyaf canonaidd, yn ogystal â thrafod perthynas llenyddiaeth (a beirniadaeth) Gymraeg gyda diwylliannau a disgyblaethau eraill yn Ewrop a thu hwnt.

Felly hefyd y gyfrol hon, gydag ysgrifau Rhiannon Marks, Heather Williams, Marion Löffler ac Aled Llion Jones yn trafod perthynas llenyddiaeth Gymraeg gydag ieithoedd a diwylliannau eraill, ysgrif Llion Wigley'n bwrw golwg ar berthynas Freudiaeth a'r Gymraeg, tra bo ysgrif Leila Salisbury'n trafod Mair Richards, Darowen yng ngoleuni hanesyddiaeth ffeminyddol; ac yn ysgrifau Manon Wyn Williams, Manon Wynn Davies ac Ieuan Parri, fe'n hatgoffir o'r newydd am gyfraniadau allweddol rhai o lenorion pwysicaf y gorffennol agos. Yn olaf ond nid lleiaf, yn y cyfweliad gyda'r athro a'r awdur o Uganda, George Gumisiriza, ceir golwg ar Gymru trwy lygaid ffoadur gwleidyddol, a'i bwyslais arbennig ar rym adferol y dychymyg yn ein hymwneud â'n gilydd. Dyma sgwrs sydd, gobeithio, yn enghraifft bellach o'r modd y gall cyhoeddiad academaidd fel *Ysgrifau Beirniadol* gyfrannu at ddisgwrs gwleidyddol ehangach, a boed i lais cyfun Cymraeg-Ugandaidd y sgwrs hon fod yn un gwrthbwynt i hiliaeth gynyddol Prydain wedi canlyniad y refferendwm i adael yr Undeb Ewropeaidd, ac i hilgasedd grwpiau megis 'Resistance Wales', a'u gwrthwynebiad gwaradwyddus i geiswyr lloches yn ein gwlad.

Rhag bod â 'gormod o heyrns yn y tân', ys dywedir, hon yw'r gyfrol olaf y byddaf i'n ei golygu, ac fel y gwelir o'r clawr, mae Tudur Hallam eisoes wedi ildio'r awenau, ac yntau'n treulio blwyddyn ym Mhrifysgol

Houston, Tecsas, dan nawdd Ysgoloriaeth Fulbright, yn ymchwilio i wrthdaro diwylliannol mewn cymdeithasau dwyieithog. Dymunaf bob hwyl iddo ef a'i deulu ar eu hantur Americanaidd, gan ddiolch iddo am fod yn gyd-olygydd mor hynaws a hwyliog; diolch i Dafydd Meurig o Wasg Gee yntau, am yr holl gydweithio ers pedair blynedd, i'n Bwrdd Golygyddol, dan arweiniad yr Athro Gerwyn Wiliams, am eu cefnogaeth, ac i Huw Meirion Edwards am ei drylwyredd rhyfeddol wrth fynd trwy'r proflenni.

Cyflwynir y gyfrol hon er cof am un arall o gyn-olygyddion *Ysgrifau Beirniadol*, sef yr Athro Gwyn Thomas a fu farw yng ngwanwyn 2016. Bu ei gyfraniad fel llenor ac fel ysgolhaig yn anfesuradwy, ac mae'n anodd dygymod ag absenoldeb ei lais a'i chwerthin caredig. Wrth derfynu'r llith olygyddol hon, priodol yw nodi ei fod ef, yn anad neb, wedi ymgorffori'r ffaith nad gwrthwynebus i fywyd 'llawr gwlad' mo'r darganfod a'r dirnad, y barnu a'r hunanfarnu sydd ynghlwm wrth ysgolheictod, ond agweddau eraill arno. Yng ngwaith Gwyn, roedd yn rhan o ofal ehangach am gyd-ddyn ac am gymuned, ac o'r gobaith bod 'codi pontydd' bob amser yn bosibl.

Rhiannon Marks

IRMA ARIANNIN, CYMRU A'R 'WLAD LLE CYFERFYDD CYFANDIROEDD'[1]

A ninnau newydd brofi dathlu can mlynedd a hanner ers sefydlu'r Wladfa Gymreig ym Mhatagonia, mae'n gyfnod o ailedrych ar hanes yr ymfudo a fu o Gymru i'r Ariannin oddi ar y daith enwog honno ar y *Mimosa* yn 1865. Mae ailedrych ar hanes y Wladfa, wrth reswm, yn gofyn am ailddehongli, ailystyried a rhoi sylw i naratifau a fu naill ai ar goll neu ar yr ymylon. O safbwynt llenyddiaeth y Wladfa, diau mai Eluned Morgan (1870–1938) yw un o lenorion benywaidd enwocaf y Wladfa yma yng Nghymru, gyda *Dringo'r Andes* (1904) a *Gwymon y Môr* (1909) ymhlith ei thestunau adnabyddus. Ond un arall o ferched y paith sydd dan sylw yn yr erthygl hon ac un na roddwyd y sylw academaidd sy'n ddyledus iddi, sef Irma Hughes de Jones (1918–2003) neu 'Irma Ariannin', a rhoi iddi ei henw yng Ngorsedd Beirdd Ynys Prydain.

Petaech yn troi at gopi o *The Argentina Reader,*[2] go brin y clywech sôn amdani. Er i'r golygyddion honni iddynt gynnwys 'perspectives of those who spoke or speak from positions located outside the dominant perception',[3] ymddengys nad ydynt yn ystyried llenyddiaeth y Wladfa Gymreig yn rhan o'r naratif penodol hwnnw o hanes llenyddiaeth yr Ariannin. Yn yr un modd, prin fu'r sylw i waith Irma yng Nghymru. Cyfeiriwyd ati fel un sydd 'yn barddoni'n raenus iawn' gan Thomas Parry,[4] ac yn ôl R. M. Jones, gellir ei chyfrif gydag Eluned Morgan ac R. Bryn Williams ymhlith y rhai 'sydd wedi rhoi'r cyfraniad diriaethol mwyaf sylweddol a pharhaol nid yn unig i'n diwylliant Cymraeg, ond hefyd ar ran y Cymry a ymfudodd (cyn colli ei [*sic*] Cymreictod) i amrywiaeth diwylliant y byd'.[5] Serch hynny, ni cheir sôn am waith Irma mewn blodeugerddi safonol o lenyddiaeth Gymraeg a gyhoeddwyd yng Nghymru er iddi gael ei chydnabod fel 'y pennaf o lenorion a beirdd yn byw yn Y Wladfa'.[6] Irma oedd y ferch gyntaf i ennill Cadair Eisteddfod y Wladfa a hynny yn 1946,[7] ac aeth ati i'w hennill eto chwe gwaith[8] ynghyd â nifer o wobrau llenyddol mewn cystadlaethau i lenorion o'r Wladfa yn Eisteddfod Genedlaethol Cymru. Bydd yr erthygl hon, felly, yn mynd ar drywydd lleoli gwaith 'Irma Ariannin' ac yn ystyried swyddogaeth ei cherddi yng nghyd-destun creu naratif llenyddol gwladfaol.

Cynigia barddoniaeth Irma gyfle i archwilio'r modd y cyfleir mewn llenyddiaeth y profiad o berthyn i gymuned ddiaspora. Mae cyd-destun diasporaidd Cymru yn wahanol yn ei hanfod i brofiadau cymunedau diaspora a ddaethai'n wreiddiol o wledydd megis Iwerddon, dyweder, lle mae nifer yr ymudfwyr a adawsai'r wlad yn sylweddol uwch ac 'astudiaethau diaspora' yn faes helaeth.[9] Serch hynny, yn ôl Bill Jones, er bod 'graddfa'r ymfudo o Gymru wedi bod yn gymharol fach o'i chymharu â chenhedloedd eraill Ewrop [...], mae presenoldeb y Cymry dramor wedi bod yn sylweddol, ac mae'n ffenomen gymhleth ac amrywiol iawn'.[10]

Yn ôl Steven Vertovec, mewn cymunedau diaspora ceir perthynas deiran ('triadic relationship') rhwng y canlynol:

> (a) globally dispersed yet collectively self-identified ethnic groups,
>
> (b) the territorial states and contexts where such groups reside,
>
> (c) the homeland states and contexts whence they or their forebears came.[11]

Eir ati i yma i ddadansoddi agweddau ar yr hunaniaeth farddol a amlygir yng ngwaith Irma Hughes de Jones ac edrychir yn benodol ar y modd y portreedir y cysylltiadau teiran rhwng y gwladfawyr, eu tiriogaeth yn y Wladfa a Chymru'r 'famwlad'. Canolbwyntir yn bennaf ar y farddoniaeth a gyhoeddwyd yn *Edau Gyfrodedd*[12] – cyfrol sy'n rhychwantu pum degawd gyrfa lenyddol Irma ac na dderbyniodd fawr ddim sylw beirniadol, ac eithrio ambell adolygiad adeg ei chyhoeddi.[13]

Yn ei hadolygiad o *Edau Gyfrodedd*, rhybuddia Mari Ellis na ddylid collfarnu'r gyfrol bwysig hon: 'talwn ein gwrogaeth iddi – a pheidied y "beirniaid ifanc clyfar" â dilorni ei chynnyrch'.[14] Roedd y gyfrol, wrth gwrs, yn glanio yn 1989 i ganol cyfnod o ddechrau ymhél â theori lenyddol yng Nghymru yn sgil cynhadledd 'Deialog 88' y flwyddyn cynt,[15] a thybed na ragwelai'r adolygydd na fyddai gan y damcaniaethwyr llenyddol hyn fawr i'w ddweud am farddoniaeth gwraig fferm o ochrau'r Gaiman? Mewn gwirionedd, ofer fu pryder Mari Ellis gan mai prin fu'r drafodaeth mewn print ynghylch y gyfrol hon yng Nghymru. Mae'r diffyg ymateb, hyd yn oed ymhlith merched Cymru, yn destun syndod braidd, yn enwedig o ystyried gweithgarwch ffeminyddol yr ail don yng Nghymru'r 1980au a'r pwyslais ar gasglu 'barddoniaeth gan ferched a chanddynt fydolwg tra gwahanol i'r un a gyflwynwyd mewn barddoniaeth ar hyd yr oesoedd' mewn cyfrolau megis *O'r Iawn Ryw* yn 1991.[16]

Eir ati yma am y tro cyntaf felly i roi'r sylw beirniadol sy'n ddyledus i waith Irma Hughes de Jones, bardd a chanddi weledigaeth dra gwahanol i'r hyn a geid gan ei chymheiriaid yng Nghymru ar y pryd. Dadleuir bod i'r farddoniaeth swyddogaeth bwysig wrth gynnig mynegiant creadigol i'r newidiadau diwylliannol sylweddol a ddaeth i ran y Wladfa ym Mhatagonia yn ystod ail hanner yr ugeinfed ganrif a bod ei gwaith, felly, yn cynnig mewnwelediad gwerthfawr i'r profiad diaspora Cymreig a Chymraeg.

Hanes teulu Irma

Er na raid wrth hanes llinach Irma er mwyn darllen a dehongli ei gwaith, neilltuir gofod yma i drafod ei chysylltiad â Chymru, gan ei fod yn allweddol i ddeall arwyddocâd gwahanol agweddau ar ei hunaniaeth farddol. Ym Mhatagonia y bu Irma'n byw drwy gydol ei hoes, ond nid felly ei theulu.[17] Ymfudasai ei hen daid a'i hen nain ar ochr ei mam, William Williams a Mary Griffiths, ynghyd â'u merch hwy, Laura Williams, yn 1882 o Bren-teg, Sir Gaernarfon. Priododd Laura â Norwyad o'r enw Hans Ulson, a ganed merch iddynt hwy, Hannah Mary, yn yr Ariannin. Bu i Hannah Mary briodi â Ffrancwr o'r enw Benoit Durrouzett ond fe'i gadawyd yn weddw ifanc. Roedd tad Irma, sef Arthur Hughes, yn fab i'r nofelwraig amryddawn Gwyneth Vaughan (1852–1910),[18] ac fe ymfudodd ef o Gymru i Batagonia yn 1911 a hynny ar gyngor Eluned Morgan er mwyn gwella ei iechyd. Priododd Arthur â'r weddw, Hannah Mary, ac ymgartrefu ar fferm ei theulu, sef Erw Fair yn Nhreorcky, Dyffryn Camwy. Cawsant bedwar o blant: Irma a'i brawd, Camber, a'i dwy chwaer, Arel ac Oine. Roedd Irma, felly, yn perthyn i'r genhedlaeth gyntaf o ymfudwyr ar ochr ei thad, ac i'r ail genhedlaeth ar ochr ei mam.

Er na dderbyniodd Irma lawer o addysg ffurfiol, roedd yr aelwyd yn un ddiwylliedig a chymerai ei thad, Arthur, ran flaenllaw yn nigwyddiadau llenyddol yr ardal.[19] O edrych ar gofnod o gasgliad llyfrau Arthur Hughes ac Irma, gwelir bod ganddynt lyfrgell helaeth amlieithog ac amlddiwylliannol, a diau y byddai hyn wedi caniatáu i Irma ddarllen yn eang wrth feithrin ei chynneddf lenyddol.[20] Ar fferm Erw Fair y bu

Irma'n byw am ran helaeth o'i hoes, yn ffermio ac yn llenydda, tan iddi symud i'r Gaiman ar ddiwedd ei hoes i fyw gyda'i merch.

Irma y 'Bardd Gwlad'? Swyddogaeth gyhoeddus ei barddoniaeth

Ped aech am dro i fynwent y Gaiman, gwelech yno benillion ar feddau ac 'Irma' ar eu terfyn, ac mewn capeli yn yr ardal ceir cerddi o'i heiddo wedi eu fframio'n ddestlus ar waliau. Adlewyrcha hyn y swyddogaeth gymunedol bwysig sydd i'w gwaith a'r parch a roddir iddo gan bobl y Wladfa. Mewn ysgrif sy'n trafod swyddogaeth barddoniaeth Irma, cyfeiria Virgilio Zampini at bwysigrwydd dyfodiad y gwladfawyr Cymreig i Chubut yn y bedwaredd ganrif ar bymtheg:

> Gyda'u dyfodiad cyfoethogwyd â chaneuon diriogaeth nad oedd ganddi gynt ond enwau. Dyma'r traddodiad barddol y perthyn Irma iddo. Dros ganrif yn ddiweddarach deil y traddodiad hwn i wneud yn gyfarwydd yr hyn a fyddai'n parhau'n ddieithr oni bai amdano.[21]

Gwelir, felly, fod Irma, ar adeg cyhoeddi *Edau Gyfrodedd* yn 1989, yn cael ei chyfrif yn un a roddai ar gof brofiadau'r Wladfa Gymreig ac a gadwai'r ymwybyddiaeth ddiwylliannol ynghylch y diwylliant Cymraeg yn fyw.

Cyfansoddodd Irma nifer o sonedau a phenillion i bobl a digwyddiadau ei hardal, ac fel golygydd *Y Drafod,* papur newyddion y Wladfa, bu'n casglu, cysodi a chynnal un o brif gyfryngau mynegiant ei chymdeithas yn y rhan hon o'r byd am ymron i ddeugain mlynedd. Nodwedd amlwg ar ei gwaith yw nifer y cerddi coffa a'r cerddi cyfarch ar achlysuron a dathliadau arwyddocaol yn hanes y Wladfa, nodwedd sy'n dwyn i gof waith y sawl a alwyd yn 'fardd gwlad' yma yng Nghymru.

Wrth ddadansoddi'r diffiniadau sydd ar glawr yn y Gymraeg o'r 'bardd gwlad' ceir pwyslais cyson ar wladeiddiwch, adnabyddiaeth dda o ardal, ac ymgais i rannu ar fydr ac odl brofiad pobl a berthyn i'r ardal honno. Dywed Bobi Jones: 'rhaid i ni glymu'r bardd gwlad wrth y tir a'r bywyd amaethyddol',[22] ac yn ôl Dafydd Johnston, y mae'n fardd 'a fu fyw yn yr un ardal wledig ar hyd ei oes, ac a ganai gerddi mewn dulliau traddodiadol am bobl a phethau a adwaenai yn dda – bardd yn byw ac yn canu yng nghanol ei gymdeithas'.[23] Ac meddai T. H. Parry-Williams: 'efallai nad oes ganddo amser na hamdden; er bod dawn ganddo. Yn y wlad y deuid ac y deuir ar draws dynion fel hyn yng Nghymru; a dyna, am a wn i, paham y gelwir y beirdd hyn yn feirdd-gwlad'.[24] Dadleua Alan Llwyd yntau mai 'bardd y gymdeithas a'r gymdogaeth leol ydyw',[25] ond gwahaniaetha'n benodol rhwng y 'canu gwerin pur', chwedl yntau, a gwaith 'y beirdd gwlad cynganeddol'.[26] Er ei fod yn ffafrio'r canu caeth, dadleua Alan Llwyd mai 'un agwedd gynhenid hollbwysig ar ganu'r bardd gwlad [...] yw mai canu cymdeithasol ydyw. Bardd ei gymdeithas ydyw; i'w gymdeithas ac am ei gymdeithas y mae'n canu'.[27]

O ystyried y dyfyniadau uchod, diau y gellid ystyried Irma yn 'fardd gwlad' ar gyfrif ei magwraeth wledig, ei gweithgarwch amaethyddol a'i hymlyniad wrth fro ei magwraeth. Yn ei hatgofion plentyndod dywed mai 'o'r tu mewn i ffiniau y "filltir sgwâr" yn llythrennol [...] bron, y mae fy mywyd wedi ei dreulio ar ei hyd',[28] ac ar adeg ei marwolaeth dywedwyd fel hyn amdani: 'gwraig ei milltir sgwâr oedd hi a'r filltir sgwâr a anfarwolwyd yn ei gwaith'.[29] Serch hynny, o graffu'n fanylach ar y dyfyniadau uchod am y 'bardd gwlad', mae'r enghreifftiau a gynigir ganddynt yn gwbl wryw-ganolog ac yn Gymru-ganolog. Yn debyg i gerdd 'Yr Hen Fardd Gwlad' gan Ifan Jones,[30] sy'n sôn amdano fel 'un o hen gewri'r "awen wir" ', a'r arfer o drosglwyddo'r grefft o dad i fab ('llwyddaist fel dy dad'), disgwrs gwrywaidd ei naws a berthyn i'r trafodaethau uchod ar feirdd gwlad. Ni cheir awgrym fod modd cyfrif menyw yn eu plith, heb sôn am fenyw o dalaith Chubut!

Ai gyda'r garfan hon y dylid ystyried gwaith Irma felly? Wrth sôn am Dic yr Hendre, geilw Peredur Lynch ef yn 'fardd mawl, yn fardd yr ysgogwyd ei awen i raddau helaeth iawn gan ddefodaeth gyhoeddus'.[31] Ac efallai mai gwell fyddai aros gyda'r cysyniad hwn o gyfansoddi yn unol â 'defodaeth gyhoeddus'. Wrth drafod swyddogaeth gymdeithasol barddoniaeth yng Nghymru yn 1964 dywedodd Saunders Lewis: 'In the Welsh areas of Wales poetry still has a social function [...]. It is used to celebrate local festivals, such as deaths and marriages, hunt meetings and preaching meetings and eisteddfodau.'[32] Diau y gellid dweud peth tebyg am bwysigrwydd cymdeithasol barddoniaeth yn y Wladfa tua'r un cyfnod ar sail y gwaith a gyfansoddwyd gan Irma. Fel y dywedodd y bardd ei hun, 'sgrifennu i'r bobl' yr oedd a cheir yn *Edau Gyfrodedd* gerddi mawl i bobl a lleoedd ei hardal, ynghyd â digwyddiadau arwyddocaol.[33]

Gall rhai o'r cerddi dathliadol ar brydiau ymddangos yn ddigon sentimental eu natur, ond diau bod eu disgwrs dathliadol wrth fodd y bobl a wnâi gais amdanynt. Yn 'Ardal Treorci (Dyffryn Camwy)', er enghraifft, ceir disgrifiad sy'n delfrydu'r fro, a bron nad yw'n gweithredu fel anthem o fath iddi:

O ddwndwr y trefydd, ceir heddwch pan fynnir,
Mae'r dyddiau yn hirion a'r awel yn fwyn,
Mae popeth fel yma yn uno i lunio
Rhyw fangre nodedig sy'n orlawn o swyn.

[...]

Dyma ardal Treorci, hen ardal fy mebyd,
Dyma fy mhobl, un ohonynt wyf i;
Ble bynnag yr elwyf ar fordaith fy mywyd,
Ei henw bob amser fydd annwyl i mi.[34]

Yn ôl Hugh Bevan, un duedd ymhlith beirdd gwlad yw cydnabod 'dyled y gymdeithas i'w chynhalwyr a'i chymwynaswyr cyson – y gweinidog, yr hewlwr, y colier, y meddyg, y milwr, y nyrs, y plisman a'r pysgotwr; a chyfrwng y gwerthfawrogiad yw'r englyn'.[35] Yn achos Irma, ni cheir englynion fel y cyfryw, ond ceir ambell gerdd yn y mesurau rhyddion sy'n mynegi ei gwerthfawrogiad o ffigyrau o'r fath, megis ei soned 'Y Meddyg'.[36] Ynddi, dethlir cyfraniad yr 'hen ddoctor', sef Dr Mihangel ap Iwan a aeth i'r Wladfa i '[d]eyrnas yr haul a'r gwynt', a chlodforir y modd yr âi ym mhob tywydd i '[g]eisio lles y claf'. Ar un wedd, mae'n soned ddigon sentimental, ond mae'n cyflawni ei swyddogaeth yng nghyd-destun 'defodaeth gyhoeddus', chwedl Peredur Lynch.

Yn ôl Cathrin Williams, 'Galwyd Irma fwy nag unwaith yn rhyw fath o "fardd teulu", yn fardd cymdeithasol.'[37] Serch hynny, mae i labeli fel 'bardd teulu', ac yn wir 'y bardd gwlad', eu cyfyngiadau yng nghyd-destun barddoniaeth Irma. Awgryma mai perthyn yn ddiamheuol i gylch cyfyng o bobl neu i ardal wledig benodol y mae ei gwaith, ac mai o fewn y cylch hwnnw y mae ei arwyddocâd pennaf. Er i Irma ddweud unwaith am ei gwaith ei hun, 'Nid yw'r cynfas a feddaf chwaith yn llydan iawn, un o drigolion y "filltir sgwâr" ydwyf innau mewn gwirionedd, o raid neu o ddewis',[38] mae lle i amau ei gwyleidd-dra. Bid sicr, mae rhai o'i cherddi 'defodol' yn perthyn yn benodol i'w hardal, ond mae i'w gwaith fel casgliad arwyddocâd llawer ehangach yng nghyd-destun y Wladfa Gymreig ym Mhatagonia, gan ei bod yn cynnig llais i'r newidiadau a ddigwyddodd yno yn ystod yr ugeinfed ganrif. Yn wir, gellid honni bod i'w gwaith arwyddocâd llawer ehangach na ffiniau ei milltir sgwâr, a hynny'n rhannol am fod y ffiniau hynny a'r diddordeb ynddynt wedi troi'n ffenomen atyniadol i'r diwylliant Cymraeg yr ochr arall i Fôr Iwerydd.

Gellir olrhain y diddordeb hwn yn y Wladfa, a'r modd y crëwyd lle arbennig iddi yn y 'dychymyg Cymreig' yng Nghymru, yn ôl i'r cyfnod cyn dathlu ei chanmlwyddiant yn 1965. Dadleua Elvey MacDonald i'r rhaglenni radio am y Wladfa a gynhyrchwyd gan W. R. Owen o Fangor 'sbarduno a miniogi meddyliau arweinyddion o boptu'r Iwerydd i ofalu bod dathliadau'n cael eu cynnal yn y ddwy wlad'[39] i gofio'r canmlwyddiant. Ynghyd â hyn, awgrymir i R. Bryn Williams 'gadw'r Wladfa yn fyw ym meddyliau'r Cymry'[40] gyda chyfrolau megis *Y Wladfa* (1962) a ddarlunia agweddau ar yr hanes a'r diwylliant. Ar adeg y dathlu yn 1965, mae'n debyg i'r teithiau cyfnewid dderbyn cryn sylw yn y wasg:

> Gwnaeth y wasg Gymreig yn fawr o'r stori ac ymddangosai adroddiadau am y dathlu yng Nghymru a hynt y 'pererinion' yn Ariannin yn ddyddiol yn y papurau newydd Cymreig.[41]

O'r herwydd, tyfodd y rhamant ynghylch yr ymfudo gwreiddiol, ac fel y dangosodd Bill Jones, 'oddi ar yr 1960au yn enwedig, y mae hanes y Wladfa wedi ei chwyddo trwy chwedl a myth'.[42] Soniodd R. M. Jones yntau am y ffenomen Batagonaidd a'r dathlu yn 1965 yn nhermau ffars:

> Braidd yn afreal fu'r dathlu Patagonaidd yng Nghymru eleni. Bu llawer yn y'u [*sic*] twyllo eu hunain fod yr ymfudiad wedi bod yn llwyddiant, mai braf yw meddwl fod rhyw wlad egsotig y tu hwnt i'r gyhydedd lle pregethir yn Gymraeg, fod yna ryw fath o ddyfodol i Gymreictod dan gysgod yr Andes. [...] Chwyddwn y peth i ymddangos yn elfen arwyddocaol yn ein bywyd cenedlaethol.[43]

Hanner can mlynedd yn ddiweddarach, ar adeg dathlu'r canmlwyddiant a hanner yn 2015, roedd y 'wlad egsotig' hon yn dal i ddenu'r dychymyg yng Nghymru gyda'r wasg a'r cyfryngau cenedlaethol (yn Saesneg ac yn y Gymraeg) yn neilltuo wythnosau bwygilydd i ddangos rhaglenni hen a newydd a ymdriniai â bywyd Cymraeg y Wladfa. Denwyd Cymry yn eu cannoedd gan ymgyrch farchnata cwmnïau fel Teithiau Tango i ddilyn ôl traed yr ymfudwyr, a chefnogwyd y dathlu gan ymwelwyr a chanddynt broffil uchel ar lefel genedlaethol yma yng Nghymru, gan gynnwys y Prif Weinidog, Carwyn Jones, sefydliadau fel Cerddorfa Genedlaethol Cymru a'r pen-newyddiadurwr, Huw Edwards. I bob pwrpas, felly, parheid i chwyddo'r ymfudo fel 'elfen arwyddocaol yn ein bywyd cenedlaethol', chwedl Bobi Jones, ac o'r herwydd daeth enwau pentrefi digon diarffordd yn y Wladfa yn enwau cyffredin i glustiau yng Nghymru, a lleoedd fel 'Y Gaiman' a 'Threfelin' yn rhan o ymwybyddiaeth ddiwylliannol Cymry, er na fu'r rhan fwyaf ohonynt yno erioed.

Yn y cyd-destun trawsgenedlaethol hwn, lle dwyseir y cysylltiad rhwng cymunedau'r Wladfa a Chymru, gellid dadlau bod i waith Irma arwyddocâd llawer ehangach, felly, na pherthyn i ardal benodol yn unig. O'r herwydd, y mae'n problemateiddio'r cysyniad o 'fardd gwlad', a gwelir nad yw hwn yn label ystyrlon ar ei chyfer. Cynigia ei gwaith lais i'r newidiadau yn ei 'milltir sgwâr', a gweledigaeth ynghylch yr ardal honno, ond gan fod y 'filltir sgwâr' honno mor adnabyddus bellach yng Nghymru, mae i'w gwaith le arwyddocaol yng nghyd-destun y profiad ymfudo Cymreig a Chymraeg yn rhyngwladol. Gadewch inni edrych yn fanylach, felly, ar bwysigrwydd ei gwaith yn y cyd-destun hwnnw.

Yr ymfudo ac ymateb Irma iddo

Mae'r dyhead i ymateb yn llenyddol i'r broses ymfudo yn aml yn nodwedd ar waith awduron o ymfudwyr a berthyn i gymuned ddiaspora. Wrth drafod llenyddiaeth ymfudwyr o Wlad yr Iâ a symudodd i fyw yng Nghanada, dywed Daisy Neijmann: 'Immigrant fiction is importantly shaped by a documentary impulse, recording the settlement experience and how to survive it.'[44] Mae i'r broses ymfudo ei hun le canolog yng ngwaith Irma, ac yn hyn o beth rhydd Irma ddehongliad creadigol o hanes sefydlu'r Wladfa. Yn ei ysgrif, 'Cymry Patagonia', ystyria Saunders Lewis fod cyfrol R. Bryn Williams, *Cymry Patagonia*, yn perthyn i draddodiad yr 'epig', ac fe'i hystyria yn debyg i 'gerdd arwriaeth' gan ei bod yn mapio hanes yr ymfudo: 'Megis yr Aeneid y mae "Cymry Patagonia" yn epig genedlaethol'.[45] I raddau, gellid ystyried fod i waith Irma swyddogaeth debyg wrth iddi gyfrannu at greu naratif llenyddol gwladfaol. Serch hynny, llwydda i ymgadw rhag sentimentaliaeth wrth gynnig mynegiant creadigol i brofiad ac ymdrechion yr arloeswyr gwreiddiol.

Â Irma ati yn ei gwaith i gadw cof am rai o ddigwyddiadau arwyddocaol yr ymfudo megis 'Kel-y-Kein' pan laddwyd 'tri o feibion Gwalia lân' gan Indiaid. Llwyddodd y ceffyl, Malacara, i achub bywyd ei farchog, John D. Evans neu Baqueano fel y'i hadwaenid, trwy neidio dros glogwyn. Ar adeg cofio canmlwyddiant y digwyddiad yn 1984, canodd Irma fel hyn:

1884
Llwch a gwaed a chri yr Indiaid,
    Haul Ariannin megis tân
Dros y fangre lom lle cwympodd
    Tri o feibion Gwalia lân.
Ond un ingol naid arwrol
    Gan yr ebol nwyfus, chwim,
Achub wnaeth y dewr *Baqueano*
    Rhag ei ladd na'i glwyfo ddim.

1984
Wedi canrif, wele ninnau
    Yma heddiw i gofio'r loes,
Sicrhau y pery'r hanes
    Eto'n fyw o oes i oes.
Nid oes yn ein bron ddialedd,
    Ond mae'r boen yn dal o hyd
Am yr aberth dianghenraid
    Ruddodd lawr y newydd fyd.[46]

Er bod i'r pennill cyntaf naws stori arwrol, nid rhamantiaeth a geir yn yr ail bennill wrth sicrhau y 'pery'r hanes eto'n fyw' chwedl hithau, gan fod yma atgof am dywallt gwaed ac 'aberth dianghenraid'. Yn debyg i gerdd arwrol glasurol, eir ati yn y cerddi i ddarlunio a chofnodi agweddau anturus yr ymsefydlu, ond ceir cydymdeimlad ag ymdrech a dioddefaint yr ymfudwyr yn ogystal.

Ni fu Irma yn rhan uniongyrchol o'r ymfudo i Batagonia, ond nodwedd amlwg ar ei chanu yw'r chwilfrydedd ynghylch yr ymfudwyr gwreiddiol wrth iddi ddychmygu amodau gadael Cymru a chyrraedd yr Ariannin. Amlygir y gagendor rhwng y bardd ei hun a'r ymfudo wrth iddi archwilio'r profiad a cheisio ei ddeall. Yng nghaniad cyntaf pryddest 'Yr Etifeddiaeth', er enghraifft, ceisia amgyffred dyhead ei chyndeidiau i symud draw i'r wlad y cenfydd hithau ei hun ynddi:

Pa ryfedd hudoliaeth
a'u denodd hwy, fy hen deidiau,
i adael paradwys
am bellennig wlad?[47]

Yn yr un modd, yn ei phryddest 'Camwy', ceir pwyslais ar ddychmygu ymateb yr ymfudwyr i'r dirwedd y daethant ar ei thraws:

Ai dy ddyfroedd llwydion
a'th lwybr troellog, hamddenol
a'u swynodd hwy? [48]

Cyferchir afon Camwy, a defnyddir cysondeb y nodwedd ddaearyddol ffisegol fel modd o ganiatáu i'r bardd ddychmygu profiad y 'rhai a ddaeth / o bellter byd'. Cydnabyddir mai brwydr yn erbyn yr elfennau fu hi ym mlynyddoedd cynnar y Wladfa a chyfleir gerwinder yr amodau tymhestlog wrth sôn am 'wynt y môr, / gwyntoedd oerion y de'. Ac eto, nid yw'n rhamanteiddio'r hanes:

Yno nid oes myth
na hud a lledrith, na chwedlau,
dim ond daear lwyd
a chanrif o lafur.

Drwy gydol ei gwaith, mae'r cof am yr ymfudo yn esgor ar densiwn creadigol, a gwelir hyn gliriaf yn y soned 'Gŵyl y Glaniad', cerdd i ddathlu dyddiad y glanio gwreiddiol ym Mhorth Madryn (28 Gorffennaf):

Hen ŵyl wladfaol, gŵyl ein tadau ni,
　　Eu cyntaf ŵyl i'w chadw yn y wlad.
Gwlad a ddewiswyd ganddynt, hwnt i'r lli,
　　Gan adael cartre mebyd, mam a thad,
Mewn ymchwil am ryw burach, loywach nen,
　　Am 'ryddid', am gael 'cadw'n fyw' eu hiaith,
Heb weld erioed, mai draw yng Ngwalia wen
　　'Roedd achub Cymru, nid mewn dieithr baith.
Cofio am y glanio, am yr antur fawr,
　　Wnaent hwy bob tro, clodfori'r breuddwyd ffôl
A'u dug i'r anial. Heddiw ar bob awr,
　　Clod i'r arloeswyr, mor ddi-droi-yn-ôl,
A gorfoleddus gofio i ninnau mwy
Am eu hynfydrwydd gogoneddus hwy.[49]

Er bod y soned yn ymateb i ddathliad pwysig yn y Wladfa, ceir ynddi islais gwrthddathliadol. Ceir cyferbyniadau sy'n mynnu tynnu'n groes i'w gilydd: gadael cydnabod a 'chartre mebyd' a chyrraedd 'dieithr baith'; gadael 'Gwalia wen' a chyrraedd tiroedd 'anial'; yr 'antur fawr' a'r 'breuddwyd ffôl'. Dyma brawf o'r ddeuoliaeth agwedd a welir yng ngwaith y bardd tuag at yr ymfudo. Er dathlu'r ŵyl, ceir amheuaeth hefyd ynghylch bwriad yr ymfudwyr gwreiddiol, a hynny ar sail ieithyddol a gwleidyddol. Sylwer ar yr amheuaeth ynghylch gweledigaeth rhai o'r sylfaenwyr a'r dyfynodau'n dynodi eironi'r syniad o 'ryddid' a 'chadw'n fyw' yr iaith. Yn yr un modd, beirniedir oferedd y daith yng nghyd-destun dyfodol Cymru, ac awgrymir nad oedd yr ymfudwyr yn buddsoddi eu hymdrechion yn y lle cywir – 'yng Ngwalia wen / 'Roedd achub Cymru, nid mewn dieithr baith'. Crynhoir deuoliaeth agwedd y bardd at yr ymfudo yn yr ymadrodd paradocsaidd, 'ynfydrwydd gogoneddus', yn y llinell olaf.

Er bod gweledigaeth y bardd ynghylch yr ymfudo yn ddigon cadarnhaol mewn cerddi fel 'Y Sul Cyntaf (Trerawson 1965)'[50] ac 'Y Moliant (Capel Bethel, Gaiman, 1983)', lle datgenir, er enghraifft, 'nad ofer / na ffug y breuddwydio, / na'r frwydr a fu',[51] daw'n amlwg y sefydla'r bardd ei hun fel 'arall' i'r profiad ymfudo yn ei cherdd 'Y Dathlu (Capel Tabernacl, Trelew, 1965)',[52] a hynny'n benodol ar sail ei hunaniaeth fel menyw. Darlunnir yr olygfa yng nghapel Tabernacl ar adeg dathlu canmlwyddiant y glanio ym Madryn, ac awgrymir bod i'r gwasanaeth ddisgwrs gwrywaidd ei naws. Gellir ystyried y gerdd hon yn yr un wythïen â cherddi gan Menna Elfyn lle tynnir sylw at agweddau patriarchaidd o fewn sefydliadau megis y capel a'r brifysgol, e.e. 'Wnaiff y gwragedd aros ar ôl?' ac 'Anhysbys (An sy'n hysbys)'.[53] Yn achos 'Y Dathlu', ni cheir yr un tanbeidrwydd protestgar ag a geir yng ngherddi Menna, ond tynnir sylw'r darllenydd at y disgwrs gwrywaidd a berthyn i'r dathlu yn y capel wrth sôn am 'dadau a theidiau' a 'brawdgarwch', a'r modd y rhoddir pwyslais ar ganmol 'y gwŷr enwog'. Terfyna'r gerdd gyda disgrifiad o ddarllenydd yn y capel:

> Yntau'n troi'r dalennau
> cyn darllen o'r hen, hen Feibl
> a'i gloriau lledr
> y deyrnged i'r 'gwŷr enwog' ...
> ac i'r lleill.

Awgrymir yn gynnil yn y llinellau clo mai'r 'arall' yw'r merched yn y cyd-destun hwn, a bod sefydliad y capel, y Beibl, ac yn wir holl ddisgwrs dathlu'r ymfudo, yn batriarchaidd eu gogwydd. Gwelir, felly, fod agweddau ar hunaniaeth y bardd yn cyd-daro mewn ffordd ddadlennol yma, wrth iddi hi fel menyw ansefydlogi tiriogaethedd patriarchaidd y cofio sy'n mynnu ei darostwng yn ddi-lais.

Ceir cerddi gan Irma sy'n deyrnged i ferched a fu'n rhan o'r ymfudo, er enghraifft ei soned 'Eluned Morgan'.[54] Cyfeirir at Eluned mewn termau chwedlonol – 'megis Branwen gynt' – yn cyrraedd tir newydd 'o'r môr', ac yn blodeuo yn ei magwraeth ar lan afon Camwy 'cyn dyfod yn arloesydd gwâr'. Yn ail ran y soned, cyfeirir yn gynnil at ei gwaith llenyddol, *Dringo'r Andes*, a dyrchefir Eluned Morgan a'i hysbrydoliaeth yn y llinellau olaf:

> [...] Yma i oes a ddêl,
> Ei thegwch gawn mewn darlun ar y mur,
> A haul ei henaid, nerth ei hysbryd hi
> Sydd eto rhwng y muriau yma i ni.

Dethlir ymfudiad Eluned ynghyd â'i chyfraniad i fywyd a diwylliant y Wladfa, ond diau fod yma deyrnged hefyd ar ran bardd o fenyw i awdures a'i rhagflaenai, ac a gynigiai obaith a 'nerth' mewn diwylliant lle'r oedd prinder merched yn cyfansoddi.

Y gymuned ddiaspora Gymraeg a Chymru'r 'famwlad'

Wrth sôn am ei magwraeth yn yr Ariannin, dywed Irma mewn ysgrif: 'Mi gefais fy magu yn gwybod yn iawn pwy oeddwn, pwy oedd fy rhieni, fy nheidiau a'm neiniau a'u teidiau a'u neiniau hwythau.'[55] Gwelir yn y dyfyniad hwn bwysigrwydd hanes y teulu a gwybodaeth am achau i ddealltwriaeth y bardd o'i hunaniaeth bersonol. Amlygir hyn yn ei barddoniaeth oherwydd trwy gyfrwng ei pherthnasau y sefydlir cysylltiad Irma â Chymru, ac yn hyn o beth ceir cip ar y profiad o berthyn i gymuned ddiaspora Gymraeg.

Diffinia Robin Cohen gymunedau diaspora fel pobl sy'n byw gyda'i gilydd mewn un wlad, ond sy'n cydnabod eu cysylltiad â'r wlad y daethant hwy neu eu cyndeidiau ohoni: '[they] acknowledge that "the old country" – a notion often buried deep in language, religion, custom or folklore – always has some claim on their loyalty and emotions'.[56] Yn *Edau Gyfrodedd,* darlunnir perthynas cymuned Gymraeg ddiaspora â'r 'hen wlad', chwedl Cohen, trwy gyfrwng portread y bardd o'i hymwneud â'i pherthnasau, yn enwedig ei thad a'i nain.

Yn y soned deyrnged 'Fy Nhad',[57] ceir cip ar yr aelwyd wledig, ddiwylliedig, ddarllengar a chrefyddol y maged Irma arni wrth iddi restru'r gweithgareddau a rannent gyda'i gilydd:

Fy nysgu i beidio â barnu, i geisio'r gwir,
I garu'r fferm a'i gwaith, y sêr a'r glaw;
Yng nghwmni'r bardd o Bersia, rhodio'n hir
A Llyfr y llyfrau gennym fyth wrth law.

Sefydlir delwedd o'r tad fel arweinydd, addysgwr a chyfaill i'r bardd trwy gydol y soned, cyn i'r cwpled clo daflu gwedd drist dros yr hyn a fu: 'Rôl colli 'nghyfaill pennaf yn y glyn / Rhyw olau gwan ddaw o'r atgofion hyn.' Yr hyn sy'n ddifyr o safbwynt hunaniaeth y bardd yw'r modd y'i cyflwynwyd i amryw o ddiwylliannau llenyddol, gan gynnwys yr hen fyd Clasurol, gwaith Omar Khayyâm ('y bardd o Bersia'), ynghyd â diwylliant Cymru. Trwy gyfrwng naratifau llenyddol, felly, y caiff y bardd gyfle i sefydlu ei chysylltiad cyntaf â Chymru'r famwlad: 'Y Mabinogion hefyd imi roed / Mewn serch anniffodd at ei Walia Wen'.

Ceir yr un pwyslais ar ddysgu gan eraill am Gymru trwy chwedlau yn 'Gweu' wrth gyflwyno delwedd ddomestig o 'Neini' (sef Mary Williams, ei hen nain ar ochr ei mam a ymfudasai o Bren-teg, Eifionydd yn 1882), yn gweu sanau ac adrodd straeon am ei phlentyndod:

Siaradai'n hir
Am ddyddiau fu
Ac am ei Chymru draw.[58]

Sylwer eto ar y rhagenw blaen – '*ei* Chymru draw' – sy'n dwyn i gof yr ymadrodd '*ei* Walia Wen' a gafwyd yn y gerdd uchod i'w thad. Ceir awgrym cryf nad yw'r bardd yn perchenogi'r wlad drosti ei hun, ond yn hytrach caiff ei phriodoli fel rhywbeth a berthyn i'w hynafiaid. Awgrymir bod straeon ei nain yn cynnig cip i'r bardd ar Gymru, ac yn fodd i bontio'r pellter rhwng y ddwy wlad:

Ni wyddai hi
Ei bod fel hyn
(Ni wyddwn innau chwaith)
Yn gweu 'run pryd
Ryw gwlwm tynn
Rhwng Cymru bell a'r paith.

Gwelir unwaith eto y pwyslais ar nyddu stori am Gymru, a daw'n eglur mai trwy gyfrwng naratifau llenyddol a naratifau chwedlonol aelodau o'i theulu y sefydlir cysylltiad y bardd â Chymru. Adnabyddiaeth ddirprwyol ydyw i bob pwrpas.

Yn ôl John McLeod, mae profi gwlad arall yn ddirprwyol trwy gyfrwng hanesion perthnasau hŷn yn gyffredin i ddisgynyddion i ymfudwyr sy'n byw mewn cymunedau diaspora:

> Their sense of identity and subjectivity borne from living in a diaspora community can be influenced by the 'past migration history' of their parents and grandparents that makes them forge emotional, cultural and imaginative bonds with more than one nation. The emotional and affective link these people might have to a distant location can be powerful and strong – perhaps more so than that of migrants, in some instances – even if they have never lived or indeed visited the place in question.[59]

Yn achos Irma, er na fu hi'n byw yng Nghymru erioed, sefydlir cysylltiad cryf â'r wlad, neu 'gwlwm tynn', chwedl hithau, o ganlyniad i'r 'past migration history' y cyfeiria McLeod ato. Ymddengys fod yr adnabyddiaeth ddirprwyol hon o ddysgu am yr 'henwlad' trwy law hynafiaid yn brofiad cyffredin ymhlith gwladfawyr. Gweler sylwadau Valmai Jones yn ei hunangofiant, er enghraifft:

> Dysgais garu Ariannin yn gyntaf a charu Cymru wedyn, a hynny o bellter maith. Clywais amdani gan fy rhieni ac eraill yn y Wladfa a oedd yn sôn amdani yn wastadol, mewn llenyddiaeth, englyn, cân ac emyn, a phob un ohonynt yn ddieithriad yn dyheu am gael dod am dro i'r Hen Wlad ryw ddydd – ond methu a wnaeth y mwyafrif.[60]

Awgrymir yn gryf, felly, y sefydlid Cymru fel cyrchfan ddelfrydol i genhedlaeth o wladfawyr (a oedd yn ddisgynyddion i ymfudwyr a ddaethai o Gymru), er na fuont erioed yno eu hunain, a hynny yn sgil naratifau a drosglwyddwyd iddynt gan eu rhieni a'r rhwydwaith diwylliannol Cymraeg a fodolai yn y Wladfa ar y pryd.

Yn ôl Appadurai a Breckenridge ceir tensiynau cymhleth wrth i ymfudwyr a disgynyddion sy'n perthyn i gymuned ddiaspora edrych yn ôl tua'r 'famwlad':

> complex transnational flows of media images and messages perhaps create the greatest disjunctures for diasporic populations, [...] the politics of desire and imagination are always in contest with the politics of heritage and nostalgia.[61]

Er mai cyfeirio'n benodol at ddatblygiadau technolegol yr oes sydd ohoni y maent, diau fod modd ystyried bod y naratifau y deuai'r gwladfawyr Cymraeg ar eu traws – yr emynau, a'r llenyddiaeth, a'r straeon a drosglwyddwyd gan genedlaethau blaenorol – yn rhwym o esgor ar ddynameg ddiddorol rhwng y dychymyg, traddodiad a *nostalgia*. Yn achos barddoniaeth Irma, gwelir bod ei hymwneud â'i theulu a'r diwylliant Cymraeg yn y Wladfa yn caniatáu iddi greu cysylltiadau cryf â Chymru yn ei dychymyg, cyn iddi erioed ymweld â'r wlad.[62] Gwelir y ffenomen hon ar waith yn ei soned 'I Gymru':

Yn fy mreuddwydion, ganwaith crwydrais i
　　Dy fryniau a'th ddyffrynnoedd, 'mlaen ac ôl,
Clywais dy glychau'n canu dan y lli,
　　Cesglais dy flodau gwylltion hyd y ddôl,
Gwrandewais gân y fronfraith yn y coed,
　　Nodau y gwcw a glywais oddi draw,
Teimlais ddaear Cwm Rhondda dan fy nhroed,
　　Gwelais Eryri yn y niwl a'r glaw:
Yna daw'r deffro; minnau, holi a wnaf
　　Ai hud y pellter a'th wna di mor dlws
Fel pan hiraethwn aeaf am yr haf,
　　Neu weled gardd drwy wydrau lliw y drws?
Pan ddelo'r dydd i ysgwyd llaw â thi
'Rwy'n erfyn, Gymru fach, na'm sioma i![63]

Gwelir bod adleisiau o alawon, cerddi a chwedlau Cymru wedi ymffurfio'n glytwaith o dirlun delfrydol (ac ystrydebol i raddau) yn nychymyg y bardd, a hwnnw'n dirlun gwahanol i wastadedd Dyffryn Camwy. O ran ei harddull a'i thôn hiraethus, bron nad yw'r soned yn perthyn i ganu rhamantaidd Ceiriog a thymer delynegol diwedd y bedwaredd ganrif ar bymtheg[64] – y math o farddoniaeth a oedd mewn bri pan adawsai teulu Irma Gymru. Mae'r rhamantu hwn wrth ddychmygu troedio daear Cymru yn enghraifft o'r duedd y cyfeiriodd Cohen ati mewn cymunedau diaspora, sef y modd y dyrchefir y lle y daeth yr hynafiaid yn wreiddiol ohono: 'the myths of a common origin are territorialized, while highly romantic fantasies of the "old country" are fabulated and avowed.'[65] Ac eto, er bod yn y soned 'highly romantic fantasy', chwedl Cohen, nid rhamant lwyr a geir, yn enwedig ar ôl y trobwynt yn llinell naw. Gweithreda'r llinellau olaf, felly, fel sylwebaeth ar ganu rhamantaidd wrth iddi gwestiynu ac amau sail y rhamantu hwn: 'Ai hud y pellter a'th wna di mor dlws / [...] Neu weled gardd drwy wydrau lliw y drws?'

Mae'n werth ymhelaethu ar y pwyslais a roddir ar freuddwydio yn y soned hon, fel y gwelir hefyd ym mhryddest Irma, 'Ynys y Trysor'. Honna John McLeod fod breuddwydio am y famwlad yn fotîff sy'n codi ei ben yn gyson yng nghyd-destun llenyddiaeth ddiaspora a bod i'r broses fudo 'far reaching, irreversible *imaginative* consequences'.[66] Cyfeiria'n benodol at ymfudwyr o India yn byw yn Nhrinidad yn creu mamwlad ddelfrydol yn eu dychymyg: 'they constructed a different, imaginary India which is *discontinuous* with the real location.'[67] Yn achos barddoniaeth Irma, caniatâ'r breuddwyd i'r bardd drosgynnu'r bwlch daearyddol rhwng Cymru a Phatagonia a chrëir gofod yn y dychymyg lle caiff brofi ei Chymru ei hun. Serch hynny, mae'n ymwybodol o gyfyngiadau'r breuddwyd ac mae'r soned ei hun yn fynegiant o'r pryder ynghylch 'deffro' a chymharu tirlun ei dychymyg â'r Gymru ddaearyddol 'go-iawn': 'Rwy'n erfyn, Gymru fach, na'm sioma i!' Yn ôl Appadurai a Breckenridge, 'diasporas always leave a trail of collective memory about another place and time and create new maps of desire and attachment'.[68] Saif cerdd Irma, felly, yn symbol o'r bwlch o ran gofod ac amser sydd rhwng y bardd a'r 'henwlad' y daethai ei theulu ohoni, ac o ymgais y bardd i'w trosgynnu trwy fapio ei Chymru ei hun yn ei dychymyg.

Yn y bryddest 'Ynys y Trysor',[69] gwelir yr un pwyslais ar freuddwydio am fod 'o dan wybren Gwlad y Gân' yn y caniad cyntaf:

O'r ysgol, o'r capel, o'm cartref bach,
Ehedai fy meddwl o hyd
I Ynys y Trysor, rhwng cwrel cain,
Yr ochr arall i'r byd.[70]

Yn yr achos hwn, ceir sawl llais i'r bryddest sy'n caniatáu i'r bardd gynnig gweledigaeth bolyffonig sy'n cyfleu cymhlethdod y dyhead i ddychwelyd i'r 'famwlad'. Law yn llaw â'r breuddwyd, cyflwynir y dadrithiad wrth i lais yr oedolyn yn yr ail ganiad edrych yn ôl ar ieuenctid a dyheadau'r caniad cyntaf, a synhwyro efallai mai ofer fu'r breuddwydio: 'Ai gwag holl ddyheadau fy ieuanc fron / Fel breuddwydion nos pan gilia ein hun?' Dwyseir y dadrithiad yn y caniad olaf ond un, wrth iddi ddod i'r sylweddoliad a ganlyn:

Ar fy aelwyd dawel, teimlaf
Bellach mai myfi fu'n ffôl:
Wedi'r hen ddymuniad ofer
Am ryw ddieithr drysor pell,
Mi a gefais heb ei geisio
Yn fy nwylo'r golud gwell.

A hithau'n gyfnod yr Ail Ryfel Byd sylweddolir bod byw mewn heddwch ar yr aelwyd ym Mhatagonia yn rheitiach 'trysor' na dyheu am fod yng Nghymru ar yr adeg benodol hon: 'Yn y pellter rhua'r stormydd, / Clywaf sŵn taranau draw, / [...] / Ond ni chyrraedd y tymhestloedd / Byth i darfu'r hafan glyd.'

Gwelir, felly, fod cerddi Irma yn mynd i'r afael â chymhlethdod y profiad o berthyn i gymuned ddiaspora Gymraeg, a bod sylwadau Appadurai a Breckenridge ynghylch cydberthynas 'nostalgia', y dychymyg a threftadaeth mewn cymunedau diaspora yn berthnasol i'r farddoniaeth wrth i'r tair elfen hyn gyd-daro yn ddiddiwedd.

Teyrngarwch deuol Irma Ariannin

Cyfeiria Lowie a Swedenburg at y berthynas ddeuol a brofa rhai a berthyn i gymuned ddiaspora: 'the doubled relationship or dual loyalty [...] to the space they currently occupy and their continuing involvement with "back home".'[71] Daw'r teyrngarwch deuol hwn i'r amlwg yng ngherdd Irma, 'Yr Etifeddiaeth', lle y sylweddola'r bardd mai perthyn i dir yr Ariannin y mae, er cydnabod nad dyna'r lle y gorwedd ei gwreiddiau:

> Dyma fy ngwlad.
> Rhan o'i daear ydwyf
> a'm gwreiddiau dros fôr Iwerydd
> yn Ewrob bell.[72]

Wrth drafod hunaniaethau sifig ac ethnig yn y Wladfa, awgryma Ian Johnson fod agweddau cyferbyniol ar hunaniaeth yn cydfodoli hyd yn oed ar lefel yr unigolyn ymhlith siaradwyr Cymraeg:

> [...] the majority of residents in the region hold sometimes competing and sometimes complementary group memberships. Much of the Welsh community describe themselves as both Argentinian and Welsh, and do not find these conflicting labels, Welsh being considered an ethnic identity and being Argentine as a civic identity.[73]

Yng ngwaith Irma, cynigir cip dadlennol ar hunaniaeth bardd sy'n byw yn yr Ariannin ond a benderfynodd yn fwriadol gyfansoddi mewn iaith a siaredid gan leiafrif yn y wlad honno, er y gallasai fod wedi profi llawer mwy o amlygrwydd petai wedi cyfansoddi rhagor yn y Sbaeneg. 'I mi, all hi ddim bod fel arall,' meddai wrth sôn am ei hymdrech i farddoni yn y Gymraeg a hynny am ei bod am 'sgrifennu i'r *bobl* er eu gwybodaeth a'u diddanwch'.[74]

Gwelir mor bwysig oedd yr iaith Gymraeg fel cyfrwng mynegiant i ddiwylliant yn y Wladfa yn y dyfyniad canlynol o eiddo Paul Birt:

> Yn y Wladfa, roedd sefydlu'r eisteddfod leol a 'thaleithiol' yn gam pwysig yn yr ymdrech i warchod hunaniaeth ddiwylliannol y Dyffryn a'r Cwm o fewn muriau caer a gynrychiolai syniad y Cymry am yr iaith fel prif gyfrwng eu parhad a'u cyraeddiadau artistig mwyaf aruchel.[75]

Bu Irma a'i theulu yn chwarae rhan flaenllaw yn yr eisteddfodau, ac nid oes syndod, felly, fod cyfrwng ei barddoniaeth ei hun yn ymgais ganddi i warchod yr iaith a chadw'r diwylliant Cymraeg yn fyw yn y rhan hon o'r byd. Ymestyniad o'r gweithgarwch diwylliannol hwn oedd ei hymwneud dygn â phapur newydd *Y Drafod*, ac ar adeg dathlu canmlwyddiant y papur newydd cyntaf yn y Wladfa, *Y Brut*, yn 1968, mynegodd Irma ei gweledigaeth fel hyn:

> Se nos ha preguntado alguna vez qué es lo que nos hace persistir con tanto afán en una tarea que parecería, en cierto modo, hasta carente de sentido puesto que el castellano constituye hoy el idioma de nuestro diario vivir. A lo cual tengo que contestar que habiendo sido criada en un hogar donde existía un amor casi rayano en el fanatismo hacia la Argentina y todo lo argentino, donde se nos presentaba de continuo como ejemplo a los próceres argentinos y como guía a la Constitución Nacional, sin excluir por ello en ningún momento a las tradiciones galesas y la herencia cultural traída desde Gales a estas tierras, me he hecho el deber de procurar mantener vivo a toda costa a todo lo cual es adaptable al sentir argentino a fin de enriquecer a nuestra patria con este aporte celta.[76]
>
> *(We have been asked what makes us persist with so much effort with a task that may look somehow pointless, as Spanish is our daily language nowadays. I have to answer that I have been brought up in a home where we loved Argentina and Argentine traditions almost fanatically, and where the national heroes and the National Constitution were set as examples. Nevertheless, the Welsh traditions and the cultural heritage brought from Wales were never excluded, and I have taken it onto myself to try to keep alive everything that may be adapted to the Argentinean being in order to enrich our homeland with our Celtic contribution.)*[77]

Gwelir felly mor bwysig oedd cadw'r traddodiadau Cymraeg a Chymreig yn fyw, a hynny yng nghyd-destun y bywyd Archentaidd. Er bod ei henw barddol yn cyfleu ei bod yn perthyn i dir yr Ariannin ac felly'n cynrychioli ei hunaniaeth sifig o bosibl, gwelir bod diwylliant yr Ariannin a diwylliant y Gymraeg yn cyd-daro mewn ffordd ddadlennol i ffurfio ei hunaniaeth ethnig.

Newidiadau cymdeithasol y Wladfa

Gwelir y ddwy agwedd hyn ar ei hunaniaeth Archentaidd-Gymreig a'r modd y maent yn rhyngweithio mewn ffyrdd amrywiol yn y cerddi sy'n ymateb i broblemau'r Wladfa yn ystod y cyfnod ar ôl yr Ail Ryfel Byd. Yn ôl Paul Birt, mae cyfraniadau barddol Irma a Morris ap Hughes fel ei gilydd yn 'allweddol i'n dealltwriaeth o gyfeiriad barddoniaeth yn dilyn y rhyfel ac yn ystod y blynyddoedd mwyaf tywyll i ddiwylliant Cymraeg y Dyffryn, cyn cyfnod y dathlu a'r aileni ym 1965'.[78]

Er y cynigia *Edau Gyfrodedd* sylwebaeth ar y newidiadau a ddaeth i ran Dyffryn Camwy yn ystod yr ugeinfed ganrif, mae'n drawiadol na cheir unrhyw gyfeiriadau at wleidyddiaeth yr Ariannin yn ei gwaith, er i'r wladwriaeth fynd trwy gyfnodau digon cythryblus yn ystod bywyd Irma. Er ei bod yn crybwyll rhai digwyddiadau arwyddocaol yn hanes y wladwriaeth mewn gohebiaeth bersonol â Valmai Jones, mae fel petai'n sôn wrth basio amdanynt yn hytrach na'u trafod yn fanwl. Ni cheir sôn o gwbl am unbenaethau *junta,* gwleidyddiaeth gamweithredol ac ansicrwydd economaidd yn ei gwaith llenyddol, ac y mae eu habsenoldeb yn ddadlennol ac eto'n gwbl ddealladwy ar ryw wedd. Yn rhyfedd ddigon, dywed Thomas Parry i dad Irma yntau osgoi trafod gwleidyddiaeth yn ei ysgrifau cyhoeddus:

> Ni fyddai byth yn crybwyll helyntion politicaidd yr Ariannin, er bod digon ohonynt, na chyflwr cymdeithasol neu economaidd y Wladfa, ar ôl y sylwadau yn y blynyddoedd cynnar. Ond yr oedd ganddo lawer i'w ddweud wrth ddynion gwir enwog y byd ac wrth y pethau mwyaf mewn gwareiddiad.[79]

Mae'r bylchau yng ngwaith Irma hithau yn drawiadol – er na raid, wrth reswm, i fardd drafod pob agwedd ar ei bywyd mewn llenyddiaeth. Wedi dweud hynny, â ati yn ei gwaith i gydnabod agweddau ar fywyd y Wladfa nas trafodir yn agored bob amser yng Nghymru. Wrth sôn am y modd y darlunnir Patagonia yng Nghymru cyfeiria Ian Johnson at y 'Welsh gaze' a'r modd y rhamanteiddir delweddau o'r Wladfa:

> [...] media presentation here in Wales focuses almost exclusively on these images and the supposed exoticism

> of the gaucho, moving without irony from stereotypes of the Welsh with chapels, choirs and cake to stereotypes of tough, weather-beaten men on the paith.[80]

Yng ngwaith Irma, er hynny, eir ati i drafod yn agored y dirywiad o safbwynt yr iaith a'r diwylliant Cymraeg yn y Wladfa, ynghyd ag edwino'r traddodiad capelyddol hwnnw a ramanteiddir gymaint yn y cyfryngau Cymreig.

Yn y bryddest '1886 – Trelew – 1986', er enghraifft, trafodir y newidiadau mawr a ddaeth i'r dref yn ystod y ganrif ers ei sefydlu, ac mae'r ddeialog fach yn un o'r caniadau yn ddadlennol o safbwynt agweddau at yr iaith Gymraeg a hunaniaeth:

> 'Cymry? Ia, yntê.
> Wel, 'chydig iawn sy' yma bellach.
> Dim ond rhyw ambell i un, yma ac acw.'
>
> 'Ond eu plant?... Eu disgynyddion?...'
>
> 'Y rheini?... Archentwyr brwd.'
>
> 'Cymraeg?... '
>
> 'Efallai bod, rhyw ychydig bach,
> Dim gwerth sôn amdano.'[81]

Darlun o newid diwylliannol a geir yma wrth i ddisgynyddion yr ymfudwyr gwreiddiol ymagweddu fel Archentwyr o ran eu hunaniaeth, a law yn llaw â hynny awgrymir nad yw'r Gymraeg yn cael ei throsglwyddo i'r genhedlaeth nesaf ac felly bod yr agwedd honno ar yr hunaniaeth ethnig yn gwanhau. Wedi dweud hynny, trewir nodyn gobeithiol erbyn diwedd y bryddest, ac er gwaetha'r awgrym 'bod yr haul yn machlud / yn ei ysblander olaf' clywir neges obeithiol y 'tu draw i'r cefnfor [...] fel clychau arian drwy firi'r dathlu – 'MAEN NHW YMA O HYD'.[82]

Yn y bryddest i afon Camwy y cyfeiriwyd ati uchod, ceir yr un pwyslais ar newid diwylliannol yn y caniad olaf, 'Y Dyffryn Teg', pan awgrymir bod trigolion newydd yn y Dyffryn, bellach, a bod treftadaeth y fro yn prysur gael ei hanghofio:

Ar lannau Camwy nid adroddir mwy,
gan rai a'i gwybu trwy brofiad,
hanes y dyddiau gynt ...

Ni chofir bellach
am aberth, am wyrth yr arloesi,
ond ar ddyddiau gŵyl.

[...]

Bugeiliaid newydd, neu neb o gwbl,
sydd ar dy feysydd,
gwacter lle bu llawnder,
distawrwydd lle bu cân.[83]

Wrth gyferbynnu'r presennol a'r gorffennol, a chyfosod yr hyn sy'n bresennol a'r hyn sy'n absennol, awgrymir nad yw'r cof diwylliannol yn parhau a darlun digon llwm a geir o ddyfodol y Wladfa. Mae'r cyfeiriad at 'fugeiliaid newydd' yn dwyn i gof 'Aros Mae' Ceiriog, ond synhwyrir tinc digon eironig i'r llinell 'distawrwydd lle bu cân' uchod o gofio mai 'ond mae'r heniaith yn y tir / a'r alawon hen yn fyw' sy'n cloi cerdd Ceiriog. Er gwaetha'r anobaith yng ngherdd Irma, gorffennir unwaith eto ar nodyn sydd yn fwy cadarnhaol wrth awgrymu bod rhai yn dal i gynnal y cysylltiad diwylliannol â Chymru:

Ond erys eto ryw 'ddau neu dri'
sy'n para'n ffyddlon
i'r rheini gynt
a'th alwodd Camwy

[...]

iddynt hwy,
daw eco'r gân i gadw'n fyw ryw atgof [...]

O safbwynt darlunio'r dirywiad crefyddol, ceir awgrym ohono yn y soned 'Capel y Tabernacl', wrth i'r bardd edrych yn ôl ar draddodiadau'r gorffennol – 'Bu yma rai a fynnent dŷ i Dduw' – ac edmygir yr ymdrech a aeth i sefydlu'r capel:

Wrth olau'r lloer, cludo'r priddfeini trwm
Wnâi'r meibion glew, yn anterth dydd eu hoen,
A dyfal weithio, er eu bywyd llwm,
Heb ildio'n rhwydd i flinder byth na phoen.[84]

Diau mai yn 'Y Capel Unig' y gwelir dirywiad y traddodiad capelyddol ar ei gliriaf wrth i'r bardd bortreadu capel 'unig a llwm' – 'Pob ffenestr ynghudd dan ddirgel / Gaeadau pren'. Ceir darlun digon digalon o'r capel mewn tir anial – 'Rhwng tyfiant dilewyrch y paith' – a hwnnw'n dir diffrwyth yn llythrennol, yn ogystal â bod yn drosiad o'r dirywiad crefyddol yn y man hwn. Ni cheir sentimentaliaeth chwaith ar ran y bardd, eithr y pennill clo cynnil hwn:

Edrychais yn ôl arno eto,
Mor unig ei lun,
A synnais mor bell y daw'r Arglwydd
I gwrdd â dyn.[85]

Mae'r adeilad ffisegol yn dal i sefyll, ac awgrymir bod yr Arglwydd yn ysbrydol yn dal yno, ond na ddaw neb i gwrdd ag ef. Awgrymir, felly, fod y gynulleidfa wedi mynd – sefyllfa sy'n gyfarwydd iawn yng Nghymru'r dyddiau hyn wrth i'r niferoedd sy'n mynychu'r capeli anghydffurfiol a'r eglwysi leihau. Gwelir nad canu'r 'filltir sgwâr' yw'r hyn a geir yn *Edau Gyfrodedd,* mewn gwirionedd, eithr ymdriniaeth â materion sy'n estyn ar draws ffiniau gwlad benodol.

Gwelir yr agwedd drawsgenedlaethol ar ganu Irma yn ogystal wrth iddi ymdrin â goblygiadau'r broses drefoli, a'r symud o'r ardaloedd gwledig i ddinasoedd. Yn ei hysgrif 'Y Wladfa Heddiw',[86] trafoda'r newid a ddaeth i'r byd amaethyddol yn y Wladfa, ac mae ei cherdd, 'Yr Hen Gartref',[87] yn rhannu gweledigaeth debyg o ran dirywiad y gymdeithas amaethyddol. Cyflwynir atgofion bore oes un a faged yn y wlad:

Cyrchu'r gwartheg tua'r gorlan
Ar foreau cynnes, braf:
Serch a gofal rhieni tirion
Gadwai draw bob awel groes,
Teimlwn innau yn fy nghalon
Hyder disglair gwanwyn oes.

Erbyn y pennill clo, er hynny, mae byd natur, fel y ffordd hon o fyw, yn prysur edwino: 'Cangau gwyw sydd dros y deildy, / Llwydrew bywyd ar fy mhen'.

Yn yr un modd yn 'Cofio', â Irma ati i gofio am 'y pethau anghofiedig', chwedl Waldo yn ei gerdd yntau o'r un enw. Cyferbynna'r gorffennol â'r presennol er mwyn darlunio'r modd y mae'r boblogaeth wedi newid mewn ardal wledig:

> Mae cartrefi gweigion
> a chartrefi hanner gwag
> a'r bywyd yn llifo, llifo ohonynt
> i ffrwd y bywyd trefol
> a'i anniwall wanc.[88]

Mewn oes lle ceir ymboeni am 'y Bom, / a'r Llwch, / a'r Cysgod sy'n ymledu hyd gyrrau y ddaear', cyferbynna'r bardd y presennol â chyfnod ei hieuenctid pan mai'r prif fygythiad i fywyd y Dyffryn oedd gorlifo'r afon a phan ddeuai pawb ynghyd i'w amddiffyn: 'bu brwydro heb ildio / gan fyddin y tir.' Yn wyneb yr holl newidiadau a ddaeth i fywyd y Dyffryn, cenfydd Irma gysur yn ei hatgofion, ac mae'r cof am y bywyd cymunedol hwn yn fodd o wynebu heriau'r presennol:

> A llanwaf fy enaid
> o hud y gorffennol,
> tra cyfaredd cofio
> am ddyddiau a fu,
> a chyfaredd gobaith
> am a ddaw
> yn gloywi'r gwyll
> sy'n disgyn yn araf
> wedi machlud haul.

Er gwaetha'r anobaith yngylch y newidiadau sydd o'i chwmpas, mae'r 'gobaith' y cyfeiria ato uchod yn codi o dro i dro yng ngwaith Irma.[89] Gwelir hyn amlycaf yn ei soned, 'Gwanwyn 1993',[90] sy'n sôn am weld adfywiad diwylliannol yn ei bro yn ystod y cyfnod hwn: 'Dyffryn Camwy fel yn deffro'n araf, / Mewn nerth adfywiol wedi'r gorffwys hir.' Fe'i disgrifiodd ei hun unwaith 'yn optimist hyd at fod yn anghyfrifol weithiau', sy'n taflu tipyn o oleuni ar natur gymharol gadarnhaol ei gwaith yn wyneb y dirywiad.[91]

Cysyniad o bellter yn newid

Heb amheuaeth, gwelodd y degawdau diwethaf newid aruthrol yn rhwydweithiau pobl a'r modd y gellir teithio'n hwylus i bedwar ban y byd, ac mae datblygiadau technolegol wedi trawsnewid cysylltiadau rhwng cymunedau, yn enwedig cymunedau diaspora a'u mamwlad. Yn y cyd-destun symudol trawsgenedlaethol hwn, mae'n anochel y codir cwestiynau newydd am natur 'hunaniaeth' a goblygiadau ffiniau, fel y trafododd Steven Vertovec:

> Transnationalism describes a condition in which, despite great distances and notwithstanding the presence of international borders (and all the laws, regulations and national narratives they represent), certain kinds of relationships have been globally intensified and now take place paradoxically in a planet-spanning yet common – however virtual – arena of activity.[92]

Dyna'n wir a ddethlir yn y bryddest 'Yr Etifeddiaeth' sy'n trafod etifeddiaeth neu *legacy* y Wladfa fel y gwelai Irma hi:

> Eryrod cyfeillgar
> a'u cluda'n ddianaf
> mewn undydd unnos
> dros foroedd a thiroedd.
> Nid oes mwy ond oriau hirion
> yn gwahanu Ewrob a'r Amerig.
>
> Tua'r ddelfryd fythol ieuanc
> o sylweddoli breuddwydion
> yr ymdeithiant.
> A'r pren godidog
> a'i wreiddiau yn yr hen fyd
> yn blodeuo, ffrwytho'n ddirwystr
> yn hedd a haul
> gwlad lle cyferfydd cyfandiroedd.[93]

Soniwyd uchod am ddyhead Irma i weld Cymru (yn ei soned 'I Gymru'), ond yn y bryddest hon darlunnir y newid a fu yn y cysyniad o bellter rhwng y ddwy wlad. Lle'r arferai 'Cymru bell' fod yn wlad a gyrhaeddid ar ôl mordaith hir, bellach 'undydd unnos' sy'n gwahanu'r bardd a'i 'mamwlad'. Dathlu amlddiwylliannedd a wneir yma wrth i'r cysylltiadau rhwng y cymunedau diaspora yn yr Ariannin a'u mamwledydd yn Ewrop gael eu hwyluso yn sgil yr 'eryrod cyfeillgar' – yr awyrennau sy'n gwneud teithio pell yn haws. Fel y pwysleisir uchod, mae modd mynd a dod yn rhwydd a gwireddu breuddwydion ac edrych y tu hwnt i ffiniau gwlad. Yn wir, siarad yn nhermau cyfandiroedd y mae Irma yn y gerdd hon a'r Ariannin fel 'gwlad lle cyferfydd cyfandiroedd'. Dyma ganu sydd o ran ei hunaniaeth, felly, yn drawsgenedlaethol.

CASGLIAD

Yn *Edau Gyfrodedd* adroddir am yr argraff a adawyd ar fachgen ifanc o weld Irma yn cael ei chadeirio yn Eisteddfod y Wladfa yn y 1940au: 'Gweld y ferch mor dlws ac mor eiddil o dan y cleddyf mawr, trwm oedd yn cael ei ddangos wrth ei phen gan ddau ŵr tal, cryf.'[94] Yn yr atgof hwn ceir symbolaeth arwyddocaol: y ferch 'eiddil' yr olwg yn ennill o fewn y traddodiad gwrywaidd, ac awgrym cryf fod enillydd o'r fath yn annisgwyl gan gynulleidfa'r cyfnod. Ni ellir gorbwysleisio pwysigrwydd cyfraniad Irma i hanes barddoniaeth gan fenywod, ac ni ellir peidio ag edmygu hanes annisgwyl un a gyfunai fywyd y fferm, golygu *Y Drafod* a barddoni. Fe'i disgrifir ar adeg arall yn 'mynd adref, ar ôl ennill y Gadair mewn Eisteddfod yn y cwrdd pnawn, i fwydo a rhoi dŵr i fuwch oedd wedi brifo ar ôl cael ei llo bach, a 'nôl â hi at y cwrdd nos i fwynhau'r ŵyl'.[95]

Dichon y dadleuai rhai fod sentimentaliaeth remp mewn cerddi fel 'Yr Hen Lwybrau' lle ceir penillion mydr ac odl sy'n trafod plentyndod ac yn dathlu 'ieuenctid îr [...] / a gwynfyd / Yn haul ei ffurfafen glir'.[96] Ac eto, nid ein gwahodd i 'wrando yn hapus hiraethus / Glych atgof am ddyddiau a fu',[97] chwedl hithau, a wna ei gwaith yn ei gyfanrwydd, ond ymateb yn greadigol i ffordd o fyw a oedd yn prysur newid ac esblygu yn ieithyddol ac yn ddiwylliannol. Yn Irma, cafodd y Wladfa ladmerydd nad ofnai chwalu'r rhamant. Rhydd lais i faterion pwysig yng nghyd-destun hanes y Wladfa – yn enwedig yn ystod y blynyddoedd tywyll cyn yr adfywio ieithyddol a welwyd yn ystod y degawdau diwethaf – a thâl i bobl yng Nghymru a'r Wladfa gofio am ei gwaith rhag ymgolli'n llwyr yn rhamant yr ymfudo a throi'r Wladfa yn 'Disneyland y dosbarth canol Cymraeg'.[98]

Mae i'w gwaith bwysigrwydd o safbwynt ein dealltwriaeth o farddoniaeth merched, o brofiad yr ymfudo Cymreig, ac o safbwynt hunaniaeth y sawl a berthyn i gymuned ddiaspora. Dyma awdures a ysbrydolwyd gan dir a phobl y wlad y maged hi ynddi ynghyd â mamwlad ei theulu, ac a aeth ati yn ei gwaith i archwilio'r cysylltiadau rhyngddynt. Er bod ymrwymiad amlwg i'w hardal leol a'i 'milltir sgwâr' yn y farddoniaeth, mae i'r gwaith arwyddocâd ehangach o lawer gan fod i'w 'lleol' hi oblygiadau trawsgenedlaethol. Wrth edrych felly ar y gydberthynas deiran, chwedl Vertovec,[99] rhwng Irma a'r Wladfa a Chymru, ceir golwg ddadlennol ar oblygiadau creadigol ymfudo i'r dychymyg diasporaidd Cymraeg.

Un o'r rhai olaf o'i bath?

Ar daith i'r Ariannin yn ddiweddar ysbrydolwyd Mererid Hopwood i ysgrifennu am ddwyieithrwydd hyderus rhai o'r genhedlaeth iau yn y Wladfa, ar ôl clywed bardd ifanc, Sara Green, yn darllen ei gwaith yn Sbaeneg. Cyfeirir at weledigaeth Sara ar gyfer ei bro:

> Os rhan o lais yr hen wlad
> ydyw hi, mae'r dyhead
> newydd sbon yn gerdd Sbaeneg
> [...]
> A dyma'i hud: gweld ymhell
> tua'r llun hwnt i'r llinell,
> y llun cymun sy'n cymell
> gweld â dwy iaith ei gwlad well.[100]

Ceir awgrym yn y gerdd uchod bod dwyieithrwydd yn prysur ennill ei blwyf a chyfrwng mynegiant creadigol ar gyfer y genhedlaeth iau yn prysur droi i'r Sbaeneg. Gwnaeth Irma Ariannin benderfyniad ymwybodol i ymroi i gyfansoddi'n bennaf yn y Gymraeg, ond tybed a fydd hi ymhlith yr olaf i wneud hynny, ac na welwn ei thebyg eto yn y Wladfa Gymreig ym Mhatagonia?

1 Man cychwyn yr ymdriniaeth hon oedd cyflwyno Darlith yr Ŵyl yng Ngŵyl Farddoniaeth Tŷ Newydd, yn Nhachwedd 2014. Diolch i Lenyddiaeth Cymru am y gwahoddiad caredig i'w thraddodi ac i gynllun Prifysgolion Santander am nawdd i ymgymryd â thaith ymchwil i Batagonia yn ystod haf 2013. Diolch hefyd i'r Athro E. Wyn James, yr Athro Diarmait Mac Giolla Chríost, Dr Walter Brooks a Dr Iwan Wyn Rees am eu sylwadau gwerthfawr, ac i deulu Irma am eu croeso a'u parodrwydd i'm cynorthwyo gyda'r ymchwil.

2 Gabriella Nouzeilles a Graciela Montaldo (goln), *The Argentina Reader* (London: Duke University Press, 2002).

3 Nouzeilles a Montaldo (goln), *The Argentina Reader*, 7.

4 Thomas Parry, 'Arthur Hughes 1878–1965', *Taliesin*, 38 (Gorffennaf 1979), 10.

5 R. M. Jones, 'Ffars Patagonia', *Barn*, 37 (Tachwedd 1965), 5.

6 'Irma'r Wladfa / Irma'r Drafod', *Yr Enfys* (Haf 2003), 30.

7 Nid yw Cadair Eisteddfod y Wladfa wedi ei chyfyngu i gerddi cynganeddol, fel yn achos Eisteddfod Genedlaethol Cymru, ac nid yn y mesurau caeth y cyfansoddai Irma. Sylwer, er hynny, na welwyd bardd o ferch yn ennill y prif gystadlaethau barddoniaeth yn Eisteddfod Genedlaethol Cymru tan i Dilys Cadwaladr ennill y Goron yn 1953 ac i Mererid Hopwood ennill y Gadair yn 2001.

8 Enillodd Gadair Eisteddfod y Wladfa yn 1946, 1949, 1970, 1971, 1977, 1983 ac 1987.

9 Gweler, er enghraifft, Charles Fanning (gol.), *New Perspectives on the Irish Diaspora* (Carbondale and Edwardsville: Southern Illinois University Press, 2000).

10 Bill Jones, 'Cymru, Patagonia ac Ymfudo', yn E. Wyn James a Bill Jones (goln), *Michael D. Jones a'i Wladfa Gymreig* (Llanrwst: Gwasg Carreg Gwalch, 2009), 15.

11 Gweler Steven Vertovec, 'Conceiving and Researching Transnationalism', *Ethnic and Racial Studies*, 22:2 (1999), 4.

12 Cathrin Williams (gol.), *Edau Gyfrodedd: Detholiad o Waith Irma Hughes de Jones* (Dinbych: Gwasg Gee, 1989) – casgliad o waith llenyddol Irma Hughes de Jones sy'n cynnwys cerddi ynghyd â darnau o ryddiaith yr awdur, yn ogystal ag atgofion amdani gan deulu a chydnabod. Dyma'r unig gasgliad cyhoeddedig o'i gwaith ond ceir rhai cerddi anghyhoeddedig yn LlGC Facsimile 404: 'Gwaith Irma Hughes de Jones'.

13 Rhiain Phillips, 'Y Cyd Blethu', *Y Faner* (23.3.90), 15; Mari Ellis, 'Edau Gyfrodedd', *Llais Llyfrau* (Gwanwyn 1990), 14.

14 Ellis, 'Edau Gyfrodedd', *Llais Llyfrau* (Gwanwyn 1990), 14.

15 Am adroddiad ar 'Ddeialog 88' gweler Gerwyn Wiliams, 'Sbecian ar Dir Newydd', *Barn*, 302 (Mawrth 1988), 6.

16 Menna Elfyn (gol.), *O'r Iawn Ryw* (Abertawe: Gwasg John Penry, 1991).

17 Gweler rhagymadrodd cynhwysfawr Cathrin Williams i *Edau Gyfrodedd*, 11–12, am ragor o fanylion.

18 Am hanes bywyd a gwaith Annie Harriet Hughes, neu Gwyneth Vaughan fel y daeth i gael ei hadnabod, gweler Rosanne Reeves, *Dwy Gymraes, Dwy Gymru* (Caerdydd: Gwasg Prifysgol Cymru, 2014).

19 Cyfrannai Arthur Hughes erthyglau a cherddi yn rheolaidd i bapur newydd *Y Drafod* ynghyd â phapurau wythnosol *Y Gwerinwr* a'r *Gwiliedydd*. Mae Thomas Parry yn ei alw'n 'ysgolhaig a llenor' ac yn ei gyffelybu i bolymath o oes y Dadeni, *Taliesin*, 38 (Gorffennaf 1970), 10, 7. Cyn gadael Cymru, golygodd ddau gasgliad o gerddi, *Cywyddau Cymru* (1908) a *Gemau'r Gogynfeirdd* (1910). Ymddengys iddo ymgeisio am swydd Darlithydd yn y Gymraeg yng Ngholeg Caerdydd yn 1906 ond W. J. Gruffydd a benodwyd.

20 Catalog ar slipiau o gynnwys llyfrgell Arthur Hughes ac Irma Hughes de Jones yn Llyfrgell Genedlaethol Cymru (LlGC ex 1304). Cofnodwyd gan Phillip Henry yn 1981–2.
21 Virgilio Zampini yn ei ysgrif, 'Ffrind a Llenor', yn *Edau Gyfrodedd*, 130.
22 Bobi Jones, 'Y Bardd Gwlad – Dic Jones', *Llenyddiaeth Gymraeg* 1936–1972 (Llandybïe: Christopher Davies, 1975), 76.
23 Dafydd Johnston, 'Alun Cilie', yn Robert Rhys (gol.), *Y Patrwm Amryliw* – cyfrol 1 (Cyhoeddiadau Barddas, 1997), 147.
24 T. H. Parry-Williams, Rhagymadrodd i *Caniadau Isgarn* (Aberystwyth: Llyfrgell Genedlaethol Cymru, 1949), xii.
25 Alan Llwyd, *Barddoniaeth y Chwedegau* (Cyhoeddiadau Barddas, 1986), 405.
26 Llwyd, *Barddoniaeth y Chwedegau*, 406.
27 Llwyd, *Barddoniaeth y Chwedegau*, 415.
28 Irma Hughes de Jones, 'Fy Mhlentyndod', yn Guto Roberts a Marian Elias Roberts (goln), *Byw ym Mhatagonia* (Caernarfon: Gwasg Gwynedd dros Gymdeithas Cymry Ariannin, 1993), 9.
29 'Irma'r Wladfa / Irma'r Drafod', *Yr Enfys* (Haf 2003), 30.
30 Dyfynnir ym mhennod Alan Llwyd, 'Y Beirdd Gwlad', yn *Barddoniaeth y Chwedegau*, 399.
31 Peredur Lynch, 'Dic yr Hendre, Y Bardd Llawryfol a Saunders', yn Tudur Hallam ac Angharad Price (goln), *Ysgrifau Beirniadol XXXI* (Gwasg Gee, 2012), 119.
32 Saunders Lewis, 'A Member of our Older Breed', *Western Mail* (5 Rhagfyr 1964), 'Literary Review', 4. Atgynhyrchwyd yr adolygiad yn atodiad i erthygl Peredur Lynch, 'Dic yr Hendre, Y Bardd Llawryfol a Saunders', 148–151.
33 Ceir nifer o gerddi sy'n cofio cyfnodau arwyddocaol yn hanes y Wladfa yn *Edau Gyfrodedd*. Gweler, er enghraifft, 'Y Dathlu (Capel Tabernacl Trelew, 1965)' (t.55), a '1904 – Capel Bethesda – 1984' (t.61), lle y dethlir pedwar ugain o flynyddoedd ers sefydlu'r capel hwnnw. Yn ei harchif, ceir dwsinau o gerddi anghyhoeddedig yn dystiolaeth fod Irma yn cyfansoddi'n gyson ar adeg penblwyddi ac ar achlysuron arbennig yn hanes teuluoedd y Wladfa.
34 Irma Hughes de Jones, *Edau Gyfrodedd*, 48.
35 Hugh Bevan, 'Barddoniaeth y Siroedd', *Taliesin*, 3, (Dim dyddiad) 117.
36 Irma Hughes de Jones, *Edau Gyfrodedd*, 66.
37 Cathrin Williams, 'Rhagymadrodd', *Edau Gyfrodedd*, 26.
38 Dyfynnir yn Cathrin Williams (gol.), *Edau Gyfrodedd*, 22.
39 Elvey MacDonald, 'Trai a ... gobaith: hanner canrif yn hanes y Gymraeg ym Mhatagonia 1955–2005', *Y Traethodydd* (Gorffennaf 2006), 139.
40 Ibid.
41 R. Bryn Williams, *Gwladfa Patagonia*, ail argraffiad (Llanrwst: Gwasg Carreg Gwalch, 2015), 66.
42 Bill Jones, 'Cymru, Patagonia ac Ymfudo', 14.
43 Jones, 'Ffars Patagonia', 5.
44 Daisy Neijmann, 'Icelandic Canadian Literature', yn Daisy Neijmann (gol.), *A History of Icelandic Literature* (Lincoln & London: University of Nebraska Press, 2006), 627.
45 Saunders Lewis, *Ysgrifau Dydd Mercher* (Y Clwb Llyfrau Cymreig, 1945), 93.
46 *Edau Gyfrodedd*, 51.
47 'Yr Etifeddiaeth', *Edau Gyfrodedd*, 39.
48 'Camwy', *Edau Gyfrodedd*, 43.

49 'Gŵyl y Glaniad', *Edau Gyfrodedd*, 52.

50 'Y Sul Cyntaf', *Edau Gyfrodedd*, 54. Mae'n ddigon posibl mai 1865 yw'r dyddiad a ddylai fod mewn cromfachau yn is-deitl i'r gerdd gan ei bod yn cyfeirio at y Sul cyntaf yn y Dyffryn wedi i griw y *Mimosa* gyrraedd yno.

51 'Y Moliant', *Edau Gyfrodedd*, 56.

52 'Y Dathlu', *Edau Gyfrodedd*, 55.

53 Gweler Menna Elfyn, *Merch Perygl* (Llandysul: Gwasg Gomer, 2011), 18–19.

54 *Edau Gyfrodedd*, 66.

55 Irma Hughes de Jones, 'Fy Mhlentyndod', 15.

56 Robin Cohen, *Global Diasporas: An Introduction* (London: UCL Press, 1997), ix.

57 *Edau Gyfrodedd*, 72.

58 'Gweu', *Edau Gyfrodedd*, 73.

59 John McLeod, *Beginning Postcolonialism* (Manchester: Manchester University Press, 2010), 237–8.

60 Valmai Jones, 'Rhagair', *Atgofion am y Wladfa* (Llandysul: Gwasg Gomer, 1985), vii.

61 Arjun Appadurai & Carol Breckenridge, 'On Moving Targets', *Public Culture*, 2 (1989), i.

62 Ni ddaeth Irma i Gymru tan 1969. Y flwyddyn honno, casglwyd arian yn y Wladfa er mwyn ei hanfon i Gymru er mwyn cynrychioli'r Wladfa yn yr Arwisgo yng Nghaernarfon a chael ei hurddo yn aelod o Orsedd Beirdd Ynys Prydain. Ceir lluniau gan Geoff Charles ar wefan Llyfrgell Genedlaethol Cymru: https://viewer.library.wales/1559160#?c=0&m=0&s=0&cv=43&z=-0.4262%2C0%2C1.4733%2C1.5183 [Cyrchwyd 12/1/16].

63 *Edau Gyfrodedd*, 75. Cyhoeddwyd y gerdd hon yn rhifyn cyntaf y papur Gwladfaol *Yr Eisteddfodwr*, 16 Tachwedd 1946. Ceir cerdd ddilyniant ac iddi'r un teitl 'I Gymru', a ysgrifennwyd gan Irma wedi iddi fod yng Nghymru, ond nid oes iddi'r un ffresni celfydd â'r gerdd gyntaf. Dibynna'n drwm ar ddelweddaeth y gerdd gyntaf ac o'r herwydd ymddengys yn ddarn eildwym. Ni chyhoeddwyd yr ail gerdd yn *Edau Gyfrodedd* ond gellir ei gweld yn LlGC Facsimile 404: 'Gwaith Irma Hughes de Jones'.

64 Gweler, er enghraifft, drafodaeth Huw Meirion Edwards ar 'The Lyric Poets', yn Hywel Teifi Edwards (gol.) *A Guide to Welsh Literature c.1800–1900* (Cardiff: University of Wales Press, 2000), 116–125.

65 Cohen, *Global Diasporas: An Introduction*, 185.

66 McLeod, *Beginning Postcolonialism*, 241.

67 Ibid.

68 Appadurai & Breckenridge, 'On Moving Targets', i.

69 *Edau Gyfrodedd*, 35–8. Hon a enillodd iddi Gadair Eisteddfod y Wladfa yn 1946.

70 *Edau Gyfrodedd*, 36.

71 Smadar Lowie & Ted Swedenburg (goln), *Displacement, Diaspora and Geographies of Identity* (Durham: Duke University Press, 1996), 14.

72 'Yr Etifeddiaeth', *Edau Gyfrodedd*, 39.

73 Ian Johnson, 'How Green is their Valley? Subjective vitality of Welsh language and culture in the Chubut Province, Argentina', *International Journal of the Sociology of Language* (January 2009), Issue 195, 145.

74 Dyfynnir yn 'Rhagymadrodd' Cathrin Williams i *Edau Gyfrodedd*, 18.

75 Paul W. Birt, 'Breuddwydio'r Paith: Llenyddiaeth y Wladfa 1880–1945', yn Gerwyn Wiliams (gol.), *Ysgrifau Beirniadol XXVIII* (Gwasg Gee, 2009), 51.

76 Gweler Irma Hughes de Jones, 'Crónica de la celebración del centenario del periódico Y Brut', *Cuadernos Históricos del Chubut II*, (Rawson, 1968). Dyfynnir yn nhraethawd PhD Walter Ariel Brooks, 'Welsh Print Culture in y Wladfa: The Role of Ethnic Newspapers in Welsh Patagonia, 1868–1933', Prifysgol Caerdydd, 2012, 238.
77 Cyfieithiad Walter Ariel Brooks yn 'Welsh Print Culture in y Wladfa', 238–9.
78 Birt, 'Breuddwydio'r Paith', 55–6.
79 Parry, 'Arthur Hughes 1878–1965', 19.
80 Ian Johnson, 'No Welsh Shangri-La', 12 Mehefin 2015, ar wefan 'Click on Wales': http://www.clickonwales.org/2015/06/patagonia-no-welsh-shangri-la/ [Cyrchwyd 13/6/15].
81 *Edau Gyfrodedd*, 59.
82 *Edau Gyfrodedd*, 59.
83 *Edau Gyfrodedd*, 46.
84 *Edau Gyfrodedd*, 62.
85 *Edau Gyfrodedd*, 60.
86 Irma Hughes de Jones, 'Y Wladfa Heddiw', yn Cathrin Williams (gol.), *Agor y Ffenestri: Cyfrol o Lenyddiaeth y Wladfa er y Flwyddyn 1975* (Caernarfon: Cymdeithas Cymru-Ariannin, 2001), 119–28.
87 *Edau Gyfrodedd*, 67.
88 *Edau Gyfrodedd*, 71.
89 Gweler ei soned 'Gobaith', *Edau Gyfrodedd*, 74. Ynddi sonnir am '[d]disgwyl am yfory gwell' ac 'anwesu' gobaith 'fel llen o gysur rhyngom ni a'r gwir'.
90 Irma Hughes de Jones, 'Gwanwyn 1993', *Agor y Ffenestri*, 28.
91 Irma Hughes de Jones, *Byw ym Mhatagonia*, 10.
92 Vertovec, 'Conceiving and Researching Transnationalism', 1–2.
93 *Edau Gyfrodedd*, 41–2.
94 Gweneira Davies de G de Quevedo, yn ei hysgrif, 'Ffrind a Llenor', yn *Edau Gyfrodedd*, 128.
95 Gweneira Davies de G de Quevedo, yn ei hysgrif, 'Ffrind a Llenor', yn *Edau Gyfrodedd*, 129.
96 *Edau Gyfrodedd*, 49.
97 *Edau Gyfrodedd*, 49.
98 Mici Plwm, 'Patagonia: Disney Dosbarth Canol Cymraeg', *Golwg*, 4/32 (1992), 6.
99 Vertovec, 'Conceiving and Researching Transnationalism', 4.
100 Mererid Hopwood, 'Gwrando ar Sara Green', yn Mererid Hopwood a Karen Owen, *Glaniad: Cerddi Dwy wrth Groesi Paith Patagonia* (Llanrwst: Gwasg Carreg Gwalch, 2015), 61.

Heather Williams

CARTREFOLI'R CHWYLDRO: CYFIEITHU AR GYFER Y CYMRY UNIAITH YN Y 1790AU

Astudiaethau cyfieithu a'r cyfnod Rhamantaidd

Mae astudiaethau cyfieithu wedi hen adael eu safle ar gyrion beirniadaeth lenyddol.[1] Bellach, ystyrir cyfieithu a chyfieithiadau yn rym gyriadol a chanolog o fewn hanes llenyddiaeth.[2] Mewn cyd-destun amlddiwylliannol, wrth gwrs, mae ffocws ar gyfieithu yn arbennig o berthnasol, oherwydd yma mae cyfieithu yn weithred feunyddiol os nad hollbresennol. A phan fo statws ieithoedd yn anghytbwys, mae cyfieithu hefyd yn weithred ac iddi gynodiadau gwleidyddol. Mae perthnasedd astudiaethau cyfieithu i Gymru heddiw yn ogystal â Chymru ddoe, felly, yn ddiamheuol, fel y dengys Helena Miguélez-Carballeira, Judith Kaufmann ac Angharad Price yn eu rhagarweiniad diweddar i rifyn arbennig o *Translation Studies*.[3]

Mae diwedd y ddeunawfed ganrif yn gyfnod arbennig o gyffrous yn hanes cyfieithu yn niwylliant Ewrop a hefyd yng Nghymru. Yn ôl Fania Oz-Salzberger, roedd yr ymchwydd mewn cyfieithu a welwyd ar draws Ewrop yn y ddeunawfed ganrif yn rhan anhepgor o'r Oleuedigaeth.[4] Dyma pryd y llithrodd gwybodaeth o ddwylo'r rhai breintiedig a fyddai'n medru darllen cynnyrch printiedig diwylliannau Ewrop yn yr ieithoedd gwreiddiol i ddwylo darllenwyr newydd uniaith, megis y 'Cymry uniaith' a gyferchir ar dudalennau blaen nifer o destunau Cymraeg y cyfnod. Am y tro cyntaf, meddai Oz-Salzberger, roedd modd caffael gwybodaeth trwy gyfrwng ieithoedd brodorol, heb fod angen Lladin, Ffrangeg neu Saesneg.[5] Gan adeiladu ar waith Oz-Salzberger, trafododd Kontler y modd y daeth offeryn yr Oleuedigaeth, sef cyfieithu, yn gyfrwng ac yna'n nod i'r ymwybyddiaeth ieithyddol a diwylliannol newydd a ymledodd drwy Ewrop.[6] Fel y gwelwn yn yr ysgrif hon, nid oedd Cymru yn eithriad yn hyn o beth.

Cartrefoli ac estronoli

Daeth y pâr deuol 'cartrefoli' ac 'estronoli' yn dermau anhepgor mewn astudiaethau cyfieithu yn y blynyddoedd diweddar i ddisgrifio gwahanol fathau o gyfieithu. Mae cyfieithiad sy'n 'cartrefoli' (Saesneg: 'domesticate'), yn ceisio gwneud y deunydd estron yn gartrefol yn yr iaith darged; yn achos ein trafodaeth ni, byddai cyfieithiad o'r fath yn gwneud i'r deunydd Saesneg ymddangos yn Gymreig yn ogystal ag yn Gymraeg. Roedd cyfieithwyr Cymraeg yn y 1790au (rhai ohonynt yn fwy na'i gilydd, efallai), yn ymwybodol o'r angen i 'gartrefoli'. Term Gwallter Mechain am hyn yw 'cymhwyso', ac fel hyn y cyflwyna ef ei lyfr *Diwygiad Neu Ddinystr* ym 1798: 'Wedi ei dynnu allan o lyfr Saesneg a elwir *Reform or Ruin; a'i gymhwyso at ddealldwriaeth y Cymry*'.

Cyfieithiad sy'n 'estronoli' (Saesneg: 'foreignize'), ar y llaw arall, yw un sy'n ceisio cadw rhywfaint o naws iaith y testun ffynhonnell, a hynny ar draul rhuglder y fersiwn newydd. Gwaith y theorydd dylanawadol Lawrence Venuti sy'n bennaf gyfrifol am boblogeiddio'r termau hyn, ac ef hefyd sy'n gyfrifol, i raddau, am y cynodiadau gwleidyddol y mae'r termau poblogaidd hyn wedi eu magu. Daethpwyd i ystyried cartrefoli yn beth drwg oherwydd barn Venuti fod y math hwn o gyfieithu yn goddiwylliannu,[7] hynny yw, gwelir cartrefoli'n rhan o broses wleidyddol wrthun sy'n nacáu ac yn dileu gwahaniaeth diwylliannol. O safbwynt y darllenydd, mae'r testun a gartrefolwyd yn llifo'n rhwydd ac yn ymddangos yn gyfarwydd, felly mae'r profiad addysgol yn gymharol gyfyngedig ac nid yw ei orwelion yn cael eu hehangu. Y cwbl a wêl y darllenydd mewn cyfieithiad o'r fath yw adlewyrchiad o'i ddiwylliant ei hun.[8] Gwahanol iawn yw cyfieithiad sydd yn 'estronoli'; mae cyfieithiad o'r fath yn un sy'n dangos parch at arwahanrwydd a gwahaniaeth diwylliannol, ac felly'n rhinweddol.[9] Ym marn Venuti mae cyfieithu sy'n estronoli yn osgoi gwneud unrhyw ddrwg ethnosentrig ac yn cynnig ffordd o wrthsefyll hegemoni'r Saesneg yn y byd sydd ohoni.[10] Beirniadwyd Venuti am fod ei derminoleg yn ansad,[11] ac mae'n amlwg hefyd bod y termau hyn yn annigonol wrth drafod ieithoedd lleiafrifol. Fel y dadleuodd Michael Cronin, nid goddiwylliannu yw gwneud gwybodaeth yn hygyrch mewn iaith leiafrifol, yn wir, gall hyn gyfoethogi'r iaith honno, a hyd yn oed fod yn gymorth iddi oroesi (meddylier am y Beibl yn achos y Gymraeg). Yng ngeiriau Cronin: 'advocacy of non-fluent, refractory, exoticizing strategies, for example, can be seen as a bold act of cultural revolt and epistemological generosity in a major language; but; for a minority language, fluent strategies may represent the progressive key to its very survival'.[12] Yn dilyn ei waith pwysig ar gyfieithu yn Iwerddon,[13] aeth Cronin ymlaen i arwain ym maes cyfieithu a lleiafrifoedd, ac mae ei *Translation and Globalization* yn tynnu sylw at 'fannau dall' theori'r brif ffrwd.[14]

Y 1790AU

Mae'r 1790au yn gyfnod cyffrous yn hanes cyfieithu yn Ewrop. Er bod syniadau newydd am gyfieithu yn dod i'r amlwg yn yr Almaen, er enghraifft yng ngwaith y bardd Hölderlin,[15] gan gyrraedd penllanw yn nhraethawd Schleiermacher o'r flwyddyn 1814, 'Über die verschiedenen Methoden des Übersezens' ('Ynghylch gwahanol ddulliau cyfieithu'), a anogai estronoli,[16] dyma hefyd y degawd pan gyhoeddodd Alexander Fraser Tytler ei *Essay on the Principles of Translation* (1791), gwaith pwysig a anogai gartrefoli: '[a] key document in the canonization of fluency', meddai Venuti amdano.[17] Cafodd y traethawd hwn dderbyniad da, ac fe'i hailargraffwyd o leiaf ddwywaith, gydag ychwanegiadau newydd bob tro.[18] Yn achos Cymru yn yr un cyfnod, er bod cymaint o gyfieithu yn digwydd, nid oes gennym draethawd ar y pwnc. Rhaid bodloni, felly, ar y sylwadau a geir yma a thraw mewn rhagymadroddion, ac ar drafodaethau am weithiau penodol,[19] ac yn bennaf oll rhaid darllen y cyfieithiadau hyn ochr yn ochr â'u ffynonellau er mwyn olrhain syniadau'r oes am y grefft o gyfieithu. Yn y drafodaeth sy'n dilyn byddaf yn bwrw golwg ar gyfieithu ar gyfer y 'Cymry uniaith' mewn cyfnod o ferw deallusol nas gwelwyd ei fath o'r blaen, gyda'r chwyldro yn Ffrainc yn agor llygaid pobl i fyd newydd.

CYFIEITHU DIDACTIG

Er mwyn addysgu'r Cymry am y byd newydd hwn, roedd cyfieithu, ar sawl lefel, yn rheidrwydd. Hynny yw, roedd rhaid cyfieithu syniadau a gwybodaeth o dramor, yn ogystal â thestunau penodol. Roedd cartrefoli yn ffordd dda o ddod â syniadau i afael y Cymry uniaith ac yn apelio at gyfieithwyr radicalaidd a theyrngar fel ei gilydd, er y gwelwn fod rhai yn fwy llwyddiannus nag eraill.

Fel y gwyddys, roedd mwyafrif poblogaeth Cymru yn uniaith Gymraeg cyn dechrau'r bedwaredd ganrif ar bymtheg.[20] Caiff y bobl hyn eu henwi yn nheitlau a rhagymadroddion nifer sylweddol o gyfieithiadau ac addasiadau'r cyfnod. Er enghraifft, ar flaenddalen pamffledi Jac Glan-y-gors, *Seren tan Gwmmwl* (1795) a *Toriad y Dydd* (1797) gwelir y nodyn: 'wedi eu ysgrifennu er mwyn y Cymry uniaith'. Yn y teitl i'w gyfieithiad Cymraeg yntau o'i waith ei hun, *Ymborth ar Ddydd-Ympryd*, ysgrifennodd William Richards: 'Agraphwyd dros y Cymry uniaith'.[21] Dro arall cyfeirir atynt fel 'gwerinos tlodion', fel y gwna Morgan John Rhys, golygydd y cyfnodolyn arloesol a radicalaidd *Y Cylchgrawn Cyn-mraeg*,[22] wrth ddadlau dros yr angen am addysg yn yr iaith Gymraeg.[23] Er mwyn cyfrannu at yr addysg hon cyhoeddodd *Y Cylchgrawn Cyn-mraeg* nifer fawr o gyfieithiadau yn y pum rhifyn a gyhoeddwyd rhwng 1793 ac 1794, efallai hyd at 40% o'r deunydd;[24] ac mae cyfnodolion eraill y cyfnod, yng Nghymru fel yng ngwledydd eraill Ewrop, hefyd yn cynnwys cyfran uchel o gyfieithiadau.[25] Yn sicr, yr awydd i addysgu a goleuo'u cyd-wladwyr sy'n uno'r cyfieithwyr. Yn ôl Morgan John Rhys, mae'r diffyg addysg Gymraeg yn caethiwo'r Cymry: 'Paham y mae'n rhaid i'r Cymry fod fel caethion… Paham yr ydym yn fwy ynfyd nag un genedl arall trwy ymarferyd y ffordd wrthyn o ddysgu ein plant mewn iaith estronol…?'.[26] Felly ânt ati, yn radicaliaid ac yn deyrngarwyr (er bod y syniad o addysgu'r bobl ychydig yn fwy dyrys iddynt hwy), i wneud cysyniadau newydd mor hygyrch â phosib. Weithiau ceir cymalau esboniadol yn y Gymraeg, ac weithiau â'r cyfieithwyr gam ymhellach trwy ychwanegu troednodiadau newydd addysgiadol ar gyfer y Cymry. Yn fynych, gwelir dau air Cymraeg yn cyfieithu un gair Saesneg, a hynny er mwyn sicrhau eglurder.

Gwelir hyn yn *Rhesymmau Iarll Stanhope yn erbyn y rhyfel presennol*, sef cyfieithiad dienw o bamffledyn Saesneg o'r flwyddyn 1795.[27] Yma, cyfieithir y gair Saesneg 'expense' fel dau air Cymraeg: 'traul na thrafferth'. Ceisio sicrhau eglurdeb y mae'r cyfieithydd hwn eto wrth osgoi cyfieithu'r gair 'policy' o gwbl. Yn hytrach na 'best Policy', ceir yn y cyfieithiad Cymraeg 'pethau a fydd orau'. Ymddengys mai blaenoriaeth David Davies, Castellhywel wrth gyfieithu *Meddyliau yr Esgob Watson* (1793),[28] oedd gwneud pethau'n glir i'r darllenwyr Cymraeg. Ceir ganddo esboniadau (weithiau'n baragraff o hyd) ar dermau Saesneg fel 'Jury', 'habeas corpus', 'civil Society', 'Dissenters' / 'Ymneillduwyr', a hefyd ar enwau priod fel Confucius a Mahomet. Mae'n ymwybodol ei fod yn ysgrifennu ar gyfer cynulleidfa na chafodd fawr o addysg, ac felly ychwanega ar ôl 'Pekin' 'yn China', a noda bod Constantinople 'yn Nhwrci'. Yn yr un modd, nid yw'n disgwyl i'w ddarllenwyr fod yn gyfarwydd â'r ieithoedd clasurol, ac felly caiff y dyfyniadau Lladin a Groeg sydd yn y Saesneg eu trosi i'r Gymraeg ganddo.

Ffordd arall o wneud yn sicr bod yr ystyr yn gwbl glir yw rhoi'r gair Saesneg gwreiddiol mewn cromfachau. Gwelir hyn hefyd yn

Rhesymmau Iarll Stanhope, yn achos yr ansoddair 'republican', sy'n cael ei gyfieithu fel 'dull o lywodraeth gwir wladwriaethol (republican)'. Yn aml yn nhestunau'r cyfnod, gwelir y Saesneg mewn cromfachau yn lle'r esboniadau cwmpasog. Mae hyn yn dechneg a welir hefyd mewn testunau gwreiddiol Cymraeg, ac mae'r cymysgedd o ieithoedd yn codi cwestiynau. A yw'r gair Saesneg yno oherwydd ei fod yn fwy cyfarwydd fel benthyciad na'r bathiad newydd, hyd yn oed i'r Cymry uniaith? Ynteu a yw'r gair Saesneg yno er mwyn helpu'r darllenydd i wella ei Saesneg?

Cymerwn enghraifft o air allweddol o'r cyfnod, sef 'chwyldro' / 'revolution'. Yn *Meddyliau yr Esgob Watson*, defnyddir y gair 'cyfnewidiad' (wedi ei gamsillafu 'cyfnewiad'), yn y paragraffau agoriadol i gyfieithu'r gair Saesneg, 'revolution'. Defnyddir y gair yn y teitl hefyd, yn groes i'r teitl Saesneg sy'n rhoi llawer llai o wybodaeth. Ond ar yr un dudalen, mewn troednodyn swmpus sy'n ychwanegiad Cymraeg (yn hytrach na chyfieithiad o frawddeg Saesneg), defnyddir yn hytrach y benthyciad 'refoliwsion'. Yma, felly, defnyddir 'cyfnewidiad' i gyfieithu'r term 'revolution', ond mewn ychwanegiad esboniadol sy'n ddarn o Gymraeg gwreiddiol, dewisir y term Saesneg mewn orgraff Gymraeg. Ai 'refoliwsion', felly, oedd y dewis naturiol yn Gymraeg ar y pryd? Yn nes ymlaen yn y testun, ceir y ddau derm ochr yn ochr: 'cyfnewidiad neu y refoliwsion', fel pe na bai'r naill yn ddigon clir heb bresenoldeb y llall. Yn wir, mae 'cyfnewidiad' yn cyflawni sawl swyddogaeth yma. Mae'n cyfieithu'r gair 'change' (mewn trafodaeth ar ddiddymu'r mynachlogydd yn Ffrainc, rhywbeth yr oedd Watson o'i blaid), a hefyd y gair 'innovation'. Dewiswyd 'cyfnewidiad' i gyfieithu 'revolution', efallai, oherwydd, nid yn unig roedd y gair yn gyfarwydd i'r darllenydd ar sail ei ystyron eraill, ond hefyd am ei fod yn dofi'r term Saesneg peryglus. Os oedd gan y gair mwngrel, 'refoliwsion', y fantais o fod yn haws i'w ddeall gan ddarllenwyr a fedrai rywfaint o Saesneg, roedd hefyd yn beryglus oherwydd gellid ei ystyried yn fewnforiwr syniadau newydd i destun Cymraeg. Ymhellach: hwyrach nad ystyrid y gair yn fenthyciad Saesneg gan y Cymry uniaith a'i clywodd ar lafar yn unig. Yn sicr, erbyn 1797 defnyddid y gair yn gyson gan John Owen, Machynlleth, yn ei bamffledyn *Golygiadau ar Achosion ac Effeithiau'r Cyfnewidiad yn Ffraingc,*[29] a hynny heb unrhyw esboniad mewn cromfachau.

Enghreifftiau o gartrefoli didactig

Gwelir yng ngwaith cyfieithwyr Cymraeg y 1790au sawl ffordd o wneud i'r testun Cymraeg lifo'n rhwydd a naturiol. Weithiau, gwneir y drafodaeth yn fwy cydnaws â thraddodiad llenyddol Cymru trwy gyfeirio at weithiau Cymraeg dylanwadol, fel pan ddefnyddia Morgan John Rhys eirfa a delweddau sy'n adleisio *Gweledigaetheu y Bardd Cwsc*, Ellis Wynne wrth gyfieithu pennod o waith Volney i'r Gymraeg ar gyfer *Y Cylchgrawn Cyn-mraeg*,[30] neu pan ychwanegir dyfyniad o waith y Bardd Cwsg gan Gwallter Mechain yn y gwaith a grybwyllwyd eisoes, *Diwygiad neu Ddinystr* (1798). Weithiau, cyflwynir dadl mewn ffordd fwy cyfarwydd i'r Cymry trwy ychwanegu cyfeiriadaeth Feiblaidd neu adleisio ieithwedd grefyddol, fel y gwna Morgan John Rhys wrth drosi'r gair di-fflach 'necessaries' (yn golygu bwyd yn yr achos yma) fel 'bara', gan ychwanegu cyflythreniad: 'y mae'r bara mor brin'.[31] Dro arall cyfnewidir enghreifftiau er mwyn adlewyrchu bywyd pob dydd y Cymry yn well, fel pan fo Jac Glan-y-gors yn cyfieithu 'pig' fel 'oen', fel y trafodir isod.

Cartrefoli / Jac Glan-y-gors

Mae Jac Glan-y-gors yn feistr ar ddofi deunydd a'i wneud yn fwy Cymreig, neu'n fwy perthnasol i ddarllenwyr yng Nghymru. Er na ellir ystyried ei bamffledi *Seren tan Gwmmwl* a *Toriad y Dydd* yn gyfieithiadau, na hyd yn oed yn grynodebau o unrhyw weithiau gan Tom Paine, ceir ynddynt rannau sy'n sicr yn adleisio ac weithiau'n cyfieithu rhannau penodol o waith Paine, fel y nododd Damian Walford Davies,[32] ac fel y dangosodd Marion Löffler yn fanwl yn ei thrafodaeth yn *Political Pamphlets and Sermons*.[33] O ddadansoddi'r adleisiau a'r pytiau o gyfieithu yng ngwaith Jac Glan-y-gors gallwn weld ym mha fodd y Cymreigiwyd llais Paine. Felly, nid ceisio profi na dadbrofi'r ddyled i Paine yw fy mwriad, ond trafod sut yr addaswyd rhai o'i ddadleuon a'i enghreifftiau i'w gwneud yn fwy perthnasol i'r Cymry.

Mae Jac Glan-y-gors yn hepgor llawer o ysgolheictod a chyfeiriadaeth y testun Saesneg o'r fersiwn Cymraeg, fel y gwna yn ei drafodaeth ar drethi yn *Seren tan Gwmmwl*.[34] Er enghraifft, mae Paine yn adleisio Burke pan ddefnyddia'r gair 'pillar'. Trosiad yw 'pillar' yma am Dŷ'r Arglwyddi, sef sefydliad sy'n osgoi talu llawer o drethi ('the great ground and pillar of security to the landed interest', chwedl Burke). Yn y Gymraeg, cedwir y cyfeiriad at yr 'arglwyddi', ond collir y gair 'pillar', a hynny, yn fwy na thebyg, am na fyddai'r cyfeiriad at waith Burke yn golygu llawer i'r darllenwyr Cymraeg. Mae rhagor o enghreifftiau tebyg o hepgor cyfeiriadaeth a allai fod yn anghyfarwydd i'r Cymry uniaith. Yn wir, mewn trafodaeth ar gyntaf-anedigaeth, mae *Toriad y Dydd* hefyd yn hepgor y cyfeiriadau at Burke,[35] fel ag y mae *Seren tan Gwmmwl* yn ei wneud yn achos trafodaeth am y goron.[36]

Mae ychwanegu fframwaith Beiblaidd yn dacteg gyffredin yn y cyfnod, ac mae hynny yr un mor wir wrth drafod cyfieithu. Yn *Toriad y Dydd* ceir cyfieithiad Cymraeg o'r frawddeg ganlynol o waith Paine: 'Male and female are the distinctions of nature.' Yn y cyfieithiad, fodd bynnag, ychwanegir at y frawddeg hon gyfeiriad at lyfr Genesis: 'Yn wrryw, ac yn fenyw y creodd efe hwynt'.[37] Hynny yw, mae 'nature' yn Saesneg yn troi'n gyfeiriad Beiblaidd yn Gymraeg.[38] Yn achos Glan-y-gors, mae hyn yn arbennig o fanteisgar: er ei fod yn dadlau yn erbyn crefydd o unrhyw fath, mae'n fodlon ymelwa ar hoffter 'fy nghyd-wladwyr o ddarllen y Bibl'.[39]

Ceir enghraifft wych o gartrefoli trwy gyfeiriadaeth ddiwylliannol mewn trafodaeth ar goronau yn *Seren tan Gwmmwl* sydd wedi ei seilio yn fras ar baragraff o *Rights of Man*.[40] Mae adleisiau o'r paragraff i'w gweld yn y drafodaeth Gymraeg, gyda'r deunydd wedi ei ddatblygu a'i ymestyn dros nifer o dudalennau. Yn ei ymgais i danseilio'r cysyniad o frenhiniaeth etifeddol a gynrychiolir gan y goron, mae Paine yn cyfeirio at gap y cymeriad chwedlonol o'r oesoedd canol Fortunas, ac at gleddyf pren Harlequin (ffigwr o'r Commedia dell'arte).[41] Yn hytrach na chadw at hynny, mae *Seren tan Gwmmwl* yn cartrefoli'r ddadl trwy gyferbynnu'r goron â'r cap a wisgir gan gymeriad y ffŵl yn yr anterliwtiau a oedd yn fwy cyfarwydd i'r Cymry Cymraeg.

Mae'n amlwg mai eglurder ac addysg sy'n bwysig i Jac Glan-y-gors yn y ddau waith dan sylw, ac mai cyfathrebu, yn hytrach nag arddangos ysgolheictod a chyfeiriadaeth, sydd bwysicaf iddo. Dyna pam y mae testun Cymraeg Glan-y-gors, at ei gilydd, yn llai haniaethol na'r Saesneg y benthycwyd ohono: pan ddefnyddia Paine enwau haniaethol fel *monarchy*, *fraud*, *nation*, *virtue*, mae'r Gymraeg yn esbonio trwy gyfeirio at enghreifftiau real (yn yr achos yma, cyfeirir at drethi ar lo a chanhwyllau), a defnyddio cymariaethau (darlunio ceffyl sy'n taflu'r marchog, yn drosiad am y bobl).[42] Dyna pam y ceir hefyd yn *Seren tan Gwmmwl* enghraifft o fochyn yn troi'n oen.[43] Pan drafodir degymau, ac yn benodol y ffaith y gellid eu talu ar ffurf cnydau eraill (yn hytrach na thalu union ddegfed rhan o bob cnwd), cyfieithir 'wheat' fel 'gwenith', fel y byddid yn disgwyl, ac yn yr un modd cyfieithir 'hay' fel 'gwair'. Ond mae'r ffaith iddo gyfieithu 'pig' fel 'lamb' yn hytrach na 'mochyn' yn awgrymu bod Glan-y-gors yn awyddus i ysgrifennu am yr hyn a oedd yn gyfarwydd i'w gynulleidfa Gymraeg. Ceir rhagor o dystiolaeth o'r un duedd yn yr un paragraff, sef pan fo cyfeiriad Paine at 'A Bishop of Durham, or a Bishop of Winchester' yn troi yn un cyffredinol at 'esgob', hynny yw, mae Glan-y-gors yn hepgor manylion sy'n amherthnasol i'w ddarllenwyr.

Ffordd arall o gartrefoli a geir ganddo yw ychwanegu cymeriad hanesyddol o Gymru – Gwrtheyrn – i'r drafodaeth. Defnyddir achos y '[b]renin o'n cenedl ein hunain',[44] i ladd ar frenhinoedd yn gyffredinol, ac ehangir y drafodaeth i gynnwys agwedd drefedigaethol Lloegr. Roedd y brenin drwg, meddai, 'wedi anafyd ei genedl hyd y dydd heddiw',[45] ac i'w feio am sefyllfa druenus Cymru: 'Dyma'r amser cyntaf y cafodd y Saeson eu llaw yn uchaf ar y Cymry',[46] ac o ganlyniad mae'r Cymry Cymraeg yn cael eu gormesu, a'u 'cadw mewn cwmmwl o anwybodaeth'. Ceisio gwneud iawn am hyn y mae Glan-y-gors trwy gyfrwng ei bamffledi, gan wneud y syniadau mor hygyrch ac mor berthnasol â phosib.

Ymwrthod â'r cyfle i gartrefoli

Hawdd deall cymhelliad y cyfieithwyr sy'n cartrefoli. Mae'r cyfieithwyr hynny sy'n ymwrthod â chyfleoedd i gymhwyso'r deunydd, fodd bynnag, yn codi cwestiynau. Wrth ysgrifennu *Y Siars*,[47] sef cyfieithiad o *The Charge of Samuel, Lord Bishop of St. David's* gan Samuel Horsley,[48] nid yw John Harris yn cartrefoli o gwbl. Mae'r testun yn ymdrin ag anffyddiaeth a'r bobl gyffredin. Cedwir at y brawddegau hirfaith sydd yn nodweddu'r gwreiddiol. Gwelir Cymru o'r tu allan, trwy lygaid y gwladychwr o Sais. Pan ddisgrifir Cymru yng ngwaith Horsley fel lle anghysbell ('remote corners of the island'), cedwir persbectif y dieithryn wrth gyfieithu hyn fel 'y cornelau pellennig hyn o'r ynys'. Pan honna Horsley fod y Cymry yn bobl ddi-ddysg ('the least improved by early education'), cedwir hyn: 'â'u gwybodaeth wedi ei chynhyddu leiaf'. Canlyniad y 'ffyddlondeb' i'r ffynhonnell Saesneg yw creu testun Cymraeg sy'n amlygu agwedd drefedigaethol a oedd ymhlyg yn iaith y gwreiddiol, ac sy'n benthyg rhagfarn y Sais sy'n gweld Cymru o'r tu allan. Nid yw'n syndod nad oes yn y testun hwn ychwaith unrhyw ymgais i addysgu'r darllenydd; er enghraifft, ni cheir yma nodiadau esboniadol, na geirfa mewn cromfachau, fel y ceir yn gyffredin yn nhestunau addysgiadol y cyfnod. Rhaid gofyn, felly, pa mor effeithiol y gallai'r testun fod i'r Cymry uniaith. Neu yn hytrach, rhaid gofyn pam y cafodd ei gyfieithu os nad y Cymry uniaith oedd y wir gynulleidfa darged – ai er mwyn dangos yn unig fod y testun hwn weld cael ei gyfieithu?

Mae Edward Barnes yn gyfieithydd Cymraeg arall sy'n colli cyfleoedd i gartrefoli. Roedd yr ysgolfeistr a'r Methodist hwn o Gaerwys yn gyfieithydd profiadol a chynhyrchiol. Cyfieithodd bamffled gan William Fox,[49] yn ogystal â nifer o weithiau crefyddol, a theg fyddai dweud iddo gael ei ailddarganfod gan E. Wyn James, sydd wedi pledio'i achos yn un o wrthwynebwyr cynharaf y gaethfasnach yn Gymraeg.[50] Ym 1796 cyhoeddodd *Rheolau llywodraeth yn y llan*[51] sef cyfieithiad agos o waith poblogaidd Hannah More, *Village Politics* (1793), a oedd yn ymateb teyrngar i waith Paine. Gwnaeth hyn, fel y dywed y teitl Cymraeg llawn, 'ar ddymuniad gwraig fonheddig', sef Hester Piozzi, a oedd yn treulio amser yng ngogledd Cymru,[52] ac yn poeni'n arw am aflonyddwch y bobl. Roedd hi am ddarparu iddynt rywbeth yn eu hiaith eu hunain a fyddai'n eu darbwyllo i ymdawelu, gan aros yn ufudd a theyrngar.

Mae'r teitl Cymraeg yn rhyfedd o glogyrnaidd, heb unrhyw arlliw o gartrefoli nac o bersbectif penodol Gymreig neu Gymraeg: cedwir Great Britain fel 'Prydain Fawr', ychwanegir y gair 'rheolau', a rhoddir 'llywodraeth' am 'politics'. Ceir trafodaeth yn y testun hwn, a honno ar ffurf ymddiddan rhwng Jack a Tom, ar eirfa allweddol berw syniadol yr oes. Cyfeddyf Tom iddo ddarllen *Rights of Man* Thomas Paine, ac i hyn beri iddo sylweddoli ei fod yn anhapus. Rôl Jack yw ei ddarbwyllo i gefnu ar y llyfr a'r geiriau a'r cysyniadau newydd. Mae Tom yn holi Jack am y geiriau y mae wedi eu darganfod yno, gan eu disgrifio fel 'geiriau caledion'. Mae'r geiriau hyn (rhai megis organization / trefnogaeth, function/ swyddogaeth, civism / dinasyddiaeth, incivism / anninasyddiaeth, equalization / cydwastadrwydd, inviolable / didorradwy, imprescriptible / diaddysgadwy) i fod i swnio'n rhy anodd, er mwyn rhoi sail i Jack ddatgan mai nonsens yw'r cwbl. Ffordd Jack o gyfleu hyn yw dweud nad yw'r geiriau hyn yn eiriau Saesneg beth bynnag: 'not English'. Hynny yw, maent yn bethau estron na ddylai Tom wastraffu ei amser arnynt. Ond mae cyfieithu'r ymadrodd i'r

Gymraeg fel 'nad Saesneg' yn creu sefyllfa ryfedd iawn, oherwydd mae'n amlwg mai Cymraeg yw iaith fersiwn Barnes. Mae cyfeirio at y Saesneg yn y fan hon yn fwy na cholli cyfle i gartrefoli: mae'n newid byrdwn Hannah More.

Mwy trawiadol na hyn, hyd yn oed, yw achos yr enwau priod, sy'n darllen fel rhestr o gyfleoedd coll. Lleolir y ddialog rhwng y prif gymeriadau, Jack a Tom, yn nhafarn y 'Rose and Crown', ac yn Gymraeg cawn y trawslythreniad 'Rhos-and-Crown'. Pam cadw'r enw? A fyddai'n ymddangos yn estron, ynteu a yw'r benthyciad yn swnio'n naturiol yn y testun Cymraeg? Pan gyfeiria'r Saesneg at 'Taunton beer' yn y gymhariaeth wych: 'our constitution is no more like the French than our beer is like their soup', mae'r Gymraeg yn cadw at 'Bir Taunton'. Defnyddir enw lle arall o Wlad yr Haf pan fo Jack yn atgoffa Tom am y cyfnod a dreuliodd yn 'elusendy Bristol' (Bristol 'Firmary). Cadwyd y lleoliad yn Lloegr, er mai ceisio apelio at ddarllenwyr gogledd Cymru a wnâi'r cyfieithiad. O ystyried traddodiad cryf y Cymry o greu enwau chwareus ar bobl, mae'n syndod gweld Edward Barnes yn colli cyfle unwaith eto gyda chymeriadau'r gwaith, gan alw 'Neighbour Snip' yn 'Cymmydog Snip', tra bo 'Standish' yn aros fel y mae; try 'Farmer Furrow' yn 'Ffermwr Ffurrow' a 'Hackabout the butcher' yn '*Hack-about* y Cigydd'. Faint o synnwyr fyddai hyn yn ei wneud i'r Cymry uniaith? Pan honna Jack ei fod yn barod i farw dros 'Old England', cyfieithir hyn fel 'Lloegr', sydd yn creu cyfeiriad at rywle sy'n estron i'r darllenwyr Cymraeg. Mae 'ffyddlondeb' Barnes, felly, yn newid y testun o fod yn un gwladgarol-Seisnig i fod yn llyfr (Cymraeg) am rywle arall (Lloegr).

Yn gyffredinol mae *Rheolau llywodraeth yn y llan* yn gyfieithiad prennaidd o'i gymharu â gwaith rhai o gyfieithwyr eraill y cyfnod. Hwyrach mai ymgais a geir yma i danseilio dymuniad y wraig fonheddig, Hester Piozzi. Mae'n debycach bod Barnes yn ceisio'n rhy galed i brofi iddi ei fod wedi gwneud ei waith mor gywir â phosib, gan gyfieithu mor agos â phosib, hyd yn oed ar draul synnwyr cyffredin. Ar y llaw arall, efallai mai diffyg dawn yw'r esboniad: mae cyfieithiad Barnes o bamffled gwrth-gaethfasnach Fox mor agos at y Saesneg fel ei fod yn anidiomatig, neu, yng ngeiriau E. Wyn James: 'braidd yn afrwydd ei fynegiant'.[53]

Efallai nad yw'n syndod bod awduron teyrngar yn colli cyfleoedd yn amlach na'r rhai radical, gan fod rhoi addysg i'r bobl yn codi ofn arnynt.

Er hynny, mae yna fath o deyrngarwch Prydeinig a allai fod yn genedlaetholgar Gymreig, ac sy'n cartrefoli yn yr un modd ag y gwna'r cyfieithwyr mwy radicalaidd (fel Glan-y-gors). Enghraifft o hyn yw cyfieithiad Gwallter Mechain o destun Bowdler o'r flwyddyn 1797, *Reform or Ruin: Take your Choice*. Cyhoeddwyd dau fersiwn Cymraeg o'r testun ym 1798, un gan Gwallter Mechain, *Diwygiad neu Ddinystr* (a grybwyllwyd eisoes yn yr ysgrif hon), a'r llall gan William Evans (Castell Tywi), *Diwygiad neu ddistryw: cymmerwch eich dewis!*[54] Mae creadigrwydd cyfieithiad Gwallter Mechain yn dangos yn glir y cyfleoedd a gollwyd gan Evans. Mae bodolaeth dau fersiwn Saesneg gwahanol (un llawn ac un byr) efallai'n esbonio rhai o'r gwahaniaethau rhwng y ddau gyfieithiad Cymraeg. Ond ni all esbonio'r gwahaniaethau mwyaf diddorol: strategaethau cyfieithu gwahanol sy'n esbonio'r rhain.[55]

Mae Gwallter Mechain yn ychwanegu cyfeiriadaeth Gymraeg at ei gyfieithiad ef, trwy ddyfynnu o waith y Bardd Cwsg, fel y sylwyd uchod. Mae hefyd yn cymryd pob cyfle i wreiddio'r testun yn nhir Cymru. Er enghraifft, pan fo'r testun Saesneg yn sôn am y Ffrancwyr yn glanio, mae Evans yn dweud yn llythrennol: 'y rhai'n ddieu a diriasant', ond mae Gwallter Mechain yn ychwanegu'r enw lle penodol, 'a ddaeth i Abergwaun'. Yn achos carchar Newgate mae Gwallter Mechain yn ei gartrefoli i fod yn 'gastell Fflint' neu 'gastell Caernarfon', sy'n creu testun mwy rhugl nag y byddai cynnig esboniad. Mae hyn yn dangos beth y gallasai Edward Barnes yntau fod wedi ei wneud gyda'r lleoedd yn *Village Politics*. Mae Gwallter Mechain yn cymryd gofal gydag idiomau, fel pan fo'n harddu'r Saesneg 'daily labour' yn 'chwys eu gwynebau a llafur eu breichiau'. Wrth harddu'r iaith, mae'n fodlon ychwanegu geiriau, fel pan dry 'paying to all their dues' yn 'rhoddi eiddo Cesar i Cesar, ac eiddo Duw i Dduw'. A does dim ots ganddo newid y pwyslais, fel pan newidia 'BE GOOD' yn 'Byddwch Dduwiol!' (noder bod Evans wedi cyfieithu'n agosach: 'BYDDWCH DDA'). Mae Gwallter Mechain, yn groes i Evans ac i Barnes, yn dangos sensitifrwydd i sefyllfa gymdeithasol wahanol. Pan fo'r Saesneg yn trafod faint o gig mae'r tlodion yn ei fwyta, mae'r cyfieithiad Cymraeg yn ychwanegu'r gair 'Lloegr', gan awgrymu nad yw'r tlodion yng Nghymru yn bwyta cig o gwbl, bron. Yn yr un modd, defnyddir bara gwyn yn y Saesneg gwreiddiol fel mesur o ffyniant y tlodion, ond hepgorir y cyfeiriad at hynny gan Gwallter Mechain, gan awgrymu nad oedd gan y tlodion yng Nghymru fara gwyn o gwbl.

Daw balchder mewn Prydeindod i'r amlwg yn y cyfieithiad hwn. Pan fo'r testun Saesneg yn awgrymu awyrgylch gorthrymus ym Mhrydain, gan ddweud bod pob un sydd o blaid gwladwriaeth yn gofyn am drwbl ('in danger of a rope'), mae Gwallter Mechain yn condemnio'r syniad o wladwriaeth: 'ni eill undyn o ystyriaeth fyth ei dymuno', heb gydnabod bod ar bobl ofn siarad yn gyhoeddus. Yn hyn o beth, mae'n ei ddangos ei hun yn fwy pleidiol i Brydeindod nag awdur y testun Saesneg, fel petai'n ceisio gwneud iawn am y ffaith nad yw'n Sais ei hun.

Cyfreithiau Plwyf

Mae gwaith arloesol un o Gymry Llundain, Edward Jones, sef *Cyfreithiau Plwyf* (1794),[56] yn tynnu ar sawl ffynhonnell Saesneg. Fodd bynnag, mae rhannau helaeth o'r testun yn gyfieithiadau agos o waith Everard Newton, *The Whole Duty of Parish Officers* (1792).[57] Mae'n bosib i Edward Jones hefyd ddefnyddio James Barry Bird, *The Laws Respecting Parish Matters* (1799), ond ni ellir ei ystyried yn gyfieithiad o waith Bird.[58] Roedd Edward Jones, neu Ned Môn (m. 1840), yn aelod o'r Gwyneddigion ac yn hanu o sir Fôn, ac mae'n datgan ei fod yn aelod o'r 'Inner Temple' yn y gwaith hwn. Dengys y newidiadau bach yn y rhannau sy'n gyfieithiadau bod y cyfieithydd yn ceisio helpu'r darllenydd Cymraeg. Ceir esboniadau yn y Gymraeg, ar ffurf troednodiadau mynych (yn wahanol i'r Saesneg), sy'n esbonio geirfa a all fod yn anghyfarwydd, yn ogystal ag ymadroddion Lladin. Pan fo'r Lladin yn cael ei adael yn y Saesneg, mae'n cael ei gyfieithu yn y troednodiadau Cymraeg. Caiff troednodiadau eraill eu hychwanegu, fel rhai i esbonio geiriau megis 'Rhydd-daliad' ('Freehold'), 'Crynwr' ('Quaker'), 'ynad' ('ordinary'), a 'didoliad' ('sequestered'). Weithiau, ceir y gair Saesneg mewn cromfachau, megis 'Ysgrif-Drethiadau (Assessments)' neu 'sessiwn fawr (assize)'. Yn aml, rhydd y testun Cymraeg wybodaeth ychwanegol, fel pan gyfieithir 'inhabitant' gyda'r esboniad 'trigfannydd, sef y neb a fo yn byw yn y ty'. Mae'r cyfieithydd hefyd yn ymestyn esboniadau byr yn y Saesneg nes eu bod yn baragraffau cyfain yn y Gymraeg. Mae'n amlwg bod y cyfieithydd-awdur am i'r llyfr fod mor ddefnyddiol ac ymarferol â phosib.

Fel 'chwanegiad' ar y diwedd ceir 'Yn Dangos Gallu y Wardeniaid i Ymwrthod a Gweinidog Analluol', sef manylion achos enwog o'r flwyddyn 1773 yn Nhrefdraeth yn erbyn gweinidog, Dr Bowles, am ei fod yn 'weinidog analluol', hynny yw, yn methu pregethu yn Gymraeg.[59] Yn ail, ceir geirfa a thalfyriadau i helpu'r Cymry Cymraeg. Ond yn fwy trawiadol na'r manylion hyn, ceir rhagair pedair tudalen ar ddeg o hyd ar ryddid, dan y teitl 'At y Darllenydd', sy'n cyfeirio at Montesquieu a Locke, yn ogystal â Iolo Morganwg a William Owen Pughe. Defnyddir cymeriad y 'Cybydd crintachlyd' yma i gyfleu pa mor hunanol yw'r sawl sy'n mynnu mwy o ryddid. Canmolir traethawd eisteddfodol Gwallter Mechain ar 'Ryddid', a diolchir iddo am ei ran yn y dasg gyfieithu dan sylw: 'I'r gwr yma mae yr Awdwr yn rhwymedig am gyfieithiad o barth mawr o'r gwaith hyn'. Cydnabyddir ei ddyled hefyd i'r geiriadurwr, Gwilym Owain. Dyma'r unig beth sy'n dweud wrthym mai cyfieithiad ydyw (nid oes dim i awgrymu hyn ar y dudalen deitl), ac mae'n bosib mai Gwallter Mechain ei hunan yw awdur y rhagair.

Tu hwnt i'r wedd ddidactig. Ychwanegiadau at bwrpas amgen

Roedd Williams Richards yn gyfieithydd deunydd crefyddol i'r Gymraeg.[60] Er mai yn Norwich, neu'r 'Jacobin City',[61] yr oedd ei gartref a'i waith, byddai'n treulio ei hafau yn sir Benfro ei febyd, ac roedd ganddo gysylltiadau ag ymneilltuwyr yr ardal. Yn ei bamffledi Cymraeg a Saesneg plediai dros ddychwelyd i symlder yr Eglwys Fore, a dilynai Rousseau a Priestley wrth wrthod caethwasiaeth a chondemnio diffyg goddefgarwch crefyddol. Dadleuai hefyd fod y rhyfel gyda Ffrainc yn anghydnaws â Christnogaeth.[62] At hyn roedd addysgu'r Cymry, neu 'oleuo ei gydwladwyr',[63] yn bwysig iddo. Cyhoeddodd *Food for a Fast-Day* cyn y diwrnod ympryd a drefnwyd ar gyfer 25 Chwefror 1795,[64] ac yna cyhoeddodd ei fersiwn Cymraeg ei hun, wedi ei argraffu 'ar gyfer y Cymru Uniaith' yn ddiweddarach yn yr un flwyddyn dan y teitl *Ymborth ar Dydd-Ympryd*.[65] Roedd diwrnodau ympryd swyddogol a chyhoeddus wedi cynyddu mewn nifer yn ystod y rhyfel, wrth i'r Eglwys a'r llywodraeth geisio uno pobl Prydain o blaid y rhyfel. Parhaodd y syniad am dair canrif rhwng canol yr unfed a'r bedwaredd ganrif ar bymtheg. Pwrpas y dyddiau hyn oedd ceisio cymorth Duw, trwy rym gweddi, mewn sefyllfa o argyfwng. Adeg y pla ym 1563 y'u defnyddiwyd am y tro cyntaf, ond yn ystod y ddeunawfed ganrif fe'u defnyddiwyd yng nghyd-destun rhyfel, a thyfodd y gwrthwynebiad iddynt yn raddol, cyn esgor ar ddadl agored a chwerw ym 1793. Bryd hynny, cyhuddwyd y llywodraeth o fanteisio ar grefydd am resymau gwleidyddol.[66] Mae Richards yn erbyn dyddiau ympryd oherwydd eu natur gyhoeddus a chenedlaethol, gan nad yw'r elfennau hyn i'w canfod yn yr ysgrythur, ond yn hytrach wedi cael eu gosod arni o'r tu allan. Yn ei dyb ef, dim ond oddi wrth Dduw y gall gorchymyn i weddïo ddod, ac ni ellir ysgrifennu gweddïau *ar ran* pobl. A ffars yw'r cwbl os yw'r ddwy ochr mewn rhyfel yn gweddïo ar yr un Duw. Ysgrifennwyd gweddïau ac emynau arbennig ar gyfer y dyddiau hyn, ac wrth gwrs, fe gyfieithwyd y rhain i'r Gymraeg, er mwyn i'r Cymry uniaith allu bod yn ufudd i lywodraeth Prydain.[67]

Mae cyfran helaeth o *Ymborth ar Dydd-Ympryd* yn gyfieithiad agos o bamffled Saesneg Richards, ond mae hefyd yn llawn ychwanegiadau diddorol. Ceir peth tystiolaeth ei fod yn ceisio addysgu ei gyd-Gymry, ond dim ond yn awr ac yn y man, fel pan fo'n rhoi troednodyn i esbonio 'canibals'. Ond nid ydyw'r agwedd ddidactig yn amlwg yn y cyfieithiad hwn. Yn wir, collir sawl cyfle. Ceir hefyd yn y troednodiadau esboniadol yn y Gymraeg ddeunydd sydd wedi ei gyfieithu o ffynonellau Saesneg eraill. Gall y rhain ymddangos yn addysgiadol ar yr olwg gyntaf, gan roi'r argraff bod Richards yn ceisio gwneud y deunydd yn fwy eglur a hygyrch, fel y gwnaeth cynifer o gyfieithwyr i'r Gymraeg yn y cyfnod. Ond o graffu'n fanylach, gwelir eu bod yno, o bosib, at bwrpas amgen.

Mae'r tudalennau blaen yn dangos gwahaniaethau sylweddol. Efallai fod y Gymraeg wedi hepgor dyddiad y proclamasiwn oherwydd bod peth amser wedi mynd heibio, a'r dydd ympryd hwn ddim bellach yn gyfredol, ond effaith hyn yw gwneud y cyhoeddiad Cymraeg yn fyfyrdod cyffredinol ar y pwnc yn hytrach nag yn destun amgylchiadol. Defnyddir dyfyniadau gwahanol o dan y teitl yn y ddwy iaith, ac mae'r dyfyniadau Cymraeg yn fwy eofn na'r rhai Saesneg: 'Pan weddioch lawer, ni wrandawaf: eich dwylaw fydd lawn o waed' (Eseia i.15), a dyfyniad o Soam Jenyns: 'Pe bae cenhedloedd crist'nogol yn genhedloedd o gristnogion, ni byddai dim rhyfel mwyach'. Mae'r ychwanegiadau yng nghorff y testun yn cadarnau yr hyn a awgrymir gan y dyfyniad o'r Beibl: mae William Richards yn fwy eofn yn y Gymraeg nag ydyw yn Saesneg.

Hefyd, yn gyffredinol, mae'r iaith yn gryfach yn y cyfieithiad Cymraeg. Er enghraifft, daw 'and that he disapproves our conduct' yn 'a bod Duw yn ffieiddio ein hymddygiad, ac yn gwrthod ein hachos'. Ychwanegodd William Richards lawer o ddeunydd newydd mewn troednodiadau yn ei fersiwn Cymraeg. Mewn nodyn ar lygredigaeth yn yr Eglwys mae'r Gymraeg yn meiddio enwi'r rhyfel yn erbyn Ffrainc; nid yw'r Saesneg yn gwneud hynny. Ychwanegir nodyn yn y Gymraeg sy'n condemnio

Rwsia am fod yn waeth o lawer na Ffrainc, am ei bod yn rhyfela yn enw Cristnogaeth, gan ddadlau bod y Ffrancwyr, o leiaf, yn anffyddwyr. Mae'r ychwanegiadau hiraf yn y cyfieithiad Cymraeg yn dudalennau sy'n gwrthwynebu rhyfel yn gyffredinol, lle byddid yn disgwyl, yng nghyd-destun diwrnod ympryd, gondemniad llwyr o'r Ffrancwyr, gelynion Prydain.

Mae un ychwanegiad tra arwyddocaol, sef troednodyn ar y gaethfasnach sydd yn gwbl absennol yn y testun Saesneg. Yn y nodyn hwn, mae Richards yn dyfynnu (ac yn cyfieithu) o *The Repository* (1788), ac yn cyhuddo Archesgob Caergaint, ymysg eraill, o fod â chaethweision yn ei feddiant, gan adael y geiriau 'slave-trade' fel y maent. Hola sut y gall hyn gyd-fynd â gwaith cenhadol. A theg i ninnau fyddai holi pam yr ychwanegwyd y nodyn hwn yn Gymraeg. Nid yw yno, yn sicr, am fod rhyw wybodaeth newydd wedi dod i'r amlwg ers cyhoeddi ei fersiwn Saesneg, oherwydd teitl Saesneg testun o 1788 a ddyfynnir yn yr ychwanegiad. Teg holi, felly, sut y gallai'r cyfeiriad hwn fod o ddefnydd i'r Cymry uniaith ac ai ar eu cyfer hwy y mae'n ysgrifennu. Tra bo cyfieithwyr eraill yn ychwanegu esboniadau am resymau didactig, ymddengys fod ychwanegiadau Williams Richards yn chwarae rôl amgen.

Ar y cyfan, mae William Richards yn gadael i eirfa Saesneg (fel 'slave-trade') fritho'r testun. Cedwir geiriau Saesneg pan ddefnyddir geirfa'r gelyn, er enghraifft, daw 'a downright *atheist*, *republican*, and *leveller*, no doubt' yn '*atheist*, *republican*, a *leveller* ydoedd yn ddiammeu'. Rhaid holi, felly, ai'r Cymry uniaith oedd ei wir gynulleidfa darged. Ynteu a yw'r iaith Gymraeg yn gyfrwng i fod yn fwy gwleidyddol feiddgar? Cyfeiria hefyd at yr awyrgylch o ofn ac 'yspio a dychrynu dynion' a ddigwyddai ym Mhrydain ar y pryd: ac mae'n dra arwyddocaol mai dim ond yn y fersiwn Cymraeg y mae'n dweud hyn. Nid yw Richards yn meiddio dweud hyn yn Saesneg.

Yn achos *Cwyn y Custuddiedig*,[68] testun a ysgrifennwyd yn wreiddiol yn Gymraeg gan Richards, awgrymwyd bod y deunydd yn rhy fentrus i'w gyhoeddi yn Saesneg. Gwerth nodi mai dyma'r unig destun gwleidyddol a ysgrifennodd Richards yn Gymraeg yn unig (ac roedd yn boblogaidd, gan fynd i ailargraffiad). Cyhoeddwyd y gwaith hwn yn ddienw, ac er bod yn y pamffled hysbyseb ar gyfer fersiwn Saesneg yn dwyn y teitl *Triumphs of Innocency* (gan nodi ei fod yn waith sydd ar y gweill), ymddengys nas cyhoeddwyd. Gallai'r Gymraeg, felly, fod yn iaith fwy diogel mewn 'amser o berygl'. Mewn llythyr at Samuel Jones ar 19 Mawrth 1798, esbonia Richards ei fod wedi gohirio cyhoeddi ei fersiwn Saesneg oherwydd cynddaredd y gelyn,[69] ac â ymlaen i esbonio iddo dderbyn siars gan offeiriad, trwy gyfrwng ei gyfeillion, 'that if I wrote & published in English, they would not answer for the consequence'.[70] Ymddengys fod y Gymraeg yn gyfrwng i fentro i dir mwy peryglus na'r Saesneg.

Casgliad

Yn naturiol, mae gan ieithoedd 'lleiafrifol' gyfraniad arbennig i'w wneud i faes astudiaethau cyfieithu, oherwydd eu bod yn dod i gysylltiad â chyfieithu yn amlach nag ieithoedd eraill: '[they] have far more exposure to the fact of translation than majority languages'.[71] Yn ôl Michael Cronin, gellid meddwl amdanynt fel 'translation cultures par excellence'.[72] Wrth i ddiwylliannau lleiafrifol gyfrannu at faes ehangach astudiaethau cyfieithu, bydd y maes hwnnw'n elwa ac yn datblygu'n offeryn craffach. Yn benodol, fe ddysgir na ddylid meddwl am gyfieithu fel gweithred wleidyddol niwtral. Ac yn y man ffrwythlon hwnnw sydd ar y ffin rhwng astudiaethau ôl-drefedigaethol ac astudiaethau cyfieithu, mae achos y diwylliannau Celtaidd yn arwain y gad trwy waith arloesol awduron fel Michael Cronin a Maria Tymoczko. Nid yw tystiolaeth Cymru yn yr 1790au yn cefnogi'r farn bod cartrefoli yn ddrwg ac estronoli yn dda, oherwydd mae'r strategaethau 'cartrefoli' a ddefnyddiwyd gan gyfieithwyr Cymru wedi lansio disgwrs gwleidyddol newydd, gan gyfrannu at barhad yr iaith. Felly, yn groes i syniad Venuti a'i ddilynwyr, yn achos iaith sydd o dan ormes, mae cartrefoli yn gallu bod yn rym chwyldroadol, oherwydd mae'n golygu talu sylw manwl i nodweddion y diwylliant a'r iaith honno, a chreu ynddi. O ychwanegu tystiolaeth Cymru at faes astudiaethau cyfieithu, gellir tanseilio'r ddeuoliaeth sefydledig cartrefoli ac estronoli, a chreu chwyldro yn y maes.

Gyda sylw adrannau llenyddiaeth mewn prifysgolion yn troi fwyfwy at astudio llenyddiaeth byd ('world literature'), bydd pwysigrwydd astudiaethau cyfieithu yn cynyddu. Meddiannwyd tir yr hen gategori, 'llenyddiaeth gymharol',[73] ac fe'n hanogir fwyfwy i feddwl nid yn nhermau 'llenyddiaeth genedlaethol', ond yn hytrach i feddwl am lenyddiaeth iaith unigol fel system o amrywiadau sy'n ffurfio 'llenyddiaeth byd'.[74] Mae gan Gymru, sy'n batrwm o ddiwylliant amrywiol, gyfraniad arbennig i'w wneud o fewn i'r paradeim newydd trawsddiwylliannol a thraws-genedlaethol hwn, ac o fabwysiadu'r persbectif newydd hwn, gellir astudio'r 'cyrion' heb gael ein cyfyngu ganddynt.

NODIADAU

1 Mae'r ysgrif hon yn seiliedig ar bapur a draddodwyd yng nghynhadledd 'Cyfieithu i'r Gymraeg', Llyfrgell Genedlaethol Cymru, 7 Mawrth 2015. Mae'r ymchwil yn ffrwyth prosiect a gyllidwyd gan yr AHRC, 'Cymru a'r Chwyldro Ffrengig', ac rwy'n ddyledus i'm cyd-weithwyr yn y Ganolfan Uwchefrydiau Cymreig a Cheltaidd am bob cymorth wrth imi fentro i faes ymchwil newydd, yn enwedig felly Marion Löffler.

2 Gweler Susan Bassnett, *Translation Studies* (London: Routledge, 2002), argraffiad cyntaf 1980, 142.

3 Helena Miguélez-Carballeira, Angharad Price, Judith Kaufmann, 'Introduction: Translation in Wales: History, theory and approaches', *Translation Studies,* 9:2 (2016), 125–36.

4 Fania Oz-Salzberger, *Translating the Enlightenment: Scottish Civic Discourse in Eighteenth-Century Germany* (Oxford: Clarendon Press, 1995), 2.

5 Fania Oz-Salzberger, 'The Enlightenment in Translation: Regional and European Aspects', *European Review of History / Revue Européenne d'histoire. Special issue: Enlightenment and Communication: Regional Experiences and Global Consequences/ Numéro spécial: Les Lumières et la Communication: expériences régionales et conséquences globales,* 13:3 (2006), 385–409 (386).

6 'translation, the tool of Enlightenment cosmopolitanism, eventually became the medium (and target) of a new linguistic self-awareness and cultural nationalism', Lázló Kontler, 'Introduction: What is the (historians') Enlightenment today?', *European Review of History/ Revue Européenne d'histoire. Special issue: Enlightenment and Communication: Regional Experiences and Global Consequences/ Numéro spécial: Les Lumières et la Communication: expériences régionales et conséquences globales*, 13:3 (2006), 357–71 (364).

7 '[It] performs a labour of acculturation', Lawrence Venuti, rhagarweiniad i Lawrence Venuti (gol.), *Rethinking Translation: Discourse, Subjectivity, Ideology* (London: Routledge, 1992), 5.

8 Yng ngeiriau Venuti: 'narcissistic experience of recognizing his or her own culture in a cultural other', *Rethinking Translation*, 5.

9 'foreignizing translation [...] is highly desirable today', Lawrence Venuti *The Translator's Invisibility: A History of Translation* (London: Routledge, 2008), argraffiad cyntaf 1995, 16.

10 'foreignizing translation seeks to restrain the ethnocentric violence of translation', *The Translator's Invisibility*, 16.

11 Gweler, er enghraifft, Douglas Robinson, *Translation and Empire: Postcolonial Theories Explained* (Manchester: St. Jerome Publishing, 1997), 108–13, a Maria Tymoczko, 'Translation and Political Engagement: Activism, Social Change and the Role of Translation in Geopolitical Shifts', *The Translator,* 6:1 (2000), 23–47. Atebodd Venuti rai o'r cyhuddiadau mewn argraffiad newydd (2008) o *The Translator's Invisibility*, gweler yn enwedig t. 19.

12 Michael Cronin, *Translation and Globalization* (London: Routledge, 2003), 140–1.

13 Michael Cronin, *Translating Ireland: Translation, Languages, Cultures* (Cork: Cork University Press, 1996).

14 Cronin, *Translation and Globalization*. Gweler hefyd gofnod Cronin ar 'minority' yn Mona Baker a Kirsten Malmkjaer, *Routledge Encyclopedia of Translation Studies* (London: Routledge, 2009), ynghyd â sylwadau Cronin ar y ffaith nad oedd 'minority' wedi ei gynnwys yn eu hargraffiad cyntaf, *Translation and Globalization*, 139.

15 Gweler Charlie Louth, *Hölderlin and the Dynamics of Translation* (Oxford: Legenda, 1998), 59.

16 Ceir cyfieithiad Saesneg yn Douglas Robinson, *Western Translation Theory: From Herodotus to Nietzsche* (Manchester: St. Jerome Pub., 2002, argraffiad cyntaf 1997), 225–38.

17 Venuti, *The Translator's Invisibility*, 58. Cymharer Susan Bassnett: 'first systematic study in English of the translation process', *Translation Studies* (London: Routledge, 2002), 67.

18 1797 ac 1813.

19 E.e. y drafodaeth yn *Y Geirgrawn* am *Seren tan Gwmmwl* gan Jac Glan-y-gors. Gweler Marion Löffler, *Welsh Responses to the French Revolution: Press and Public Discourse 1789–1802* (Cardiff: University of Wales Press, 2012), 51.

20 Geraint H. Jenkins, Richard Suggett ac Eryn M. White, 'The Welsh Language in Early modern Wales', yn Geraint H. Jenkins (gol.), *The Welsh Language before the Industrial Revolution* (Cardiff: University of Wales Press, 1997), 45–50.

21 Teitl llawn: *Ymborth ar Dydd Ympryd. Neu ychydig o resymmau prydlawn tu ag at wasaneth y bobl ddaionus hynny ag sydd yn credu ym mhriodoldeb ac effaith ymprydiau cyhoedd...Argraphwyd dros y Cymry Uniaith* (Caerfyrddin: s.l., 1795).

22 *Y Cylchgrawn Cyn-mraeg neu Drysorfa Gwybodaeth*, sefydlwyd, golygwyd ac ar y cyfan ysgrifennwyd gan Rhys. Ar sillafiad y teitl gweler Frank Price Jones yn *JWBS*, 8:2 (1955), sy'n dweud mai enwau rhifynnau 1 a 2 yn unig y dylid eu sillafu fel 'Cyn-mraeg'.

23 Defnyddir y term yn 'Myfyrdodau ar yr Amserau', *Y Cylchgrawn Cymraeg*, 5 (1794), 242. Dechreuodd ddadlau'n gyhoeddus dros addysgu'r 'gwerinos tlodion' yn Gymraeg yn rhifyn cyntaf *Y Cylchgrawn Cyn-mraeg* (1793). Gweler ymhellach eitemau 5.9 a 7.6 yn Löffler, *Welsh Responses*.

24 Mae Hywel Davies wedi amcangyfrif bod 'dros 40 y cant o gynnwys y *Cylchgrawn* yn gyfieithiad uniongyrchol neu'n grynodeb Cymraeg o ffynonellau Saesneg, Americanaidd neu Ffrangeg', Hywel M. Davies, 'Morgan John Rhys, "Y Cylchgrawn Cymraeg", a'r Cymry uniaith', *Efrydiau Athronyddol*, 62 (1999), 40–54 (46); gweler am drafodaeth lawnach ei '"Transatlantic Brethren": A Study of English, Welsh and American Baptists with Particular Reference to Morgan John Rhys (1760–1804) and his Friends' (traethawd anghyhoeddedig Prifysgol Cymru, 1984), 329.

25 Dangosodd Marion Löffler hyn yn ei hastudiaeth o gyfnodolion yr 1790au, gan ychwanegu: 'In my opinion, at least 30% of the contributions to *Y Drysorfa Gymmysgedig* and *Y Geirgrawn* were rendered from English sources in England and North America', Marion Löffler, *Welsh Responses*, 46. Yn achos cyfnodolion Ewrop yn gyffredinol dywedodd Fania Oz-Salzberger: 'Beyond acknowledged translations lurked an unknown number of unacknowledged translations and adaptations', *Translating the Enlightenment*, 398.

26 Morgan John Rhys, *Cyfarwyddyd ac Annogaeth i sefydlu ysgolion sabbothol ac wythnosol yn yr Iaith Gymraeg* (Caerfyrddin, 1793), 48. Dyfynnir yn John James Evans, *Morgan John Rhys a'i Amserau* (Caerdydd: Gwasg Prifysgol Cymru, 1935), 63.

27 *Earl Stanhope's Protest House of Lords, Tuesday, January 6, 1795* (London: J. Smith and J. Burks, 1795). Pamffled wyth tudalen o hyd sy'n condemnio'r rhyfel ac yn canmol y Ffrancwyr, a'r deunydd wedi ei rannu'n bymtheg pwynt. Mae'n gyfieithiad agos.

28 Cyfieithiad yw *Meddyliau yr Esgob Watson am y cyfnewidiad diweddar yn Llywodraeth Ffraingc, rhydd-did crefyddol, a hawl yr Ymneillduwyr. Wedi eu gosod allan ger bron gweinidogion Esgobaeth Llandâf, ar ei Ymweliad diweddaf... Mehefin, 1791* (Caerfyrddin: J. Ross, 1793) o Richard Watson, *A Charge Delivered to the Clergy of the Diocese of Landaff, June 1791* (London: Thomas Evans, 1792). Credir mai David Davies, Castellhywel yw'r cyfieithydd er na welir ei enw arno. Mae copi ei fab (a gedwir yn Llyfrgell Caerdydd) yn awgrymu hyn, er i Thomas Shankland awgrymu mai Morgan John Rhys oedd y cyfieithydd. Gweler John James Evans, *Dylanwad y Chwyldro Ffrengig ar Lenyddiaeth Cymru* (Lerpwl: Hugh Evans a'i feibion, 1928), 58, hefyd *Morgan John Rhys a'i Amserau*, 124.

29 (Machynlleth: E. Pritchard, 1797).

30 Ymddangosodd 'Hynod Weledigaeth Gwr Bonheddig o Ffraingc, tra ydoedd ymhell oddi Cartref, yn ymdeithio yn un o Wledydd y Dwyrain' yn rhifyn Tachwedd 1793 o *Y Cylchgrawn Cyn-mraeg* mae'n debyg mai Morgan John Rhys oedd y cyfieithydd. Nodir y ffynhonnell yn glir fel y cyfnodolyn Saesneg, *The Patriot*, yn hytrach na'r Ffrangeg, *Les Ruines, ou Méditations sur les revolutions des empires* (1791). Ar y berthynas rhwng y fersiynau Cymraeg, Saesneg a Ffrangeg, gweler Heather Williams, 'Cymru, y Chwyldro Ffrengig a Gwyn Alf Williams: ailasesu'r dystiolaeth', *Llên Cymru*, 35 (2012), 181–85.

31 Ibid.

32 Sonia am ei 'significant debt to Paine's *Rights of Man*', sy'n cynnwys 'some passages of straight translation', Damian Walford Davies, *Presences that Disturb: Models of Romantic Identity in the Literature and Culture of the 1790s* (Cardiff: University of Wales Press, 2002), 77.

33 Pwysleisia hi: 'Close analysis reveals that, while they are part of the discourse initiated by Burke's *Reflections on the Revolution in France* and Paine's *Rights of Man*, the labels "translation" and "summary" which many Welsh scholars have used with regard to them do not hold true', Marion Löffler, with Bethan Jenkins, *Political Pamphlets and Sermons from Wales 1790–1806* (Cardiff: University of Wales Press, 2014), 55–56. Serch hynny, ceir ganddi restr o'r rhannau yn nhestunau Jac Glan-y-gors sy'n adleisio darnau o weithiau Paine (57), yn ogystal â sylw manwl i adleisiau o'r fath yn y nodiadau i'w golygiad (111–90). Yn fy nhrafodaeth bydd pob cyfeiriad at *Seren tan Gwmmwl* a *Toriad y Dydd* at y golygiad newydd a geir yn y llyfr hwn, a phob cyfeiriad at waith Paine at Mark Philp (gol.), *Thomas Paine, Rights of Man, Common Sense and Other Political Writings* (Oxford: Oxford University Press, 1998).

34 *Political Pamphlets and Sermons*, 124; *Thomas Paine Rights of Man, Common Sense and Other Political Writings*, 278.

35 *Toriad*, 167; *Thomas Paine Rights of Man, Common Sense and Other Political Writings*, 281.

36 *Political Pamphlets and Sermons*, 119; *Thomas Paine Rights of Man, Common Sense and Other Political Writings*, 175, 175–76.

37 Genesis 1: 27.

38 *Political Pamphlets and Sermons*, 166; *Thomas Paine Rights of Man, Common Sense and Other Political Writings*, 11.

39 *Political Pamphlets and Sermons*, 113.

40 *Political Pamphlets and Sermons*, 119; *Thomas Paine Rights of Man, Common Sense and Other Political Writings*, 175.

41 *Thomas Paine Rights of Man, Common Sense and Other Political Writings*, 175.

42 *Political Pamphlets and Sermons*, 119.

43 *Political Pamphlets*, 129; *Thomas Paine Rights of Man, Common Sense and Other Political Writings*, 138.

44 *Political Pamphlets and Sermons*, 116.

45 *Political Pamphlets and Sermons*, 118.

46 *Political Pamphlets and Sermons*, 117.

47 Teitl llawn: *Y Siars a roddwyd gan Samuel, Arglwydd Esgob Ty Ddewi, i offeiriaid ei Esgobaeth, ar ei Ymweliad Cyntaf...1790....Wedi eu cyfieithu i'r Gymraeg gan y Parchedig John Harris, Curad Llanfrynach* (Aberhonddu: William a George North, 1791).

48 Teitl llawn: *The Charge of Samuel, Lord Bishop of St. David's to the Clergy of his Diocese Delivered at his Primary Visitation in the Year 1790* (London, 1791). Am drafodaeth o ddau bamffledyn a ysgrifennwyd mewn ymateb i'r gwaith hwn gweler *Political Pamphlets and Sermons*, 20.

49 Trafodir yn E. Wyn James, 'Caethwasanaeth a'r Beirdd, 1790–1840', *Taliesin*, 119 (2003), 37–60 (44).

50 Wrth gloi ei drafodaeth dywed: 'dichon y gellid gosod y Methodistiaid Edward Barnes a John Elias (heb sôn am Williams Pantycelyn) yn uwch yn y rhengoedd na Iolo o ran eu dylanwad ar y farn gyhoeddus', E. Wyn James, 'Morgan John Rhys a Chaethwasiaeth Americanaidd', yn *Canu Caeth: Y Cymry a'r Affro-Americaniaid*, gol. Daniel G. Williams (Llandysul: Gwasg Gomer, 2010), 2–25 (18). Ond noder ei fod yn cadw'r lle mwyaf blaenllaw ar gyfer Morgan John Rhys.

51 *Rheolau llywodraeth yn y llan, yn annerch at holl grefftwyr, gweinidogion, a gweithwyr fesur y dydd, ym Mhrydain fawr. Gan Wil Ysglodyn [i.e. H. More]. Y degfed argraphiad, wedi ei gyfieithu ar ddumuniad Gwraig Fonheddig, gan Edward Barnes* (Croesoswallt: W. Edwards, 1796), ailargraffwyd 1797.

52 Trafodir ei Chymreictod a'i pherthynas â Chymru yn John Mee, 'A good Cambrio-Briton: Hester Thrale Piozzi, Helen Maria Williams and the Welsh sublime in the 1790s', yn *'Footsteps of Liberty and Revolt': Essays on Wales and the French Revolution*, gol. Mary-Ann Constantine a Dafydd Johnston (Cardiff: University of Wales Press, 2013), 213–30, a hefyd yn Sarah Prescott, 'Women travellers in Wales: Hester Lynch Thrale Piozzi, Mary Morgan and Elizabeth Isabella Spence', *Studies in Travel Writing*, 18: 2 (2014), 107–21. Ar y cwestiwn penodol a oedd hi'n medru'r Gymraeg gweler B. G. Charles, 'Letters of Hester Piozzi', *National Library of Wales Journal*, 2:1 (1941), 54, sy'n dadlau nad oedd ganddi lawer o Gymraeg. Serch hynny mae'n werth nodi bod Iolo Morganwg wedi ei disgrifio hi fel 'a Welsh woman and speaks Welsh' mewn llythyr at Margaret Williams, 21 Rhagfyr 1792, dyfynnir yn Cathryn Charnell-White, 'Women and gender in the private and social relationships of Iolo Morganwg', yn *A Rattleskull Genius: The Many Faces of Iolo Morganwg*, gol. Geraint H. Jenkins (Cardiff: Unviersity of Wales Press, 2005), 359–81 (376).

53 Cyferbynia E. Wyn James gyfieithiad Edward Barnes ag eiddo Morgan John Rhys. Rwy'n ddiolchgar iawn iddo am ei sylwadau ar y pwynt hwn.

54 Awgrymwyd fel hyn am y ddau fersiwn: 'William Evans of Towy Castle's version would presumably serve the South, while Walter Davies' would circulate mostly in Central and North Wales', William Philip Williams, *The Influence of the French

Revolution on the Political and Social Life of Wales (traethawd anghyhoeddedig Prifysgol Cymru, 1925), 71–72.

55 Cyfeiria Gwallter Mechain yn ei lythyr rhagarweiniol at y fersiwn byr Saesneg, ond fel arfer mae ei gyfieithiad yn dilyn y fersiwn hir. Mae'n gyfarwydd â'r ddau fersiwn.

56 Teitl llawn: *Cyfreithiau Plwyf; sef Holl Ddyledswydd y Swyddogion, Wardeiniaid, neu Brocatorion, Goruwchwylwyr y Tylodion, neu Overseers, Golygwyr y PRIF-FFYRDD; ac Eraill Swyddogion Plwyf o Bob Gradd...gan Edward Jones, Inner Temple* (Llundain / Llanerchymedd, 1794).

57 Nid yw trefn y penodau yr un fath, e.e. rhydd y Saesneg 'Constable' yn ail, a'r Gymraeg 'Golygwyr y Prif-Ffyrdd'. Weithiau mae hyd y penodau yn wahanol yn y Gymraeg a'r Saesneg, yn ogystal â'r drefn fewnol (fel yn achos 'Constable'). Dro arall ceir cyfatebiaeth agos, fel yn achos 'Golygwyr y Prif-Ffyrdd'/ 'Surveyors of the Highways'. Yma mae'r drefn fewnol yr un fath, heblaw am ychwanegiad yn y Gymraeg am ffyrdd tyrpeg.

58 Wrth gwrs, gall y Gymraeg fod yn tynnu ar yr un ffynhonell Saesneg â Bird.

59 Gweler Geraint Jenkins, ' "Horrid Unintelligible Jargon": The Case of Dr Thomas Bowles', *Welsh History Review*, 15:4 (1991), 498–523.

60 Cyhoeddodd rannau o Destament Newydd Wakefield yn Gymraeg o dan y teitl *Cymreigiad o amryw Fanau yn y Testament Newydd, Yn ôl cyfieithiad Saesneg diweddar y dysgedig a'r enwog Gilbert Wakefield: neu, Bapuryn Achlysurol, (Rhifyn y Trydydd;) wedi ei amcanu er mwyn cefnogi Yspryd ymofyniad, a helaethu Gwybodaeth Ysgrythurol yn mysg y Cymru, ac i'w harwain hwy i ystyried, y dichon nad yw y Cyfieithiad cyffredin o'r Beibl, er cystled ydyw, ddim yn un cwbl ddiwall neu anffaeledig* [Carmarthen, d.d.], a hefyd *Pigion allan o Destament Williams Salesbury; (yr hwn oedd y cyntaf erioed a argraphwyd yn yr Iaith Gymraeg) ynghyd a sylwiadau cymhwysiadol at amryw o amgylchiadau ag sydd wedi cymmeryd lle yn ddiweddar yn Nghymru: neu, Bapuryn Achlysurol (Rhifyn y pedwarydd) yn cynnwys, ynmysg pethau eraill, ystyriaethau difrifol ar y gwahanol gyfieithiadau Cymreig o'r ysgrythur, ac ar yr elyniaeth sudd wedi ymddangos yn erbyn y Cymreigiad diweddar o amryw fanau yn y Testament Newydd. – Mewn Llythyr at Dafydd Dafies, or 'Scubor fawr, yn Llandyfriog, wrth Emlyn* (Whittingham, Lynn, 1802).

61 Gweler C.B. Jewson, *The Jacobin City: A Portrait of Norwhich in its Reaction to the French Revolution 1788–1802* (Glasgow and London: Blackie and Son, 1975).

62 Gweler William Richards a John Oddy, *The Writings of the Radical Welsh Baptist Minister, William Richards, 1749–1818* (Lewiston, NY: Edwin Mellen Press, 2008).

63 G. J. Williams, 'Papurau Achlysurol William Richards o Lynn', *Journal of the Welsh Bibliographical Society*, 7:1 (1950), 32–36 (32).

64 Ni cheir dyddiad cyhoeddi arno, ond mae'n ei arwyddo 'Feb. 13 1795' ar ddiwedd y testun.

65 Teitl llawn: *Ymborth ar Dydd Ympryd. Neu ychydig o resymmau prydlawn tu ag at wasaneth y bobl ddaionus hynny ag sydd yn credu ym mhriodoldeb ac effaith ymprydiau cyhoedd...Argraphwyd dros y Cymry Uniaith* (Caerfyrddin: s.l., 1795).

66 Gweler Roland Bartel, 'The Story of Public Fast Days in England', *Anglican Theological Review*, 37:3 (1955), 190–200 (190).

67 Dyddia'r fersiynau Cymraeg cynharaf o weddïau swyddogol y gwyddom andanynt o ddiwedd yr ail ganrif ar bymtheg, gweler Owen H. Morris, 'Ffurfiau Gweddi', *Cylchgrawn Llyfrgell Genedlaethol Cymru / National Library of Wales Journal*, 23:2 (1983), 130–40 (130).

68 Teitl llawn: *Cwyn y Custuddiedig a griddfanau y carcharorion dieuog, neu, ychydig o hanes dyoddefiadau diweddar Thomas John a Samuel Griffiths, y rhai wedi goddef Gorthrymder tost a Chaethiwed called, dros chwech neu saith o Fisoedd yn ddi-achos, a gawsant eu rhyddhau, o'r diwedd, yn yr uchel Eisteddfod, neu y Sesiwn mawr diweddaf, yn Hwlffordd : er dirfawr Siomedigaeth i'w Gelynion gwaedlyd a dideimlad* (Caerfyrddin: Ioan Evans, 1798); ceir golygiad o'r testun ynghyd â chyfieithiad Saesneg ohono yn Löffler, *Political Pamphlets and Sermons*.

69 'it is deferred for the presence owing to the rage of the enemy', William Richards at Samuel Jones, Llundain, 19 Mawrth 1798, dyfynnir yn *The Writings of the Radical Welsh Baptist Minister, William Richards, 1749–1818*, 362.

70 Ibid.

71 Michael Cronin, 'History, Translation, Postcolonialism', yn Sherry Simon a Paul St-Pierre (goln), *Changing the Terms: Translating in the Postcolonial Era* (Ottawa: University of Ottawa Press, 2000), 33–52 (45).

72 *Translation and Globalization*, 139.

73 Ar y farn bod llenyddiaeth gymharol bellach yn ddim amgen atodiad nag i astudiaethau cyfieithu gweler Susan Bassnett, *Comparative Literature: A Critical Introduction* (Oxford: Blackwell, 1993), 161. Gweler hefyd y drafodaeth ar dranc llenyddiaeth gymharol yn Clive Scott, *Channel Crossings* (Oxford: Legenda, 2002).

74 'system of variations which constitute "world literature" ', *Channel Crossings*, 241.

MANON WYNN DAVIES

'A CHENAIS DY ENW, RHYS…': CEFNDIR A CHYD-DESTUN 'GWREICHION' IWAN LLWYD

Bardd a wisgai sawl het oedd Iwan Llwyd. Roedd yn fardd taith, yn fardd y nosweithiau cyhoeddus, yn fardd plant, yn roc-fardd, yn un a ymdeimlai â'r hen draddodiad barddol, ac yn fardd a adlewyrchai yr hyn oedd yn digwydd o'i gwmpas lle bynnag y canfyddai ei hun, ac er mai camarweiniol fyddai ei labelu'n 'fardd gwleidyddol' yn yr ystyr gyfyng, ni ellir gwadu ychwaith fod ei gyfraniad i ganon barddoniaeth wleidyddol Gymraeg yn sylweddol.

Roedd Iwan yn fyfyriwr yn Aberystwyth adeg refferendwm 1979, a mynnodd Wiliam Owen Roberts mai 'crochan ferw chwerw' y cyfnod hwnnw a ysgogodd egni creadigol y bardd o'r cychwyn.[1] Cofnododd y blynyddoedd anodd a ddilynodd refferendwm 1979 yn ei dair cyfrol gyntaf, *Sonedau Bore Sadwrn*, *Dan Anesthetig* a *Dan Fy Ngwynt*, lle crisielir naws cyfnod o siom a dadrith i'r Cymry hynny a oedd yn frwd o blaid datganoli.

Daeth cerddi 'Gwreichion', casgliad buddugol y Goron ym 1990, yn benllanw i fynegiant Iwan o'r chwerwedd a'r siom a deimlodd llawer o Gymry o'i genhedlaeth ef yn ystod y 1980au. Rhaid oedd ailddiffinio hunaniaeth Gymreig o'r newydd. Yn wir, gellid ystyried 'Gwreichion' yn fath o atalnod llawn ar un cyfnod yng ngyrfa farddol Iwan: gwelwn yn y casgliad garthu holl negyddiaeth ac ansicrwydd y 1980au er mwyn gosod sylfaen lân ar gyfer cyfnod newydd.

Wedi degawd o gerddi eisteddfodol angladdol a digalon eu naws, croesawyd yn wresog y gweithiau a ddaeth i'r brig yng nghystadlaethau'r Gadair a'r Goron yn Eisteddfod Genedlaethol Cwm Rhymni 1990, sef awdl Myrddin ap Dafydd, 'Gwythiennau', a chasgliad Iwan Llwyd, 'Gwreichion'. Ymwrthododd y ddau â nodyn lleddf y canu blaenorol, gan arwyddo degawd newydd mwy gobeithiol ei naws ym marddoniaeth Cymru. Tipyn o beth oedd gweld dau gymharol ifanc yn cipio'r ddwy brif wobr, 'y ddau brifardd mwyaf poblogaidd a gofiaf i erioed,' yng ngeiriau Llion Jones.[2] Trwy gyd-ddigwyddiad, digon tebyg yw ymdriniaeth y ddau fardd â'u testunau, a'r ddau yn defnyddio geni plentyn fel symbol o obaith ac o barhad cenedl. Mae'r ddau hefyd yn cydnabod y profedigaethau a ddaeth i'w rhan cyn y cyfnod o obaith, a

Myrddin ap Dafydd yn crisialu'r siomedigaeth o fethu cenhedlu plentyn (neu o brofi marwolaeth baban yn y groth o bosib), gan fethu sicrhau parhad ei linach:

> Mae pyllau galar yn afon cariad
> A nosau duon i ddawns dyhead,
> Yn yr oriau llawen, oera'r lleuad
> A daw i draethau drai ein dadrithiad;
> Weithiau daw'r angau i'r had, – daw dagrau,
> Daw dawn i gau'n gofidiau dan gaead.[3]

Tebygrwydd arall rhyngddynt yw defnydd Myrddin ap Dafydd o'r ffugenw 'Rhys Bach' a defnydd Iwan yntau o'r enw 'Rhys' ar y plentyn yn ei gasgliad o gerddi. Mae i'r enw Rhys ei arwyddocâd, gan mai yn enw Rhys Gethin y cyhoeddid datganiadau Meibion Glyndŵr, y mudiad cenedlaetholaidd a hawliodd gyfrifoldeb am losgi nifer o dai haf a berthynai i berchenogion Saesneg rhwng 1979 a chanol y 1990au. Wrth i Iwan gydnabod mai cerddi wedi eu hysgrifennu yn gwbl annibynnol ar ei gilydd ac ar wahanol adegau yn ystod y degawd yw cynnwys 'Gwreichion', fe noda hefyd mai mab i ffrindiau iddo oedd Rhys yn y lle cyntaf. Ysgrifennodd y gerdd 'Tân Gwyllt' i gyfarch y plentyn ar ei ben-blwydd yn bedair oed tra oedd ef ei hun yn dathlu'r deg ar hugain, a daeth Rhys, maes o law, i gynrychioli cenhedlaeth newydd a fyddai'n gorfod ymdopi ag effeithiau Thatcheriaeth y 1980au.[4]

Casgliad o dair cerdd ar ddeg sydd yma. Wedi eu fframio gan brolog ac epilog, caiff un ar ddeg o olygfeydd eu gosod mewn cyfnodau penodol, y gyntaf wedi ei gosod ym mis Mawrth 1979, mis y refferendwm, a'r cerddi dilynol yn neidio ymlaen flwyddyn a mis bob tro nes cyrraedd Calan 1989. Disgrifiodd Iwan y cerddi fel 'snapshots' o adegau arbennig yn ystod y 1980au,[5] a thrwy nodi rhif yr olygfa uwchben pob cerdd, crëir naws ffilmig, a'r darllenydd yn gorfod dygymod â neidio o un olygfa i'r llall, o le i le ac o flwyddyn i flwyddyn. Fel nifer o gerddi gorau Iwan, nid casgliad sy'n gwahodd dehongliad rhwydd a pharod mo 'Gwreichion'; aeth Alan Llwyd, un o feirniaid y Goron, mor bell â dweud y 'byddai llawer o feirniaid diamynedd wedi ei thaflu ar ei phen i'r trydydd dosbarth'.[6] Ond a phrofi nad un o'r beirniaid diamynedd hynny mohono ef, aeth Alan Llwyd ati i gynnig dehongliad trylwyr o'r casgliad yn ei feirniadaeth er mwyn goleuo darllenwyr Cyfansoddiadau'r Eisteddfod Genedlaethol. Ymhelaethodd ar ei drafodaeth ar gasgliad buddugol 'Tjuringa', ffugenw Iwan, yn ei golofn olygyddol yn *Barddas*.[7] Ond ymateb amrywiol y darllenwyr unigol oedd yn bwysig i Iwan, yn ôl ei addefiad ei hun:

> O bosib mae rhai o'r cerddi yn rhy gynnil, a dyna pam eu bod yn ddyrys ar yr olwg gyntaf. Ond mae'n llawer gwell gen i waith sy'n gadael i ddychymyg y darllenydd ymateb yn greadigol i'r delweddau a gynigir, na cherddi nad ydynt yn gadael dim i'r dychymyg. Os yw cerdd yn llwyddo i greu'r awyrgylch sy'n caniatáu i'r dychymyg ymateb, yna mae'n gerdd effeithiol.[8]

Ni ryddhaodd Iwan gerddi 'Gwreichion' heb allwedd ychwaith, ac mae dyfyniad Bruce Chatwin o'r gyfrol *The Songlines* yn rhagnodyn awgrymog i ystyron y cerddi. Rhaid amgyffred rhywfaint o gynnwys y gyfrol honno, sy'n ymwneud â chwedloniaeth pobl gynhenid ('Aborigine') Awstralia, er mwyn deall arwyddocâd y fytholeg gymhleth hon yng ngherddi Iwan.

Cyfrol sy'n sôn am anturiaeth Chatwin i Awstralia ac i galon diwylliant y bobl gynhenid yn Awstralia yw *The Songlines*. Ynddi, mae'n ymchwilio i chwedloniaeth gyfriniol y brodorion ac yn ymchwilio'n benodol i'r 'songlines' sy'n gweu patrwm dros y ddaear. Olion hanes y Creu, neu fytholeg y Creu yn hytrach, yw'r 'songlines' hyn: llinellau haniaethol o alawon a adawyd gan yr hynafiaid pan droedient y ddaear gan roi bodolaeth i bopeth drwy ei enwi ar gân:

> The Ancients sang their way all over the world. They sang the rivers and ranges, salt-pans and sand dunes. They hunted, ate, made love, danced, killed: wherever their tracks led they left a trail of music.[9]

Credir bod yr hynafiaid hyn oll yn cynrychioli gwahanol rywogaethau: ar fore'r dydd cyntaf pan ffrwydrodd yr haul o berfeddion y ddaear, fe ddaeth yr hynafiaid allan o'u cuddfannau a rhoi genedigaeth i'r rhywogaeth yr oedden nhw'n ei chynrychioli. Wedi'r enedigaeth y daeth y weithred gyfriniol o ddatgan 'I AM!', geiriau a ddyfynnir yn y rhagnodyn i 'Gwreichion'. Aeth yr hynafiaid yn eu blaenau i enwi elfennau eraill gyda phob cam ymlaen: 'calling to right and left, calling all things into being and weaving their names into verses'.[10] Digwyddodd y Creu, neu'r broses o roi bodolaeth i rywbeth trwy roi enw arno, mewn cyfnod (neu gyflwr) a elwir y 'Dreamtime'. Y 'Dreamtime' yw'r fersiwn aboriginaidd o benodau cyntaf Genesis, yn ôl Chatwin, ond bod un gwahaniaeth sylfaenol rhwng y ddau:

> In Genesis, God first created the 'living things' and then fashioned Father Adam from clay. Here in Australia, the Ancestors created themselves from clay, hundreds and thousands of them, one for each totemic species.[11]

Ond mae tebygrwydd rhwng y ddau draddodiad hefyd o gofio geiriau Efengyl Ioan 1:1: 'Yn y dechreuad yr oedd y Gair; yr oedd y Gair gyda Duw, a Duw oedd y Gair'.

Un peth arall i'w nodi yw bod gan bob aelod o'r gymuned aboriginaidd ei hynafiad ei hun. Rhaid yw i ferch feichiog nodi'r union fan y saif ynddo pan deimla ei babi'n cicio y tu mewn iddi am y tro cyntaf, a rhaid yw dod i wybod wedyn ar lwybr pa hynafiad y mae hynny. Dyma fan cenhedlu'r plentyn, yn yr ystyr o'i genhedlu i linach ei hynafiad, a gall y plentyn hwnnw ei gysylltu ei hun wedyn gydol ei oes â rhywogaeth yr hynafiad hwnnw: 'So when an Aboriginal tells you, "I have a Wallaby Dreaming," he means, "My totem is Wallaby. I am a member of the Wallaby Clan."'[12]

Mae'r syniad o greu, a rhoi bodolaeth i rywbeth, trwy ddatgan geiriau yn ganolog i 'Gwreichion' Iwan Llwyd. Ar ddiwedd degawd tywyll yn hanes gwleidyddiaeth y wlad, canu Cymru newydd i fodolaeth yw diben y cerddi hyn gan 'greu chwedl ar gyfer yr wythdegau' er mwyn i'r Cymry bwyso arni a theimlo eu bod yn perthyn i draddodiad cyfoes a pherthnasol.[13] Fel y dywed Chatwin, 'By singing the world into existence [...] the Ancestors had been poets in the original sense of *poesis*, meaning "creation" '.[14] Yn driw i'r traddodiad hwnnw, felly, dyma'r bardd Cymraeg yn mynd ati i fynegi ei greadigaeth, i ddychmygu Cymru newydd a thrwy hynny lunio seice ei genedl o'r newydd. Wrth ysgrifennu 'Gwreichion' gan ddilyn traddodiad yr hynafiaid, rhydd Iwan fodolaeth i wlad newydd drwy farddoniaeth.

Eto, pwysig yw nodi mai cyfrol a grëwyd ar y ffin rhwng dychymyg a gwleidyddiaeth yw *The Songlines*. Yn wir, cafodd ei feirniadu gan sawl un am beidio ag adlewyrchu'n gywir fywyd pobl gynhenid Awstralia. (Cafodd ei chamddefnyddio gan rai fel cyfrol wleidyddol, ffeithiol, er mai ffuglen ydyw.[15]) Ac yn yr un modd ag yr ysgrifennodd Chatwin *The Songlines*, yn gyfuniad o ffaith a dychymyg, gellid dadlau hefyd bod Iwan wedi mynd ati i ysgrifennu 'Gwreichion', yn gasgliad sy'n gynnyrch 'hinsawdd Ôl-fodernaidd',[16] chwedl Wiliam Owen Roberts, a hwnnw wedi ei leoli ar y ffin rhwng gwleidyddiaeth a'r dychymyg. Creadigaeth dychymyg Iwan yw'r Gymru a geir yn 'Gwreichion': math o bropaganda ar gyfer cyfnod penodol yng Nghymru.

Mae'r Gymru a ddarlunnir ar gychwyn y casgliad yn un hawdd uniaethu â hi, ac adladd y refferendwm yn pwyso'n drwm arni, a hawdd fyddai credu mai adlewyrchu realiti a wna'r cerddi. Ond mewn gwirionedd, mae'r cerddi'n tywys y darllenydd at obaith newydd: wrth gredu yn nilysrwydd y Gymru a ddarlunnir, gellir hefyd gredu yn y wawr newydd a geir yn y cerddi. Propaganda gwleidyddol sydd yn 'Gwreichion', felly, a luniwyd er mwyn llywio agweddau'r Cymry ac ail-greu Cymru newydd ar adeg pan oedd angen arweiniad ar y genedl.

Nid peth newydd oedd dychmygu Cymru i fodolaeth, fel y dywed Gwyn Alf Williams:

> Wales has always been now. The Welsh as a people have lived by making and remaking themselves generation after generation, usually against the odds, usually within a British context. Wales is an artefact which the Welsh produce. If they want to. It requires an act of choice.[17]

Creadigaeth pobl, nid rhywbeth cynhenid, yw cenedl, yn ôl rhai damcaniaethwyr ôl-drefedigaethol. Caiff y syniad o genedl ei ddiffinio gan Benedict Anderson, er enghraifft, fel 'an imagined political community',[18] a hynny yn union a geir yn 'Gwreichion'. Os derbynnir bod y Cymry wedi mabwysiadu'r agweddau gobeithiol a geir yn 'Gwreichion', gellir derbyn, felly, y syniad o genedl fel endid hylifol y mae modd dylanwadu arno a newid ei ffurf yn unol â gofynion y cyfnod. Un elfen nodedig sy'n gymorth wrth ddiffinio cenedl, a'i gwahaniaethu oddi wrth genhedloedd eraill, yw iaith, ac yn 'Gwreichion', yn gyffelyb i *The Songlines*, iaith a geiriau sy'n esgor ar greadigaeth. Geiriau'r hynafiaid a greodd y byd o'u cwmpas, a geiriau Iwan a greodd gerddi 'Gwreichion' ac a ddatganodd enw 'Rhys' er mwyn rhoi bodolaeth i genhedlaeth newydd. Pwysleisir pwysigrwydd iaith i hunaniaeth cenedl gan Ngũgĩ wa Thiong'o:

> Language carries culture, and culture carries, particularly through orature and literature, the entire body of values by which we come to perceive ourselves and our place in the world.[19]

Sonia Emyr Humphreys am y traddodiad barddol Cymraeg, gan ddadlau ymhellach mai'r diwylliant sy'n cryfhau'r iaith yn achos y Gymraeg. Eglura fod i farddoniaeth Gymraeg yn benodol rym fel cyfrwng sy'n gallu dylanwadu ar seice'r genedl:

> ... it is in the Welsh experience that we can see most clearly how a poetic tradition can inject into a native language an authority and power that is sufficient to breathe forms of life into the national being even when independent military and political power have long withered away.[20]

Dadleua Ngũgĩ wa Thiong'o ac Emyr Humphreys mai creadigrwydd sydd wrth wraidd hunaniaeth genedlaethol, ac mae'r bod creadigol yn hollbresennol yn 'Gwreichion' hefyd. Mae'r bardd ei hun yn fod creadigol sy'n cynhyrchu'r farddoniaeth, ac mae'r ferch sy'n llefaru yn y cerddi hefyd yn greadigol drwy genhedlu a rhoi genedigaeth i'w mab, Rhys. Mae'n gysyniad sy'n ymddangos ar wedd wahanol eto yn y Prolog a'r Epilog wrth i Iwan gyflwyno safbwynt y trydydd person sy'n cyfeirio at y bod creadigol annelwig. Sonia iddo ysgrifennu'r epilog, 'Y Gân Olaf', yn wreiddiol fel teyrnged i Bruce Chatwin,[21] a chred Alan Llwyd mai Chatwin sydd dan sylw yn 'Y Gân Gyntaf' hefyd, fel y noda yn ei feirniadaeth.[22]

Mae awgrym Alan Llwyd yn sicr yn dal dŵr, ac yntau'n egluro'r salwch y bu Chatwin yn ei ddioddef cyn ei farwolaeth yn 48 oed. Gwadai Chatwin ei fod yn dioddef o HIV, a mynnai mai afiechyd prin ar fêr ei esgyrn a oedd arno, a bod hynny'n cyfyngu ar symudiadau ei gorff: 'Ni fedrai gyfansoddi ar sgrîn a'i fysedd clonciog / yn hercian o sill i sill,' fel y dywed Iwan yn y Prolog.[23] Er nad cerddi uniongyrchol am Bruce Chatwin mo'r Prolog na'r Epilog o reidrwydd yn eu ffurfiau terfynol yn y casgliad, gellid ystyried y teithiwr a'r awdur poblogaidd yn ymgnawdoliad o'r bod creadigol sy'n torri yn ei henaint cynnar. Cerdd yw 'Y Gân Gyntaf' sy'n delweddu dirywiad creadigrwydd.

Yn debyg i ddwy gerdd arall a ysgrifennodd Iwan yn ystod y 1980au, 'Mae'r cryman yn cau'[24] ac '11.12.82',[25] cerdd ddiobaith yw hon ar yr wyneb, cyn y daw'r tro yn y gynffon. Wrth i'r bod creadigol ddiffygio, mae ei obeithion, ei ddelfrydau a phosibiliadau ei greadigrwydd yn gwywo hefyd, ac yn ei henaint mae'n myfyrio ar y gweledigaethau na fydd modd eu gwireddu bellach, ac yntau ar ei wely angau:

> ... yr oedd dydd pryd y gwelai glai'r dyfodol
> yn ei ddwylo llaith i'w fowldio a'i fwydo,
> ei danio a'i dylino ar ddelw rhyw ddinas ddihalog ...

Mae'n methu creu neu ddychmygu gobaith newydd ar gyfer y dyfodol, yn methu cynnig tudalen lân neu gyfnod newydd i'r genedl. Yn un o sonedau crefyddol cynharaf Iwan (o'i gyfnod yn y chweched dosbarth), defnyddiodd ddelwedd Feiblaidd wrth sôn am ddynion fel clai yn nwylo Duw ac am ei 'rym angerddol creadigol Ef'.[26] Efallai fod rhywfaint o ôl y ddelwedd, a ddaw un ai o Jeremeia 18 neu o Eseia 64, yma. Wrth ddarllen y bennod yn Eseia ar ei hyd, a chanfod sôn am 'ddinasoedd sanctaidd yn anialwch; y mae Seion yn anialwch a Jerwsalem yn anghyfannedd', tybed a ddylanwadodd y llun dramatig hwnnw ar weledigaeth gyferbyniol y bod creadigol yng ngherdd Iwan o'r 'ddinas ddihalog'? Awgryma Wiliam Owen Roberts mai cyfeiriad yw'r 'ddinas ddihalog' un ai at syniad Awstin Sant o Ddinas Duw neu at y Gymru a arddelai'r hyn a eilw ef yn Fyth Cenedlaetholdeb Cristnogol Gwledig.[27]

Rhennir y gerdd yn ddwy: y gorffennol a'r presennol. Yn y rhan gyntaf, ceir rhestr o'r holl bethau yr arferai'r bod creadigol allu eu gwneud, a thrwy ei ddiffinio o ran yr hyn nad yw'n gallu ei wneud bellach, mae ôl dirywiad mawr i'w weld arno. Ymddengys fel rhyw led-fodolaeth drwy'r rhan helaethaf o'r gerdd, yn hiraethu am ei allu i greu ac i grymu dros y marwor 'a gwylio'i anadl / yn mygu, yn gwau patrymau unig, oer'. Fel y ceir yn y cerddi 'Tywallt anadl',[28] 'Anadl', 'Anadl Llywelyn',[29] ac yn y cwpled 'Moelni',[30] mae anadl yng ngherddi Iwan yn aml iawn yn gyfystyr ag iaith. Os derbynnir hynny yma hefyd, arferai'r creadur allu creu, neu 'wau patrymau' gyda'i iaith, er mai creu ar ei ben ei hun yr oedd: 'ar y cyrion yn trin geiriau / fel arian gwynion'. Mae'n bosib mai cyfeiriad sydd yma at syniad Iwan am sefyllfa ddiwylliannol Cymru yn ystod y 1970au a'r 1980au pan oedd Myth y Cenedlaetholdeb Cristnogol Gwledig yn dal i deyrnasu, a'r Cymry creadigol, yn ei farn ef, yn cyfansoddi mewn gwagle amherthnasol, yn gwrthod baeddu'r iaith â llwch y stryd, yn ei chadw'n bur ac yn 'trin geiriau / fel arian gwynion'.

Ar ddiwedd y gerdd y down at y presennol, a dyma lle mae trywydd y gerdd yn newid, a'r creadur creadigol yn mynnu adfywio. Nid yw'n barod i dderbyn ei dynged: 'heneiddio'n anniddig' yr oedd ar ddechrau'r gerdd, ac erbyn y diwedd mae'n penderfynu gwneud rhywbeth:

> ... mae'n gwasgu ei ddyrnau i'w deffro, i bwmpio
> gwaed i'r bysedd meddw sy'n siglo a swagro,
> yn gwrthod plygu i'r drefn, yn llosgi tyllau yn ei bocedi garw.

Adleisir yma rywfaint o'r syniadaeth a geir yn 'Richard Jenkins'[31] ac yn 'Cactus',[32] lle mae gwrthod cydymffurfio â threfn pethau, a gwrthod ildio i'r gwyll, hefyd yn nodweddion amlwg. Mae awgrym ar ddiwedd y gerdd fod y bod creadigol yn barod i afradu 'arian gwynion' ei eiriau mewn ymgais i greu rhywbeth perthnasol i'r oes sydd ohoni, ac mae'n bosib mai creadigaeth y bod creadigol hwn yw'r golygfeydd dilynol.

Cychwynna'r daith drwy ddrysfa'r degawd gan gladdu'r 'hen ffordd Gymreig' yn '*Golygfa 1:* Mawrth 1979 Angladd'.[33] Daeth dydd y claddu adeg y refferendwm cyntaf ar ddatganoli. Angladd ffermwr ym Môn sydd yma, gyda'r Gymru amaethyddol, wledig yn llythrennol yn cael ei rhoi yn y bedd. Pwysleisir hynny yn ddigon eironig gydag adlais o 'Gân yr Arad Goch' gan Ceiriog ac o 'Eifionydd' R. Williams Parry, wrth i'r gwylanod 'ganlyn arad y ffarmwr ar y ffridd'. Union ysbryd y ddwy gerdd honno, a naws y cyfnod y cyfansoddwyd hwy ynddo, yw'r pethau amherthnasol y mae'n rhaid eu gadael ar ôl. Fel y syniad o'r Gymru wledig ddelfrydol, mae anghydffurfiaeth hefyd yn amherthnasol i'r genhedlaeth sy'n dod i oed yn y 1980au. Caiff geiriau'r gweinidog eu sgubo ymaith gan y gwynt a'r glaw, ac fel y dywed Iwan mewn cân ddiweddarach, 'mae'r hen destament ar ben'.[34] Mae'r person cyntaf yn y gerdd – y ferch – yn dyst i hyn oll fel ag y mae'r 'ynyswyr gwargrwm'. Ond mae gwahaniaeth rhyngddynt: tra bo'r bobl eraill yn y gerdd yn 'dystion distaw', yn galaru ac yn gwylio'u diwylliant yn diflannu heb geisio brwydro'n erbyn ei ddifodiant, mae'r ferch yn edrych tua'r dyfodol. Cenhedla fab yn y fynwent 'rhwng y blodau a'r bedd', ar y ffin rhwng byw a marw, rhwng darfod a pharhad.

Gellir athronyddu ynghylch cenhedlu a genedigaeth Rhys yng nghyd-destun y fytholeg aboriginaidd a'u syniad o'r man cenhedlu symbolaidd. Drwy ddal y syniad hwnnw mewn cof, mae modd gweld mai yn y fynwent y mae llinach Rhys: mae'n perthyn i'r hen draddodiad Cymreig sydd wrthi'n cael ei gladdu. Ac nid peth negyddol mo hynny; un o fantras Iwan oedd bod rhaid cydio yn y gorffennol er mwyn symud tua'r dyfodol. Mae'r adlais o bedwaredd gainc y Mabinogi yn y llinell 'dy eni'n gryf yn yr oed oedd arnat' yn ategu'r traddodiad y mae Rhys yn perthyn iddo. Yng ngoleuni'r fytholeg aboriginaidd y mae modd canfod ystyr llinell olaf y gerdd, 'a chenais dy enw, Rhys ...'. Dyma'r ferch yn datgan bodolaeth ei mab, yn rhoi enw arno ac felly'n cyhoeddi ei greu. Mewn ystyr ehangach, mae'n cynnig dyfodol i Gymru, ac yn esgor ar y 'bywyd newydd sy 'mhob dihoeni', fel y ceir mewn cerdd arall ac iddi'r teitl arwyddocaol 'Wedi'r angladd'.[35]

Wedi'r enedigaeth, flwyddyn a mis yn ddiweddarach, mae'r ferch a'i mab yn cilio i'r mynydd. Cerdd am redeg i ffwrdd dan gywilydd yw '*Golygfa 2:* Ebrill 1980 Hendref',[36] a cherdd am droedio mewn tir diffaith lle mae'r hen draddodiadau a arferai ddiffinio Cymru wedi eu claddu, ond lle hefyd nad oes diffiniadau newydd wedi eu creu i'r wlad. Anodd yw osgoi cysylltiad y gerdd hon hefyd â'r refferendwm yn y Gymru go iawn: mae sôn am '[F]awrth ola'r degawd, Mawrth y gwrthod a'r gwerthu' yn hoelio'r gerdd yng nghyd-destun y cyfnod hwnnw yng Nghymru. Mae byw'n feudwyol ac yn gyntefig yn haws gan y ferch na gorfod wynebu penderfyniad 80% o'i chyd-Gymry i wrthod datganoli. Daw ei hunig gysur o'r delweddau cyfarwydd, ac mae hi'n rhy hunandosturiol a dihyder i fentro ymlaen a '[g]weiddi geiriau newydd a gwirioneddau' ar ôl profi'r fath ddadrithiad. Er bod y gwreichion yn pylu drwy gydol y gerdd, cânt eu megino drachefn wrth i'r ferch benderfynu trosglwyddo iaith i Rhys. Mae petruster yma o hyd, ond mae'n gam ymlaen. Mae yma lygedyn o obaith ac argoel fod yr haf ar ddod. Benthycir sawl delwedd o *Cerddi Ianws* T. James Jones a Jon Dressel yma: gwelwn yr 'hin' drosiadol a'r afon sydd yn 'Gwener', y rhew a'r rhedyn sydd yn 'Llun', ac mae'r llinell o'r gerdd 'Mercher', 'rhaid imi ffoi i'r cwm heno', hefyd yn benthyg ei hystyr i ail olygfa 'Gwreichion'.[37]

Diffodd yn raddol y mae'r gwreichion eto. Nid yw'r argoel o haf yn ddim ond gobaith dros dro. Mae'r ferch a'i mab yn dal i fodoli yn y tir diffaith, didraddodiad, anniffiniol hwnnw. Drysu'r ferch yn fwy byth a wna terfysgoedd y byd tu allan. 'Fe wnaeth Fai ar y naw,' meddir yn '*Golygfa 3:* Mai 1981 Hen Ffotograff'.[38] Cyfeirio y mae at y penawdau newyddion ar y pryd, a mis Mai wedi ei gloi rhwng terfysgoedd Brixton ym mis Ebrill a therfysgoedd Toxteth ym mis Gorffennaf. Bu mis Mai 1981 yn fis o ddigwyddiadau brawychus: cafodd awyren a oedd yn hedfan o Ddulyn i Lundain ei herwgipio gan un a oedd am i'r Fatican ryddhau trydedd gyfrinach Fátima; bu terfysgoedd yng Ngogledd Iwerddon yn dilyn marwolaeth Bobby Sands, a saethwyd y Pab Ioan Pawl II wrth iddo annerch cynulleidfa. Mae'r tymor yn cyferbynnu â naws gyffredinol y cyfnod; mae'n '[w]anwyn o hwliganiaeth' ac o ragrith. A'r byd â'i ben i waered, 'trais a therfysg tu chwith allan', ceisia'r ferch chwilio am angor ac am ystyr.

Ar hyn o bryd, mae'r byd yn 'negydd gwyn a du', a thry'r ferch i mewn i'r capel yn ei hymgais i wneud synnwyr o bethau (yn groes i T. James Jones, sy'n mynd 'heibio i'r cwrdd yn y capel / ag ymbil ei olau yn colli'r dydd' yn y gerdd 'Mercher' yn *Cerddi Ianws*).[39] Ni chaiff ei hargyhoeddi na'i chysuro gan grefydd, fodd bynnag, ac nid yw mynychu'r oedfa ond yn cadarnhau bod geiriau'r bregeth, y gweddïau a'r emynau yn amherthnasol. Y tu allan, clywir sgrech ambiwlans yn rhuthro 'o'r tu arall heibio', gan adleisio sŵn realiti caled y byd tu allan a'r seiren yn symbol o argyfwng. Gwneir defnydd eironig o gyfeiriadaeth at ddameg y Samariad Trugarog, a daw i gof ddwy o gerddi cynharach Iwan, 'Wrth Wrando ar "Ambiwlans" Geraint Jarman', lle mae'r seiren yn 'farwnad cenhedlaeth', ac 'Y Lefiad' lle'r â cymorth heibio i sefyllfa argyfyngus 'o'r tu arall eto'r tro hwn'.[40] Methodd y ferch â chanfod unrhyw atebion, ac mae'n gadael y capel wedi oedfa'r hwyr wedi ei drysu fwy fyth gan olau dydd.

Yn dilyn hon, cawn 'un o gerddi mwyaf grymus y casgliad,' ym marn Wiliam Owen Roberts,[41] lle mae cyferbyniad amlwg rhwng yr hen a'r ifanc, rhwng y 'marwnadu' a'r '[c]rud'. Mae rhyw arafwch yn '*Golygfa 4:* Mehefin 1982 Hwiangerdd',[42] wrth i rai gydio'n dynn yn yr hen draddodiadau a'r hen ffordd Gymreig a gwrthod wynebu realiti caled y byd y 'tu hwnt i'r drws'. Mae'r 'drws' yn ein hatgoffa o agor y drws at Aber Henfelen, ac felly mae'r 'hen ŵr' a'i debyg yn fodlon eu byd mewn Gwales o hen ddelweddau a hen ddiffiniadau. Mae eu Cymru nhw'n perthyn i amgueddfa bellach, a phwysleisir eu hymlyniad at gysur y gorffennol drwy adleisio Cân yr Henwr o Ganu Llywarch Hen, sydd hefyd yn dod â 'Dysgub y Dail' Crwys i gof: fel 'deilen grin' ar drugaredd y gwynt, mae'r hen ffordd o fyw yn un fregus erbyn hyn. Dyma gerdd sy'n drwm gan gyfeiriadau at henaint a marwolaeth. Serch hynny, rhaid cofio mai cyfarch plentyn ifanc a wneir ynddi. Er y naws farwnadol, mae ymbil yn llais y fam a thaerineb yn yr ailadrodd gorchmynnol 'clyw' dro ar ôl tro. Dyma'r ymgais olaf i adweithio yn erbyn tranc cenedl wrth i '[a]nadliad olaf' y gorffennol siglo crud Rhys. Mae'r hen yn esgor ar y newydd, y gorffennol yn porthi'r dyfodol. Ond parhau'n styfnig y mae'r hen do, a buan y daw ei dranc wrth iddo weld 'chwerw-win hen hafau yn gynhesach / na chwrw a choncrid y palmant tu hwnt i'r drws'.

A'r gorffennol y tu cefn iddi, ceisia'r ferch unwaith eto ganfod cyfeiriad yn y bumed olygfa.[43] Bron nad yw'r gerdd yn barhad o'r gerdd flaenorol, lle rydym bellach yn gweld yr hyn sydd y 'tu hwnt i'r drws', sef anesmwythyd y chwys hallt, y gwres llethol, a'r ofn symud. Mae dieithrwch yn y darlun, ond ar yr un pryd mae'r ceir sy'n pasio ar y lôn yn daearu ac yn normaleiddio'r profiad rhyfedd. Wedi dioddef yr amgylchiadau anghysurus am ryw hyd, daw'r ferch o hyd i gyfeiriad erbyn diwedd y gerdd, diolch i'r 'crwydryn alltud' y 'mae'n ddiogel croesi yn ei gysgod'. Mae'r geiriau Lladin yn nheitl y gerdd, 'Quo Vadis' (I ba le yr ei di?), yn ein tywys at ddarlleniad Cristnogol wrth i'r geiriau fynegi'r cwestiwn a ofynnodd Pedr i Iesu pan oedd ar y ffordd i gael ei groeshoelio am yr eildro.[44] Awgrymodd Wiliam Owen Roberts ac Alan Llwyd mai Crist yw'r 'crwydryn alltud' yn y gerdd, ac mae'n ddifyr nodi i Iwan gyfeirio at ddelw o Grist yn ddiweddarach yn 'Llwybr y groes' yn 'grwydryn a'i freichiau ar led'.[45] Mae'r 'crwydryn alltud' a'r eglurder sydyn a ddaw yn ei sgil hefyd yn dwyn i gof 'Mewn Dau Gae' Waldo Williams a'r 'Brenin alltud' sy'n cynnig y 'môr goleuni' yn y gerdd honno. Rhyw naws debyg sydd yng ngherdd Iwan i'r hyn a ddisgrifir gan Waldo ar ddechrau ei gerdd yntau:

> Ar ôl imi holi'n hir yn y tir tywyll,
> O b'le deuai, yr un a fu erioed?
> Neu pwy, pwy oedd y saethwr, yr eglurwr sydyn?[46]

'*Golygfa 5*' yw cerdd fwyaf amwys 'Gwreichion'. Fe'i disgrifir gan Wiliam Owen Roberts fel 'cerdd fetaffisegol amlystyrog'.[47] Mae posibiliadau eraill, anghristnogol, i'r 'crwydryn alltud', ac awgryma Wiliam Owen Roberts efallai mai un o hynafiaid pobl frodorol Awstralia sydd yma. Gellir ymhelaethu rywfaint ar y syniad hwnnw wrth ystyried fod gan bob aelod o'r gymuned honno hynafiad y mae'n perthyn iddo, ac felly *songline* sy'n eiddo iddo hefyd. Pan fo bachgen aboriginaidd yn ymgymryd â'r ddefod o grwydro, *walkabout*, y bwriad yw dilyn ôl ei hynafiad gan gerdded ar hyd y *songline* sy'n perthyn iddo. Os ceidw at y llwybr hwnnw, caiff groeso gan y llwythau ar y ffordd ac fe fydd yn ddiogel. Ond os bydd yn gwyro oddi ar ei lwybr ei hun yna bydd yn wynebu peryglon ar y ffordd. Fe all mai dyma sydd dan sylw yn llinell olaf cerdd Iwan ac yntau'n sôn am y crwydryn y 'mae'n ddiogel croesi yn ei gysgod'.

Yn ystod y bumed a'r chweched olygfa, gwelir trobwynt yn y casgliad. Mae'r ferch wedi canfod cyfeiriad i'w siwrne drwy weddill y degawd yn '*Golygfa 5*', a gwelwn ei hamgyffred o'i chenedl ei hun yn newid yn ystod yr olygfa nesaf. Sylweddola'r ferch fod ei chyd-Gymry, a arferai fod yn wan a diamcan, wedi magu cryfder dinistriol. Nid yw'n eglur yn y gerdd a yw hynny'n beth cadarnhaol ai peidio. Wrth ddisgrifio'r Cymry gynt fel 'cerrig llyfnion bychain / yn lluchio'n hunain fesul un yn erbyn y llanw, / yn ceisio cymaint o gamau â phosib / cyn boddi heb adael bedd',[48] defnyddia Iwan ddelwedd a ddefnyddiodd o'r blaen yn 'Sblas Fach', un o gerddi *Sonedau Bore Sadwrn*, lle mae'n dychmygu ei hun fel 'carreg lefn / yn sgimio'r dŵr / gan geisio / cymaint o gamau / ag sy'n bosib' cyn diflannu.[49] Ond bellach mae'r rhod wedi troi, a'r Cymry eu hunain yw'r llanw nerthol sy'n 'gwisgo'r graig yn gragen' ac sy'n 'malu'r tywod / a ddymchwel y gaer'. Gellir gweld trawiad Beiblaidd yma wrth inni ddwyn i gof ddameg y tŷ ar y graig a'r tŷ ar y tywod. Yn ôl y ddameg, safodd y tŷ ar y graig drwy'r tywydd garw, ond nid felly y bu hi yn hanes y tŷ ar y tywod:

> A disgynnodd y glaw a daeth y llifogydd, a chwythodd y gwyntoedd a tharo yn erbyn y tŷ hwnnw, ac fe syrthiodd, a dirfawr oedd ei gwymp. (Mathew 7:27)

Llinell olaf y gerdd sy'n peri'r anhawster mwyaf gan na wyddom a oes symbolaeth fwriadol i'r gaer. Awgryma Guto Dafydd, ar y naill law, mai beirniadu'r Cymry taeog am 'ddymchwel y gaer' a wna'r ferch yma, ac mai 'trosiad yw hwn am bleidlais enbyd 1979'.[50] Mae Wiliam Owen Roberts a Geraint Williams, ar y llaw arall, yn ystyried y grym dinistriol newydd sy'n perthyn i'r genedl yn beth ffafriol. Chwedl Wiliam Owen Roberts, 'mae tonnau'r môr wedi troi o'n plaid',[51] ac mae Geraint

Williams yn ystyried bod y gaer yn cynrychioli Prydeindod neu lywodraeth Thatcher.[52] Prif nod y gerdd, yn sicr, yw dangos newid yn agwedd, hunanhyder a chyfansoddiad y genedl, er gwell neu er gwaeth.

Soniwyd eisoes mai cerddi a gyfansoddwyd yn ystod y 1980au sydd yn 'Gwreichion', a defnyddiodd Iwan fersiwn o '*Golygfa 7:* Medi 1985 Cariad Drws Nesa' i'w darllen yn rhan o'r daith 'Cicio Ciwcymbars' ym 1988 dan y teitl 'Hogan Drws Nesa'.[53] Prin yw'r newidiadau a wnaed iddi cyn ei chynnwys yn y casgliad arobryn: ysgrifennwyd hi'n wreiddiol yn y person cyntaf gwrywaidd, a chariad y llefarydd yn ferch, ac felly rhaid oedd newid llais y llefarydd i fod yn llais benywaidd er mwyn ei chynnwys yn 'Gwreichion'.

Cyn y tro pedol a welir yn y cerddi blaenorol, tra oedd hi'n dal yn gyfnod tywyll ar Gymru, roedd angen cwmni ar y ferch er mwyn iddi ddygymod â'r awyrgylch dryslyd o'i chwmpas. Sôn am hynny a wneir yn '*Golygfa 7*' wrth inni ddeall fod y berthynas a oedd gan y ferch â'i chariad ar ben ac mai angen rhywun i rannu baich y cyfnod yr oedd hi yn anad dim, cariad a fyddai'n 'cadw cwmni / cyn i'r archoll gau'.[54] Cariad ifanc a diniwed a awgrymir gan 'gariad drws nesa', ond yn y cariad diniwed hwnnw roedd sefydlogrwydd a phatrwm i'w gael yn ystod blynyddoedd blin hanner cyntaf y 1980au. Y 'darogan boreau rhyddid' a gadwai'r ddau rhag plymio i iselder y cyfnod, ac mae i ryddid ei gysylltiadau ehangach, wrth gwrs, gyda siom y refferendwm yn gefnlen i'r cerddi. Mae'r ffaith fod y ddau yn 'breuddwydio strydoedd a stondinau'n deffro / i ogla traffig' yn fodd o ddarlunio llymder yr hinsawdd economaidd ar y pryd: dychmygu'r strydoedd yn byrlymu a wnânt, gan nad felly y mae hi mewn gwirionedd.

Gwyddom fod y berthynas ar ben rhwng y ddau trwy'r defnydd o ferfau yn amser y gorffennol (er enghraifft, 'roedd gen i gariad'), a hel atgofion am y cyfnod hwnnw o ganlyn diniwed a wna'r ferch yn rhan gyntaf y gerdd. A'r llinellau a'r penillion yn goferu'n llithrig, daw diwedd i'r hel atgofion gydag atalnod llawn arwyddocaol, ac yna cyflwynir profiad diweddarach, wrth i'r ferch sôn iddi weld ei chyn-gariad 'neithiwr ar fideo'r dafarn / yn syllu'n bell i wyll y bar'. Dyma ddwy linell sy'n ennill ystyr drwy hepgor atalnodi. Gallwn, ar y naill law, ddychmygu'r llanc yn syllu'n wag ar sgrin y dafarn, yn ymgolli yn nelweddau'r cyfryngau rhag gorfod wynebu realiti. Ond mae 'fe'i gwelais ar fideo'r dafarn' ar ei ben ei hun yn awgrymu mai'r ferch yw'r un sy'n edrych ar y sgrin. Mae fel petai hi'n gwylio'r olygfa o'r tu allan, yn gwylio ei chyn-gariad ar ffilm. Nid yw'n glir, felly, ai safbwynt y ferch ynteu safbwynt y bachgen yw'r realiti. Fe sonia Wiliam Owen Roberts yn y cyd-destun hwn am ddamcaniaeth Jean Baudrillard ynghylch *similacrum*: 'Yr hyn a olygir yw fod y ddelwedd a ddangosir ar y sgrin deledu yn real, hynny yw, dyna realiti. Nid yw'r bobol sy'n gwylio ond delweddau goddefol sy'n tawel dderbyn gwirionedd y realiti'.[55] Gellir derbyn y ddamcaniaeth hon yn y ddau gyd-destun a awgrymwyd uchod, a'r cwestiwn, felly, yw p'un ai'r ferch ynteu'r bachgen sy'n oddefol ac sy'n derbyn realiti'r sgrin. Yn y fersiwn gynharach o'r gerdd, nid yw'r fath ddryswch yn bod gan mai gweld y cyn-gariad 'drwy fwg y dafarn' a wna'r llefarydd.

Erbyn ail hanner y gerdd, gwelwn y gwahaniaeth rhwng y ferch a'i chyn-gariad. Mae ef yn llonydd, wedi ei ddal yn iselder y cyfnod, fel yr awgryma'r '[ll]ygaid llonydd' a chyffur y 1980au yn 'ceulo'i waed'. Daw'n amlwg fod hinsawdd wleidyddol ac economaidd y cyfnod wedi mynd yn drech nag ef ac awgryma Wiliam Owen Roberts mai 'symbol ydyw o'r llu di-waith a anghofiwyd ac a aberthwyd gan "gatrodau'r toriadau" '.[56] Mae'r archoll wedi cau yn achos y ferch, fodd bynnag, ac mae hi'n ymdopi â symud ymlaen drwy'r cyfnod mewn ffordd wahanol, ac yn teimlo cysur yn y cyffyrddiad ysgafn â'i gorffennol:

> ... mynnais ei sylw am ennyd, am amrantiad
> cyffyrddais â godre pader yn llithro i'r nos.

Daw i sylweddoli maes o law mai yn symlrwydd y pethau bychain y mae dod o hyd i hapusrwydd yn ystod y cyfnod tywyll y mae hi'n byw ynddo, yn y cyffyrddiadau ysgafn hynny ac yn y ddealltwriaeth gynnil rhwng dau. Dyna sy'n goleuo'r siwrne drwy'r degawd. Daw i'r amlwg yn y cerddi dilynol mai dyna brif symbolaeth y gwreichion, fel sydd i'w weld yn '*Golygfa 9:* Tachwedd 1987 Tân Gwyllt':

> ... y cyfan sy'n cyfri yn nhwllwch ein dyddiau gweddw
> yw'r gwreichion chwerthin sy'n disgyn
> yn gawod amryliw i oleuo'n taith adre.[57]

Wedi i'r ferch brofi'r gwreichionyn cyntaf hwnnw yn '*Golygfa 7*', gwelwn fwy o'r 'gwreichion goleuadau' yn yr olygfa nesaf.[58] '*Golygfa 8:*

Hydref 1986 Cymudo' yw'r unig gerdd yn y casgliad sydd wedi ei chynnwys mewn cyfrol gan Iwan; fe'i gwelir dan y teitl 'Ffordd osgoi' yn y gyfrol *Dan Ddylanwad*.[59] Disgrifio taith adre ar hyd yr A55 a wneir, lle mae teimlad ar ddechrau'r gerdd fod y ferch yn aros yn ei hunfan. Mae rhwystrau yn ei hatal rhag medru cyflymu yn ei blaen ar y daith: 'mwg rhyngof a'r machlud' a char wedi torri i lawr ar y ffordd, ac mae hi 'ar gwt yr adar drycin' eraill ar y lôn, yn teithio'n arafach na phawb arall sy'n symud yn ddifeddwl 'ar siwrne i'r nos / a'i hafan ei hun'. Mae'n brofiad torfol sydd hefyd yn brofiad unigolyddol ar yr un pryd, yn union fel y profiad yn 'Mynd i lawr i Asunción' lle mae 'pob teithiwr talog ar sêt ar wahân'.[60] Caiff y ferch ddigon ar arafwch y daith, ac mae'n penderfynu cyflymu, ac o gyflymu, gwêl y 'gwreichion goleuadau' sy'n ei chynnal drwy weddill y siwrne.

Yn ei feirniadaeth, dywed Alan Llwyd fod '*Tjuringa* yn glynu wrth ei mannau ystyrlon. Y rhain sy'n rhoi ystyr a pherthyn iddi',[61] a chael ei thynnu'n ôl ar hyd ffordd gyfarwydd y mae hi yma wrth iddi deithio adre. Ni allwn chwaith beidio â meddwl am Iwan ei hun yn y cyd-destun hwn, a'r gerdd wedi ei lleoli 'ger Llanddulas' yn Nyffryn Conwy, sef bro ei fagwraeth. Y daith, a'r syniad o symud ymlaen yn barhaus, sy'n bwysig yn y gerdd, ac mae hynny'n nodweddiadol o farddoniaeth Iwan:

> Dw i wastad wedi licio'r syniad o deithio a chyfansoddi wrth deithio [...] Does yna ddim dechrau, canol a diwedd. Doedd gynnon ni ddim pendraw [*sic*] pendant. Y daith ei hun sy'n bwysig a dyna ydw i'n ei fwynhau.[62]

Awgryma Llion Jones fod i'r daith ar hyd yr A55 arwyddocâd yng nghyd-destun awen Iwan ei hun, wrth iddo gyfuno hen draddodiadau a diwylliant cyfoes:

> Yn y disgrifiad o'r modd y mae'r lôn honno yn torri ei llwybr rhwng bryniau Hiraethog a'r arfordir, rhwng cysgodion canrifoedd o draddodiad llenyddol a chrefyddol a goleuadau Rhyl a glannau Merswy, y mae awgrym clir o drywydd y llinell cân a fapiwyd gan Iwan Llwyd ei hun ...[63]

Bu'r daith ar hyd yr A55 yn destun cerdd arall gan Iwan yn ddiweddarach, a phrofiad cysurlon a hiraethus yw teithio ar hyd y lôn yn 'Taith adre'.[64] Er bod byrdwn y ddwy gerdd rywfaint yn wahanol, mae delweddau cyffredin yn y ddwy: goleuadau'r lôn, y mynyddoedd a'r bryniau, a'r cysylltiad corfforol, bron, sydd gan rywun â man arbennig.

Sylweddolodd y ferch fod y 'gwreichion goleuadau' sy'n ei chynnal i'w gweld yn gliriach, bellach, ac yn '*Golygfa 9:* Tachwedd 1987 Tân Gwyllt' mae'n deall fod y gwreichion hynny wedi bodoli erioed heb iddi sylwi arnynt na'u gwerthfawrogi.[65] Hyd yn oed ar yr adegau tywyllaf, mae rhyw fân ddigwyddiadau, 'ambell gân, ambell gerdd, / ambell gyffyrddiad neu gyfarfyddiad' yn ddigon i godi gwên, dim ond i rywun sylwi arnynt. Mae'r gerdd yn llawn cyferbyniadau rhwng goleuni a thywyllwch. Er bod y lleuad yn loyw, mae'r ddinas islaw yn dywyll, a theimlad o fygythiad yno 'a'r canhwyllau wedi'u diffodd dan warchae / catrodau'r toriadau'. Mae yma gyfosod golygfa debyg i'r *blackout* yn ystod yr Ail Ryfel Byd a chaledi hinsawdd economaidd y 1980au. Magodd y ferch wytnwch a chaledwch gyda'r blynyddoedd ac mae teimlad ei bod wedi gwastraffu llawer o'r blynyddoedd 'amddifad' hynny ym '[M]angor, Aberystwyth a Chaerdydd'. Dyma'r gerdd a ysgrifennodd Iwan ar gyfer pen-blwydd plentyn cyfeillion iddo ym 1987, ac yntau'n ddeg ar hugain oed yr un mis. Gallwn, felly, am ennyd ffeirio llais y ferch am lais Iwan, ac mae rhywbeth hunangofiannol yn y sôn am Fangor, Aberystwyth a Chaerdydd, ac yntau wedi ymgartrefu yn yr union lefydd hynny ar wahanol adegau.[66] Mae'r cysylltiad rhwng Iwan ei hun a'r gerdd yn cryfhau'r cyferbyniad ynddi rhwng yr hen a'r ifanc. A'r ferch wedi dod i sylweddoli mai'r gyfrinach er mwyn goroesi'r cyfnodau tywyll yw cofleidio'r eiliadau o lewyrch, rhanna'i doethineb a'i sylweddoliad â Rhys.

Soniodd Alan Llwyd yn ei feirniadaeth y gellir gweld cerddi 'Gwreichion' fel 'cerddi cyffesol',[67] ac yn y ddwy olygfa olaf cyn yr epilog y mae'r nodwedd honno amlycaf. Troi i gyfarch y cariad a oedd ganddi a wna'r ferch yn '*Golygfa 10:* Rhagfyr 1988 Carol'.[68] Disgrifiodd Geraint Williams y gerdd yn 'gampwaith o ymatal',[69] wrth i'r ferch gymharu'r hyn a fu, sef 'boreau barugog y swta ffarwèl [*sic*]', â'r hyn y gallasai fod wedi ei gynnig i'w chariad, sef cariad a chwmni i rannu cyfrinachau ac i gydyfed gwin. Mae'r cyfan a allasai fod yn fyw yn ei dychymyg hi, a gofynna am faddeuant ganddo am fethu cynnig y cyffyrddiadau a'r profiadau bychain sy'n gwreichioni goleuni i gynnal rhywun drwy gyfnodau tywyll. Yn olaf, mae'n gofyn am faddeuant am y 'dagrau na wylasom sy'n weddill yn rhywle / yng ngwaddod fy mêr'. Cawn argraff fod rhywbeth yn anorffenedig ynghylch y berthynas, ac mae teimlad o wacter ac o dristwch yn y ffaith fod rhywbeth na ddigwyddodd wedi ei blannu mor ddwfn ym mêr esgyrn y ferch.

Cyffes dywyllach sydd yn '*Golygfa 11:* Calan 1989 Calennig',[70] bron i ddegawd wedi'r refferendwm, wrth i'r ferch gyfaddef wrth Rhys ei dymuniad i'w erthylu ar un adeg:

> Mae gen i gyfaddefiad
> mor oer a marw â'r tymor ei hun:
> ddegawd yn ôl erfyniais dy ddiffodd ...

Clywn adlais o 'Cilmeri' Gerallt Lloyd Owen yn yr ail linell, cerdd sydd, yn arwyddocaol, yn darlunio marwolaeth cenedl, a lleuad Gerallt 'mor oer â'r marw ei hun'.[71] Cyfleir cywilydd a ffieidd-dra ar ddechrau'r gerdd, ac ni ddymuna'r ferch fod yr un sy'n esgor ar genhedlaeth newydd mewn degawd dieithr. Bron nad oedd am wadu iddi erioed genhedlu yn y lle cyntaf; dyhea am 'sgwrio o dan fy ngwinedd / rhag bod ôl dy fodolaeth yn llechu'. Ond ymatal rhag erthylu Rhys a wnaeth hi wrth i'r bachgen dyfu y tu mewn iddi ac wrth iddo ddod i gynrychioli cenhedlaeth newydd a fyddai'n sicrhau parhad yr iaith a'r diwylliant. Erbyn diwedd y gerdd, down yn ôl at y presennol, ac mae'r ofn a deimlodd y fam gynt wedi ei droi ar ei ben i fod yn ddathliad o enedigaeth ei mab. A hithau'n 1989, ar drothwy degawd arall, mae Rhys yn ddigon hen ac wedi magu digon o hyder i wneud o'r degawd newydd yr hyn a fynno, ei fowldio a'i '[g]leisio' fel y mynno. Er iddo ef a'i genhedlaeth gael magwraeth ddigon ansicr a sigledig, cânt aeddfedu mewn gwlad hyderus sy'n barod i fentro a'i diffinio ei hun o'r newydd.

Ailymwelwn â'r bod creadigol yn '*Epilog:* Y Gân Olaf', wrth i gylch y cerddi gau.[72] Dyma'r gerdd a ysgrifennodd Iwan yn wreiddiol fel teyrnged i Bruce Chatwin, a nododd hefyd fod y gerdd yn ymateb i ddarlun gan Berwyn Morris Jones.[73] Fel y cafwyd yn y prolog, mae'r gerdd yn ddatguddiad o'r bod creadigol sy'n 'dyfalu' ei greadigaeth. Creodd symud ansicr, rhyw storm yn cyniwair ar y gorwel, a dyna afradu ei holl egni fwy neu lai yn llunio 'amlinell' y Gymru newydd. Darlunnir y creadur wedi ymddihatru, wedi ei stripio i'r byw a'i lanhau gan y trai; bron nad yw wedi mynd yn ôl i'w gyflwr cynhenid cyn cael ei 'gladdu'n / grawn dan y graean cras'. Gwelir syniad tebyg o buro pobl â dŵr a dychwelyd at graidd pethau yn ddiweddarach yn 'Ffynhonnau', lle'r 'ymdrochwn yn y dŵr bywiol':

...golchi ein siniciaeth a'n cwrteisi
yn y dyfroedd diniwed,
bwrw'n blynyddoedd i'r pydew

a chamu'n ifanc o'r dwfn,
a chariad yn glynu am eiliad
am amlinell ein cyrff newydd.[74]

Gwelir yr un peth eto yn 'Y dŵr mawr', un o gerddi taith Iwan i Dde America, lle dywed wrth bawb am adael eu materoliaeth, eu gwleidyddiaeth a phopeth arall er mwyn profi 'lle mae'r enfys yn disgyn / a'r aur yn ymffurfio / o'r dŵr a'r goleuni'; 'sefwch yn ei ganol,' meddai, 'a chamu yn fud a dianaf yn ôl i'r goleuni'.[75] Felly y mae'r purdeb sy'n perthyn i'r bod creadigol; crëir rhyw syniad o dudalen glân ganddo ac yntau heb anadl, 'na thiriogaeth na thras'.

Fel yr hynafiaid ym mytholeg yr Aboriginiaid a suddodd yn ôl i berfeddion y ddaear wedi iddynt ddatgan genedigaeth y gwahanol rywogaethau, mae'r bod creadigol yma'n cael ei gladdu ac yn 'llifo'n un â'r elfennau'. Ond cyn diflannu, mae yntau'n datgan enw ei greadigaeth, ac felly'n cwblhau'r weithred o greu:

... ond cyn llifo'n un â'r elfennau
cleisiodd y glasddydd â bloedd,
ag enfys rhwng y dyfroedd a darfod
datganodd dy genhedlu ar goedd.

Cerdd yw hon, yn y bôn, sy'n cadarnhau'r dyfodol yn sgil yr ymlafnio hir yn y tir tywyll. Mae diwedd y gerdd yn debyg i'r delyneg 'Enw' a ysgrifennodd Iwan ar gyfer un o ornestau Talwrn y Beirdd rhwng 1994 ac 1996. Amhosib yw anwybyddu'r cysylltiad â myth aboriginaidd y Creu yn y gerdd honno hefyd, a'r testun gosod, 'Enw', yn ei fenthyg ei hun i'r syniad o greu drwy enwi'r greadigaeth:

Ac yn y dechreuad
pan nad oedd y lleuad ond llwch
a'r moroedd â chramen o ewyn
drostynt yn drwch,
hen haul yn tywynnu'n welw
drwy gymylau'r lludw a'r llaid,
a therfysg y llosg-fynyddoedd
yn dwrw byddinoedd di-baid:

cyn i drefn ddod i dawelu'r dyfroedd,
a llunio llynnoedd, daeth llais
i ruo drwy ferw'r dechreuad
a'i alwad yn fedydd, yn glais.[76]

Er na ellir anwybyddu'r galar a'r teimlad o fod ar goll sy'n bresennol yn y casgliad drwyddo draw, cerddi gobaith yw cerddi 'Gwreichion' sydd, yn eu hanfod, yn sôn am ganfod ffordd ymlaen. Dyna a wna'r ferch yn y casgliad, a dyna a wna Iwan yn nifer o'r cerddi a ysgrifennodd yn ystod y 1980au: 'he is more for moving than for mourning. Rembember, yes, but move on,' chwedl Grahame Davies.[77] Roedd gan Iwan ei fwriad wrth roi'r casgliad at ei gilydd:

> Ceir yma ymateb personol i ddigwyddiadau personol. Ceir yma ymgais i greu chwedl gyfoes, mabinogi i'r wythdegau; a cheir yma ymgais i ganu dyfodol newydd i ni fel pobol. Dwi'n gobeithio y bydd pawb yn dod at y cerddi o'u safbwynt eu hunain, ac y bydd eu profiadau eu hunain o'r cyfnod yn ychwanegu at eu hymateb i'r gwaith.

Â yn ei flaen:

> Un o'r cymhellion y tu ôl i'r cerddi oedd ceisio dangos bod modd i Gymreictod oroesi hyd yn oed os yw rhai ffurfiau neu ddelweddau cyfarwydd ohono yn darfod.[78]

Bwriad arall gan Iwan wrth lunio'r casgliad oedd ceisio 'cyfleu'r cyfnod mewn modd mor grwn â phosib'.[79] Rhaid ystyried wrth ddarllen 'Gwreichion', yn arbennig felly gan fod pwyslais ar ddehongliad yr unigolyn, sut y mae'r cerddi yn cyflwyno'r 1980au i gynulleidfa na phrofodd y cyfnod ei hunan. Gellid dadlau bod ambell gerdd unigol o gyfrolau cyntaf Iwan yn dal naws y cyfnod wedi'r refferendwm yn fwy uniongyrchol na'r un o gerddi'r casgliad hwn, cerddi fel 'Darfod', 'Y seithfed don'[80] ac 'Mae'r cryman yn cau'.[81] Ond o ystyried 'Gwreichion' yn gyfanwaith, yn debyg i 'record hir', chwedl Iwan,[82] tystiwn i lu o emosiynau dwys a chawn ein tywys drwy gyfnodau o alar, siom, cywilydd, dryswch, anobaith, amheuaeth, edifeirwch, ac o sylweddoliadau. Gwelwn newid graddol wrth i'r ferch, gam wrth gam, ddod o hyd i'w llwybr a darganfod yr hyn sy'n ei chynnal drwy adegau tywyll. Gellir ystyried 'Gwreichion', fel y farddoniaeth a ysgrifennodd Iwan yn ystod y degawd a ddilynodd 1979, yn fap (neu'n ganllaw) o broses seicolegol carfan o Gymry dros gyfnod o ddeng mlynedd.

Geni, nid galar, yw thema'r cerddi, ac yng ngenedigaeth Rhys y mae hanes, iaith a thraddodiadau'r Cymry'n cael eu diogelu. Ysgrifennodd Iwan englyn ar gyfer yr Ymryson ar ddydd Sadwrn olaf Eisteddfod Cwm Rhymni 1990 sy'n crynhoi hynny'n berffaith:

O raid mae fy nghyndeidiau – a'u holl hynt
Yn llif fy ngwythiennau,
O raid, yn fy mab, parhau
Mae hanes fy myw innau.[83]

O farwor 1979 y gwreichionodd y Gymru newydd; ffenics a gododd o'r lludw hwnnw oedd y bleidlais fwy hyderus ym 1997 pan bleidleisiwyd o drwch blewyn o blaid cael Cynulliad i Gymru: 50.3% o'r rhai a fwriodd bleidlais a bleidleisiodd o blaid datganoli, ond roedd yn ddigon i lacio rhywfaint ar afael San Steffan ar y wlad. Dyma'r Gymru newydd a luniai ddyfodol Rhys a'i genhedlaeth.

NODIADAU

1 Wiliam Owen Roberts, 'Rhai atgofion coleg', yn Myrddin ap Dafydd (gol.), *Iwan, ar Daith* (Llanrwst: Gwasg Carreg Gwalch, 2010), 37.
2 Llion Jones, 'Llion Jones yn Trafod Cyfansoddiadau a Beirniadaethau Eisteddfod Genedlaethol Cwm Rhymni', *Barddas*, 161 (Medi 1990), 23.
3 Myrddin ap Dafydd, 'Gwythiennau', yn W. J. Jones (gol.), *Cyfansoddiadau a Beirniadaethau Eisteddfod Genedlaethol Frenhinol Cymru Cwm Rhymni 1990* (Llandysul: Gwasg Gomer dros Lys yr Eisteddfod Genedlaethol, 1990), 16.
4 Iwan Llwyd, 'Barddas yn Holi Iwan Llwyd', *Barddas*, 161 (Medi 1990), 8.
5 Ibid.
6 Beirniadaeth Alan Llwyd ar gystadleuaeth y Goron, yn *Cyfansoddiadau a Beirniadaethau Eisteddfod Genedlaethol Frenhinol Cymru Cwm Rhymni 1990*, 34.
7 Alan Llwyd, 'Golygyddol', *Barddas*, 162 (Hydref 1990), 6–8.
8 Iwan Llwyd, 'Barddas yn Holi Iwan Llwyd', 9.
9 Bruce Chatwin, *The Songlines*, (London: Cape, 1987), 73.
10 Ibid.
11 Ibid., 12.
12 Ibid.
13 Iwan Llwyd, 'Barddas yn Holi Iwan Llwyd', 8.
14 Bruce Chatwin, *The Songlines*, 14.
15 Robert Clarke, 'Star traveller: celebrity, Aboriginality and Bruce Chatwin's *The Songlines* (1987)', *Postcolonial Studies*, Vol.12, No.2 (June 2009), 229–46.
16 Wiliam Owen Roberts, '"Gwreichion" Iwan Llwyd', *Taliesin*, 80 (Ionawr/Chwefror 1993), 26.
17 Gwyn A. Williams, *When Was Wales?* (London: Black Raven, 1985), 304.
18 Benedict Anderson, *Imagined Communities*, Unfed argraffiad ar ddeg (London: Verso, 2002), 6.
19 Ngũgĩ wa Thiong'o, *Decolonising the Mind: The Politics of Language in African Literature* (London: Currey, 1986), 16.

20 Emyr Humphreys, *The Taliesin Tradition*, Trydydd argraffiad (Bridgend: Seren, 2000), 2.
21 Iwan Llwyd, 'Barddas yn Holi Iwan Llwyd', 8.
22 Beirniadaeth Alan Llwyd ar gystadleuaeth y Goron, yn *Cyfansoddiadau a Beirniadaethau Eisteddfod Genedlaethol Frenhinol Cymru Cwm Rhymni 1990*, 35.
23 Iwan Llwyd, 'Gwreichion', yn *Cyfansoddiadau a Beirniadaethau Eisteddfod Genedlaethol Frenhinol Cymru Cwm Rhymni 1990*, 37.
24 Iwan Llwyd, *Dan Fy Ngwynt* (Caerdydd: Gwasg Taf, 1992), 63.
25 Iwan Llwyd, *Dan Anesthetig* (Caerdydd: Gwasg Taf, 1987), 9.
26 'Symlrwydd', *The Dominican*, 90 (1975), 22. Am drafodaeth bellach ar y sonedau cynnar a gyfansoddodd Iwan, gweler Manon Wynn Davies, 'Prentisiaeth Farddol Iwan Llwyd', yn Twm Morys (gol.), *Awen Iwan* (Tal-y-bont: Cyhoeddiadau Barddas, 2014), 11–25.
27 Wiliam Owen Roberts, '"Gwreichion" Iwan Llwyd', 35.
28 Iwan Llwyd, *Dan Fy Ngwynt*, 18.
29 Iwan Llwyd, *Be 'di blwyddyn rhwng ffrindia?* (Bodedern: Gwasg Taf, 2003), 56, 77–8.
30 Iwan Llwyd, 'Moelni', *Barddas*, 135–7 (Gorffennaf/Awst/Medi 1988), 48.
31 Iwan Llwyd, *Dan Anesthetig*, 25.
32 Iwan Llwyd, *Dan Fy Ngwynt*, 37.
33 Iwan Llwyd, 'Gwreichion', 37–8.
34 'Syched', Cân oddi ar albwm Geraint Lovgreen a'r Enw Da, *Geraint Lovgreen a'r Enw Da* (Sain, 1985).
35 Iwan Llwyd, *Dan Anesthetig*, 35.
36 Iwan Llwyd, 'Gwreichion', 38.
37 T. James Jones a Jon Dressel, *Cerddi Ianws* (Llandysul: Gwasg Gomer, 1979), 16, 8, 12.
38 Iwan Llwyd, 'Gwreichion', 39.
39 T. James Jones a Jon Dressel, *Cerddi Ianws*, 12.
40 Iwan Llwyd, *Sonedau Bore Sadwrn* (Talybont: Y Lolfa, 1983), 12, 7.
41 Wiliam Owen Roberts, '"Gwreichion" Iwan Llwyd', 38.
42 Iwan Llwyd, 'Gwreichion', 39.
43 Ibid., 40.
44 Yn ôl traddodiad Cristnogol sy'n deillio o'r ddogfen Ladin Actau Apocryffaidd Pedr, bu i'r apostol gwrdd â'r Crist atgyfodedig ar y ffordd y tu allan i Rufain, a phan ofynnodd Pedr iddo 'Quo vadis?' ('I ble rwyt ti'n mynd?') atebodd Iesu 'Romam eo iterum crucifigi' ('Rwy'n mynd i Rufain i gael fy nghroeshoelio drachefn'). Adeiladwyd Eglwys Domine Quo Vadis ar yr union fan lle, yn ôl traddodiad, y bu'r cyfarfyddiad rhwng Pedr ac Iesu.
45 Iwan Llwyd, *Dan Ddylanwad* (Bodedern: Gwasg Taf, 1997), 106.
46 Waldo Williams, *Dail Pren* (Aberystwyth: Gwasg Gomer, 1956), 26.
47 Wiliam Owen Roberts, '"Gwreichion" Iwan Llwyd', 38.
48 Iwan Llwyd, 'Gwreichion', 40.
49 Iwan Llwyd, *Sonedau Bore Sadwrn*, 13.
50 Guto Dafydd, 'Her Newydd yr Hen Siwrneiau', yn *Awen Iwan*, 57.
51 Wiliam Owen Roberts, '"Gwreichion" Iwan Llwyd', 38.
52 Traethawd MPhil Geraint Siôn Williams, 'Astudiaeth o farddoniaeth Iwan Llwyd' (Prifysgol Cymru, Aberystwyth, 2001), 141.
53 Ymddengys 'Hogan Drws Nesa' mewn copi o sgript Cicio Ciwcymbars.
54 Iwan Llwyd, 'Gwreichion', 41.
55 Wiliam Owen Roberts, '"Gwreichion" Iwan Llwyd', 37.

56 Ibid., 37–8.
57 Iwan Llwyd, 'Gwreichion', 42.
58 Ibid., 41–2.
59 Iwan Llwyd, *Dan Ddylanwad*, 87.
60 Iwan Llwyd, *Be 'di blwyddyn rhwng ffrindia?*, 132.
61 Beirniadaeth Alan Llwyd ar gystadleuaeth y Goron, yn *Cyfansoddiadau a Beirniadaethau Eisteddfod Genedlaethol Frenhinol Cymru Cwm Rhymni 1990*, 36.
62 'Chwilio am Eldorado', *Golwg* (26 Awst 1999), 19.
63 Llion Jones, 'O Dir Neb i'r Tir Cyffredin', yn *Awen Iwan*, 173.
64 Iwan Llwyd, *Rhyw Deid yn Dod Miwn* (Llandysul: Gwasg Gomer, 2008), 14.
65 Iwan Llwyd, 'Gwreichion', 42.
66 I Fangor y symudodd teulu Iwan yn 1968 ac yno y derbyniodd ei addysg uwchradd cyn mynd yn fyfyriwr i Aberystwyth. Wedi graddio, bu'n byw yng Nghaerdydd ac yn gweithio i Wasg Prifysgol Cymru rhwng 1983 ac 1984.
67 Beirniadaeth Alan Llwyd ar gystadleuaeth y Goron, yn *Cyfansoddiadau a Beirniadaethau Eisteddfod Genedlaethol Frenhinol Cymru Cwm Rhymni 1990*, 35.
68 Iwan Llwyd, 'Gwreichion', 43.
69 Traethawd MPhil Geraint Siôn Williams, 'Astudiaeth o farddoniaeth Iwan Llwyd', 147.
70 Iwan Llwyd, 'Gwreichion', 43.
71 Gerallt Lloyd Owen, *Cilmeri a cherddi eraill* (Caernarfon: Gwasg Gwynedd, 1991), 11.
72 Iwan Llwyd, 'Gwreichion', 44.
73 Roedd y darlun gan Berwyn Morris Jones yn un a ymddangosodd yn yr arddangosfa 'Gweld Llais a Chlywed Llun' ym Mhlas Glyn-y-weddw adeg Eisteddfod Genedlaethol Porthmadog yn 1987 lle roedd cyfuniad o waith celf a barddoniaeth yn cael eu harddangos, y naill yn ymateb i'r llall.
74 Iwan Llwyd, *Dan Ddylanwad*, 97.
75 Twm Morys ac Iwan Llwyd, *Eldorado* (Llanrwst: Gwasg Carreg Gwalch, 1999), 65.
76 Gerallt Lloyd Owen (gol.), *Talwrn y Beirdd 8* (Caernarfon: Gwasg Gwynedd, 1996), 16.
77 Grahame Davies, *Poetry Wales*, Vol.43, No.4 (Spring 2008), 67.
78 Iwan Llwyd, 'Barddas yn Holi Iwan Llwyd', 9, 10.
79 Ibid., 9.
80 Iwan Llwyd, *Dan Anesthetig*, 45, 49.
81 Iwan Llwyd, *Dan Fy Ngwynt*, 63.
82 Iwan Llwyd, 'Barddas yn Holi Iwan Llwyd', 9.
83 Ymddengys yr englyn ym mhamffledyn *Y Bibell Lên* (dydd Sadwrn, 11 Awst 1990), a hefyd yn Tegwyn Jones (gol.), *Deg Marc!: Pigion Ymrysonau'r Babell Lên 1979–1998* (Llanrwst: Gwasg Carreg Gwalch, 1999), 41.

Llion Wigley

PLYMIO I'R DYFNDEROEDD: YMATEBION CYNNAR I SYNIADAU SIGMUND FREUD A'R 'FEDDYLEG NEWYDD' YN YR IAITH GYMRAEG *c.*1918–1945[1]

Cyflwyniad

Rhwng y ddau Ryfel Byd, yn negawdau cythryblus y 1920au a'r 1930au, ymledodd dylanwad diwylliannol a chymdeithasol syniadau Sigmund Freud, a'r ysgol newydd o seicoleg a sefydlodd, trwy'r byd gorllewinol. Ymgais yw'r ysgrif hon i roi arolwg o'r modd yr ymatebwyd i'r 'feddyleg newydd' yng Nghymru, yn benodol yn yr iaith Gymraeg, yn y cyfnod hwn, a thrwy hynny i awgrymu rhai o'r newidiadau o ran agweddau tuag at y meddwl a'r hunan a brofwyd wrth i derminoleg seicdreiddiad gael ei throsi i'r Gymraeg a'i defnyddio'n weddol gyson. Efallai'n wahanol i'r disgwyl, nid condemniad o Freud a'i ddilynwyr am herio crefydd gyfundrefnol – a siglo seiliau'r gwareiddiad gorllewinol yn y broses – a geir mewn erthyglau ac ysgrifau mynych ar y pwnc mewn cylchgronau fel *Y Traethodydd, Y Dysgedydd* a'r *Drysorfa*, ond dadansoddiad ac eglurhad manwl a gweddol wrthrychol o'u syniadau. Cyfoethogwyd y diwylliant Cymraeg o ganlyniad, gan ychwanegu ieithwedd ac ymagwedd newydd i ddisgrifio ac ymdrin â phriodoleddau a phroblemau'r meddwl. Byddaf yn ceisio dangos sut y llwyddodd awduron mor amrywiol ag E. Tegla Davies, D. Miall Edwards, Idwal Jones a David Phillips i wneud hynny, ond yn gyntaf rhaid cynnig braslun o'r feddyleg newydd a'r hyn a'i gwahaniaethai oddi wrth yr hen.

Disgrifiodd W. D. Davies feddyleg ym 1932 fel un o 'arwyddion pennaf cyfeiriad meddwl yr oes' yn ei gyfrol ddiddorol ac eclectig, *Cristnogaeth a Meddwl yr Oes*.[2] Rhydd hyn awgrym inni o'r graddau y dylanwadodd syniadau'r feddyleg newydd ar fywyd deallusol a diwylliannol ym Mhrydain yn y degawd ar ôl diwedd y Rhyfel Byd Cyntaf. Erbyn 1932, roedd rhai o brif gysyniadau'r ysgol hon o feddwl – fel *repression* ac *unconscious* – wedi dod yn rhan o iaith bob dydd, ac roedd awduron Cymraeg wedi llwyddo eisoes i fathu termau Cymraeg ar eu cyfer. Datblygodd seicdreiddiad fel theori a thechneg newydd wrth ymdrin â'r meddwl yn negawd cyntaf yr ugeinfed ganrif, o dan arweiniad Freud, a dechreuodd y gymdeithas seicdreiddiol gyntaf gyfarfod yn ei gartref yn Fienna ym 1902. Sefydlwyd y Gymdeithas Seicdreiddiol

Ryngwladol ym 1910, a chyhoeddwyd y gyfrol gyntaf yn Saesneg ar seicdreiddiad, *Papers on Psychoanalysis*, gan y Cymro, Ernest Jones, ym 1912. Ond y Rhyfel Byd Cyntaf a ysgogodd ddefnydd mwy helaeth o dechnegau'r feddyleg newydd, wrth i feddygon meddwl chwilio am ffyrdd newydd i drin effeithiau siel-syfrdandod ar filwyr a oedd o dan eu gofal. Mae'n werth nodi wrth basio i Ernest Jones ddifaru trwy ei fywyd na allai siarad Cymraeg yn fwy rhugl, ac mai'r gŵr dadleuol, cecrus hwn o Dre-gŵyr a wnaeth fwyaf o blith cylch bychan o ddilynwyr agos Freud i sicrhau bod ei syniadau'n canfod cynulleidfa yn Saesneg.[3]

Y prif wahaniaeth rhwng y feddyleg newydd a'r hyn a'i rhagflaenodd oedd bod sylw'r hen feddyleg wedi'i hoelio ar yr ymwybyddiaeth neu'r meddwl ymwybodol, tra bo techneg newydd seicdreiddiad wedi mentro i diriogaeth guddiedig yr anymwybod. Ceir darlun cynrychiadol a chyflawn o'r hen feddyleg yn y gyfrol gyntaf a gyhoeddwyd yn y maes yn Gymraeg, sef *Athroniaeth y Meddwl* gan Daniel Mydrim Phillips. Sonnir am 'unoliaeth ymwybyddiaeth' yn y gyfrol hon, a'r 'ymwybodolrwydd sydd ynom fod ein holl weithrediadau meddyliol a'n holl ystadau ymwybodol yn perthyn i ryw *fod* syml, diranau, sydd yn achos o honynt'.[4] Dadleuai'r feddyleg newydd, mewn cyferbyniad, bod llawer o weithrediadau'r meddwl yn cael eu rheoli a'u penderfynu ar lefel anymwybodol, islaw'r ymwybyddiaeth. Tra bo modd dadansoddi'r ymwybyddiaeth yn gymharol ddidrafferth trwy hunanymholiad, neu arsylwi ar ymddygiad pobl eraill, roedd angen dyfeisio technegau newydd er mwyn cyrraedd yr anymwybod. Daeth rhai o'r prif ddulliau Freudaidd, fel dehongli breuddwydion a chysylltu rhydd (*free association*), yn adnabyddus iawn erbyn y 1920au a gwnaed ymgais lwyddiannus i'w hegluro yn y Gymraeg, fel y gwelwn.[5] Treiddiodd eu dylanwad diwylliannol a chymdeithasol yn ddwfn. Dengys Eli Zaretsky, yn ei gyfrol ddadlennol ar hanes y mudiad, bod syniad canolog seicdreiddiad o'r anymwybod personol, deinamig wedi adlewyrchu ac annog canfyddiad newydd o'r hunan yn negawdau cynnar yr ugeinfed ganrif.[6] Roedd syniadau Freud yn cynnig theori i gefnogi'r canfyddiad newydd hwn o fywyd personol, yn ogystal â thechneg ymarferol i'w gryfhau. Chwaraeodd hyn ran hollbwysig yn natblygiad moderniaeth hefyd, trwy annog y gred bod greddfau a deddfau byd mewnol, personol pob unigolyn yn gyfrifol i raddau helaeth am ei gymeriad a'i ymddygiad. O ganlyniad, amgyffred a mynegi'r rhain yn gywir a chyflawn oedd yr allwedd i ddeall y meddwl a byw'n llwyddiannus, yn hytrach na dibynnu ar unrhyw awdurdod allanol i roi arweiniad a chefnogaeth.

Er bod llawer o seicolegwyr wedi cwestiynu neu wrthod syniadau a theorïau Freud yn gyffredinol ers diwedd yr Ail Ryfel Byd, erys tri pheth sylfaenol yn gyfraniadau diwylliannol gwerthfawr a thrawsffurfiol, fe ellir dadlau. Yn gyntaf, newidiodd ei ddull chwyldroadol o weithio gyda phobl sy'n profi anhwylderau meddyliol y berthynas rhwng cleifion a meddygon, gan bwysleisio'r angen i'r meddyg siarad gyda'r claf, ac yn bennaf oll iddo wrando arno. Yn ail, dangosodd ac eglurodd rôl hollbwysig yr anymwybod yn ein penderfyniadau a'n bywydau pob dydd, gan leihau'r pwyslais traddodiadol, Cristnogol yn y byd gorllewinol ar y pechod gwreiddiol, a'r euogrwydd yr oedd hyn yn ei feithrin. Cynyddodd hynny oddefgarwch hefyd, trwy bwysleisio pa mor denau yw'r ffin rhwng yr anymwybod a'r ymwybod, a'r meddwl 'iach' a'r clwyfedig. Ac yn drydydd, gwnaeth gyfraniad enfawr i ddryllio'r tabŵ ynghylch ymdrin â bywydau personol a rhywiol dynion a menywod yn onest ac agored. Adlewyrchir y newidiadau hyn oll yn yr ymateb Cymraeg i'w syniadau mewn ffordd sy'n awgrymu'n gryf sut yr oedd agweddau tuag at fywyd mewnol yr unigolyn yn newid yng Nghymru rhwng y ddau Ryfel Byd.

Datgelu'r anymwybod

Ceir un o'r ymdriniaethau llawn cyntaf â'r feddyleg newydd yn y Gymraeg yng nghyfrol D. G. Williams, *Llawlyfr ar Feddyleg*.[7] Enillodd ei draethawd ar yr un pwnc gystadleuaeth yn Eisteddfod Genedlaethol Rhydaman ym 1922, ac fe'i cyhoeddwyd ddwy flynedd yn ddiweddarach. Yn ôl yr awdur, 'ysgrifennais y llyfr hwn o safbwynt y meddylegwyr newydd', ac mae'n cynnwys trafodaeth ar rai o brif syniadau Freud a Carl Jung, y mwyaf blaenllaw a disglair o'i ddisgyblion.[8] Disgrifir, er enghraifft, rôl hollbwysig y greddfau ym mhenderfynu gweithredoedd, yn cynnwys 'y Reddf Ystlennol (sex)', ac 'atal-gaerau cudd yr is-ymwybyddiaeth (repressive barriers)', sy'n rhwystro rhai o'r greddfau hynny rhag cael eu mynegi'n llawn.[9] Noda'r awdur fod yr ymgais i leddfu 'effeithiau dychrynfeydd y rhyfel ddiweddar ar filwyr anffodus' wedi cynorthwyo meddygon meddwl i ddirnad tiriogaeth yr isymwybod yn well ac i sylweddoli'r graddau yr oedd 'brwydrau'n mynd ymlaen rhwng elfennau sydd wedi eu claddu yn yr is-ymwybyddiaeth a effeithia ar iechyd, egni a hapusrwydd bywyd dyn'.[10] Adolygwyd y gyfrol yn ffafriol yn y wasg enwadol, a dathlwyd yn *Y Dysgedydd* 'fod gan y Cymro, bellach, Lawlyfr gwir alluog ar Feddyleg'. Dywed yr un adolygydd nad oedd llawer o brif gwestiynau'r feddyleg newydd wedi cael eu setlo'n derfynol eto, ond na allai y weinidogaeth ei hanwybyddu er hynny, ac mai peth 'da yw cael arweinyddiaeth galluog, a diogel yn yr efrydiaeth o'r hyn sy mor bwysig'.[11] Cytunodd golygydd dylanwadol y cyfnodolyn, y Prifathro Thomas Rees, yn 1925, wrth nodi twf cyflym gwahanol ganghennau'r wyddor – fel 'Eneideg yr Adolesent' a 'Psycho-analysis' – dros chwarter canrif cyntaf yr ugeinfed ganrif, na allai 'gweindiog ifanc nac athro nac arweinydd feddwl esgeuluso'r lleisiau hyn'.[12]

Serch hynny, beirniadwyd y gyfrol gan D. Miall Edwards – awdur a fyddai'n gwneud cyfraniad pwysig i'r dadansoddiad o'r feddyleg newydd yn y Gymraeg ei hun – am beidio â rhoi disgrifiad digon llawn o syniadau chwyldroadol Freud a Jung i'r darllenwyr. Ei brif feirniadaeth yw i'r awdur ganoli ei sylw ar yr ymwybyddiaeth, yn null yr hen feddyleg. Ond cydnebydd bwysigrwydd cael darlun mor llawn o'r ymwybyddiaeth 'cyn mentro lawr i dan-ddaearolion-leoedd yr "anymwybodol" '.[13] Ceir enghraifft gynnar o awdur Cymraeg yn gwneud hynny mewn dwy ysgrif gan James Evans, gweinidog Methodistaidd ac awdur cyfrol ddiddorol ar foeseg, yn *Y Traethodydd* ym 1922 a 1923. Egyr y gyntaf drwy nodi pa mor ffasiynol oedd syniadau'r seicdreiddwyr ar y pryd:

> Mewn cwmni difyr, mewn gardd, tua'r haf diweddaf, yr oedd nifer ohonom yn clebran â'n gilydd ar wahanol bethau, a dyma eneth ieuanc yn sibrwd y gair "psychoanalysis". Dyrchodd rhai ohonom ein haeliau wrth glywed geneth mor fechan yn parablu gair mor fawr. Wedi ennyd o ystyriaeth, diflannodd y rhyfeddod, oblegid onid yw pawb yn gwybod am y gair erbyn hyn?[14]

Barnai fod enw Freud yn adnabyddus i lawer erbyn hynny, ac enwau Jung a Pierre Janet i rai, cyn nodi'r rhwyg rhwng Freud a Jung a arweiniodd y Swisiad (Jung) i sefydlu ei ysgol seicdreiddiad ei hun yn Zurich. Disgrifia sut y datblygodd Freud ei dechneg trwy gyfrwng 'hypnotiaeth' ar y cychwyn, ac yn ddiweddarach trwy holi a chroesholi ei gleifion. Deallodd Freud trwy'r dechneg hon bod anhwylderau meddyliol 'yn gorwedd, gan mwyaf, yn yr anymwybod, a bod perthynas agos rhyngddynt ac ysgogiad rhyw (*sex instinct*)'.[15] Y meddwl anymwybodol fu prif faes ymchwil Freud o hynny ymlaen, eglurodd Evans, ac yn benodol y modd y llywiai'r anymwybod 'yr ymwybodol effro'. Cyfeiria eto at y rhan allweddol a chwaraeodd y Rhyfel Byd Cyntaf yn y broses o boblogeiddio seicdreiddiad, wrth i arloeswyr fel William Rivers 'chwilio am y drwg yng ngwaelod yr an-ymwybodol, a'i godi i fyny megis i arwynebedd y meddwl, a chael y dioddefydd i siarad amdano'.[16] Yn wir, rhydd Evans enghraifft ddiddorol o filwr a dderbyniodd wellhad trwy seicdreiddiad. Cyn ei driniaeth roedd gweld torth sgwâr o fara yn dychryn y milwr hwn i'r eithaf, gan boeni ei wraig a'i blant yn y broses. Y rheswm am hynny oedd iddo weld cyfaill yn cael ei ladd gan 'belen' pan oedd ar ganol torri torth o fara a pharatoi tamaid o fwyd. Ond trwy ddwyn yr atgof chwerw yn ôl i'w ymwybod llwyddwyd i adfer ei iechyd meddwl.[17] Cyflwyna ac eglura Evans hefyd y termau *complex* a *repression,* ond ni wneir ymgais ganddo i'w trosi i'r Gymraeg. Disgrifir y *complex* yn gelfydd a chryno fel 'cydblethiad o deimladau a fu'n gorwedd yn yr an-ymwybod, ac oddi yno yn penderfynu lliw a phrofiad bywyd dyn mewn gwahanol gyfeiriadau'.[18] (Dichon y byddai rhai'n cytuno heddiw â'r enghreifftiau posib o'r *complex* y mae'n eu rhestru, fel golff a physgota.) Dengys mai'r broses o gludo meddyliau neu atgofion annymunol ac amhleserus o'r meddwl effro a'u 'tansuddo i'r dyfnder islaw' yn yr anymwybod a olygai Freud wrth y term *repression.*

Yn ei ail ysgrif, sef adolygiad estynedig o gyfrol F. R. Barry, *Psychology and Religion*, pwysleisia Evans eto pa mor gyflym y treiddiodd syniadau'r feddyleg newydd trwy'r gwahanol haenau cymdeithasol ym Mhrydain. 'Yn wir, mae pawb yn awr yn feddylegwyr,' meddai, ac roedd termau'r wyddor newydd bellach yn rhan o 'stoc tafod leferydd y werin'.[19] Serch hynny, cymer olwg fwy beirniadol ar syniadau'r meddylegwyr yn yr ysgrif hon, yn enwedig ynghylch crefydd, mewn dull a fyddai'n nodweddu llawer o'r ymatebion i Freud a'i ddilynwyr yn y Gymraeg rhwng y rhyfeloedd. Yn aml, rhagfynegir beirniadaeth yr ysgol neo-Freudaidd – a ddatblygodd o dan arweiniad Erich Fromm, Karen Horney a Harry Stack Sullivan yn y 1930au a'r 1940au – o waith sylfaenydd seicdreiddiad yn yr ymatebion craff hyn.[20] Mae Evans yn nodi, er enghraifft, bod y feddyleg newydd wedi taflu goleuni ar rai o 'brif bethau'r athrawiaeth' Gristnogol, fel pechod a maddeuant, ond oherwydd ei bwyslais ar naturoliaeth, dadleua fod rhai cwestiynau nad oedd seicdreiddiad yn gymwys i roi atebion pendant iddynt, fel y goruwchnaturiol a'r bywyd tragwyddol.[21]

Ymhelaethir ar y disgrifiad o'r termau seicdreiddiol canolog yn yr ymgais nesaf yn y Gymraeg i gloriannu'r feddyleg newydd, sef cyfres o un ysgrif ar ddeg yn *Yr Eurgrawn Wesleaidd* ym 1924 gan y Parchedig J. Arthur Mason.[22] Disgrifir nifer o wahanol ysgolion o feddyleg yn fanwl yn y gyfres hon, yn ogystal â seicdreiddiad, gan gynnwys ymddygiadaeth ac ysgol William McDougall. Ond yn yr ysgrifau ar waith Freud fe geir dadansoddiad manwl o'r anymwybod, ynghyd ag ymgais i gyflwyno rhai o'i brif gysyniadau yn Gymraeg. Cyfeiria at y feirniadaeth chwyrn yr oedd Freud wedi ei derbyn am roi lle mor hanfodol bwysig i ryw yn ei waith, ond llwydda i ddangos hefyd 'yr ystyr eang a rydd ef i'r gair'.[23] Cyflwyna'r term 'anwybod' ar gyfer yr *unconscious*, gan nodi mai hwn oedd hoff air ysgol Freud, cyn disgrifio sut y gweithia'r 'anwybod' yn annibynnol ar y meddwl ymwybodol trwy bedwar prif gyfrwng: i) breuddwydion; ii) camgymeriadau neu lithriadau; iii) ffraethineb a iv) poenau yn y corff 'ac analluw i gyflawni gweithredoedd neilltuol'.[24]

Dengys i Freud ddadlau yn ei gyfrol gynnar *Dehongli Breuddwydion* (*Die Traumdeutung*) , a gyhoeddwyd ym 1900 (cyfieithwyd hi i'r Saesneg ym 1913), mai trwy ddadansoddi breuddwydion y gellid datgelu cynnwys y meddwl anymwybodol yn fwyaf clir. Rhydd enghreifftiau diddorol o'r cyfryngau eraill, fel y camgymeriad cyffredin o anghofio enw person, wrth i'r meddwl ymwybodol fwrw o'r neilltu atgof yn yr anymwybod o gyswllt rhwng rhywbeth neu rywun 'a fu'n annymunol yn ein golwg rhywdro' a'r enw (profiad cyfarwydd i lawer ar faes yr Eisteddfod, efallai).[25] Eglura fod ffraethineb yn codi'n aml o glywed 'stori anweddaidd' sy'n annerbyniol yn ôl safonau moesol y dydd, ond sy'n boddhau'r meddwl ar lefel anymwybodol. Ac yn achos y cyfrwng olaf, cyflwyna'r term 'niwrosis' i ddisgrifio'r broses o boen neu afiechyd sy'n ymffurfio am resymau seicolegol, megis gŵr yn cael ei daro'n wael gyda chur pen cyn rhoi araith o flaen torf ddisgwylgar. 'Arwydd o'i awydd i ragori a'i ofn methu' yw'r cur pen, yn ôl Mason, ond gan nad yw'r gŵr yn gallu cydnabod y rhesymau hynny ar lefel ymwybodol mae'n rhaid i'r anymwybod eu mynegi yn gorfforol.[26] Mae Mason yn llwyddo i gyfleu'r cysyniad Freudaidd hollbwysig mai rhywbeth deinamig yw'r anymwybod, trwy ei ddisgrifio fel 'gweithdy', yn hytrach nag ystafell flaen, a'r 'ffatri lle gwneir y nwyddau' sy'n cael eu harddangos yn ffenestr yr ymwybyddiaeth.[27] Ond yn fwy na hynny, mae'n tanlinellu oblygiadau moesol a chymdeithasol dysgeidiaeth

Freud. Trwy ddangos bod yr anymwybod yn gweithio yn ôl ei reolau ei hun, yn hytrach nag yn ôl rheswm neu safonau moesol cydnabyddedig, mae'n dod i'r casgliad y gallasai fod yn ddoethach 'siarad am feddyginiaeth nag am foeseg'. A datgelir craidd y neges seicdreiddiol i'r gymdeithas ehangach ynglŷn â sut y dylid trin y sawl sy'n arddangos arwyddion o anhwylder meddyliol yn ei ail gwestiwn: 'Tybed nad afiach, ac nid drwg ydyw dyn?'[28]

Mater y gwelwyd cryn anghytuno yn ei gylch yn ystod y cyfnod hwn oedd cywirdeb y term y dylid ei fabwysiadu er mwyn cyfieithu *psychology* i'r Gymraeg. Yn y 1920au 'eneideg' a 'meddyleg' a ddefnyddir yn bennaf, ac ni welir 'seicoleg' yn cael ei ddefnyddio'n helaeth tan o amgylch canol y 1930au. Cyfrannodd yr athronydd R. I. Aaron nodyn byr yn *Y Llenor* ym 1929 yn rhoi ei farn bendant bod 'meddyleg' yn derm mwy priodol nag 'eneideg', ond mynegodd ei obaith 'ryw ddydd y deuir o hyd i gyfieithiad gwell'.[29] Nodir yn y rhifyn cyntaf o *Efrydiau Athronyddol* mai llunio 'rhestr faith' o dermau seicoleg, 'sydd o hyd yn disgwyl i weld golau dydd', oedd un o'r tasgau cynharaf a gyflawnodd Adran Athronyddol Urdd Graddedigion Prifysgol Cymru, a sefydlwyd ym 1931.[30] Roedd Aaron yn un o hoelion wyth yr Urdd, wrth gwrs, a thraddododd un arall o'i sylfaenwyr, yr Athro Idwal Jones o Adran Addysg Coleg Prifysgol Aberystwyth bapur ar 'Yr Hunan o Safbwynt Seicoleg' yn ei hail gynhadledd flynyddol ym 1932: y defnydd cyntaf o'r term 'seicoleg' mewn papur Cymraeg o'r fath.[31] Dylid nodi bod cysylltiad diddorol rhwng Idwal Jones a dyddiau cynnar seicdreiddiad, gan mai Kitty Lewis oedd ei wraig, ffrind agos i'r gyfansoddwraig ddawnus Morfydd Llwyn Owen, a fu'n briod ag Ernest Jones yn ystod dwy flynedd olaf ei bywyd. Gwnaeth y llenor T. Gwynn Jones gyfraniad annisgwyl (efallai) i'r drafodaeth ym 1931 mewn teyrnged i'r Parchedig Evan Jones yn *Yr Eurgrawn Wesleaidd*. Disgrifia'r gweinidog, a adnabu tra oedd yn ŵr ifanc yn Abergele, fel 'meddylofydd', ac esbonia mewn troednodyn nad 'cyfieithiad o'r term *psychology* yw meddylofyddiaeth, ond term Cymraeg manylach am y peth', cyn mynd ymlaen i ddyfarnu, 'a'n drwg ni yng Nghymru yw ein bod fel pe baem yn meddwl mai cyfieithu termau (Saesneg wrth gwrs), a ddylid, ac nid eu llunio yn ôl ein dull a'n deall ein hunain'.[32] Er yr amrywiaeth a'r anghytuno ynghylch y term Cymraeg mwyaf priodol ar gyfer *psychology* ei hun, llwyddwyd i fathu sawl term pwrpasol ac effeithiol ar gyfer rhai o brif gysyniadau eraill y feddyleg newydd.

Treiddir yn ddyfnach byth i'r anymwybod, ac eglurir rhai o'r termau a'r technegau Freudaidd pwysicaf, fel 'libido' a'r dadansoddiad o freuddwydion, yn yr erthygl bwysig nesaf ar seicdreiddiad a ymddangosodd yn y wasg Gymraeg. Gwaith y pregethwr Annibynnol a'r athronydd David Richards oedd 'Psycho-Analysis a Chrefydd', a gyhoeddwyd ym 1926.[33] Dechreua trwy sefydlu mai sylfaen a 'syniad canolog psycho-analysis' yw bod 'cwrsweithrediadau anymwybodol' yn effeithio ar fywyd person, mewn ffordd annymunol yn aml, heb iddo neu iddi wybod am eu bodolaeth.[34] Cyfeirir eto at waith Rivers gyda milwyr clwyfedig y Rhyfel Byd Cyntaf wrth amlinellu'r ddwy brif dechneg a ddefnyddir o fewn seicdreiddiad i amlygu cynnwys yr anymwybod, sef awgrym (*suggestion*) a swyngwsg (*hypnosis*): 'Dyma wrtheb rhyfedd psycho-analysis – *complex* afiach yn nyfnder yr anymwybod yn peri niwed i gorff neu'n achosi effaith annymunol ar fywyd dyn heb iddo yntau wybod dim am fodolaeth y clwy nes i'r psycho-analyst – meddyg yr enaid – ddwyn y cyfryw i'r wyneb'.[35] Cyfeiria hefyd at ddefnydd y seicdreiddiwr o *association tests* er mwyn datgelu cymhellion anymwybodol (*unconscious motives*), a rhydd enghreifftiau o rai o'r cymhellion hyn, fel gŵr yn gwrthod tanysgrifio i achos da ar sail ei ddiffyg ymddiriedaeth honedig yn yr elusen, sy'n cuddio'r gwir reswm, sef '*complex* cybydd-dra yn eigion ei enaid ei hunan'.[36]

Cofir Richards yn *Y Bywgraffiadur Cymreig* fel 'arloeswr a dehonglydd y meddwl modern', ac fel awdur a darlithydd a feddai ar allu nodedig i gymhwyso'r neges Gristnogol i ofynion ei oes.[37] Amlygir y gallu hwn yn ddigamsyniol yn ei ysgrif ar seicdreiddiad wrth iddo nid yn unig gynnig enghreifftiau manwl o'r modd y dehonglai Freud freuddwydion, ond hefyd ddadansoddi ei syniadau chwyldroadol, a rhai cysylltiedig Jung, ar darddiad a swyddogaeth crefydd. Roedd crefydd yng ngoleuni seicdreiddiad yn bwnc llosg y dylai diwinyddion ac athronwyr ei wynebu, yn ei dyb ef. Er i Freud a Jung anghytuno'n sylfaenol ynglŷn â gwerth seicolegol crefydd, dengys Richards eu bod yn cytuno mai '*projection* o ddyfnderoedd yr Anymwybodol ydyw'r idëa o Dduw ac Anfarwoldeb'.[38] Mae'n crybwyll y cysyniadau canolog yng ngwaith Jung o'r '*extrovert*', yr '*introvert*', a'r '*father-imago-complex*' am y tro cyntaf mewn ysgrif Gymraeg, gan ymhelaethu ar y canfyddiad seicdreiddiol bod crefydd yn tarddu yn y meddwl anymwybodol, yn hytrach nag yn cyfateb i unrhyw realiti gwrthrychol, allanol. Dylanwad rhieni ar blentyn, a'i ysfa i ymryddhau oddi wrthynt, sy'n gyfrifol am y syniad 'o Dad Anfeidrol a Pherffaith' ar ffurf Duw, a deflir allan o'r anymwybod, yn ôl Freud a Jung ill dau.[39] Ond fel yn achos ysgrifau cynharach James Evans ar yr un pwnc, daw Richards i'r casgliad mai 'gwyddor ddisgrifiadol ydyw meddyleg, ac ni pherthyn iddi, fel y cyfryw, benderfynu nac o blaid nac yn erbyn Duw ac Anfarwoldeb fel realiti ac nid fel *projections* yn unig'.[40] Serch hynny, fe geir yn ei erthygl y dadansoddiad mwyaf golau a threiddgar o seicdreiddiad yn y Gymraeg hyd at y pryd hwnnw.

Cyfrannodd gweinidog arall gyda'r Annibynwyr, J. Luther Thomas o Danygrisiau, erthygl ar 'Yr Enaid Claf' i gylchgrawn *Y Dysgedydd* yn yr un flwyddyn.[41] Unwaith eto, cyflwynir syniadau Freud am y meddwl anymwybodol a'r greddfau sy'n ei lywodraethu mewn modd gweddol wrthrychol a chydymdeimladol, yn enwedig y cysyniad hollbwysig o *sublimation*, sy'n cael ei gyfieithu fel 'atgyfeirio'.[42] Pwysleisia Roger Smith yn ei gyfrol gynhwysfawr ddiweddar ar hanes seicoleg bod amryw o Gristnogion wedi croesawu seicdreiddiad yn y cyfnod wedi'r Rhyfel Byd Cyntaf, er gwaethaf yr her amlwg i'w credoau a osodid gan theori Freud ynglŷn â tharddiad crefydd.[43] Fel yn achos Oskar Pfister, gweinidog o Zurich ac un o amddiffynwyr Cristnogol mwyaf dylanwadol Freud, awgryma Luther Thomas fod crefydd a seicdreiddiad yn rhannu'r un nod sylfaenol, sef 'atgyfeirio' y greddfau i gyfeiriadau uwch. Cyfeiria at gryfder y reddf rhyw yn arbennig, a'r 'ymryson yng nghorff ac enaid' sy'n dilyn yr ymgais i'w llindagu. Yr ateb y mae'n ei gynnig yw atgyfeirio'r reddf trwy lwybrau Cristnogol, a mynega'r gobaith hwn mewn arddull farddonol, liwgar: 'Pan deimlom gynyrfiadau peryglus yn y dyfnder odditanom, megis draig goch, gorniog, seithben, yn codi o'r môr a thynnu'rn sêr i lawr â'i chynffon, y mae un a all ei goresgyn hithau, er cymaint ei rhwysg – yr Oen.'[44] Dylid croesawu'r feddyleg newydd, dadleua, gan ei bod yn pwysleisio bod ystyried iechyd yr enaid a'r meddwl, yn hytrach na'r corff yn unig, yn rhan hanfodol o unrhyw feddyginiaeth effeithiol.

Gwelir yr un duedd i geisio cymhwyso rhannau o genhadaeth seicdreiddiad i ddibenion Cristnogol yn ysgrif D. J. Lewis o'r Waun Fawr ym 1929, sef 'Gwerth Efrydu Meddyleg i Weinidog'.[45] Dadleua ei bod yn bwysig i weinidog ddysgu rhywfaint am y gwyddorau i gyd. Ond dylai meddyleg, un o'r mwyaf newydd ohonynt, gael blaenoriaeth oherwydd gallasai fod y fwyaf defnyddiol i weinidog yn ei waith bob dydd. 'Da yw gwybod am yr uwchfyd yn y ffurfafen,' meddai, 'ond mwy buddiol yw adnabod yr is-fyd yn enaid dyn.'[46] Derbynnir yn ddigwestiwn ddysgeidiaeth Freud yn yr ysgrif hon mai'r greddfau cudd yn yr anymwybod yw sail 'bywyd yr enaid', a benthycir delwedd o un o nofelau ffuglen wyddonol mwyaf adnabyddus y cyfnod i gyfleu eu pwysigrwydd: 'Tebyg yw'r dylanwadau cudd hyn a ddirwasgwyd i'r Isymwybod (y *complex*) i'r trigolion tanddaearol hynny yn *Time Machine* H. G. Wells a yrrwyd i lawr i ogofeydd tanddaearol gan rai cryfach na hwy, ac a feddiennid gan awydd angerddol i ddychwelyd a dial ar eu gormeswyr pe'n gwybod sut.'[47] Er nad yw'n bleserus i weinidog edrych i mewn i'r 'pydew diwaelod hwnnw', mae'n hanfodol bwysig iddo wneud hynny er mwyn deall ac adnabod ei braidd yn gyflawn. At hynny, awgrymir y dylai gweinidog ifanc dderbyn hyfforddiant mewn seicdreiddiad fel ei fod yn gallu adnabod a delio ag anhwylderau meddyliol cyffredin a throsglwyddo'r rhai mwy anghyffredin i'r '*psycho-therapist*'. Mae'n crybwyll bod hynny'n digwydd eisoes yng ngholeg diwinyddol y Bala i ryw raddau, o dan arweiniad y Prifathro David Phillips, ffigwr y dychwelwn ato yn y man.[48]

Ceir yr un pwyslais ar gynnwys seicoleg o fewn cwrs addysg darpar weinidogion yn narlith gyhoeddus y Parchedig Edwin Jones o Lanfairfechan yng Ngholeg Prifysgol Bangor y flwyddyn ganlynol.[49] Byddai cwrs o'r fath yn paratoi gweinidog ifanc yn drylwyr ar gyfer y math o broblemau a fyddai'n ei wynebu, 'yn lle ei ddympio i eglwys heb y cymhwyster angenrheidiol i droi ymhlith dynion, ac i gyflawni yn eu plith y gwaith mwyaf mewn bod'.[50] Roedd dirfawr angen i bregethwyr allu delio â meddwl a phersonoliaeth unigolion, a chyn hir, ni fyddai'r cyhoedd yn eu derbyn heb y galluoedd hynny, 'mwy nag y goddefir cwacs yn feddygon corff'.[51] Gallasai'r feddyleg newydd fod o gymorth amhrisiadwy iddynt, felly: yn wir, yr oedd 'mor bwysig ag yw peiriannaeth i'r peiriannydd'.[52] Ceir awgrym yma hefyd unwaith eto o'r newid agwedd cyffredinol tuag at yr hunan a feithrinwyd i raddau helaeth gan ddylanwad cynyddol seicoleg rhwng y rhyfeloedd. Wrth gyfeirio at bwyslais y feddyleg newydd ar ran ffurfiannol blynyddoedd cynnar plentyndod, a'r anymwybod, ill dau yn ffurfiant personoliaeth ac ymddygiad, mae Jones yn tanlinellu ei bod wedi rhoi gwell syniad am 'darddle'r nodweddion anffodus' a welir mewn rhai unigolion. 'Bydd hynny'n help i faddau iddynt,' meddai, 'a bydd yn haws eu trin'.[53]

David Phillips, Tom Nefyn a Gwilym O. Roberts

Y ffigwr amlycaf o fewn y Gymru Gymraeg i geisio dilyn yr awgrymiadau uchod oedd David Phillips. Yn ogystal â'i rôl fel prifathro Coleg y Bala am dros ugain mlynedd, roedd Phillips yn athronydd ac yn awdur dawnus tu hwnt, ac fe gyfrannodd ysgrifau yn Gymraeg a Saesneg i wahanol gyfnodolion ar ystod eang o bynciau athronyddol a diwinyddol. Serch hynny, nodir yn amryw o'r teyrngedau iddo wedi ei farwolaeth ym 1951 pa mor hwyrfrydig ydoedd i gyhoeddi ei waith, ac yn anffodus ni ysgrifennodd erthyglau penodol, cyflawn ar ei ddiddordeb yn nhechnegau seicdreiddiad na'i ddefnydd ohonynt.[54] Ond cawn argraff glir o'r diddordebau hynny yn yr adolygiadau mynych o gyfrolau seicoleg Erich Fromm a ffigyrau blaenllaw eraill a gyfrannodd i'r *Traethodydd* yn bennaf. Cyhoeddwyd toreth o lyfrau ar y berthynas rhwng seicoleg a chrefydd rhwng y rhyfeloedd, yn cynnwys rhai pwysig gan Thomas Hywel Hughes, Cymro Cymraeg, ysgolhaig nodedig, a phrifathro Coleg yr Annibynwyr yng Nghaeredin. Mewn adolygiad ar un ohonynt, *The New Psychology and Religious Experience*, ym 1934, noda Phillips fod gwaith manwl 'Enaid-ddadansoddwyr' ysgol Freud gyda chleifion wedi dangos

> nad oes wahaniaeth mawr yn y gwaelod rhwng y gorau a'r gwaethaf, y synhwyrol a'r disynnwyr. Rhan fechan o'r doethaf ohonom yw'r rhan synhwyrol, medd hwy. Dysgant hen athrawiaeth y pechod gwreiddiol mewn ffurf newydd, a sylfaenir hi ar sylwadaeth ac arbrofion seicolegol.[55]

Mae'n cydsynio hefyd â dadl cyfrol Hughes bod y feddyleg newydd wedi cynorthwyo i egluro tarddiad crefydd, yn ogystal â gwella'n dealltwriaeth o bersonoliaeth a bywyd personol dyn. Dylid ei chroesawu felly, yn hytrach na'i gwrthod.

Gwna'r un pwynt yn ei adolygiad ar gyfrol gan W. Fearon Halliday, ffigwr canolog yn yr ymgais i gymhwyso syniadau Freud i ddibenion crefyddol, bedair blynedd ynghynt. 'Amheua rhai pobl hawl Meddylegwyr i gyffwrdd â chrefydd,' meddai, 'ond ni wnânt hwy ddim amgen na'r hyn a gais y neb sy'n ceisio adnabod ei gyd-ddynion.'[56] Nid oedd pob gosodiad o'u heiddo yn gywir, wrth reswm, ond roedd eu cynghorion yn gyffredinol o gymorth amhrisiadwy i weinidogion allu cymryd agwedd fwy cytbwys a realistig tuag at eu gwaith: 'Dyn deallgar, real, a fedr ennill ymddiriedaeth deg, ddidrais, y neb a ymgynghora ag ef, ac a all fod yn foddion i'w iachau a'i osod ar ei draed i fyw bywyd real a rhydd'.[57]

Ceir ei ddadansoddiad mwyaf llawn o egwyddorion seicdreiddiad yn ei erthygl ar ragdybiau athronyddol ym 1948.[58] Ond yr unig ddisgrifiad o'i dechnegau seicdreiddiol sydd wedi goroesi yw teyrnged Gwilym O. Roberts – ffigwr lliwgar a fyddai'n arloesi ei hun fel seicolegydd a ysgrifennai yn y Gymraeg wedi'r Ail Ryfel Byd – yn *Y Traethodydd*.[59] Cadarnheir diddordeb cynyddol Phillips mewn meddyleg yn y 1930au yn nheyrnged cyfaill iddo ym 1944, lle dywedir ei fod wedi troi'n 'seicolegwr mawr ers blynyddoedd bellach, a rhydd hynny gyfeiriad arbennig i'w holl weithgarwch a gallu neilltuol iddo drafod problemau cymhleth y natur ddynol mewn efrydwyr diwinyddol a phobl o bob math'.[60] Cyfeiriodd y Parchedig R. Meirion Roberts yntau at ddefnydd 'ymarferol, tosturiol ac effeithiol' Phillips o'i wybodaeth seicolegol i gynorthwyo eraill.[61] Dywed Gwilym O. iddo gael ei seicdreiddio ganddo bedair gwaith yr wythnos tra bu'n fyfyriwr yng Ngholeg y Bala yn y 1930au cynnar. Nid 'Freudiaeth gul' gyda'i 'or-bwyslais ar y bywydegol a'r ffisegol-gemegol' a ddefnyddiai, ond cyfuniad o dechnegau Freud, Adler ac eraill mewn dull a ymdebygai i'r *'Neo-psychoanalysts'* Fromm a Horney.[62] Ymhellach, rhagflaenodd ei dechneg waith Carl Rogers a'i ysgol o therapi '*non-directive*' neu '*client-centred*', yn ei bwyslais ar wrando yn unig ar y claf, heb ei gynghori'n ormodol, ac yn sicr heb ei gondemnio. Cyfeiria at ei '*unshockability*' a'i barodrwydd i adael i'r sawl yr oedd yn ei seicdreiddio rannu popeth gydag ef am ei broblemau a'i bechodau, 'yr holl gyfan gwbl oll!'[63]

Roedd ei 'wrthrycholedd *permissive*' yn nodweddiadol, fe ellir dadlau, o'r agweddau mwy goddefgar tuag at ymdrin â rhywioldeb a oedd yn graddol ymddangos yng Nghymru'r 1930au. Croesawyd cyfeirlyfr Leslie Wetherhead, *The Mastery of Sex*, er enghraifft, yn *Yr Efrydydd* ym 1931, a dywed y golygydd iddo resynu wrth ei ddarllen 'na buaswn yn ddigon cyfoethog i roi copi ohono i bob mab a merch ieuanc yng Nghymru'. Nodir bod y gyfrol yn edrych ar ryw 'o safbwynt anianyddol, meddylegol a chrefyddol' a mynegir y gobaith y byddai llyfr Cymraeg tebyg yn ymddangos cyn hir 'i loywi ffynonellau gwybodaeth yn y peth hwn'.[64] Bu David Phillips yn gyfrifol hefyd am danio diddordeb Tom Nefyn, un o bregethwyr mwyaf carismatig y cyfnod dan sylw, mewn seicoleg, gan ei annog i astudio'r pwnc.[65] Gwnaeth Tom Nefyn hynny yn Selly Oak, Birmingham o dan ofal W. Fearon Halliday, a dadleuodd o'r flwyddyn 1933 ymlaen bod angen i'r capeli sefydlu *Help and Healing Clinic* ym mhob ardal i drin anhwylderau meddyliol. Dylai clinig o'r fath fod yn adeilad croesawgar, lliwgar, a dylid cyfuno o'i fewn gyngor Cristnogol gyda'r 'wybodaeth fanylaf o ddeufyd, sef byd y meddyg a byd y meddylegwyr'.[66] Yn ôl pennod Emyr H. Owen ar 'Feddyginiaethau'r Meddwl' yn ei gyfrol deyrnged i Tom Nefyn, cafodd Nefyn gyfle i arbrofi yn y 'Rhandir Neb' hwn pan oedd yn bregethwr yn sir y Fflint, a bu'n ymwelydd rheolaidd â chleifion ysbytai meddwl yr ardal.[67]

Roedd Tom Nefyn yn un o arwyr Gwilym O. Roberts, yn rhannol oherwydd ei ymgais arloesol i wneud defnydd ymarferol o wybodaeth a thechnegau seicolegol yn ei waith. Mae profiad Gwilym O. ei hun o ddod i gysylltiad â syniadau Freud am y tro cyntaf fel myfyriwr ifanc ym Mhrifysgol Aberystwyth ym 1929 yn rhoi darlun byw o'r effaith chwyldroadol a gafodd ei waith ar y genhedlaeth iau yn arbennig. Fel mab i weinidog a darpar ymgeisydd i'r weinidogaeth ei hun, bu'n gredwr gweddol uniongred hyd at y flwyddyn honno. Ond pan ddaeth ar draws copi o lyfr diweddaraf Freud yn gosod allan graidd ei wrthwynebiad i grefydd, *The Future of an Illusion*, ar un o silffoedd llyfrgell y coleg, fe'i gweddnewidiwyd. Disgrifiodd y profiad yn ei arddull unigryw mewn cyfweliad radio yn y 1970au: ' "Beth nath Freud i chi yn 1929?" meddach-chi. O! mi graciodd "y sylfaen fawr safadwy" i gyd, a mi chwythwyd y sylfaen megis gan ffrwydrad mynydd tanllyd reit i'r cymyla a'm gadael heb obaith a heb Dduw yn y byd.'[68] Darllenodd gymaint ag y gallai am seicoleg a niwroleg dros weddill ei gyfnod yn Aberystwyth, gan gynorthwyo'r Llyfrgell Genedlaethol i adeiladu ei stoc o lyfrau yn y meysydd hynny, cyn parhau i gael ei hyfforddi i fod yn weinidog o dan arweiniad David Phillips yn y Bala. Ni allai dderbyn llawer o'r credoau goruwchnaturiol, traddodiadol ar ôl darllen gwaith Freud a'i ddilynwyr, a bu'r Athro Phillips yn gefnogaeth fawr iddo pan ddechreuodd Sasiwn y Methodistiaid amau a ddylid ei ordeinio o gwbl.[69] Derbyniodd hyfforddiant llawn fel seicolegydd clinigol ym mhrifysgolion Leeds a Llundain yn y 1930au hwyr; bu'n ddarlithydd seicoleg yn yr Unol Daleithiau am saith mlynedd, gan ennill adnabyddiaeth a pharch ffigyrau dylanwadol yn y maes fel Gordon Allport; a gwnaeth ymgais unigryw a gwerthfawr i briodi seicotherapi â Christnogaeth ar ôl dychwelyd i Gymru yn y 1950au cynnar.[70]

Saunders Lewis, Y Seiat a Seicdreiddiad

Er bod amryw o ysgolheigion a diwinyddion Cymraeg wedi trafod syniadau Freud yn y 1920au, fel yr ydym wedi gweld, Saunders Lewis yn ddiamau oedd y cyntaf i'w defnyddio i bwrpas beirniadaeth lenyddol.[71] Gwnaeth hynny mewn adolygiadau o waith rhai o'i gyfoeswyr, fel Gwenallt a T. H. Parry-Williams, ond yn fwyaf trawiadol yn ei gyfrol ar Williams Pantycelyn, a gyhoeddwyd yn 1927. Ei brif ddadl mewn perthynas â seicdreiddiad yn y gyfrol hon yw bod y Seiat, fel y'i disgrifir gan Williams Pantycelyn, yn debyg yn ymarferol ac o ran ei swyddogaeth i glinigau'r 'eneidegwyr'.[72] Prif amcan stiward y Seiat yw gwrando a dadansoddi profiadau yn yr un modd ag y gwna'r eneidegwr; profiadau sy'n codi yn ddiarwybod o ddyfnderoedd yr enaid. 'Satan yw eu hawdur', yn ôl Williams Pantycelyn, a'r diymwybod ym marn yr eneidegwyr, ond gwna Lewis y pwynt craff (sy'n codi'n aml mewn beirniadaeth ddiweddarach ar seicdreiddiad, a'r awgrym o gwlt a dyfodd o'i amgylch yn benodol) nad oes mymryn mwy o dystiolaeth i brofi'r esboniad modern, 'gwyddonol' ar draul yr un crefyddol, hŷn:

> Felly defnyddia Williams 'Satan' lle dywed gwyddonwyr heddiw 'y diymwybod'. Teg yw sylwi bod o safbwynt gwyddoniaeth bur lawn cystal profion o fodolaeth 'Satan' ag y sydd o fodolaeth y 'diymwybod'. Damcaniaeth yw'r ddau syniad, a thrwy ffydd yn unig y derbynnir hwynt.[73]

Mae'n amlwg nad oedd wedi llyncu'r ddysgeidiaeth Freudaidd yn gyfan gwbl neu'n ddigwestiwn, er mor barod yr oedd i'w defnyddio yn ei feirniadaeth lenyddol ac yn ei lenyddiaeth ei hun. Ond mae'n sicr yn cydsynio â Freud ar un pwynt pwysig, sef yr angen i ymdrin â byd mewnol a bywyd rhywiol unigolion yn gwbl agored a diymatal. 'Yn y ganrif ddiwethaf,' dadleua, 'aeth Cymru i ofni ymholiad, i ofni'r gwir am natur dyn. Trowyd testunau llên yn haniaethol. Nid oes mwy sôn am gnawd a nwyd a rhyw.'[74] Ymgais i ddryllio'r fath barchusrwydd piwritanaidd oedd ei nofel ddadleuol, *Monica*, fe ellir dadlau, a gyhoeddwyd dair blynedd yn ddiweddarach.

Gwneir cyswllt rhwng y Seiat a dulliau seicdreiddiad yng nghyfraniadau E. Tegla Davies, llenor pwysig arall, mwy confensiynol efallai, i'r drafodaeth yn yr un cyfnod. Mewn ysgrif ar 'Eneideg a'r Profiad Crefyddol' ym 1929, wrth bwysleisio 'mai dinistr i ni yw mygu greddf, neu ei gamddefnyddio' yng ngolau darganfyddiadau'r feddyleg newydd, gwêl bwysigrwydd newydd i'r Seiat fel cyfle i'r 'enaid gonest' adrodd ei brofiad.[75] Llwydda i gyfleu'r cysyniad canolog yn nysgeidiaeth Jung o'r anymwybod cyffredinol (*collective unconscious*) – sy'n nodweddu gwahanol ddiwylliannau fel ei gilydd yn hanesyddol trwy gyfrwng symbolau neu gynddelwau (*archetypes*), yn wahanol i anymwybod personol Freud – mewn ffordd drawiadol iawn:

> Ymddengys nad yw'n hymwybodaeth ond megis tyfiant blwyddyn mewn pren – y brigyn sy'n penderfynu'r cyfeiriad y gwyra'r pren iddo. Ond y pren ei hun, gyda'i holl egnïon a'i fodrwyau, sy'n corffori profiad y canrifoedd, yw'r rhan anymwybodol. Yno y mae cartref ein hegni bywyd, a'n greddfau, a'r gwahanol fynegiadau eraill ohono.[76]

Ac fel Jung, dadleua fod gwerth sylfaenol i'r profiad crefyddol y tu hwnt i resymoli dymuniadau a wreiddir mewn plentyndod ac yng ngreddfau'r anymwybod. Atega'r pwynt hwn yn ei ail ysgrif ar y pwnc bum mlynedd yn ddiweddarach trwy gwestiynu'r gosodiad seicdreiddiol mai 'tafliad allan' yw'r syniad o Dduw. Camgymeriad y meddylegwyr yn ei dyb ef oedd 'cymysgu'r syniad o Dduw a'r bod o Dduw ynddo'i hun'.[77] Ond fel y mwyafrif o'i gyfoeswyr Cymraeg, gwelai Tegla rinweddau a gwersi pwysig yn eu dysgeidiaeth, a cheisiodd eu haddasu i ddibenion Cristnogol.

Awgrymir pa mor ddylanwadol yr oedd y feddyleg newydd yn gymdeithasol a diwylliannol erbyn dechrau'r 1930au yn y sylw helaeth a dderbyniodd mewn dau arolwg a gyhoeddwyd ym mlynyddoedd cynnar y degawd. Cyfeirir at feddyleg yn rheolaidd trwy gydol cyfrol W. D. Davies, *Cristnogaeth a Meddwl yr Oes*, a dadleuir eto y dylid bywiogi'r Seiat er mwyn 'pontio'r agendor rhwng Crefydd fel profiad arbennig a Bywyd yn ei weddau newydd ac amryfal heddiw'.[78] Roedd Davies yn ysgolhaig ifanc a disglair yn y cyfnod hwn, ond yn eironig, rhwystrodd problemau iechyd meddwl ef rhag cyhoeddi gweithiau tebyg (a gynigiai ddadansoddiad mor finiog o nodweddion diwylliannol a chrefyddol ei gymdeithas) wedi hynny.[79] Cyhoeddwyd yr ail gyfrol, *Crefydd a Diwylliant*, ddwy flynedd yn ddiweddarach ym 1934.[80] Roedd ei hawdur, y diwinydd rhyddfrydol arloesol D. Miall Edwards, eisoes wedi ysgrifennu'n weddol reolaidd am feddyleg mewn adolygiadau ac ysgrifau yn y wasg enwadol yn y 1920au, gan honni mor gynnar â 1925 'yr edrychir yn ôl ar yr oes hon fel oes Meddyleg'.[81] Ond yn y gyfrol hon neilltua ddwy bennod gyfan i ddadansoddiad mwy cyflawn o'r feddyleg newydd.

Dechreua trwy amlinellu'n grefftus y gwahaniaethau rhwng yr hen feddyleg a'r newydd, a thrwy dynnu sylw at y modd y datgelodd William James gynnwys yr isymwybyddiaeth, cyn i Freud dreiddio'n ddyfnach eto i'r anymwybod. Disgrifia'r meddwl anymwybodol fel 'trysordy o feddyliau, serchiadau a dymuniadau' sydd angen cymorth 'dadansoddwr meddylegol' i'w ddatgloi a'i ddatgelu.[82] Cyflwyna'r term 'ataliad' ar gyfer *repression*, ac anghytuna â defnydd Saunders Lewis o 'atalnwyd' ar gyfer *complex*. Cyflwynir hefyd 'ataliedig' (*repressed*) a 'dyrchafiad' (*sublimation*) mewn dadansoddiad meistrolgar o'r athrawiaeth seicdreiddiol.[83] Mae'n dyfynnu o gerdd T. Gwynn Jones, 'Cymhleth', a gyhoeddwyd ym 1932, er mwyn tanlinellu pa mor beryglus yw gwrthod mynegiant i'r greddfau neu fethu eu 'dyrchafu' trwy sianeli creadigol neu grefyddol:

> Di gei nych o dagu nwyd.
> Od ymprydi, medd doethion,
> O wanc cymhlethoedd poethion
> Derfydd cyn pryd dy hoedl hon.[84]

Eithr nid disgrifiad moel o'r seiliau seicdreiddiol a gynigir yn unig, ond beirniadaeth gytbwys sydd eto'n gyffelyb i waith neo-Freudiaid yr un cyfnod. Y prif debygrwydd yw gosodiad Edwards bod Freud wedi cyffredinoli a symleiddio cymhlethdod yr hunan trwy orbwysleisio rôl y greddfau, yn arbennig greddf rhyw, yn ffurfiant y bersonoliaeth: 'Er mor bwysig yw greddf rhyw a'i dylanwad ar fywyd a phersonoliaeth dyn – ac wrth gwrs, cydnabyddwn ei phwysigrwydd, ie, a'i gwerth – ni allwn ddarostwng popeth i'r un nwyd hwn heb orsymleiddio problem gymhleth natur dyn yn ddirfawr.'[85] Mae'n rhoi sylw manwl hefyd i syniadau Jung ar darddiad crefydd (o'i gyfrolau dylanwadol *The Psychology of the Unconscious* a *Psychological Types*, a rhoi iddynt eu teitlau Saesneg). Fel E. Tegla Davies, anghytuna â dadl Jung mai 'allanoliad' goddrychol o ddelwedd gynnar yn yr anymwybod yw Duw ar y sail bod 'tystiolaeth y profiad crefyddol yr un mor bendant yn pwyntio at Realiti gwrthrychol fel ffaith ddiffuant'.[86] Geilw ddamcaniaethau'r seicdreiddwyr ar grefydd yn 'Fabinogi'r Tylwyth Teg', ond casgla yr un pryd fod gwerth parhaol i'w dysgeidiaeth yn gyffredinol.

Lleisiau Newydd a'r Myfi Newydd

Cawn olwg brin ar y feddyleg newydd o safbwynt benywaidd yn ysgrif Frances Williams ar 'Eneideg a Dirwest' yng nghylchgrawn *Y Gymraes*.[87] Cyhoeddwyd ei hanerchiad ar y pwnc yn ysgol haf Coleg Harlech ym 1930 mewn tair rhan, ac ynddo adlewyrchir tueddiad a ddaeth i'r amlwg wrth i'r degawd fynd rhagddo, o dan arweiniad cyferbyniol Anna Freud a Melanie Klein yn arbennig, i ganolbwyntio'n gynyddol ar seicoleg y plentyn.[88] Awgryma fod baich trwm gwaith tŷ beunyddiol yn gadael menywod yn aml heb amser hamdden digonol i ddeall 'cymeriadau y plant sydd dan eu gofal'.[89] Ond credai fod eneideg yn cynnig cymorth ac arweiniad amhrisiadwy iddynt ac y dylasent wneud yn fawr ohono. Cyfeiria'n awgrymog at syrffed gwaith tŷ eto wrth egluro'r berthynas rhwng y meddwl ymwybodol a'r anymwybod. 'Gweithreda y diymwybod ar wahân i'r ymwybod,' meddai, 'ac yn annibynnol arni. Er enghraifft, gallwn wneud llawer swydd yn y tŷ, a'n meddwl (ymwybodol) ar grwydr yn ddigon pell ynglŷn â rhywbeth arall.' Tanlinellir hefyd y rhan hollbwysig y mae 'awgrymiad' yn ei chwarae yn natblygiad plentyn, a gwneir defnydd diddorol yn y cyswllt hwn o gysyniad canolog athrawiaeth Alfred Adler – un o'r cylch gwreiddiol o seicdreiddwyr yn Fienna ac un o'r cyntaf i dorri cysylltiad â Freud – sef yr '*inferiority complex*'. Nodwedda'r cymhleth hwn y Cymry yn gyffredinol, dywed, ond roedd newid ar droed wrth i genedlaetholdeb gryfhau:

> Derbyniasom am genedlaethau awgrymiadau mai cenedl orchfygedig ydym, ac mai gweddus felly ynom ydyw cydnabod mewn gair a gweithred ein bod yn salach na'n gorchfygwyr, a'n dyletswydd yw moes-ymgrymu iddynt a chilio o'r ffordd mewn gostyngeiddrwydd. Diolch am yr arwyddion ein bod yn ymysgwyd o'r gaethiwed hon.[90]

Cynghorir mamau i wneud yn siŵr bod eu hawgrymiadau i'w plant yn gadarnhaol bob amser, a gwelir yr un tueddiad i annog agwedd fwy caredig a llai condemniol tuag at blant, troseddwyr a phechaduriaid honedig eraill, yn amryw o ysgrifau'r cyfnod ar yr un pwnc.

Cyfeiriodd Edwin Jones, ymhellach, at wyddor arbenigol newydd, '*Child Psychology*', yn ei ddarlith ym Mangor yn 1930. Roedd y wyddor newydd hon wrthi'n 'creu chwyldroad yn ein sefydliadau addysgiadol' yn ei dyb ef, ac yn trawsnewid agweddau, nid yn unig tuag at blant ond hefyd tuag at droseddwyr trwy bwysleisio rhan ffurfiannol y blynyddoedd cynnar yng ngwneuthuriad eu cymeriadau:

> Byddem yn llawer iawn llai llawdrwm ar ambell bechadur pe gwyddem hanes datblygiad ei feddwl, ac ymgylchoedd ei fagwraeth ... Gellid olrhain llu o'r troseddau a gyflawnir gan ddynion, nid i'r ffaith eu bod hwy eu hunain o angenrheidrwydd yn ddrwg, ond i'r camwri a dderbyniasant trwy anystyriaeth rhai difeddwl o'u cylch, a hynny pan oeddent yn ieuanc. Dylai'r ystyriaeth hon gynhyrfu ynom dosturi a chydymdeimlad, lle gynt y condemniem yn ddiarbed.[91]

Mae'n werth nodi i'r dramodydd, Idwal Jones, yn ôl cofiant Gwenallt i'w gyfaill, ddarllen gweithiau A. S. Neill, un o'r arloeswyr a arweiniodd y 'chwyldroad' uchod, yn y 1920au. Gwnaeth ymgais hefyd i ddilyn awgrymiadau Neill ar sut y dylid dysgu plant, yn ei waith fel athro ysgol ym Mhontarfynach.[92] Seiliwyd athroniaeth addysgol Neill, gyda'i phwyslais cryf ar ryddid a hwyl, i raddau helaeth ar syniadau Freud ynglŷn â phwysigrwydd creiddiol plentyndod, ac fe ellir dadlau mai ei ysgol, Summerhill, oedd yr ymgais fwyaf amlwg a drwg-enwog i gymhwyso'i ddysgeidiaeth i fyd addysg yn y cyfnod rhwng y rhyfeloedd. Symudodd yr ysgol o dde Lloegr i dŷ mawr, adfeiliedig o'r enw Bryn Llywelyn, ger Llan Ffestiniog ym Meirionnydd, yn ystod yr Ail Ryfel Byd, a bu yno am dros bum mlynedd.[93]

Awgrymir yr un newid agwedd sylfaenol tuag at yr hunan yn ysgrif David Lloyd, 'Gwrogaeth y Feddyleg Newydd i'r Greddfau', ym 1926, bedair blynedd cyn darlith Edwin Jones. Mae'n crybwyll y newid wrth drafod awydd ymysg yr ifanc yn arbennig am bethau gwaharddedig: ' "Un o effeithiau'r pechod gwreiddiol a'r llygriad llwyr" yw'r hen esboniad. Ni fyn y Feddyleg Newydd yr esboniad hwn. Gweithgarwch greddfol, neu ymddygiad greddfol, a gyfrif am y peth.'[94] Yn hytrach na'u claddu o'r golwg yn yr anymwybod, roedd rhaid cydnabod a defnyddio'r greddfau er mwyn creu 'y dyn newydd'. 'Nid gwiw ymgais i'w mygu trwy gyfres o waharddiadau a bygythion yn ôl yr hen ddull,' meddai, ac nid gwiw 'eu collfarnu fel yn annheilwng o le yn hanes dyn fel bod rhesymol.'[95] Dadleuodd y Parchedig J. Lewis Williams yntau yn *Y Dysgedydd* yn 1933 bod 'y feddyleg newydd yn ein harwain nid i geisio concro na lladd natur, yr hyn nas gallwn; ond yn hytrach ei ddefnyddio [*sic*] a'i ddyrchafu'.[96] A chawn y darlun mwyaf eglur o'r canfyddiad newydd o'r hunan yng nghyfrol W. D. Davies:

> Mewn Meddyleg yn arbennig cyflwynir inni heddiw syniad newydd am ein personoliaeth, y Myfi gwirioneddol o dan y wisg gymdeithasol a'r rhagfarnau traddodiadol. Dysgwyd ni gynt y dylem suddo'r Myfi o'r golwg er mwyn parchusrwydd ein teulu neu les cymdeithas neu lwyddiant achos y tu allan i ni ein hunain. Heddiw dywaid Meddyleg wrthym mai'r cam mwyaf â'r Myfi yw ei wasgu i ddillad a chyfyngu ar ei ryddid i anadlu. Ni wna atal awydd ond ei ffyrnigo.[97]

Yr un yw'r pwyslais yn yr ymateb cyflawn olaf i seicdreiddiad yn y cyfnod dan sylw, sef ysgrif feistrolgar yr Athro Idwal Jones ar Sigmund Freud ym 1944.[98] Yn yr ysgrif hon, defnyddir y term Cymraeg 'seicdreiddiad' am y tro cyntaf wrth i Jones roi darlun manwl o dechnegau a damcaniaethau Freud. Mae'n derm pwrpasol ac effeithiol tu hwnt, gan ei fod yn cyfleu cred ganolog Freud bod angen treiddio o dan wyneb yr ymwybyddiaeth er mwyn cyrraedd y cymhellion cudd yn yr anymwybod sy'n gyrru ein hymddygiad. Disgrifia'r dechneg o 'gysylltu rhydd' a ddyfeisiodd Freud fel ffordd o gyrraedd cynnwys yr anymwybod, a dyfynna o un o ysgrifau T. H. Parry-Williams – llenor a ddatgelodd weithrediadau'r meddwl yn ei ddull creadigol, unigryw ei hun yn y cyfnod dan sylw – i ddangos sut 'y gall weled [*sic*] neu feddwl am wrthrych arbennig ddeffroi nid yn unig atgof penodol, ond cyfundrefn gyfan o brofiadau ynghyd â'r emosiynau a gyffrowyd ganddynt'.[99] Rhydd ddadansoddiad eglur hefyd o'r rhaniad yn yr hunan rhwng yr id, yr ego, a'r gor-ego a ddisgrifir yng ngweithiau diweddarach Freud, er mwyn cyfoethogi ei ddarlun cynnar o'r ymwybod a'r anymwybod. Manylir ar frwydr yr ego i gymodi rhwng yr 'id cyntefig, nwydus', a'i ysfa am bleser, a'r gor-ego gormesol, a'i 'egwyddor rialiti', a'r modd yr arweinia hyn yn aml at 'arwyddion nerfystig' (term Jones am *neurotic*).[100] Mae'n dyfarnu, fel y mwyafrif o'i gyfoedion, bod 'dyfaliadau' Freud ynghylch crefydd yn amherthnasol ac annigonol, ond gresyna fod hynny wedi creu rhagfarn yn ei erbyn yng Nghymru a arweiniodd lawer i ddiystyru pwysigrwydd ei waith yn gyffredinol. Cyfraniad pwysicaf seicdreiddiad, yn ei dyb ef, oedd y 'newid a ddaeth dros agwedd pobl yn gyffredinol tuag at afiechyd meddyliol o ganlyniad i bwyslais Freud ar gyffredinolrwydd y tueddiadau hynny a all arwain, o'u cam-drin, at ymfynegiadau nerfystig'. Roedd hynny wedi arwain at newidiadau pwysig ym myd addysg ac yn y modd y delir â throseddwyr. Bellach, 'sylweddolir bod gwraidd anymwybodol i lawer o droseddion,' meddai, 'ac na wna cosbi ond atgyfnerthu'r tueddiadau hynny a symbyla'r troseddwr i droi yn erbyn cymdeithas'.[101] Tanlinella Jones y 'tebygrwydd hanfodol rhwng adeiladwaith meddwl pobl normal ac annormal' yn ei ysgrif, gan awgrymu yn y broses sut yr oedd agweddau tuag at anhwylderau meddyliol wedi dechrau symud i gyfeiriad mwy goddefgar yng Nghymru erbyn diwedd yr Ail Ryfel Byd.

I gloi, gellir casglu bod yr amrywiaeth eang o ymatebion i waith Freud a'i ddilynwyr a ddisgrifiwyd yn yr ysgrif hon yn datgelu nid yn unig pa mor fywiog ac agored i dderbyn a delio â syniadau newydd, heriol (a pheryglus, yn ôl rhai), yr oedd bywyd deallusol Cymreig yn y cyfnod rhwng y ddau Ryfel Byd, ond hefyd bod ieithwedd a ffordd newydd o ymdrin â'r hunan yn y Gymraeg wedi ymffurfio yn y broses. Gwnaeth amryw o ysgolheigion, gweinidogion, a llenorion ymgais fwriadus a llwyddiannus i gyflwyno a dehongli seicdreiddiad yn y Gymraeg, a thrwy hynny, cwestiynwyd llawer o agweddau traddodiadol tuag at grefydd, plant a throseddwyr, yn ogystal â'r modd y dylid canfod yr hunan ac ymdrin â'i anhwylderau mynych. Llwyddodd eu hymdrechion i greu darlun manwl ac eglur yn y Gymraeg o un o'r damcaniaethau mwyaf eang ei dylanwad yn yr ugeinfed ganrif; yn wir, mae'n dal i gael ei defnyddio'n eang heddiw. Fe ellir dadlau mai Gwilym O. Roberts a wnaeth fwyaf i barhau â'r ymgais ar ôl yr Ail Ryfel Byd, ac mae'n briodol rhoi'r gair olaf iddo ef, a'i ddisgrifiad o'i bryd bwyd cyntaf ar ôl cyrraedd yr Unol Daleithiau ym 1947, sef y wlad a fyddai'n gwneud y defnydd helaethaf o syniadau Freud, ynghyd â'r cyfoeth o seicotherapi a ysbrydolwyd ganddynt:

> Gwelsoch lawer gwaith y platiau gleision ar yr hen dresal, a chwi gofiwch am y platiau mawr hirgrwn ar y silff uchaf. Hogia annwyl! Un felly – un felly welais i lawer tro o dan ŵydd Dolig – un felly oedd y plât a ddaliai pedwerydd cwrs fy mrecwast! Ar y plât yr oedd sleisen o ham chwarter modfedd helaeth o drwch, a honno llond y plât i gyd, a thri wy wedi eu dresio'n grand mewn rhyw jam. "Wel tawn i'n llwgu," meddwn wrthyf fy hunan, "dyma'r Merica".[102]

1 Hoffwn ddiolch i Angharad Wigley am ei chymorth wrth ddatblygu'r syniadau sydd yn yr ysgrif hon.
2 W. D. Davies, *Cristnogaeth a Meddwl yr Oes* (Caernarfon: Llyfrfa'r Methodistiaid Calfinaidd, 1932), 31.
3 Gweler T. G. Davies, *Ernest Jones, 1879–1958* (Caerdydd: Gwasg Prifysgol Cymru, 1979).
4 Daniel Mydrim Phillips, *Athroniaeth y Meddwl* (Caerdydd: Y Brodyr Roberts, 1901), 49.
5 Ceir dadansoddiad arbennig yn y Gymraeg o waith Freud yn Harri Pritchard Jones, *Freud* (Dinbych: Gwasg Gee, 1982). Gweler hefyd y penodau ar Freud a Jung yn Cyril G. Williams, *Clywsoch yr Enw: Arweiniad at Ddeuddeg Dysgawdwr* (Llandysul: Gwasg Gomer, 1966).
6 Eli Zaretsky, *Secrets of the Soul: A Social and Cultural History of Psychoanalysis* (New York: Three Rivers Press, 2005), 5–8.
7 D. G. Williams, *Llawlyfr ar Feddyleg* (Wrecsam: Hughes a'i Fab, 1924).
8 Daw'r dyfyniad o adolygiad dienw o'r *Llawlyfr ar Feddyleg* yn *Y Dysgedydd,* 103 (Tachwedd 1924), 436.
9 *Llawlyfr ar Feddyleg*, 113 a 130.
10 Ibid., 27.
11 *Y Dysgedydd*, 103 (Tachwedd 1924), 436.
12 Thomas Rees, 'Nodiadau'r Golygydd', *Y Dysgedydd*, 104 (Ebrill 1925), 103.
13 *Yr Efrydydd*, I (Tachwedd 1924), 54.
14 James Evans, 'Y Feddyleg Newydd', *Y Traethodydd*, LXXVII (Ebrill 1922), 98.
15 Ibid., 102.
16 Ibid., 103.
17 Ibid.
18 Ibid., 104.
19 James Evans, 'Cristnogaeth a Meddyleg', *Y Traethodydd*, LXXVIII (Gorffennaf 1923), 166.
20 Gweler J. A. C. Brown, *Freud and the Post-Freudians* (London: Pelican, 1985) a chyfrol ddiddorol D. R. Thomas yng nghyfres 'Y Meddwl Modern', *Fromm* (Dinbych: Gwasg Gee, 1984).
21 'Cristnogaeth a Meddyleg', 172.
22 J. Arthur Mason, 'Moeseg yng Ngoleuni Meddyleg Ddiweddar', *Yr Eurgrawn Wesleaidd*, CXVI (Chwefror i Ragfyr 1924).
23 Ibid., Rhan V (Mehefin 1924), 221.
24 Ibid., 222–3.
25 Ibid., 222.
26 Ibid., 223.
27 Ibid.
28 Ibid.
29 R. I. Aaron, 'Nodyn', *Y Llenor*, VIII (1929), 243–4.
30 D. James Jones, 'Nodiadau: Byr Hanes Adran Athronyddol Urdd y Graddedigion 1931–1937', *Efrydiau Athronyddol*, I (1938), 72–7.
31 Ibid., 73.
32 T. Gwynn Jones, 'Gohebiaeth', *Yr Eurgrawn Wesleaidd*, CXXXIII (Mawrth 1931), 91.

33 David Richards, 'Psycho-Analysis a Chrefydd', *Y Dysgedydd*, 105 (Mehefin ac Awst 1926), 233–6 (Rhan I), 293–7 (Rhan II).
34 Ibid., 234.
35 Ibid.
36 Ibid., 235.
37 *Y Bywgraffiadur Cymreig*, http://yba.llgc.org.uk/cy/c8-RICH-WIL-1893.html cyrchwyd ar 1 Ebrill 2016
38 'Psycho-Analysis a Chrefydd', Rhan II, 295.
39 Ibid.
40 Ibid., 296.
41 J. Luther Thomas, 'Yr Enaid Claf', *Y Dysgedydd*, 105 (Chwefror, 1926), 54–8.
42 Ibid., 56.
43 Roger Smith, *Between Mind and Nature: A History of Psychology* (London: Reaktion Books, 2013), 193–6.
44 'Yr Enaid Claf', 56.
45 D. J. Lewis, 'Gwerth Efrydu Meddyleg i Weinidog', *Y Traethodydd*, LXXXIV (Ionawr 1929), 23–30.
46 Ibid., 23.
47 Ibid., 27.
48 Ibid., 23.
49 Edwin Jones, 'Y Feddyleg Newydd a'r Weinidogaeth', *Seren Gomer*, XXII (Medi 1930), 193–206.
50 Ibid., 197.
51 Ibid., 198.
52 Ibid., 200.
53 Ibid., 201.
54 Gweler *Y Bywgraffiadur Cymreig*, http://yba.llgc.org.uk/cy/c4-PHIL-DAV-1874.html cyrchwyd ar 1 Ebrill 2016.
55 David Phillips, '"The New Psychology and Religious Experience"', *Y Traethodydd*, LXXXIX, (Ebrill 1934)' 126–8.
56 David Phillips, '"Psychology and Religious Experience"', *Y Traethodydd*, LXXXV (Ionawr 1930), 53–4.
57 Ibid., 54.
58 David Phillips, 'Rhagdybiau', *Efrydiau Athronyddol*, XI (1948), 34–42.
59 Gwilym O. Roberts, 'Yr Athro Phillips fel Meddyg Meddwl', *Y Traethodydd*, CVII (Ebrill 1952), 85–90.
60 G. A. Edwards, 'Y Prifathro David Phillips: Teyrnged Cyfaill', *Y Drysorfa*, CXIV (Mai 1944), 115.
61 *Y Goleuad*, 29 Awst 1951, 3.
62 'Yr Athro Phillips fel Meddyg Meddwl', 86.
63 Ibid., 88.
64 *Yr Efrydydd*, VII (Rhagfyr 1931), 82.
65 Emyr H. Owen, 'Meddyginiaethau'r Meddwl' yn William Morris (gol.), *Tom Nefyn* (Caernarfon: Llyfrfa'r Methodistiaid Calfinaidd, 1962), 73.
66 Tom Nefyn, *Yr Ymchwil* (Dinbych: Gwasg Gee, 1949), 263.
67 'Meddyginiaethau'r Meddwl', 74.
68 Gwilym O. Roberts, *Dryllio'r Holl Gadwynau* (Talybont: Y Lolfa, 1976), 102.
69 Elinor Lloyd Owen (gol.), *Amddifad Gri: Cyfrol Deyrnged Gwilym O. Roberts* (Talybont: Y Lolfa, 1975), 90.
70 Gweler Owen, *Amddifad Gri*, 27 ar gyfer teyrnged Allport i lyfr Roberts, *The Road to Love: Avoiding the Neurotic Pattern* (New York: Chanticleer Press, 1950). Gweler

hefyd Llion Wigley 'J. R. Jones a Gwilym O. Roberts: Dau o Ddeallusion y 60au mewn Cyd-destun Rhyngwladol', *Y Traethodydd*, CLXVIII (Ionawr 2013), 40–57.

71 Gweler Simon Brooks, 'Arwyddocâd Ideoloegol Dylanwad Sigmund Freud ar Saunders Lewis', *Llenyddiaeth Mewn Theori*, 3 (2008), 29–49; a'i gyflwyniad i Saunders Lewis, *Monica* (Llandysul: Gwasg Gomer, 2013), 11–13.

72 Saunders Lewis, *Williams Pantycelyn* (Llundain: Foyles, 1927), 50.

73 Ibid., 53.

74 Ibid., 61.

75 E. Tegla Davies, 'Eneideg a'r Profiad Crefyddol', *Yr Eurgrawn Wesleaidd*, CXXI (Mai 1929), 168.

76 Ibid., 162.

77 E. Tegla Davies, 'Y Feddyleg Newydd a'r Profiad Crefyddol, *Yr Eurgrawn Wesleaidd*, CXXVI (Mehefin 1934), 221.

78 *Cristnogaeth a Meddwl yr Oes*, 93–4.

79 Gweler *Y Bywgraffiadur Cymraeg*, http://yba.llgc.org.uk/en/s2-DAVI-DAV-1897.html Yn ôl Gomer Roberts, ychwanegodd Davies y llythyren 'P' i'w enw yn y 1930au, gan honni mai 'am "Pechadur" yr oedd y "'P"'.

80 D. Miall Edwards, *Crefydd a Diwylliant* (Wrecsam: Hughes a'i Fab, 1934).

81 D. Miall Edwards, 'Adolygiad o "The Psychology of Religion"' gan W. B. Selbie', *Yr Efrydydd*, I (Ebrill 1925), 193.

82 *Crefydd a Diwylliant*, 109.

83 Ibid., 110–11.

84 Ibid., 111. Daw'r gerdd o T. Gwynn Jones, *Manion* (Wrecsam: Hughes a'i Fab, 1932), 88.

85 Ibid., 129.

86 Ibid., 130.

87 Frances Williams, 'Eneideg a Dirwest', *Y Gymraes*, XXXIV (Ionawr, Mawrth ac Awst 1930).

88 Gweler penodau 9 a 10 yn Joseph Schwartz, *Cassandra's Daughter: A History of Psychoanalysis in Europe and America* (London: Penguin, 1999), ar gyfer dadansoddiad treiddgar o ddatblygiad seicoleg y plentyn.

89 'Eneideg a Dirwest', Rhan I, 6.

90 Ibid., Rhan II, 36–7.

91 'Y Feddyleg Newydd a'r Weinidogaeth', 201–2.

92 D. Gwenallt Jones, *Cofiant Idwal Jones* (Aberystwyth: Gwasg Aberystwyth, 1958), 130.

93 Gweler Jonathan Croall, *Neill of Summerhill: The Permanent Rebel* (London: Routledge & Keegan Paul, 1983) ar gyfer stori lawn cyfnod Neill yng ngogledd Cymru, 266–82.

94 David Lloyd, 'Gwrogaeth y Feddyleg Newydd i'r Greddfau', *Yr Efrydydd*, II (Medi 1926), 330.

95 Ibid., 331.

96 J. Lewis Williams, 'Y Feddyleg Newydd a Chrefydd', *Y Dysgedydd*, 113 (Chwefror 1933), 53.

97 *Cristnogaeth a Meddwl yr Oes*, 215.

98 Idwal Jones, 'Sigmund Freud', *Efrydiau Athronyddol*, VII (1944), 39–56.

99 Ibid., 41. Daw'r dyfyniad o'r ysgrif 'Grisial' yng nghyfrol T. H. Parry-Williams, *Synfyfyrion* (Aberystwyth: Gwasg Aberystwyth, 1937), 28. Ceir dadansoddiad o'r berthynas rhwng gwaith Williams a Freud yng ngweithiau Angharad Price, *Ffarwel i Freiburg* (Llandysul: Gwasg Gomer, 2013) a 'T. H. Parry-Williams, Freiburg a Freud', *Llenyddiaeth Mewn Theori*, 2 (2007), 107–22.

100 Ibid., 49–50.
101 Ibid., 55–6.
102 Gwilym O. Roberts, 'Siwrnai i'r Tawelfor', *Y Drysorfa,* CXXIV (Ionawr 1954), 6.

Marion Löffler

DATHLU TRICHANMLWYDDIANT *PREGETH A BREGETHWYD YNG NGHAPEL TY-ELY YN HOLBOURN 1716*[1]

Cyfieithu gwleidyddol

Mae'r weithred o gyfieithu bob amser yn wleidyddol, yn enwedig o ystyried ieithoedd diwladwriaeth (fel y'm hatgoffwyd gan olygydd *Ysgrifau Beirniadol* yn ddiweddar), ac felly mae'r ffaith syml fod y cyfieithiad hwn yn bodoli yn arwyddocaol. Eithr y mae arwyddocâd pellach i'r testun hwn a ymddangosodd dri chant o flynyddoedd yn ôl, yn haf 1716, am mai dyma'r cyfieithiad gwleidyddol cyntaf i'r Gymraeg i'w gomisiynu gan unigolion preifat. Nid yw 'cyfieithu gwleidyddol' yn derm cyfarwydd mewn llawlyfrau cyfieithu, er ei fod wedi bod yn allweddol erioed wrth lywodraethu ymerodraethau a gwladwriaethau aml-ethnig, ac o gymorth i wahanol ffrydiau gwleidyddol, p'un a ydynt yn cytuno â'r grym canolog neu beidio. Priodol, felly, yw diffinio 'cyfieithu gwleidyddol' yn fwy penodol, gan ei ystyried yn ffordd o ddynodi cyfieithiadau sydd yn anelu'n bennaf at ledaenu ymhlith siaradwyr anghyfiaith neges wleidyddol awdurdod gwladol neu ymerodraethol, pleidiau gwleidyddol a mudiadau cymdeithasol. Yn fynych, mae'r weithred o 'gyfieithu gwleidyddol' yn gysylltiedig â chyhoeddi, ac â thwf diwydiant argraffu'r cyfnod modern. Yng nghyd-destun Cymru, dechreuodd y traddodiad o gyfieithu gwleidyddol yn ystod teyrnasiad Elisabeth I, pan orchmynnwyd am y tro cyntaf gynnal dyddiau o addoli cyhoeddus a oedd yn ategol at y calendr eglwysig. Byddai pawb dan orfodaeth i ymprydio, i ddangos diolchgarwch neu i ddathlu yng ngwasanaethau'r eglwys sefydledig pan fyddai pla yn fflangellu'r wlad, byddin neu lynges y deyrnas wedi ennill brwydr bwysig, neu'r teulu brenhinol wedi esgor ar etifedd. Cyhoeddwyd litwrgïau ar eu cyfer gan yr argraffwyr brenhinol ar ffurf pamffledi bychain yn cynnwys gweddïau, emynau ac ymddiddanion, a'u dosbarthu i'r plwyfi er mwyn i'r offeiriaid arwain yr addoli. Ceir tystiolaeth o gyfieithiadau Cymraeg o'r testunau hyn o ddiwedd yr ail ganrif ar bymtheg: un enghraifft yw *Ffurf Gweddi* a gyhoeddwyd ym 1683 yn destun o ddiolch i Dduw am achub y Brenin Siarl II rhag cael ei lofruddio gan gynllwynwyr 'Rye House'.[2]

O'r dechrau, perthyn elfen wleidyddol i'r cyfieithiadau swyddogol hyn a gadwai'n bur agos at eu ffynonellau o ran geiriad a hyd yn oed o ran eu cysodi. Cedwir yn Llyfrgell Genedlaethol Cymru gyfrol yn cynnwys amryw ohonynt, yn eu plith litwrgïau megis *Ffurf Gweddi I'w Harfer Ar Ddydd Mercher y Pummed Dydd o fis Ebrill, yr hwn sydd ddiwrnod YMPRYD wedi drefnu drwy gyhoeddus orchymyn y Brenhin*,[3] ac ordinadau mwy ymarferol ar adegau o newyn, megis un Siôr II a fwriadwyd i 'ragflaenu yn fwy effeithiol danniad yr Haint sydd yr awron yn gerwino ymmysg anifeiljaid cyrnig y Deyrnas hon'.[4] Dyma ddechreuadau cyfieithu testunau llywodraethol a deddfwriaethol i'r Gymraeg, a'u diben oedd rheoli rhan o'r deyrnas nad oedd ei thrigolion yn rhugl yn y Saesneg. Aeth hyn yn ei flaen gyda chyfieithu deddfau yn ail hanner y bedwaredd ganrif ar bymtheg gan Syr John Morris-Jones ac eraill,[5] a deil hyd heddiw yng ngwaith cyfieithwyr Cynulliad Cenedlaethol Cymru.[6] Yn llai amlwg, cwyd o'r cyfieithu swyddogol gwleidyddol hwn hefyd draddodiad o gyfieithu gwleidyddol gan unigolion a charfanau chymdeithasol nad oeddent yn llywodraethol. Am fod crefydd a gwleidyddiaeth yn cydblethu'n dynn yn y cyfnod modern cynnar, a'r rhan fwyaf o gyfieithiadau swyddogol yn rhai crefyddol, nid yw'n syndod fod testun 1716 – y testun sydd yn ganolbwynt i'r ysgrif hon – yn gyfieithiad o bregeth.

O ystyried datblygiad yr iaith Gymraeg, *genres* ei llenyddiaeth, a'i thraddodiad o gyfieithu, dylid dathlu trichanmlwyddiant cyhoeddi'r testun sy'n dwyn y teitl hirwyntog: *Pregeth a Bregethwyd yng Nghapel Ty-Ely yn Holbourn yn Llundein Ar Ddydd Merchur ym Mehefin y 7, 1716. Sef Dydd y Diolchgarwch Cyhoeddus Am Fendith Duw ar Gynghorion ac Arfeu ei Fawrhydi yn Llonyddu y Gwrthryfel Annaturiol diweddar*. O ddadansoddi rhestri cynhwysfawr *Libri Walliae* yn gronolegol, gellir ystyried hwn y pamffled gwleidyddol cyntaf a gyhoeddwyd yn yr iaith Gymraeg, ac at hynny, mae'n bamffled radical, Chwigaidd, addysgiadol, ac yn annhebyg i unrhyw beth a gyhoeddwyd cynt.[7] Yn sicr, fel yr haerwyd eisoes, dyma'r cyfieithiad gwleidyddol cyntaf i'r Gymraeg a gomisiynwyd yn breifat, a bathwyd ar gyfer y cyfieithiad nifer o eiriau newydd a fyddai'n caniatáu trafod syniadau gwleidyddol modern yn y Gymraeg. Eto i gyd, fel y gwelir yn y man, bu hefyd yn offeryn i hybu cenedlaetholdeb y wladwriaeth newydd Brotestannaidd ymhlith y Cymry, ac y mae rhai o'r geiriau a grëwyd ar ei gyfer yn dyst i ddyfnder dylanwad cysyniadol diwylliant tra-argwyddiaethol Lloegr ar feddwl Cymry dwyieithog y cyfnod.

Y cefndir gwleidyddol a chrefyddol 1660–1716

Mewn teyrnas mor ansefydlog â Phrydain Fawr ar ddiwedd yr ail ganrif ar bymtheg a dechrau'r ddeunawfed ganrif, roedd pregethu gwleidyddol yn gyffredin.[8] Bu'r cyfnod o 1660 tan 1714, o esgyniad Siarl II i'r orsedd ym 1660, trwy deyrnasiad byr Iago II o 1685 hyd 1688, o wahoddiad Gwilym Oren a Mary, a'i deyrnasiad ef fel Gwilym III o 1688 tan ei farwolaeth ym 1702, a theyrnasiad Anne o hynny hyd at ei marwolaeth hithau ym 1714, yn un o gynllwynio i ladd brenhinoedd, o derfysgoedd, ac o wrthdaro rhwng Catholigion, anghydffurfwyr ac aelodau'r eglwys wladol. Yn gefndir i hyn, fe ddatblygodd dwy blaid wleidyddol: y Toriaid a gefnogai hawl yr etifedd Catholig i fod yn frenin ar y deyrnas, a'r Chwigiaid a oedd am i'r wlad fod yn un Brotestannaidd, heb berygl o du pennaeth eglwys arall. Ym 1701 pasiwyd Deddf Ardrefnu a benderfynodd o blaid disgynyddion Protestannaidd y Stiwardiaid, sef Tŷ Hanofer. Ond parhaodd yr ansicrwydd hyd nes y bu farw'r frenhines Anne ym 1714, ac yr esgynnodd Siôr o Hanofer i'r orsedd fel Siôr I Prydain Fawr, gan anwybyddu rhagorfraint yr hawliwr Catholig, Iago Iorwerth Stiward. I'r ymneilltuwyr, bu esgyniad Gwilym III a phasio Deddf Goddefiad 1689, ac yna esgyniad Siôr I ym 1714, yn achos dathlu. Rhoes Deddf 1689 derfyn ar yr erledigaeth a ddioddefwyd gan anghydffurfwyr rhwng 1662 a 1687, a rhoes esgyniad Siôr I ddiwedd ar ymdrechion y Toriaid i ailgyflwyno mesurau caethach yn eu herbyn. Gan ddilyn arfer y cyfnod, mynegwyd eu balchder drwy ganu clychau a goleuo ffenestri, yn ogystal ag mewn cyfarfodydd dathlu a gwasanaethau crefyddol. Ymateb Cymry Llundain oedd sefydlu Cymdeithas yr Hen Frytaniaid (fel y galwent eu hunain), a chychwyn yr arfer o ymgynnull ar gyfer pregeth Gŵyl Ddewi, ffenomen a ddisgrifir gan Sarah Prescott fel 'London showcase for Welsh Hanoverian and Whiggish loyalty'.[9] Gwelir y teyrngarwch hwn ym mhregeth Gŵyl Ddewi 1715 a gyhoeddwyd dan y teitl, *Ufudd-dod i Lywodraeth a Chariadoldeb.*[10] Pwysleisiai'r bregeth, a oedd yn seiliedig ar 1 Pedr ii:15 ac a ddyfynnai eiriau Paul (Rhufeiniaid xiii:1–9), y ddyletswydd o fod yn ufudd 'i'n Grasusaf BENLLYWYDD, GEORGE EIN BRENIN, A RHODDI Parch ac Anrhydedd dyledus i'w Fawrhydi Ef', a holl swyddogion gwlad ac 'Eglwys Lloegr',[11] am ei fod wedi ei ordeinio gan Dduw, a'i 'Swyddogion a Phendefigion' wedi derbyn drwy ras Duw fwy 'o Allu, Modd ac Odfa, a Chyfleustra' na 'Dynion ffolion' y werin.[12] Yn debyg i bregethau eraill Gŵyl Ddewi'r gymdeithas o 1715 tan y 1720au,[13] pwysleisid ufudd-dod, yn sicr, ond hefyd (yn fersiynau Cymraeg y testunau, o leiaf), arwahanrwydd ethnig y Cymry, gan sôn am *'weddillion yr hen FRYTANIAID'*, 'Eglwys y Brytaniaid' (a lygrwyd gan Babyddiaeth), a'r 'CYMRU [*sic*] ym mha Gwrr bynnag y byddent allan o'u Gwlad eu hunain'.[14]

Cynulleidfa arfaethedig y pregethau hyn oedd y brenin, y llywodraeth a Chymry Llundain. Cynulleidfa wahanol a sefyllfa lai sefydlog a gaed yng nghefn gwlad Cymru ei hun yn y 1710au, fel yn yr Alban, yn Iwerddon ac yng ngogledd Lloegr. Yno, ystyriai rhannau sylweddol o'r boblogaeth ddyrchafiad teulu Hanofer dros Stiwardiaid yr Alban yn deyrnfradwriaeth. Yng Nghymru (y de a'r gogledd-ddwyrain, yn enwedig), roedd yr ymlyniad at Iago Iorwerth Stiward yn arbennig o gryf, a'r rhan fwyaf o glerigwyr a'r Aelodau Seneddol yn Doriaid.[15] Dyma gyd-destun gwleidyddyol, crefyddol a daearyddol cyfieithiad 1716. O ran hanes y ffydd yng Nghymru, disgrifiwyd y blynyddoedd rhwng 1689 a 1740 fel '[g]orffwysfa ysbrydol rhwng dau gyfnod. O'r tu cefn yr oedd berw creadigol yr ymchwydd Piwritanaidd… O'u blaen yr oedd y chwyldro Efengylaidd a fyddai'n crynu'r hen drefn i'w seiliau'.[16] Er bod y datganiad hwn ychydig yn orddramatig, mae'n werth ei gadw mewn cof wrth ystyried testun y cyfieithiad.

Yr Awdur: Yr Esgob William Fleetwood a'r Gymraeg

Ffynhonnell cyfieithiad 1716 oedd testun a ddygai'r teitl, *A Sermon Preach'd at Ely-House Chapel in Holbourn, On Thursday June 7, 1716. Being the Day of Publick Thanksgiving, For the Blessing of God upon His Majesty's Counsels and Arms in Suppressing the late Unnatural Rebellion* gan Esgob Ely, William Fleetwood (1656–1723).[17] Cofir am Fleetwood fel un o bregethwyr mwyaf grymus a dadleuol y cyfnod, ac fel hynafiaethydd hefyd. Bu yng ngwasanaeth Gwilym III fel caplan a chanon o 1690 hyd at 1705, gan draddodi pregethau o flaen y teulu brenhinol a'r senedd ar achlysuron pwysig. Bu'n aelod blaengar a thanbaid o'r blaid Chwigaidd, a chondemniwyd a llosgwyd ei ragair i gasgliad o bregethau yn erbyn tueddiadau Siacobitaidd y llywodraeth Doriaidd ym 1712.[18] Erbyn hynny, buasai Fleetwood yn Esgob Llanelwy ers pedair blynedd:

> He had a very difficult Part to act, coming into this Diocese but just before that Spirit of Rage and Madness broke out in 1710, which continued to the end of the Queen's Reign, when Party rage ran higher, and the spirit

> of Jacobitism was more insolent and barefaced, than in any former time, since the Revolution; and more in that Part of the Kingdom than in most others.[19]

Canfu Fleetwood ei hun mewn nyth o uchel-eglwyswyr a Siacobitiaid, a phoblogaeth a heidiai at ffynnon Santes Gwenfrewi fel y buont yn ei wneud ers yr oesoedd canol.[20] Daeth yr uchel-eglwyswr a'r Tori, Dr Henry Sacheverell, i Selatyn ger Croesoswallt ym 1710, yn dilyn achos llys yn ei erbyn am ei bregeth wrthryfelgar, *The Perils of False Brethren in Church and State*, pregeth a draethodd ar 5 Tachwedd 1709 yn cyhuddo Deddf Goddefiad 1689 o beryglu'r eglwys.[21] Cynhaliwyd gwledd rwysgfawr iddo gan gorfforaeth Croesoswallt, ac yn Wrecsam gorymdeithiodd ei gefnogwyr drwy'r strydoedd, gan ddifrodi addoldai ymneilltuol.[22] Un o weithredoedd cyntaf Fleetwood yn ei ymdrech i wrthweithio'r tueddiadau hyn oedd anfon siars at ei glerigwyr ym 1710 (cyhoeddwyd y testun ym 1712). Gorchmynnodd iddynt fyw yn eu plwyfi, bod yn wyliadwrus o arferion Catholig, cadw'r Beibl 'both in *English* and *Welsh*', pregethu mewn arddull syml yn wythnosol, ac addysgu'r plant, gan wneud hynny mewn iaith y byddai'r rhan fwyaf o'r plwyfolion yn ei deall.[23] Ac yntau'n eang-gredwr, argymhellodd Fleetwood fod clerigwyr yn traethu mewn iaith syml a dealladwy i bawb, fel y gwnâi ef ei hun. Yn hyn o beth, dilynai'r un trywydd â'r S.P.C.K. a'r Welsh Trust. Argymhellodd ddefnyddio'r Gymraeg am ei bod yn iaith y mwyafrif, er mai ei ddymuniad oedd y deuai'r deyrnas yn uniaith gydag amser, dan awdurdod un brenin ac yn ffyddlon i un grefydd:

> In some Places I understand there is now and then an English sermon preached, for the Sake of one or two of the best Families in the Parish, although the rest of the Parish understand little or nothing of English, and those few Families understand the British perfectly well, as being their native Tongue: I cannot possibly approve of the Respect and Complaisance to *a few*, that makes the Minister so useless to the rest, and much the greatest Number of the People. I should be very glad (for my own Sake) that there were but one Language common to us all, and that one were English; but till that Wish can be accomplished I heartily desire the Language of the Minister may be always such as will best instruct and edify his People most.[24]

Offeryn oedd y Gymraeg iddo i ledaenu'r neges grefyddol gywir, gan gryfhau'r rhwymau gwleidyddol nes bod yr angen am hynny'n diflannu. Roedd yr angen yn glir yn ei esgobaeth. Yn yr un flwyddyn ag y croesawyd Dr Sacheverell i'r ardal, sefydlwyd Cylch y Rhosyn Gwyn, clwb Cymreig Siacobitaidd dylanwadol, o dan arweiniad Watkin Williams-Wynn, Aelod Seneddol y Toriaid dros sir Ddinbych o 1716 tan 1749, a phennaeth teulu grymusaf Cymru ar y pryd. Ymddengys i boblogaeth gyffredin yr ardal ddilyn arweiniad Williams-Wynn yn frwd. Ym mis Awst 1715 cafwyd terfysgoedd yn erbyn y llywodraeth eto gan grefftwyr, labrwyr a glowyr Wrecsam a ddinistriodd gapeli ymneilltuol y dref, er gwaethaf y ffaith fod aelodau'r capeli wedi erfyn ar Watkin Williams-Wynn i'w hamddiffyn. Ni chanwyd unrhyw glychau yn y dref ar flwyddwyl yr esgyniad Hanoferaidd yr un mis, ond yn hytrach o fore tan nos ar ben-blwydd Iago Iorwerth Stiward, neu'r 'Brenin Iago III', y flwyddyn wedyn. Gwisgwyd plu a chludwyd brigau derw'r Siacobitiaid yn gyhoeddus.[25]

Nid oedd y sefyllfa'n fwy sefydlog yn ne-orllewin Cymru ychwaith, sef ardal cyfieithydd Cymraeg pregeth Fleetwood. Yn sir Benfro anelodd y Siacobitiaid at wneud 'the comon sorte of the people to turn of the Pretender's side by telling them that the Pretender was the true owner of this Kingdome and that King George have no Right to it', ac ymosodasant â phastynau ar gyfarfod dathlu buddugoliaeth Siôr I dros Iago ym mis Hydref 1715.[26] Fel y gwyddys, parhawyd i gynllunio dychweliad Iago Iorwerth Stiward i Brydain Fawr wedi trechiad 1715, ond y mae'n llai hysbys fod ei lu i fod i lanio yn Aberdaugleddau.[27]

Cyfieithydd 1716: Iaco ab Dewi a'i gylch

Yn sicr, roedd angen atgoffa deiliaid cefn gwlad Cymru o ogoniant 1688 a 1689, a'r perygl a'u hwynebai o du Catholigiaeth, ym marn ei gwrthwynebwyr. Gan fod cyhoeddi llyfr ar ddechrau'r ddeunawfed ganrif yn ddrud,[28] bu'n rhaid cael noddwyr i dalu am gyfieithu a chyhoeddi'r bregeth radical Chwigaidd hon. Mae'n amlwg i ddigon o 'Ewyllyswyr da i'r llywodraeth bresenol' ddod at ei gilydd[29] er mwyn gwneud hyn ym 1716,[30] er iddynt ddewis ymddangos fel grŵp yn hytrach na datgelu eu henwau'n unigol. O ran noddwyr tebygol, gellid ystyried Fleetwood ei hun (a noddodd gyhoeddiadau cyn hynny) yn un ohonynt, yn ogystal â'r enwadau ymneilltuol yn Llundain (a noddai eu brodyr yng Nghymru yn rheolaidd[31]), noddwyr yn ne-orllewin Cymru, megis Harri Llwyd, Christmas Samuel neu William Davies (a ariannodd gyfieithiadau eraill gan Iaco ab Dewi[32]), neu gyfeillion y cyhoeddwr, Siôn Rhydderch, yng ngororau'r gogledd-ddwyrain. Dengys blaenddalen y cyhoeddiad enw'r cyfieithydd yn ogystal â'i amcan addysgiadol, gan gyhoeddi 'Yn Gymraegedig i'r Cymro un-ieith ... gan Iaco ab Dewi'. Roedd gan Iaco ab Dewi, a oedd yn gyfaill a chyd-weithiwr i Moses Williams a'i dad, Samuel Williams, ac yn athro i Siôn Rhydderch, gysylltiadau y tu hwnt i Gymru, ac yr oedd yn aelod pwysig o gylch llenorion a beirdd Dyffryn Teifi a oedd a'u bryd ar gadw traddodiadau'r Cymry'n fyw ac ar greu cymdeithas Gymraeg dduwiol a llythrennog. Am fod y 'llythyren a 'sgrifennir yn aros pan yw'r Gair a glywir yn diflannu', yng ngeiriau Samuel Williams,[33] cynhyrchent nifer o gyhoeddiadau crefyddol, yn farddoniaeth a rhyddiaith, yn eu plith gyfieithiadau o destunau gan yr eglwys sefydledig.

James Davies, neu Iaco ab Dewi (1648–1722), oedd 'yr amlycaf o'r llenorion Ymneilltuol a helpodd i baratoi llenyddiaeth gymwys i'r genhedlaeth hon', ym marn R. Tudur Jones.[34] Hwyrach mai 'pwysig' yn hytrach nag 'amlwg' yw'r ansoddair cywir ar ei gyfer. Dyn tawel ydoedd, yn ôl pob sôn. Yn enedigol o Landysul, ni wyddom lawer am ei fywyd y tu hwnt i'r sylwadau canmoliaethus a chefnogol a geir yn llythyrau a chyhoeddiadau rhai o'i gyfoeswyr, megis Moses Williams, Samuel Williams a Siôn Rhydderch.[35] Ymddengys iddo ddod o dan ddylanwad Stephen Hughes, gan droi at Annibyniaeth yn gynnar yn ei fywyd, iddo golli ei iechyd cyn 1686 pan aeth i Gaerfaddon i wella, ac iddo fod â diddordeb mewn meddyginiaeth, seryddiaeth a sêr-ddewiniaeth. Mae'n bosib i'r olaf ysgogi'r chwedl ei fod wedi treulio'r naw mlynedd y bu ym Mhenllyn ar ddiwedd yr ail ganrif ar bymtheg gyda'r tylwyth teg![36] Ar wahân i'r cyfnod hwn, treuliodd y rhan fwyaf o'i fywyd yn Llanllawddog, lle y magodd enw da fel copïwr llawysgrifau dylanwadol, fel cyfieithydd ac fel bardd.[37] Ef oedd un o'r copïwyr a baratôdd y *Flores Poetarum Britannicorum* dros Edward Lhuyd, a chadarnheir edmygedd Iaco o Lhuyd mewn dau englyn yn 'Y Gell Gymmysg' gan Tomos Glyn Cothi.[38] Gan iddo golli'r rhan fwyaf o'i eiddo mewn tân cyn 1700, roedd arno angen y gwaith copïo a chyfieithu i ennill bywoliaeth. Pan gofnododd Christmas Evans ei farwolaeth ar 24 Medi 1722 yn llyfr eglwys Pant-teg, cyfeiriodd at ei swydd: 'Iago ap Dewi ye famous Translator died after 18 weeks sickness, and buried at Llanllawddog', gan ychwanegu 'a very considerable man, a man of very few words, but of very extensive knowledge'.[39]

Yn ogystal â bod yn un o gyfieithwyr *The Pilgrim's Progress* i'r Gymraeg, cyhoeddodd rhwng 1714 a 1730 wyth o gyfieithiadau, pedwar ohonynt yn ymddangos o wasg Siôn Rhydderch a dau gan Thomas Durston yn Amwythig, un gan Nicolas Thomas yng Nghaerfyrddin, ac un gan yr S.P.C.K. yn Llundain.[40] Gweithiau nodweddiadol o'u cyfnod yn hyrwyddo'r ffydd oedd y rhan fwyaf ohonynt, ond torrodd Iaco ab Dewi dir newydd mewn sawl ffordd. Roedd ei destun, *Cyfeillach Beunyddiol â Duw yn Gynddelw neu Ensampl ym muchedd Sanctaidd Armele Nicolas; Gwasanaethwraig Wledig, dlawd, anyscedig, yn Ffraingc*, o'r flwyddyn 1714 yn waith newydd ei anian yn y Gymraeg, am ei fod yn disgrifio bywyd ysbrydol morwyn dlawd.[41]

Ym 1716 lluniodd y cyfieithiad sydd dan sylw yn yr ysgrif hon, a dengys hwnnw, fel ei gyfieithiadau i gyd, ei fod yn fathwr geiriau brwd.[42] O gofio pryderon Michael Cronin fod cyfieithwyr i ieithoedd diwladwriaeth mewn perygl naill ai o droi'n 'dorwyr beddau eu hiaith eu hunain drwy dderbyn benthyciadau ar raddfa eang', neu o fentro peidio â chael eu deall o gwbl drwy fathu geiriau newydd,[43] mae gorchest Iaco ab Dewi yng nghyfieithiad 1716 ac mewn testunau eraill yn gwbl ganmoladwy. Er ei fod ychydig yn herciog o ran cystrawen (gan ei fod yn hoff o gyfieithu gair am air), llwyddodd i greu testun dealladwy ar bynciau newydd yn y Gymraeg heb aberthu hygrededd yr iaith o ran geirfa. Canmolodd ymdrechion pureiddiol ei gyd-oeswyr, fel yn y gerdd a ysgrifennodd i amddiffyn Ifan Gruffydd, Tŵr Gwyn, rhag ymosodiadau beirdd eraill ar ddechrau'r ganrif:

Blasus ŵr hoenus o'r hen-iaith, Cospwr
    Baledwr pwl llediaith
  Bur anian bwri iawniaith
  Ber air aur o burwr iaith.[44]

Dilyn yr un trywydd a wnâi yntau, gan elwa ar ei waith fel copïwr llawysgrifau, ei ddarllen crefyddol, a'i ymwybyddiaeth o eiriaduron cyhoeddedig ac anghyhoeddedig. Golygai hyn fod ganddo wybodaeth helaeth o eiriau ac elfennau y gellid eu defnyddio i fathu termau.[45] Yn wahanol i gyfieithwyr i'r Wyddeleg, gallai fanteisio ar draddodiad di-dor o ysgrifennu a oedd eisoes wedi cyrraedd ei uchafbwynt yng ngwaith y Dyneiddwyr a chyfieithwyr y Beibl, ac anelodd (fel y gwnâi cyfieithwyr y Beibl i ieithoedd brodorol eraill), at greu testunau hawdd eu deall gan leygwyr drwy gartrefoli cynnwys ac iaith.[46] 'Yn

Gymraegedig' meddir ar dudalen blaen cyfieithiad 1716, ac yn y proses hwn trowyd hyd yn oed 'William' Fleetwood yn 'Gwilim', i orchuddio'r ffaith, siawns, fod y genadwri radical hon yn deillio o'r tu hwnt i ffiniau Cymru a'r Gymraeg.

Y TESTUN, Y GEIRIAU A'R CYSYNIADAU

Wrth ystyried cyhoeddiadau dechrau'r ddeunawfed ganrif, trawodd R. Tudur Jones dant a anghofir yn aml, wrth iddo nodi, 'o safbwynt y Cymry (uniaith gan fwyaf) a ddarllenai'r llyfrau hyn, nid oedd o bwys pa un ai llyfrau gwreiddiol oeddynt ai cyfieithiadau. Yr un oedd eu dylanwad.'[47] Nid oedd cynulleidfa Gymraeg y cyfnod yn gwahaniaethu rhyngddynt, gan mai dim ond un testun a welent, testun a oedd yn gymorth iddynt ddeall ewyllys Duw a chyd-fynd â'i ewyllys ef. Sail y testun Cymraeg a luniwyd iddynt gan Iaco ab Dewi ym 1716 oedd Salmau 107:2, sef 'Clodforwch yr Arglwydd, y rhai a waredodd efe o Law y Gelyn',[48] a'r prif genadwri oedd diolchgarwch i Dduw am arddangos ei ras drwy lwyddiant ysgubol a chyflym byddinoedd Tŷ Hanofer yn trechu'r gwrthryfelwyr Siacobitaidd gelyniaethus. Felly rhwystrwyd rhag esgyn i'r orsedd frenin Catholigaidd fyddai wedi diddymu rhyddid crefyddol a 'Breinnieu y Genedl'.[49] Pwnc digon cyffredin oedd hwn ym 1716, a chapeli, eglwysi a threfi Prydain yn atseino â datganiadau o ddiolchgarwch (neu beidio, fel y gwelwyd yn Wrecsam!), a dathlu cyhoeddus.

Yr hyn a oedd yn eithriadol am y cyhoeddiad hwn gan un o aelodau uchaf ei statws yr eglwys sefydledig (ac roedd yn rhywbeth anarferol ymhlith Cymry cyffredin cefn gwlad ar ddechrau'r ddeunawfed ganrif) oedd agwedd ymoleuedig y testun. Rhydd bwyslais ar reswm yn sail i'r ffordd iawn o ymddwyn o flaen Duw, a throsglwyddir i'r bobl gyffredin gryn bŵer yn y proses o gyflawni gwaith Duw, gan gynnwys apwyntio a chadarnhau eu brenhinoedd. Cyhudda'r testun y Catholigion o 'zel waedled' anifeilaidd 'rhy gref iw Natur dda a'u Dynoliaeth hwynt; [ac] yn drech na Rheswm'.[50] Mae aelodau 'y genedl' Brotestannaidd ddetholedig ar yr ochr arall yn meddu ar ras Duw, ac mae hyn yn eu heithrio rhag gorfod darostwng eu hunain yn ddigwestiwn i awdurdod uwch – fel yr awgrymir yn y rhan fwyaf o gyhoeddiadau crefyddol y cyfnod.[51] Wedi cyfeiriadau mwy cyffredinol at y gras hwn, pwysleisir grym y genedl hon droeon yn rhan ganolog y testun, gan gychwyn â'r brenin newydd Siôr I, oherwydd:

> y mae rhyw beth mor neilltuol yn nyfodiad y Brenin yma i'r Deyrn-gadeir, ac yr haedda ef ei gofio a'i ystyried gan bob un ohonoch; Canys ni ddaeth efe i mewn trwy'r Cleddyf, nac un lliw o Fuddugoliaeth...na thrwy ymgais â'r gwŷr mawrion,[52]...ni alwyd efe iddi hi gan Foneddigion a chyffredin y Deyrnas i wella ac adffurfio camarferion y Deyrnas...Ond y genedl ohoni ei hun, heb ei hannog gan un ofn Perygl presennol, na chan un Diolchgarwch am Ddaioni na gwasanaeth o'r blaen; heb ei harswydo gan un llu yn agos nac ymhell chwaith, ac yn Amser Heddwch, y genedl, meddaf...o fodd a rhodd yn dra ewyllysgar, a gynnigiodd ac a sicrhaodd y goron i Dŷ Hanofer...Yn y modd yma, a heb iddo ef ofyn hynny, y galwyd efe i'r deyrn gadeir, gan yr holl genedl, Brenin, a Pharliament... Rhôdd holl genedl iddo ef heb ei ofyn na'i cheisio oedd hi.[53]

Mae teyrnas, coron a gorsedd yn 'Rhôdd holl genedl', felly, ac ewyllys Duw yn gweithio drwyddynt hwy. Dyna neges ryfeddol i Gymro tlawd yng nghefn gwlad ym 1716! Pan dry Fleetwood ei olwg yn ôl at 1688, â hyd yn oed ymhellach:

> This Nation had been frequently and strongly Allarmed with the Fears of Popery in the Reign of King Charles II. Who liv'd a secret and dy'd a profes'd Papist. It saw it enter like an armed Man in the Reign of King James II. and being first frighten'd as it were out of its Wits, and then into its Wits again, it join'd the Prince of Orange, made a *Revolution*, declared the People's Rights, and placed the Crown upon the Prince and Princess's Heads, with certain Limitations; and in the Session following, disabled any Papist for the future, from being King or Queen of these Kingdoms for ever after.[54]

Hwn yw datganiad mwyaf chwyldroadol Fleetwood, wedi ei osod yn union yng nghanol y pamffled o saith tudalen ar hugain. Ym 1688, achoswyd chwyldro gan dywysog a chenedl, a gosododd y genedl wedyn y goron ar ben eu pendefig a chyfyngu ar ei gylch gweithredu. Y mae'r grym a'r gobaith, felly, yn nwylo'r genedl gyfan. Nid yw'n syndod mai ymneilltuwr a gafodd y comisiwn o gyfieithu'r testun, ac i Iaco ab Dewi fachu ar y cyfle: mae'n debyg y byddai'r cynnwys wedi bod y tu hwnt i'r hyn y byddai'r rhan fwyaf o eglwyswyr yn gyfforddus ag ef. Ymatebodd Iaco ab Dewi i her y testun gwreiddiol yn frwd:

> Y genedl yma a ddychrynwyd yn fynych ac yn fawr gan ofn Pabyddiaeth yn Nheyrnasiad Charles II. Yr hwn oedd yn ei Fywyd yn Bapist dirgel ac yn ei Farwolaeth yn Bapist cyfaddedig. Hi a welodd Pabyddiaeth yn dyfod i mewn fel gŵr arfog yn Nheyrnasiad y brenin Iaco yr II. Ac wedi ei hofni'n gyntaf megis o'i Phwyll ac yna iw phwyll drachefn, hi ynghyd a Thywysog Orange a *Ad ddychwelodd*, ac a arddangosodd gyfiawnder y bobl; ac a osododd y goron ar benneu'r Tywysog a'r Dywysoges, dan ryw Derfynneu; ac yn yr Eisteddiad ar ol hynny, fe ddarfu iddynt ddi alluogi pob Papist o hynny allan i fod yn Frenin nag yn Frenhines i'r Teyrnasoedd hyn byth wedi hynny.[55]

Dyma fynegi, am yr tro cyntaf yn yr iaith Gymraeg, y syniad o bŵer yr holl 'genedl' yn y proses gwleidyddol, o achosi chwyldro gwleidyddol, ac o 'gyfiawnder' i'r bobl, sydd hefyd wrth wraidd pob gweithred. Yn ôl casgliad slipiau anghyhoeddedig *Geiriadur Prifysgol Cymru*, ni ddefnyddiwyd y ferf 'ad-ddychwelaf' i fynegi'r cysyniad o gyflawni chwyldro gwleidyddol cyn 1716.[56] Ychwanegwyd y rhagddodiad 'ad-', sydd yn cyfateb i'r Lladin 're-', at y ferf 'dychwelaf',[57] a all olygu 'troi (yn ôl)' neu 'ddigwydd', ond hefyd 'peri tröedigaeth' neu 'adfer', ac a ddefnyddiwyd yn fynych ym maes crefydd yn yr ystyr o beri tröedigaeth neu o adnewyddu yn fewnol.[58] Darllen y proses chwyldroadol hwn fel un adeiladol ac iddo islais crefyddol a wnâi Iaco, a dyna a wnâi'r Cymry hwythau. Er mai dyma'r unig dro y ceir y ferf yn yr ystyr o 'gyflawni chwyldro gwleidyddol' mewn gwaith printiedig, deillia'r enw 'ad-ddychweliad' ohoni a ddefnyddiwyd i gyfeirio at Chwyldro 1688, mewn testun o'r flwyddyn 1733.[59] Ymhellach: ychydig dudalennau ynghynt, er mwyn cyfieithu sylwadau Fleetwood ar feddwl aflonydd y gwrthryfelwyr Siacobitaidd, creodd Iaco ab Dewi enw i fynegi'r gair Saesneg '*Revolution*' a'r cysyniad o chwyldro gwleidyddol am y tro cyntaf yn y Gymraeg:

> Because a *Revolution* in favour of the Protestant Religion, and of the Laws and Liberties of the Nation was so easily brought about, therefore the hot and thoughtless Heads

> of the Conspirators, imagined such another might be brought about, with as much Ease, if they could work the People into Discontents and Disaffection to the Government.[60]

> O blegid dwyn oddi amgylch *Adymchweliad* mor hawdd ym Mhlaid Crefydd y Protestant, Cyfreithieu a Breinieu y Genedl, am hynny fe feddyliodd Penneu eiddigeddus y Cydfradwyr y gellid dwyn un arall oddi amgylch cyn hawsed a hynny, os gallent annog y Bobl i bryderu ac angharu y llywodraeth.[61]

Gydag 'adymchweliad', bathodd Iaco'r enw Cymraeg cyntaf am y cysyniad modern o chwyldro gwleidyddol, h.y. o newid syfrdanol yn sefyllfa wleidyddol gwladwriaeth neu deyrnas, cysyniad sydd wedi cynyddu mewn pwysigrwydd byth ers hynny. Ychwanegodd yr ôl-ddodiad '-iad' i fôn y ferf 'adymchwelaf', a olygai 'dychwelyd' (eto), i greu'r enw 'adymchweliad'.[62] Roedd y cysyniad o chwyldro gwleidyddol yn dechrau cael mynegiant mewn ieithoedd eraill yn Ewrop,[63] ond yn wahanol i'r Gymraeg, benthyciwyd gair gan ieithoedd megis Ffrangeg, Almaeneg, Saesneg a Rwsieg, lle ceir amrywiad ar 'revolution'. Roedd Iaco, yn ôl Garfield H. Hughes, yn 'geidwadol yn ei ieithwedd', ond eto i gyd yn fwy hoff o 'greu ffurfiau newydd...na benthyca geiriau',[64] gan ddilyn tueddiadau pureiddiol awduron a chyfieithwyr Cymraeg eraill y cyfnod.[65]

Er nad yw ystyr gwleidyddol y ddau air wedi goroesi y tu hwnt i gyfnod Chwyldro Ffrengig 1789, torrodd Iaco ab Dewi gŵys newydd yn y Gymraeg ym 1716 drwy ddangos ei bod yn bosibl trafod materion gwleidyddol â geiriau cynhenid, heb orfod benthyg o'r Saesneg. Ac nid dyma'r unig dermau a fathwyd ganddo i fynegi cysyniadau gwleidyddol. Yn nhestun 1716 dechreuodd Iaco y proses o ganfod gair ar gyfer 'cyfansoddiad' teyrnas neu wladwriaeth drwy ddefnyddio 'ein trefniad ni' a 'gosodedigaetheu', a symud yr olaf o'r rhain o feysydd y gyfraith a'r eglwys i faes gwleidyddiaeth.[66] Gwnaeth rywbeth tebyg yn achos maes hawliau gwleidyddol a sifig deiliaid ('dinasyddion' yn nhermau heddiw), drwy gyfieithu 'privileges' fel 'rhagorfreintiau', a oedd hyd hynny yn gyfyngedig i frenhinoedd a'r bonedd. Yn nwylo Iaco, daeth i gyfeirio at ddeiliaid cyffredin teyrnas am y tro cyntaf.[67] I fynegi 'liberty' a 'civil liberties', defnyddiodd 'rhydd-did', 'breiniau cartrefol' a 'cyfiawnder y bobl', ymadroddion a fyddai'n magu pwysigrwydd gwleidyddol o'r 1770au ymlaen.[68] Ac yn olaf, creodd ffordd i'r Cymry Cymraeg fynegi'r un dirmyg tuag at Iago Iorwerth Stiward ag a gaed yn Saesneg, 'the Pretender', drwy gymhathu gair a ddefnyddid i ddisgrifio 'twyllwr' neu 'ragrithiwr',[69] ar gyfer sefyllfa wleidyddol 1715, a chyfeirio at Iago fel 'y Ffuantwr'.[70] Er bod nifer o'r geiriau a'r ystyron hyn wedi diflannu, safent yn y bwlch, gan gyflenwi terminoleg gynhenid ar gyfer maes cymdeithasol newydd. Dylid dathlu ymdrech Iaco ab Dewi, felly, a'i gyfraniad gwych i'r Ymoleuad Cymraeg ac at barhad yr iaith.

Fel y soniwyd o'r blaen, prydera Cronin am benodolrwydd neu arwahanrwydd y Wyddeleg fodern gynnar o dan bwysau'r Saesneg. Dyma gefndir ei ffocws ar gyfrifoldeb y cyfieithydd a'i rôl posibl fel torrwr beddau iaith (am ei fod yn agor y drws cefn i iaith arall trwy fenthyciadau).[71] Gŵyr pawb sydd yn gyfarwydd â gwaith cyfieithwyr ac awduron Cymraeg y cyfnod modern cynnar mewn llawysgrif a phrint, a bwrlwm cynyddol geiriadura trwy'r ddeunawfed ganrif, fod sefyllfa'r Gymraeg yn wahanol; roedd y geiriadurwyr, y beirdd, yr awduron a'r cyfieithwyr oll yn adeiladu ar waith a thraddodiad y Dyneiddwyr. Wrth wneud hynny, bathwyd cyfoeth o eiriau newydd gan awduron rhyddiaith grefyddol y cyfnod.[72] Er hynny, mae hefyd yn hysbys fod y rhan fwyaf o'r cyhoeddiadau Cymraeg, o leiaf ym maes rhyddiaith, yn gyfieithiadau o'r Saesneg neu wedi eu cynhyrchu 'o dan ddylanwad Lloegr', chwedl Thomas Parry.[73] Roedd perygl llai amlwg yn hyn, am fod y geiriau a'r ymadroddion allweddol ynddynt yn cynrychioli cysyniadau'r diwylliant ffynhonnell, a fewnforiwyd i'r meddwl Cymreig dan gochl y testun uniaith Cymraeg.

Ymhlith prif gysyniadau pregeth ddiolchgarwch William Fleetwood roedd yr un o'r genedl Brotestannaidd Brydeinig a gyflawnai waith ac ewyllys Duw, un y gwarchodid ei buddiannau gan dywysogion Protestannaidd Tŷ Hanofer. Bodolai'r genedl hon eisoes yn ei destun (er bod gwahaniaethau ieithyddol ac ethnig yn parhau). Defnyddia Fleetwood ymadroddion megis 'the nation' neu 'this nation' neu 'our nation' dair gwaith ar ddeg yn y testun, gan gynnwys y darnau canolog a ddyfynnwyd uchod ar gydweithredu 'yr holl genedl, Brenin, a Pharliament'.[74] Drwy gyfieithu 'y genedl hon' neu 'y genedl' yn ffyddlon drwy gydol y testun,[75] crea Iaco ab Dewi y genedl Brotestannaidd Brydeinig hon yn y Gymraeg am y tro cyntaf erioed, ac ar ffurf gyhoeddus a pharhaol cyhoeddiad argraffedig. Â ymhellach na Fleetwood pan gyfieitha 'every National Church throughout the world'[76] fel 'pôb Eglwys cenedl arall trwy'r Byd'.[77] Nid hen Frythoniaid yw'r Cymry bellach, a'u cenedligrwydd yn seiliedig ar iaith ac ethnigrwydd, ond Prydeinwyr Protestannaidd a fwynha 'freiniau cartrefol', sef hawliau sifig. Ar wahân i'r genedl Brotestannaidd, sonia Fleetwood am 'England' saith gwaith yn ei bregeth, mewn ymadroddion megis 'England and Scotland', 'the Church of England', 'the people of England' and 'here in England'.[78] Mae'n arwyddocaol fod Iaco ab Dewi yn cyfieithu'r ymadrodd 'here in England' fel 'yma ym Mhrydain', gan ddisodli Cymru yn ogystal â Lloegr.[79] Gwelir yn hyn ddechreuadau hydoddi'r ethnigrwydd Seisnig i'r un Prydeinig, proses a oedd newydd gychwyn, yn ôl Linda Colley, ac a gyrhaeddodd ei uchafbwynt yn yr Ymerodraeth cyn y Rhyfel Byd Cyntaf.[80] Ar ddiwedd y testun ceir y datganiad dwys 'y byddom ni yn Deyrnas Brotestanneidd, hynny yw, ydwyf yn ei obeithio, dros byth'.[81] Felly, dychmygwyd cymuned cenedl Brotestannaidd Prydain Fawr am y tro cyntaf yn yr iaith Gymraeg.[82]

At hynny, dengys dewisiadau geiriol Iaco ab Dewi wrth iddo geisio mynegi'r cysyniadau o 'gyflawni chwyldro' a 'chwyldro' gwleidyddol i ba raddau y dylanwadwyd eisoes ar feddwl Cymry dwyieithog gan y diwylliant llywodraethol. Yn niwylliannau cyfandir Ewrop, megis y rhai Almaeneg a Ffrangeg, benthyciwyd y term a ddefnyddir i gyfleu'r syniad o chwyldro gwleidyddol o faes seryddiaeth a sêr-ddewiniaeth, a chylch parhaol y sêr, yr haul a'r planedau.[83] Yn Ynysoedd Prydain, roedd y cysyniad wedi datblygu'n wahanol. Yn lle dychmygu 'chwyldro' fel cyffro syfrdanol cymdeithasol a oedd yn gysylltiedig â thrais, ac a fyddai'n arwain yn ôl at ddechreubwynt yn y pen draw, fel y gwnâi diwylliannau'r cyfandir ar y pryd, daeth yn gysylltiedig â'r gwahoddiad a estynnwyd i Wilym Oren i feddiannu gorsedd Lloegr ym 1688. Roedd hyn yn wir yn weithred chwyldroadol, yn yr ystyr nad oedd brenin erioed wedi esgyn i orsedd Lloegr yn y dull hwn. Trwy drugaredd (Duw), ni fu angen arfau i gwblhau'r proses o'i wneud yn Wilym III. I guddio'r newydd-deb hwn, o bosib, pwysleisiwyd ochr grefyddol y weithred, y ffaith fod y *revolution* hwn wedi adfer y grefydd Brotestannaidd yn nheyrnasoedd prif ynys Prydain. Er bod y Saesneg yn defnyddio'r un gair â'r rhan fwyaf o'r ieithoedd cyfandirol, yr oedd y meddylfryd y tu ôl iddo'n syfrdanol wahanol. Byddai hyn yn wir tan

Chwyldro Ffrengig 1789, pan ddechreuodd cyfnod newydd yn hanes y cysyniad.[84]

Roedd defnyddio'r gair hwn gan Iaco ab Dewi, felly, yn ddewis arwyddocaol, yn enwedig o gofio ei fod yn gyfarwydd â phob math o destunau, yn eu plith rhai ar y sêr. Pe bai ef wedi dilyn patrwm ei gyfoedion ar y cyfandir, disgwylid gweld geiriau megis 'cylchdro' neu 'chwyldro', 'atychwel' neu 'atchwyl', y pedwar yn amlwg mewn llawysgrifau, casgliadau geiriadurol a geiriaduron ar y pryd, geiriau a olygai 'ddychweliad' neu 'gylchdroad'.[85] Eithr dewisodd Iaco ddefnyddio 'adymchweliad' ac 'ad-ddychwelaf' (a hwn yn dod yn olaf yn y rhes o eiriau a gynigia John Davies am 'reuolutio' yn ei *Dictionarium Duplex*, ar ôl 'ymdro', 'tro', a 'treigl').[86] Er bod 'atychwel' ac 'atchwyl' yn edrych yn debyg i 'ad-ddychwelaf' ac 'adymchweliad' ar yr olwg gyntaf, nid oedd iddynt, yn ôl *Geiriadur Prifysgol Cymru*, yr elfen o ail-greu neu adfer, nac ychwaith naws grefyddol 'adymchweliad'. Ymddengys i Iaco ab Dewi ddewis y geiriau a oedd yn agosach at y cysyniad Saesneg, gan osod gerbron y gynulleidfa Gymraeg gysyniad Prydeinig o 'chwyldro gwleidyddol' fel adferiad y grefydd Brotestannaidd drwy orseddiad brenin Protestannaidd, gweithred a gyflawnwyd â chymorth 'y genedl'.

Ôl-nodyn: Ail Gyfieithiad Pregeth Fleetwood, 1717

Nid yw ysgolheigion erioed wedi darllen yn fanwl destunau'r ddwy bregeth, *Pregeth* 1716 a *Phregeth* 1717, os o gwbl. Barnwyd ar sail *Cofrestr* Moses Williams,[87] a *Libri Walliae* Eiluned Rees, mai ail argraffiad o gyfieithiad Iaco ab Dewi gydag ychydig o amrywiad yn y teitl oedd *Pregeth a Bregethwyd yng Nghapel Ty-Ely yn Holbourn yn Llundein Ar Ddydd Iau Mehefin 7, 1716. Sef Dydd o Gyhoedd Ddiolchgarwch am Râd a bendith Dduw ar Gynghorion ac Arfau'r Brenin, yn gostegu'r diweddar Wrthryfel Annaturiol*, a gyhoeddwyd gan Siôn Rhydderch ym 1717.[88] Gwnes innau'r un camgymeriad nes anesmwytho dros y gwahaniaethau yn y tudalen blaen. Roedd '*A gyfieithwyd or chweched Argraphiad yn Saesonaeg gan un o ffyddlon Ddeiliaid Brenhin George*' mor wahanol i destun 1716. Hepgorwyd enw Iaco ab Dewi, defnyddiwyd berf wahanol, diddymwyd y gynulleidfa arfaethedig, a mewnosodwyd enw'r brenin. Darganfûm gopi yn Llyfrgell Genedlaethol Cymru,[89] a sylweddoli mai cyfieithiad newydd o destun William Fleetwood oedd *Pregeth* 1717, yn hytrach nag ail argraffiad neu addasiad o destun 1716.

Nid yw ailgyfieithu yn brin yn hanes cyfieithu yn y Gymraeg, a digwydd o hyd am resymau sydd yn ymwneud â lleoliad, cystadleuaeth rhwng cyhoeddwyr, cynulleidfaoedd gwahanol, twf ysgolheictod, ac am resymau gwleidyddol.[90] Ymddengys i mi fod rhywrai wedi barnu bod testunau William Fleetwood a Iaco ab Dewi yn rhy radical i'r gynulleidfa Gymraeg. Nid oes lle yma i ddadansoddi *Pregeth* 1717 yn fanwl, ond o gymharu testunau Fleetwood, ab Dewi, a chyfieithydd 1717, gwelir bod yr olaf yn hepgor y bobl gyffredin fel endid weithredol. Yn lle 'nation' a 'cenedl', ceir 'y deyrnas' neu 'y wlad' bron yn ddieithriad drwy gydol y testun.[91] Yr eithriad arwyddocaol yw cyfieithu 'a Protestant Nation' fel 'Cenhedl o Brotestanniaid'.[92] Yn y darnau canolog, darlunnir gorseddiad Gwilym III fel proses arferol heb iddo arlliw o chwyldro neu derfysg, drwy gyfieithu 'this Nation...join'd the Prince of *Orange*, made a *Revolution*' fel 'y wlad...a ymgysylltodd a Thywysog *Orange*, a *newidiodd y Llywodraeth*'.[93] Cyfieithir darn canolog cyntaf testun Fleetwood yn yr un modd:

> Because a *Revolution* in favour of the Protestant Religion, and of the Laws and Liberties of the Nation was so easily brought about, therefore the hot and thoughtless Heads of the Conspirators, imagined such another might be brought about, with as much Ease, if they could work the People into Discontents and Disaffection to the Government.[94]

> O herwydd darfod newid y Llywodraeth cyn hawsed er mwyn Crefydd y *Protestaniaid*, ac er mwyn Cyfreithiau a rhydd-freintiau'r Deyrnas, am hynny tybiodd Penaethiaid penboethion anfeddylgar y cydfradwyr y byddai mor hawdd gwneuthur *Cyfnewidiad* arall, os medrent gynhyrfu'r bobl i anfodlondeb ac anghariad ir Llywodraeth.[95]

Ni cheir berf fwy diduedd a chyffredin na 'newidiaf' yn y cyswllt hwn, ac roedd yr enw, 'cyfnewidiad', yn frith yng nghyfieithiadau crefyddol yr oes, yn eu plith *Taith neu Siwrnai y Pererin*, gan ddynodi gan mwyaf dröedigaeth pechadur.[96] Defnyddiwyd 'cyfnewidiad' yng nghyfieithiad

Iaco ab Dewi i gyfeirio'n ôl at yr 'adymchweliad' a gyflawnwyd ym 1688; hwyrach mai dyma wraidd 'y cyfnewidiad' ac o bosibl y 'newid llywodraeth' a geir yn nhestun 1717. Mae'n arwyddocaol i gyfieithydd 1717 beidio â benthyg y gair Saesneg 'revolution' ychwaith, fel y gwnâi mor barod wrth fenthyg 'parliament' neu 'the Pretender'.[97] Yr oedd 'newid llywodraeth' a 'cyfnewidiad' – ymadroddion Cymraeg llai ymfflamychol nag 'ad-ddychwelaf', 'adymchweliad' neu 'revolution' – yn fwy addas ar gyfer deiliaid Cymraeg y deyrnas. Pan soniwyd am chwyldro eto mewn print yn y 1770au, 'cyfnewidiad llywodraeth' a ddefnyddiwyd i gyfeirio at Chwyldro Gogoneddus 1688,[98] a hefyd at y digwyddiadau yn America.[99]

Ar ddiwedd fy siwrnai fyfyriol yma yn 2016, parhaf i ystyried cyfieithiad 1716 yn hollbwysig fel dechreubwynt y traddodiad o gyfieithu i'r Gymraeg destunau gwleidyddol nad oeddynt, o reidrwydd, yn llawforynion i lywodraethau. Mae hefyd yn ddolen werthfawr yn y gadwyn o fathu termau gwleidyddol Cymraeg ac iddynt elfennau ieithyddol cynhenid, gan alluogi'r werin i drafod gwleidyddiaeth yn eu hiaith eu hunain. Eto i gyd, ni ellir anghofio'r ffaith mai yn y cyfieithiad hwn y crëwyd y genedl Brotestannaidd Brydeinig am y tro cyntaf yn y Gymraeg. At hynny, erys y testun yn dyst i gysyniadau Prydeinig mewn gwisg Gymraeg. Arddengys ail gyfieithiad 1717 bŵer y proses cyfieithu i greu neges sydd, ym marn y cyfieithydd neu ei noddwyr, yn nes at eu hargyhoeddiadau hwy, neu'n fwy 'addas' i'r gynulleidfa arfaethedig. 'Meddwl y cyfieithydd a fu gan Gymro o 1536 hyd 1900', barnodd W. J. Gruffydd yn Ysgol Haf Plaid Genedlaethol Cymru 1936, gan ychwanegu:

> Bu gennym cyn y Ddeddf Uno feddwl gwreiddiol, ond yna aeth yn feddwl cyfieithydd. Yr unig bethau gwreiddiol yn y cyfnod hwn a fu'r 'Bardd Cwsg' a 'Llyfr y Tri Aderyn'. Ni ddaeth i feddwl Cymru y dylai ysgrifennu'n wreiddiol.[100]

Ailystyriwyd y datganiad hwn gan feddylwyr megis Bobi Jones a Simon Brooks yn ddiweddar,[101] ac yng ngoleuni hyn, ymddengys mai dwysfyfyrio yn hytrach na dathlu sydd yn addas wrth gofio trichanmlwyddiant cyfieithiad gwleidyddol 1716.

1 Gyda diolch i'r Athro Ann Parry Owen am ei sylwadau gwerthfawr.
2 O. H. Morris, 'Ffurfiau gweddi', *Cylchgrawn Llyfrgell Genedlaethol Cymru*, XXIII/2 (1983), 130–40; 'Traethiad Mawrhydi y Brenin...1683', *Journal of the Welsh Bibliographical Society*, 2/7 (1922), 256.
3 *Ffurf Gweddi I'w Harfer Ar Ddydd Mercher y Pummed Dydd o fis Ebrill, yr hwn sydd ddiwrnod YMPRYD wedi drefnu drwy gyhoeddus orchymyn y Brenhin, &c.* (Argraphwyd yn Llundain gan Charles Bill, ac Executris Thomas Newcomb, fu farw, Argraphwyr i Ardderchoccaf fawrhydi y Brenhin, 1699). Llyfrgell Genedlaethol Cymru [LlGC] W.s. 173.
4 George II, *Ordinhaad gan ei Fawrhydi yn y Cyngor; yn cynnwys rheolau, trefnadau, a dosbarthiadau, am ragflaenu yn fwy effeithiol danniad yr Haint sydd yr awron yn gerwino ymmysg anifeiljaid cyrnig y Deyrnas hon* (Llundain: Tomas Basged, 1745). Ceir rhestrau o'r cyhoeddiadau hyn yn Eiluned Rees, *Libri Walliae. A Catalogue of Welsh Books and Books Printed in Wales 1546–1820* (2 gyf.; Aberystwyth: The National Library of Wales, 1987); Charles Parry, *Libri Walliae. A Catalogue of Welsh Books and Books Printed in Wales 1546–1820. Supplement* (Aberystwyth: The National Library of Wales, 2001).
5 Richard Crowe, 'Cyfieithiadau John Morris-Jones o Ddeddf Llywodraeth Leol 1888 a Deddf Llywodraeth Leol 1894', darlith a draddodwyd yn y gynhadledd 'Cyfieithu i'r Gymraeg yng Nghymru yn y 18fed a'r 19eg Ganrif', Aberystwyth, 7 Mawrth 2015.
6 Gweler, e.e., Diarmait Mac Giolla Chríost, Patrick Carlin a Colin H. Williams, 'Translating y Cofnod: Translation policy and the official status of the Welsh language in Wales', *Translation Studies*, 9/2 (2016), 212–27.
7 Rees, *Libri Walliae*, I, 251; II, 832–3.
8 Geoffrey Holmes, *The Making of a Great Power. Late Stuart and early Georgian Britain 1660–1722* (London & New York: Longman, 1993), 350.
9 Sarah Prescott, '"What Foes mor dang'rous than too strong Allies?": Anglo-Welsh Relations in Eighteenth-century London', *Huntington Library Quarterly*, 69/4 (2006), 535–54, 537.
10 *Ufudd-dod i Lywodraeth a Chariadoldeb Wedi eu gosod allan mewn Pregeth a Adroddwyd yn Eglwys St. Pawl Yng Ngardd y Myneich, ar Ddydd-gŵyl Ddewi, Sef Y Dydd cyntaf o Fawrth, 1715 o flaen Anrhydeddus Lywodraethwyr y GYMDEITHAS (ac eraill) o HEN FRYTANIAID, a sefydlwyd er mwyn cynnal Parch a Braint DDYDD GENEDIGAETH EIN BRENHINOL ORUCHEL DWYSOGES, ac i DWYSOGAETH CYMRU Gan P. Phillipps, A.M. Ficar DYFYNNOG, a Pherson LLANFFWYST* (Llundain: Siôn Llwyd, 1716).
11 Ibid., 21.
12 Ibid., 10–11.
13 Gweler dadansoddiadau Prescott, '"What Foes mor dang'rous than too strong Allies?"', 537–45; Geraint H. Jenkins, 'Bywiogrwydd Crefyddol a Llenyddol Dyffryn Teifi, 1689–1740', *Cadw Tŷ mewn Cwmwl Tystion* (Llandysul: Gwasg Gomer, 1990), 136–7.
14 *Ufudd-dod i Lywodraeth*, 2, 4. Mae'r fersiwn Saesneg yn hepgor y cyfeiriad olaf at ethnigrwydd Cymreig.
15 Francis Jones, 'The Society of Sea Serjeants', *Trafodion Anrhydeddus Gymdeithas y Cymmrodorion* (1967, rhan I), 61; Peter D. G. Thomas, 'Jacobitism in Wales', *Cylchgrawn Hanes Cymru*, I/3 (1962), 287–92; Geraint H. Jenkins, *The Foundations of Modern Wales. Wales 1642–1780* (Oxford: Clarendon Press–University of Wales Press, 1987), 139–51. Ond gweler hefyd, idem, 'Works of

Controversy. V. The Popish Threat', idem, *Literature, Religion and Society in Wales, 1660–1730* (Cardiff: University of Wales Press, 1978), 189–97.

16 R. Tudur Jones, *Grym y Gair a Fflam y Ffydd. Ysgrifau ar Hanes Crefydd yng Nghymru*, gol. D. Densil Morgan (Abertawe: Gwasg John Penri, 1998), 126.

17 [William Fleetwood], *A Sermon Preach'd at Ely-House Chapel in Holbourn, On Thursday June 7, 1716. Being the Day of Publick Thanksgiving, For the Blessing of God upon His Majesty's Counsels and Arms in Suppressing the late Unnatural Rebellion. By the Right Reverend Father in God William, Lord Bishop of Ely. The Sixth Edition* (London: D. Midwinter, 1716) [*Sermon* o hyn ymlaen].

18 Charles J. Abbey, *The English Church and its Bishops 1700–1800* (2 gyf.; London: Longmans, Green and Co., 1887), I, 120–7.

19 'Preface', *A Compleat Collection of the Sermons, Tracts, and Pieces of all Kinds, That were Written by the Right Reverend Dr. William Fleetwood, Late Lord Bishop of Ely* (London: D. Midwinter et al., 1737), iv.

20 Jenkins, *Literature, Religion and Society in Wales*, 10–11. Cyhoeddodd Fleetwood *The Life and Miracles of St. Wenefred, together with her Litanies, with some Historical Observations made thereon* ym 1713, yn seiliedig ar wybodaeth a gafodd gan ei glerigwyr.

21 D. R. Thomas, *Esgobaeth Llanelwy. The History of the Diocese of St. Asaph* (3 cyf.; Oswestry: The Caxton Press, 1908), I, 140–4.

22 Geoffrey Holmes, *The Trial of Doctor Sacheverell* (London: Eyre Methuen Ltd, 1973), 235–9, 244.

23 [William Fleetwood], *The Bishop of St Asaph's Charge to the Clergy of that Diocese in 1710, and now made Publick by his Lordship's Permission* (London: Sam. Buckley, 1712), 51.

24 Ibid., 11–12.

25 Jenkins, *Foundations of Modern Wales*, 150.

26 Thomas, 'Jacobitism in Wales', 283.

27 Ibid., 279.

28 Jenkins, 'Bywiogrwydd Crefyddol a Llenyddol Dyffryn Teifi', 137.

29 [Iaco ab Dewi], *Pregeth a Bregethwyd ynghapel Ty-Ely yn Holbourn yn Llundein Ar Ddydd Merchur ym Mehefin y 7, 1716. Sef Dydd y Diolchgarwch Cyhoeddus Am Fendith Duw ar Gynghorion ac Arfeu ei Fawrhydi yn Llonyddu y Gwrthryfel Annaturiol diweddar. Gan y gwir Barchedig Dâd yn Nuw Gwilim Arglwydd Esgob Ely. Yn Gymraegedig i'r Cymro un-jeith o'r chweched Printiad Saisoneg gan Jaco ab Dewi* (Argraphwyd, yn y Mwythig gan John Rhydderch tros Ewyllyswyr da i'r llywodraeth bresenol, 1716). [*Pregeth* o hyn ymlaen]

30 Rees, *Libri Walliae*, I, 251.

31 Jones, *Grym y Gair a Fflam y Ffydd*, 130–1.

32 Ibid., 135.

33 Jenkins, 'Bywiogrwydd Crefyddol a Llenyddol Dyffryn Teifi', 112.

34 Jones, *Grym y Gair a Fflam y Ffydd*, 135.

35 Charles Ashton, *Hanes Llenyddiaeth Gymreig, o 1651 O.C. hyd 1850* (Liverpool: I. Foulkes, 1893), 138–42; Garfield H. Hughes, *Iaco ab Dewi 1648–1722* (Caerdydd: Gwasg Prifysgol Cymru, 1953), 16–25.

36 Ibid., 25, 39.

37 Jenkins, 'Bywiogrwydd Crefyddol a Llenyddol Dyffryn Teifi', 106.

38 LlGC Llsgr. 6238A 'Y Gell Gymmysg', f. 382. Am ei waith fel copïydd gweler Hughes, *Iaco ab Dewi*, 26–58.

39 Ibid., 16–25; Garfield Hopkin Hughes, 'Bywyd a Gwaith Iaco ap Dewi [1648–1722]', Traethawd MA Prifysgol Cymru, 1939, 13.

40 Ibid., 'Bywyd a Gwaith', 195–212.
41 *Cyfeillach Beunyddiol â Duw yn Gynddelw neu Ensampl ym muchedd Sanctaidd Armele Nicolas; Gwasanaethwraig Wledig, dlawd, anyscedig, yn Ffraingc, adnabyddus yn gyffredin wrth yr Enw Armele Ddâ, a fu farw yn Llydaw yn y flwyddyn 1671* (Amwythig: Thomas Durston, 1714); gweler *Daily Conversation with God, Exemplify'd in the Holy Life of Armelle Nicolas, A Poor Ignorant Country Maid yn France: Commonly known by the Name of the Good Armelle, Deceas'd at Bretaigne in the Year 1671. Done out of French* (1714?), Hughes, *Iaco ab Dewi*, 201.
42 Am restr o eiriau ac arddodiadau, gweler Hughes, 'Bywyd a Gwaith', 253–70.
43 Michael Cronin, *Translating Ireland. Translation, Languages, Cultures* (Cork: Cork University Press, 1996), 66 [fy nghyfieithiad i].
44 Hughes, *Iaco ab Dewi*, 97–9.
45 Ibid., 44–5.
46 Gweler Garfield H. Hughes, *Rhagymadroddion 1547–1659* (Caerdydd: Gwasg Prifysgol Cymru, 1976), 27, 56–7, 89.
47 Jones, *Grym y Gair a Fflam y Ffydd*, 137.
48 *Pregeth*, 3; *Sermon*, 1.
49 *Pregeth*, 4, 8; *Sermon*, 2, 7.
50 *Pregeth*, 17; *Sermon*, 16.
51 Am ddadansoddiad o'r pwyslais mwy arferol ar ufudd-dod, gweler J. Gwynfor Jones, 'Duwioldeb ac Ufudd-dod Dinesig: Agweddau ar Fywyd Crefyddol Cymru ar Drothwy'r Diwygiad Methodistaidd'; idem, *Crefydd a Chymdeithas. Astudiaethau ar Hanes y Ffydd Brotestannaidd yng Nghymru c. 1559–1750* (Caerdydd: Gwasg Prifysgol Cymru, 2007), 332–61; Jenkins, *Literature, Religion and Society in Wales, 1660–1730, passim*; Prescott, '"What Foes mor dang'rous than too strong Allies?"', 537–45.
52 Sylwer, serch hynny, ar hepgor yr esgobion yn y cyfieithiad.
53 *Pregeth*, 14; *Sermon*, 12.
54 *Sermon*, 14.
55 *Pregeth*, 14–16.
56 Yr wyf yn ddiolchgar i staff *Geiriadur Prifysgol Cymru* [GPC] am fynediad i'r casgliad slipiau. Y mae angen ei ddigido er mwyn hwyluso ymchwil.
57 GPC <geiriadur.ac.uk> [GPC], d.g. 'ad-'.
58 GPC, d.g. 'ad-ddychwelaf 1a', 'ad-ddychwelaf 2a', 'dychwelaf 1', 'dychwelaf 2'.
59 GPC, d.g. 'ad-ddychweliad'.
60 *Sermon*, 7.
61 *Pregeth*, 8.
62 GPC, d.g. 'adymchweliad', 'adymchwelaf'.
63 'Revolution IV. Von der Frühen Neuzeit bis zur Französischen Revolution', Otto Brunner, Werner Conze, Reinhart Kosselleck (goln), *Geschichtliche Grundbegriffe. Historisches Lexikon zur politisch-sozialen Sprache in Deutschland. Band 5 Pro–Soz* (Stuttgart: Klett-Cotta, 1994), 689–720.
64 Hughes, 'Bywyd a Gwaith', 223.
65 Marion Löffler, 'Purism and the Welsh language: a matter of survival?', Joseph Brincat, Winfried Boeder, Thomas Stolz (goln), *Purism in Minor Languages, Endangered Languages, Regional Languages, Mixed Languages* (Bochum: Brockmeyer, 2003), 61–90.
66 *Pregeth*, 20; *Sermon*, 18; GPC, d.g. 'gosodedigaeth'. Am restr o eiriau gweler Hughes, 'Bywyd a Gwaith', 253–70.
67 *Pregeth*, 20; *Sermon*, 19; GPC, d.g. 'rhagorfraint'.
68 *Sermon*, 6, 14, 18, 19; *Pregeth*, 8, 16, 19, 21.

69 GPC, d.g. 'ffuantwr'.
70 *Sermon*, 26; *Pregeth*, 27.
71 Cronin, *Translating Ireland*, 66.
72 Cafwyd dylanwad cryfach o du'r Saesneg yn y *genres* mwy gwerinol, megis y faled a'r anterliwt.
73 Thomas Parry, *Hanes Llenyddiaeth Gymraeg hyd 1900* (Caerdydd: Gwasg Prifysgol Cymru, 1953), 227; Ashton, *Hanes Llenyddiaeth Gymreig*, 18.
74 *Sermon*, 6, 7, 9, 12, 13, 14, 15, 22.
75 *Pregeth*, 3, 8, 9, 14, 15, 16, 18, 23, 25.
76 *Sermon*, 23.
77 *Pregeth*, 25. Fy nhanlinellu i.
78 *Sermon*, 6, 17.
79 *Pregeth*, 19.
80 Linda Colley, *Britons. Forging the Nation 1707–1837* (London: Vintage, 1994), 10–30.
81 *Pregeth*, 28; *Sermon*, 27.
82 Gweler Benedict Anderson, *Imagined Communities. Reflections on the Origin and Spread of Nationalism* (London: Verso, 1991), 6.
83 Sylwer bod y cysyniadau o chwyldro 'in ihrer Vielfalt und Komplexität erst 1789 gebündelt wurden', 'Revolution. Rebellion, Aufruhr, Bürgerkrieg', Brunner, Conze, Kosselleck, *Geschichtliche Grundbegriffe*, 653.
84 Ibid., 725–79; John Dunn, 'Revolution', Terence Ball, James Farr , Russell L. Hanson (goln), *Political Innovation and Conceptual Change* (Cambridge: Cambridge University Press, 1995), 333–51.
85 GPC, d.g. 'atchwyl', 'atychwel', 'cylchdro', 'chwyldro'.
86 John Davies, *Antiquae Linguae Britannicae et Linguae Latinae, Dictionarium Duplex* (London: R. Young, 1632), d.g. 'reuolutio,onis'.
87 Moses Williams, *Cofrestr o'r Holl Lyfrau Printjedig gan Mwyaf a Gyfansoddwyd yn y Jaith Gymraeg neu a gyfjeithwyd iddi hyd y Flwyddyn 1717* (Printjedig yn Llundain gan Brintwyr y Brenin, 1717), 4; Rees, *Libri Walliae*, I, 251.
88 [Anhysbys], *Pregeth a Bregethwyd yng Nghapel Ty-Ely yn Holbourn yn Llundein Ar Ddydd Iau Mehefin 7, 1716. Sef Dydd o Gyhoedd Ddiolchgarwch am Râd a bendith Dduw ar Gynghorion ac Arfau'r Brenin, yn gostegu'r diweddar Wrthryfel Annaturiol. Gan y gwir Barchedig Dâd yn Nuw William Arglwydd Esgob Ely. A gyfjeithwyd or chweched Argraphiad yn Saesonaeg gan un o ffyddlon Ddeiliaid Brenhin George* (Argraphwyd yn y Mwythig, gan John Rhydderch, 1717. [*Pregeth* 1717].
89 LlGC W.s.163–168.
90 Yr wyf yn ddiolchgar i'r Athro John T. Koch a Dewi Huw Owen am ein trafodaeth hwyliog o gyfieithiadau Cymraeg *Tintin*, *Asterix*, *Uncle Tom's Cabin*, a'r *Mabinogi* Saesneg, yng nghegin y Ganolfan. Am ddadansoddiadau o ailgyfieithu, gweler Sioned Davies, 'O Alice i Alys: Cyfieithu Clasur i'r Gymraeg', *Llên Cymru*, 35 (2012), 116–46; David Willis, 'Cyfieithu iaith y caethweision yn *Uncle Tom's Cabin* a darluniadau o siaradwyr ail iaith mewn llenyddiaeth Gymraeg', *Llên Cymru*, 39 (2016), yn y wasg; Marion Löffler, 'Yn sgil Chwyldro Ffrengig 1789: Cyfieithu radicalaidd i'r Cymry', ibid., yn y wasg.
91 *Pregeth* 1717, 3, 8, 9, 11, 15, 16, 17, 19, 20, 25, 28.
92 *Sermon*, 17; *Pregeth* 1717, 20.
93 *Sermon*, 14; *Pregeth* 1717, 17.
94 *Sermon*, 7.
95 *Pregeth* 1717, 9.

96 GPC, d.g. 'cyfnewidiad'.

97 *Pregeth* 1717, 28.

98 GPC, d.g. 'cyfnewidiad'.

99 Am y ddau gyfieithiad gweler Ffion Mair Jones, '"Gwŷr Lloegr aeth benben â'u brodyr eu hunen": Y Baledwyr Cymraeg a Rhyfel Annibyniaeth America', *Y Traethodydd*, CLXVI/699 (2011), 197–225.

100 W. J. Gruffydd, 'Canlyniadau'r Ddeddf ar Feddwl Cymru', W. Ambrose Bebb (gol.), *Y Ddeddf Uno, 1536 (Y Cefndir a'r Canlyniadau)* (Caernarfon: Plaid Genedlaethol Cymru, 1937), 119. Rwyf yn ddiolchgar i T. Robin Chapman am y cyfeiriad hwn a ddefnyddiodd mewn darlith anghyhoeddedig. Gwyddom erbyn hyn mai addasiad o ffynhonnell Sbaeneg drwy'r Saesneg ydyw *Gweledigaethau'r Bardd Cwsg*.

101 Bobi Jones, *Language Regained* (Llandysul: Gwasg Gomer, 1993), 22; Simon Brooks, *Pam na fu Cymru. Methiant Cenedlaetholdeb Cymraeg* (Caerdydd: Gwasg Prifysgol Cymru, 2015), *passim*.

Leila Salisbury

MERCH Y GRAIG? MAIR RICHARDS 'DAROWEN' A LLAIS Y FERCH YNG NGHYMRU OES FICTORIA[1]

Ar drothwy'r bedwaredd ganrif ar bymtheg, yn ystod cyfnod o lewyrch yn hanes diwylliant gwerin, hynafiaetheg a thraddodiadau llenyddol Cymru, daeth yr offeiriaid llengar a fu'n asgwrn cefn i gymaint o'r ffyniant hwnnw i ymgodymu â'u dyletswyddau fel gwir gynheiliaid safonau ac arferion eu gwlad. Yn wahanol i weithgarwch diwylliannol y ddeunawfed ganrif, a nodweddid gan nawdd a chefnogaeth Cymry Llundain y dydd – yn arbennig o gyfeiriad Anrhydeddus Gymdeithas y Cymmrodorion a Chymdeithas y Gwyneddigion, gydag unigolion megis Owain Myfyr, Lewis a Richard Morris, William Owen Pughe a Iolo Morganwg yn hybu'r achos y tu hwnt i'r ffin – canolbwynt diwylliant a dysg Cymru ar droad y bedwaredd ganrif ar bymtheg oedd y clytwaith amrywiol o blwyfi a nodweddai ardal wledig y canolbarth. Ymysg yr 'hen bersoniaid llengar'[2] hyn, chwedl R. T. Jenkins, y safai Thomas Richards (1754–1837),[3] athro ac offeiriad Anglicanaidd nodweddiadol o'r oes, yn Eglwyswr i'r carn ac yn Fethodist wrth reddf, yn ogystal â thri o'i feibion oedd hefyd yn athrawon ac offeiriaid plwyf. Er mai yn Llanymawddwy y ganed y plant, ac er mai hanes o hel pac a theithio o blwyf i blwyf a brofodd y brodyr, adwaenid hwy ymhlith cylchoedd diwylliedig Cymru'r cyfnod, bron yn ddieithriad, fel teulu 'Darowen'.

Safai ficerdy talsyth Darowen, 'tŵr awen',[4] yn ganolfan ddiwylliedig ar ben un o fryniau Maldwyn, ac roedd yn fan ymgynnull cyson i'r offeiriaid llengar drwy gydol cyfnod yr eisteddfodau taleithiol. Rhai o'r gwŷr a ddôi o dan fantell y cylch anrhydeddus hwnnw[5] oedd teulu 'Darowen' (Thomas y tad, Richard yr hynaf o'r brodyr,[6] Dewi Silin yr ail fab[7] a Thomas Richards 'Aberriw' y trydydd mab[8]), John Jenkins,[9] W. J. Rees,[10] Thomas Price 'Carnhuanawc',[11] David Rowland,[12] Gwallter Mechain,[13] Peter Bailey Williams,[14] Rowland Williams,[15] Evan Evans[16] a John Blackwell.[17] Fodd bynnag, camarweiniol fyddai honni mai dynion yn unig a gyfrannodd at yr adfywiad Cymraeg yr adeg honno. Chwaraeodd nifer o ferched yr oes, megis Angharad Llwyd[18] ac eraill, rôl bwysig ac arwyddocaol yng ngweithgarwch diwylliannol y cyfnod. Merch arall a safai gyfuwch â'r gwŷr, ac a sicrhaodd barhad y bywyd hwnnw drwy ei hymdrech gadwraethol orchestol oedd Mair, yr hynaf o ferched teulu 'Darowen'. Iddi hi y mae'r diolch pennaf am ein dealltwriaeth ni heddiw o waith cynifer o offeiriaid, beirdd, athrawon, hynafiaethwyr a cherddorion yr ardal hon ar ddiwedd y ddeunawfed ganrif a dechrau'r bedwaredd ganrif ar bymtheg.

Daeth Mair i ymgodymu â sawl agwedd ar fywyd a gweithgarwch llenyddol ei milltir sgwâr drwy ddylanwad y dynion yn ei bywyd. Er hyn, portread o'i safle ymylol fel merch i berson, fel chwaer i bum offeiriad plwyf, ac fel modryb i blant ei brawd a geir ohoni yn amlach na heb gan haneswyr y ganrif ddiwethaf.[19] Yn ogystal â hyn, ni chafwyd ymdriniaeth â hi er y 1970au, ac felly darlun anghyflawn ac annigonol o'i safle a'i chyfraniad sydd gennym. Yn wir, gellir honni iddi gael ei chamddeall a'i chamddehongli, i raddau helaeth. Er gwaetha'r modd y'i portreadwyd gan haneswyr yn aelod israddol o deulu 'Darowen' (o'i chymharu â'i brodyr), mae cyfraniad Mair at fywyd ei bro yn haeddu ystyriaeth o'r newydd: yn wir, dylid gosod y cyfraniad hwnnw gyfuwch ag eiddo ei brodyr. Amcan yr ysgrif hon, felly, yw cynnig persbectif newydd ar lais y ferch yng Nghymru oes Fictoria, gan ystyried i ba raddau y llwyddodd ambell un i bontio rhwng y sffêr breifat a sffêr gyhoeddus y gwŷr. Er mai yn ei chylch preifat ei hun y gweithiai Mair, ymhell o gyrraedd gweisg argraffu a chyhoeddusrwydd y byd, llwyddodd i gyfrannu'n sylweddol at fyd ei brodyr, ei thad a'r offeiriaid llengar eraill. O ganlyniad, gellir hawlio lle yn gysurus i Mair yn un o aelodau mwyaf blaenllaw teulu Darowen.

Roedd Mair yn un o wyth o blant a fagwyd ar aelwyd oleuedig a cherddgar, ac fel aelod amlwg o'r teulu diwylliedig hwn, hawliodd iddi'i hun y swyddogaeth o fod yn geidwad y llawysgrifau, yn groniclwraig ac yn ddiddanwraig. Enynnodd gorchestion hynafiaethol Mair chwilfrydedd a brwdfrydedd bro, a daeth ei gwaith cadwraethol, drwy ei llawysgrifau toreithiog a'i chasgliadau niferus o alawon gwerin, yn destun trafodaeth. Medrai ganu pum offeryn, ac arweiniai gôr a cherddorfa eglwysi Darowen a Llangynyw, gan ddod yn wrthrych nifer o gerddi gan feirdd amlwg. Prin oedd ei hamser hamdden rhwng ei chyfrifoldebau teuluol, ei gwaith yn yr eglwys, ei swyddogaeth gymdeithasol fel telynores, ei diddordeb gohebol a'i gweithgarwch llawysgrifol, hynafiaethol. Yn ferch i berson, gellir honni mai dyna oedd ei ffordd hithau o ddygymod â bywyd undonog y plwyf, ac os dyna ei bwriad, bu'n fwy llwyddiannus na'r lliaws. Yn wahanol i'w chwiorydd,

Jane[20] ac Elizabeth,[21] torrodd Mair ei chŵys ei hun, gan ennill parch offeiriaid llengar, beirdd amlycaf ei hoes a gwŷr dysgedig ei dydd. Daeth i sylw cenedlaethol pan etholwyd hi'n aelod o Gymdeithas Anrhydeddus y Cymmrodorion ym 1821 am ei chyfraniad i lenyddiaeth Gymraeg,[22] a hefyd ym 1824 pan urddwyd hi'n Ofyddes yng Ngorsedd y Beirdd, o dan yr enw 'Mair Darowen'.[23] Yn hyn o beth, ac o ganlyniad i'w hadnabyddiaeth o gylchoedd diwylliedig ei thad a'i brodyr, perthynai Mair i gylch o ferched blaengar a ddaeth i amlygrwydd yn ystod hanner olaf y bedwaredd ganrif ar bymtheg. Gwnaeth y rhain gyfraniad i wahanol agweddau ar ddadeni hynafiaethol eu dydd, gan arloesi mewn meysydd a gyfrifid ar y pryd yn rhai a berthynai i'r sffêr batriarchaidd yn unig.

Cyfrifid Llundain ymhlith canolfannau mwyaf diwylliedig Ewrop yn y cyfnod, ac yn y ddinas hon yr enynnwyd diddordeb cynifer o Gymry yn eu hunaniaeth, eu hynafiaeth a'u llenyddiaeth, yn benllanw'r deffroad celfyddydol a welwyd yn Ewrop yn ystod degawdau cynnar y bedwaredd ganrif ar bymtheg. Oherwydd atyniad Llundain fel prif ganolfan y wasg argraffu, ymwelodd nifer o'r offeiriaid llengar â'r brifddinas, rhai megis W. J. Rees 'Casgob', a deithiai yno'n flynyddol i helaethu ei lyfrgell ei hun a chasgliad Ifor Ceri yn ogystal.[24] Yn wir, roedd gwŷr a gwragedd fel ei gilydd yn awyddus i flasu'r bywyd Llundeinig, ac am gyfnod o chwe mis,[25] rhwng gaeaf 1818 a gwanwyn 1819, Llundain oedd cartref Mair hithau. Ceir yn ei llythyrau at ei thad gofnod manwl o'i harhosiad,[26] ac yn ddi-os, bu'r misoedd a dreuliodd yno yn agoriad llygad iddi. O bori drwy'r ohebiaeth, mae'n amlwg ei bod yn ei helfen yn y brifddinas. Yr hyn a nodwedda ei chofnodion yn Narowen yw ei threfnusrwydd, a'r syniad o fywyd y plwyf yn mynd rhagddo wrth ei bwysau.[27] Nid felly yr ohebiaeth o Lundain lle ceir cipolwg ar lif ymwybod bywiog a chymeriad direidus, craff. Er enghraifft, ceir nodyn ganddi yn dilyn ei hymweliad â'r Amgueddfa Brydeinig sy'n tanseilio'r gred ystrydebol mai te yn unig a ffefrid gan wragedd oes Fictoria, a ddywed hyn: 'oddi yno mi ddoeson i dŷ Mr. Moore i yfed ~~Tea~~ glassied o win a gwydryn wedin i roedd y pen yn burion'.[28] A'r geiriau'n byrlymu, roedd hi am ennyd fer yn rhydd o'i chyfrifoldebau teuluol yn ferch a ofalai am ei thad a'i brodyr, ac yn rhydd o fywyd undonog, caeth y plwyf. Wedi cael blas ar ffordd o fyw gwbl wrthgyferbyniol, daeth Mair yn ymwybodol o deithiau pellach, gan nodi, 'mi wn am rai yn mynd yn Fissionries ac ni wn i a ai i i Assia ai peidio'.[29] Breuddwyd fyrhoedlog, obeithiol yn unig oedd honno, ac ni ddatblygodd yn ddim amgenach. Ceir goleuni ar sefyllfa gyfyngedig Mair, sef sefyllfa gyffredin yn hanes merched yr oes, mewn llythyr a anfonwyd ati gan gyfeilles o Lundain, Sara Matthews, ar 9 Medi 1851:

> What a pity it is that we cannot put our hand into our own pocket and from thence take out enough to enable us to go where we like, without being obliged to any one – but never mind there are greater evils than this even – so we must remain passive and enjoy what lies within our reach.[30]

Ildio i'w safleoedd dibynnol, ymylol fu tynged cynifer o ferched y bedwaredd ganrif ar bymtheg, a'u gobeithion yn freuddwydion nas gwireddwyd. Eto, nid yw oblygiadau sefyllfa'r ferch mor ddu a gwyn yn achos bywyd cefn gwlad yn y cyfnod, fel yr eglura T. M. Humphreys: 'The minimal evidence does tend to suggest... that women were not simply passive, obedient and unimportant characters in the wider rural society'.[31] Fel y gwelir, perthynai Mair i ddemograffeg fwy annibynnol na'r hyn a awgrymir yn llythyr Sara Matthews uchod.

Ar ddechrau'r bedwaredd ganrif ar bymtheg roedd cyfnod llewyrchus yn hanes cynnyrch llenyddol merched eisoes ar gerdded. Dyma pryd y gwelwyd nofelau Jane Austen, *Northanger Abbey* (1818) a *Persuasion* (1818), yn cyfrannu at lenyddiaeth neoglasurol yr oes.[32] Cafwyd adargraffiadau lu o'r rhain, ac o nofelau eraill gan Austen megis *Sense and Sensibility* (1811), *Pride and Prejudice* (1813) a *Mansfield Park* (1814), ac ychwanegwyd at y canon hwnnw gan gynnyrch llenyddol sylweddol y chwiorydd Brontë yn ddiweddarach.

Yr hyn a geir yng nghyfrolau'r gwragedd hyn yw sylwebaeth gymdeithasol, portreadau o ffasiwn, safonau a gwerthoedd y cyfnod, dosraniad y dosbarthiadau cymdeithasol ac adlewyrchiad o gyfnod arbennig yn hanes bonedd a gwrêng. 'Cymdeithasol yw pob llenyddiaeth',[33] chwedl Bobi Jones, ac yng ngweithiau awduresau'r cyfnod, gwelir perthynas organig rhwng eu bywydau eu hunain ar y naill law, a bywydau'r cymeriadau a bortreedir ganddynt ar y llall.

Yn sicr, mae rhai agweddau ar y bywyd a ddarlunnir gan nofelwyr benywaidd y bedwaredd ganrif ar bymtheg yn ddrych i fywyd a gwaith Mair Richards. Wrth drafod nofel Louisa May Alcott, *The Inheritance* (a ysgrifennwyd ym 1849, ond a ddarganfuwyd ym 1988, a'i chyhoeddi ym 1997), sylwa Petra Meyer-Frazier ar duedd merched yr oes i ymhél ag amrywiol weithgareddau hamdden, nad oedd disgwyl i fechgyn o'r un oedran ymwneud â hwy ar unrhyw gyfrif,[34] megis garddio a darlunio gyda phensiliau.[35] Ymdrinia Charlotte Brontë hithau â'r celfyddydau mewn cryn fanylder,[36] a cheir tystiolaeth i Mair ymhél â'r gweithgareddau hyn yn Narowen: gwelir darluniau o flodau a phlanhigion yn britho nifer o ymylon tudalennau ei llawysgrifau. Hynny yw, cafodd Mair ei haddysgu mewn gweithgareddau penodol 'fenywaidd', a oedd yn nodwedd ar addysg ddosbarth-canol ei dydd:

> Dysgodd yno [ysgol breifat i ferched ifanc yn Nolgellau a gedwid ym 'Meurig House' gan Mrs. Saunders] sut i wneud gwaith edau a nodwydd cywrain iawn, a hefyd sut i gopïo lluniau, er na fu ganddi erioed ddawn at beintio lluniau ei hun… teimlai ei mam fod angen y pethau hyn arni, a hithau gymaint yng nghwmni ei brodyr.[37]

Fodd bynnag, ni cheir tystiolaeth i Mair barhau â'r diddordebau hamdden hyn yn dilyn ei dyddiau ysgol.[38] Er enghraifft, ni cheir cofnod iddi ymhél â brodwaith i'r un graddau ag y gwnaeth â cherddoriaeth, er y ceir sawl cyfeiriad at y grefft mewn llythyr at ei thad o Lundain.[39]

Yn sicr, roedd addysg merch a fagwyd ar aelwyd ddosbarth canol uwch, megis Arglwyddes Llanofer,[40] yn helaethach na'r addysg a dderbyniodd Mair, megis y modd y dysgodd ieithoedd Ewropeaidd a'r modd yr astudiodd Euclid, economeg, cerddoriaeth, darlunio, hanes, llenyddiaeth a daearyddiaeth (ochr yn ochr â brodwaith a dulliau o gadw tŷ).[41] Fodd bynnag, un agwedd ar fywyd Mair a ymdebygai i'r addysg helaethach oedd y pwyslais a roddid ar gerddoriaeth yn y cartref. Roedd meistroli'r piano yn gyflawniad angenrheidiol i ferched yr oes, yn gymhwyster a oedd yn fodd o gadarnhau eu statws o fewn cymdeithas,[42] ac a gyfrifid yn baratoad angenrheidiol ar gyfer canlyn a phriodi.[43] Gallai tair chwaer teulu'r Brontë hwythau ganu'r piano,[44] 'a standard female accomplishment of the time',[45] a chanai Jane Austen ei hun ryw 'rectangular pianoforte' bob bore cyn brecwast.[46] Chwaraeai cerddoriaeth ran anhepgor ym mywyd a gwaith teulu Darowen yn ogystal. Canai Mair, Dewi, John a Lewis[47] y delyn, meistrolodd Mair a John y ffidil,[48] chwaraeai John[49] a Lewis[50] y crwth, diddanai Lewis ar y ffliwt,[51] dysgodd Mair i Thomas Cynddelw, mab Dewi, ganu'r delyn,[52] a chwaraeai Mair a Dewi glarinét a phibell,[53] heb sôn am y piano, y basŵn a'r obo. Hefyd, meddai Dewi, John, Lewis, Mair ac Elen, merch Dewi, ar leisiau canu da.[54] Rhan o'r rheswm am hyn oedd diwallu'r angen am gerddoriaeth yn yr eglwys. Nid mater o ymddangosiad cymdeithasol yn unig oedd cerddoriaeth i Mair, felly, a defnyddiodd yr eglwys fel canolfan i hybu cerddoriaeth a diwylliant bro.

Er mai merch ddibriod fu Mair drwy gydol ei hoes (awgryma Mari Ellis, ar y naill law, i Mair wrthod cais Geirionydd i'w phriodi,[55] a cheir awgrym gan Sioned Davies, ar y llall, fod Alun a hithau'n gariadon[56]), gellir honni iddi ymhél ag un math o weithgarwch confensiynol a ddisgwylid ganddi, sef ymddiddanion carwriaethol. Nid oes tystiolaeth ynghylch perthynas rhwng Mair a rhai o feirdd amlycaf ei dydd, a hyd y gwyddom ni ddatblygodd y cyfeillgarwch fu rhyngddynt yn ddim amgenach (er y ceir cerdd iddi gan Tegid sy'n cynnwys y llinell 'teilwng yw o Gariad Cymro'[57]). Yn ei hastudiaeth ar y themâu a geir ym maledi'r ddeunawfed ganrif, gwêl Siwan Rosser fod 'pedwar is-*genre* yn disgrifio helyntion carwriaethol merched sengl, sef hanes cwymp y forwyn, ymddiddanion serch, rhamantau a cherddi cyngor'.[58] Wrth edrych ar ei diffiniadau hi o'r rhain, gellid ystyried mai is-*genre* yr ymddiddanion serch a adlewyrchai sefyllfa Mair orau. Diffinia Rosser yr is-*genre* hwnnw fel a ganlyn: 'Y mae'r ferch yn y cerddi hyn yn gryfach o lawer ac yn llwyddo i gadw hyd braich rhyngddi a'r carwr brwdfrydig'.[59] Yn sicr, cadw hyd braich rhyngddi ac unrhyw berthynas garwriaethol fu hanes Mair erioed, gan roi anghenion ei theulu'n flaenaf. Y rheswm am hyn oedd 'naws y cyfnod',[60] ac awgryma Dwynwen Jones nad oedd 'neb o'r teulu yn cael priodi'.[61] Un yn unig o blant Darowen a briododd, a thrwy wneud hynny, daeth Dewi o dan lach y teulu. Ni chymeradwyodd Mair ddymuniad Elen, merch Dewi, i briodi ychwaith. I Mair, roedd bod yn ddiwair a chadw enw da'r teulu yn bwysicach iddi na chynnal perthynas gyda dyn. Rhoddodd Mair ei holl egni a'i sylw i gynnal ei theulu, a byddai priodi wedi golygu gorfod troi ei chefn ar ei dyletswyddau yn y cartref teuluol.

Yr hyn a ddisgwylid gan ferched oes Fictoria oedd y byddent yn eu trwytho eu hunain yn y mathau o ddoniau a fyddai'n eu cynorthwyo maes o law i ymhél â bywyd priodasol neu waith tŷ.[62] Noda Dror Wahrman sut y nodweddid blynyddoedd olaf y ddeunawfed ganrif gan ragdybiaethau ynghylch dyletswydd naturiol y ferch i fagu plant.[63]

Cadarnheir hyn ymhellach gan Talleyrand a nododd fod addysg i ferched yn Ffrainc yn eu heithrio o unrhyw ddyletswyddau cyhoeddus.[64] Tiriogaeth dyn oedd y cylch cyhoeddus a thiriogaeth y ferch oedd y cylch preifat.[65] Er enghraifft, gwelir ym maledi'r ddeunawfed ganrif themâu ystrydebol gan faledwyr megis Elis y Cowper,[66] a oedd yn gyfrwng i gynnal, atgyfnerthu a diogelu seiliau cymdeithasol patriarchaidd yr oes. Er enghraifft, mynegwyd dadl ynghylch dymunoldeb priodi ar ffurf baled gan ŵr 'a fabwysiadodd ddau safbwynt benywaidd gwrthgyferbyniol'. Ar y naill law, dadleuir o blaid priodi: 'trwy burder serch priodas sydd / Yn fwya parch na bod yn rhydd'.[67] Ond yn wrthddadl i hyn, cafwyd geiriau o enau merch rydd, sengl: 'Am llaw yn rhydd *mewn llawen* fodd / A byddai om *gwir* fodd *gwelwch*'.[68]

Ond nid agwedd boblogaidd oedd agwedd wrthryfelgar y ferch ddibriod. Er mwyn cyrraedd ystad deilwng o fyw yng ngolwg y gymdeithas Fictoraidd, roedd yn angenrheidiol i ferch, er mwyn sicrhau ei dyfodol, ildio'i rhyddid am fywyd yn y cartref gyda'i gŵr.

Does dim dwywaith nad oedd merched dibriod, megis Mair a'i chwiorydd, yn enwedig merched hŷn, yn ddibynnol ar ddynion i raddau helaeth. 'Cadw tŷ'[69] a wnâi'r chwiorydd Richards, a dyna fu eu hanes drwy gydol eu hoes. Wedi i'r teulu symud o Lanymawddwy i Ddarowen ym 1800, yno y bu cartref Mair hyd nes i'w thad farw ym mis Rhagfyr 1837. Erbyn iddynt ymgartrefu ym Llangynyw ym 1838, lle cadwai Thomas, y brawd, guradiaeth, roedd Mair yn hanner cant oed ac yn byw gyda'i mam, ac yno y bu'r tair chwaer hyd nes i Thomas farw. Bu'r fam ac Elizabeth farw ym 1840. Symudodd Mair i Feifod ym 1856 i ofalu am ei brawd Richard, ficer Meifod, hyd ei farwolaeth yntau ym 1860. Oddi yno, at ei brawd Lewis i 'Fryn Tanat', Llanerfyl, yr aeth Mair a'i chwaer, Jane, lle gofalent am Elen a Hugh Kyffin.[70] Dyna fu cartref olaf Mair hyd ei marwolaeth ym mis Mai 1877. Bu Mair fyw yn hwy na holl aelodau'i theulu, gan lwyr ymroi i'w dyletswyddau fel gweinyddes y teulu. Eglura Sioned Davies hyn ymhellach:

> If a woman had no income at all, then she would become the 'aunt', the nurse, a useful member of the family with no personal responsibilities, someone on whom the family would call in times of distress. There is no doubt that this was Mair's role.[71]

Er yr ystyriai Mair ei theulu gyda pharch, hawdd fyddai dychmygu iddi deimlo eu cyfrifoldebau yn fwrn arni ar fwy nag un achlysur. Perthnasol yn y cyswllt hwn yw'r ddelwedd o'r wraig fel angyles yr aelwyd,[72] delfryd a gysylltir gan amlaf â gwragedd priod dosbarth canol oes Fictoria.[73] Deillia'r ymadrodd hwnnw o gerdd naratif gan Coventry Patmore, 'The Angel in the House', a gyfansoddwyd yn ystod y 1850au. Tafla Jane Aaron oleuni ar union nodweddion angyles yr aelwyd:

> Y foneddiges yn ei chartref oedd lloches ysbrydol ei gŵr; cynrychiolai hi ochr dyner ei fywyd... hi oedd 'Angyles yr Aelwyd' a chalon dyner gwareiddiad Fictoraidd... dyma sut oedd Duw wedi bwriadu i'r 'llestr gwannaf' fyw a bod: dyma'r 'woman-like' yn ei holl ddisgleirdeb.[74]

Eglura Sian Rhiannon Williams hyn ymhellach, yng nghyd-destun y wraig Gymreig:

> The image of the perfect 'Brythones', like the perfect 'Cymraes', was of the pure and virtuous wife and mother who, restricted to her own sphere of activity, gave her all for the sake of the well-being of her children. A woman's power lay mainly in her silent, underlying influence within the home.[75]

Ond un gwahaniaeth sylfaenol a gaed rhwng safle dyrchafedig honedig angyles yr aelwyd ar y naill law, a statws merched megis Mair, Jane ac Elizabeth ar y llall, oedd eu statws priodasol. Cadwai'r naill a'r llall aelwydydd eu teuluoedd, boed yn wŷr neu'n geraint, ond ni fychenid sefyllfa'r wraig briod i'r un graddau â sefyllfa forwynol y ferch ddibriod: 'perchid gwragedd priod yn fwy na'u cymheiriaid sengl... Drwgdybid merched sengl'.[76] Yn wir, cyfrifid merched dibriod, a gynrychiolai dros filiwn o boblogaeth Prydain ym 1851,[77] yn faich ar y teulu a'r gymdeithas ac yn fethiant cymdeithasol.[78] Yn amlach na pheidio, gwthiwyd hwy o'r neilltu yn fwriadol gan y teulu er mwyn osgoi gwawd cymdeithasol.

Eto, nid yw delfryd 'angyles yr aelwyd' yn gweddu'n union i ddemograffeg merched fel Mair a'u cefndir gwledig, Cymreig.[79] Yn wir, bernid gan rai mai delfryd Seisnig oedd ffigwr 'angyles yr aelwyd', fel y gwelir ym marn Martha (Rhosyfedwen), a fynegwyd yn rhifyn cyntaf

Y Gymraes; iddi hi, cynnyrch addysg Seisnig (ddiffygiol) oedd y ddelwedd hon:

> Y mae llawer o ferched yn cael cam drwy gael rhith addysg. Addysg i beidio gwneud dim, addysg i wneud eu hunain yn "ddolis", i anghofio eu hiaith, i ddynwared boneddigesau, a chadw crwyn eu dwylaw mor dyner a chrwyn eu hwynebau ... Mae gormod o'r dosbarth hwn ar gael yn bresennol, yn enwedig yn ein gororau, y rhai a dybiant mai bod yn ddilafur a di-Gymraeg, yw bod yn foneddigaidd.[80]

Cyfeiria C. P. Hill at y gwragedd a wrthododd chwarae rôl 'angyles yr aelwyd': 'There were of course notable exceptions, women of ability and determination who asserted their independence in various ways'.[81] Yng Nghymru, daethpwyd i roi enw ar y math o ferch a heriodd ddelfryd Fictoraidd, Seisnig 'angyles yr aelwyd', sef 'merch y graig',[82] a daeth hon, a'i phendantrwydd a'i hysbryd grymus, i'r amlwg yn yr adwaith i 'Frad y Llyfrau Gleision' yn enwedig. Dywed Hywel Teifi Edwards: 'The Welsh response to the charge of moral turpitude was uncompromising and the defence of the nation's maligned womenfolk particularly forceful'.[83] Adwaith yn erbyn delwedd 'angyles yr aelwyd' oedd tarddle demograffeg merch y graig.

Gweddai Sarah Jane Rees 'Cranogwen' (1839–1916) yn berffaith i'r ddelwedd arwrol o ferch y graig a'i 'strong husky voice'.[84] Er mai perthyn i genhedlaeth ddiweddarach na Mair Richards a wnâi hi, ceir darlun tebyg o Mair yng nghyfrol Mari Ellis, *Awelon Darowen*: 'Ni faliai Pal [Mair] sut groen a fyddai ganddi. Cerddai yn wyneb yr haul, neu drwy'r gwynt heb hidio, a'i bonet wedi'i glymu'n dyn o dan ei gên, a'i menyg yn ei phoced fel rheol, wedi'u tynnu pan welsai rhyw blanhigyn neu redyn a hoffai'.[85] Cymeriad cryf oedd Mair, yn sicr; yn eglwyswraig selog a fynnai gynnal traddodiadau ei chynefin, megis y plygeiniau, ymrysonau, eisteddfodau, corau a phartïon canu, yn wyneb cyfnod o drai yn hanes arferion a cherddoriaeth cefn gwlad Cymru ôl-Fethodistaidd. Ond gellir honni y cynrychiolai Mair ddwy wedd ar ddemograffeg y ferch ddibriod: ei chadernid fel merch y graig, a'i thuedd fel y ferch ddioddefus, rwystredig, i dderbyn ei sefyllfa gaeth drwy wasanaethu a byw gobeithion ei theulu.

Efallai mai 'terror' a 'bwli',[86] chwedl Gwyn James, oedd Mair, ond dyma'r nodweddion a'i gosodai hi a'i thebyg ar wahân i wragedd ufudd, darostyngedig eu hoes: roedd yn rheidrwydd arnynt i ymddangos yn eofn yn yr ymdrech i bontio rhwng eu sffêr gyfyng hwy a sffêr ehangach y gwŷr. Sonia Angela John sut y derbyniodd Charlotte Guest[87] yr her o reoli gweithfeydd haearn Dowlais yn dilyn marwolaeth ei gŵr, a hithau bryd hynny yn ddeugain oed: 'Deliberately defying the usual definition of separate spheres with its demarcation of "he for the public, she for the private", she wrote of the ironworks, "I always feel here in my proper sphere".'[88] Tystia hyn fod amryw ferched ar ddechrau'r bedwaredd ganrif ar bymtheg, gan gynnwys Mair ac Arglwyddes Llanofer, yn mentro i feysydd a berthynai'n draddodiadol i sffêr y gwŷr. Ategir hyn gan Siwan Rosser:

> Ceir tystiolaeth bod nifer o ferched y cyfnod yn cyfansoddi, argraffu a gwerthu baledi; tystiolaeth sy'n tynnu'n gwbl groes i'r rhagdyb cyffredin bod merched cyn yr ugeinfed ganrif yn gaeth i'r sffêr ddomestig. Yn feirdd, argraffwyr, gwerthwyr a datgeiniaid, ymddengys i rai o ferched y ddeunawfed ganrif gyflawni'r un gorchwylion yn union â dynion y cyfnod.[89]

Fodd bynnag, daeth y merched beiddgar hyn wyneb yn wyneb â chyfyngiadau o fewn y sffêr batriarchaidd. Er enghraifft, cyfyngwyd ar eu rhyddid ymddangosiadol a'u swyddogaethau posib gan amryw ffactorau, gan gynnwys addysg,[90] ac ni chaent herio'r drefn yn ormodol. Nid oedd copïo, casglu a chyfieithu deunydd – sef yr hyn a gyflawnodd Mair – yn llwyr danseilio awdurdod y gwŷr, ac felly cafodd barhau â'i swyddogaeth gynorthwyol, ymylol.[91]

Er hyn, gellir gwahaniaethu rhwng sefyllfa'r chwaer, Elizabeth, ar y naill law, wedi'i hymneilltuo i'r cysgodion i barhau â'r cyfrifoldebau a ddisgwylid ganddi, a sefyllfa Mair ar y llaw arall, yn barod i wthio ffiniau confensiwn.[92] Ni tharfai Jane ar fyd dynion i'r un graddau â Mair, a hynny am ei bod yn fodlon ei byd yn parhau â'i gweithgareddau yn y cartref.

Personoliaeth ac anian Mair, yn anad dim arall, sydd i gyfrif am gynnwys englyn Robin Ddu Eryri iddi, a gyfansoddwyd yn Llanerfyl ar 8 Awst 1860. Adlewyrcha ei natur ddeublyg sy'n gymysgedd o'r weinyddes rinweddol a merch y graig:

Mair Risiart – dyma rosyn – o ddynes
Am ddaioni dichlyn;
Deil i Fardd i dwylaw fyn
Wrth alwad ar ei thelyn.[93]

Mae'r trosiad, 'rhosyn o ddynes', wedi'i lwytho ag arwyddocâd, a chwmpasa rinweddau a ffaeleddau Mair i'r dim. Roedd hi'n amlwg yn ffigwr cyhoeddus yng nghylchoedd eglwysig ei bro, yn arwain ac yn diddanu ar y delyn, ar yr aelwyd ac yn yr eglwys, ac o ganlyniad, parchai trigolion y plwyf ei chyfraniad. Cynigiai ddiddanwch i'r gymdeithas, a hi oedd addurn llawer agwedd ar fywyd diwylliannol a cherddorol y gornel fach honno o Faldwyn. Dyma'r englyn agoriadol mewn cyfres o englynion gan Ieuan Gwynedd iddi, a gyfansoddwyd ym 1840, ac a gofnodwyd gan Mair:

Ofyddes, ddynes ddoniawl, – a seirian
Seren Cymru siriawl,
Hi gar ein hiaith ragorawl;
A mwyn cyhoeddi ei mawl.[94]

Cyfeirir ati mewn cerdd arall fel 'Fair wen Brydydd',[95] y tro hwnnw gan P. A. Môn (a gyfansoddodd gerddi di-ri iddi hi a'i theulu), ac ar dudalen gyfagos ceir 'Mair Calonrwydd'.[96] Dyma ddisgrifiadau canmoliaethus sy'n fath ar ganu mawl. Fodd bynnag, o'r mynych ddyfyniadau uchod, gellir amgyffred ochr wahanol i'w phersonoliaeth sy'n cyd-fynd yn union â nodweddion merch y graig, neu'r 'rhosyn o ddynes'. Er enghraifft, wrth iddi sefyll yn awdurdodol dros ei hegwyddorion, megis materion yn ymwneud ag iaith a diwylliant, gwasanaethau plygain a chaniadaeth gysegredig, ymddangosai Mair yn gwerylgar, yn un a dynnai'n groes i gonfensiwn. Soniwyd mai pur annymunol a phryfoclyd gythruddol oedd hi ar brydiau, yn 'erchyll fygwth y bechgyn a'r genethod [wrth arwain ei chôr yn Narowen] am fod mor afreolus'.[97] Ond gellir dadlau mai dyma'r nodweddion y gorfu i ferched y cyfnod eu mabwysiadu er mwyn ymgodymu â gweithgarwch tebyg i'r gwŷr.

Gellir cymharu trosiad Robin Ddu Eryri uchod a am Mair ag enw barddol Arglwyddes Llanofer, sef 'Gwenynen Gwent'. Ystyr deublyg a geir i'r gymhariaeth honno yn ogystal, gyda'r wenynen a'r rhosyn ill dau yn meddu ar golyn pigog. Heb ei phersonoliaeth bigog a'i thuedd wrol i fod yn driw i'w hegwyddorion, anodd credu y byddai Mair wedi cofnodi hanner cymaint o'r deunydd a geir ganddi yn llawysgrifau'r teulu. Roedd llais merch y graig, o'i gymharu â llais gweinyddes y teulu ac angyles yr aelwyd, er ei fod yn dawel ostyngedig, o leiaf yn hyglyw.

Cyfeiria Sian Rhiannon Williams at weithgarwch gwragedd yr oes mewn perthynas â chylch yr offeiriaid llengar yng Nghymru:

> Y pwyslais ar gyfraniad dynion yn ein hanesyddiaeth sy'n gyfrifol am y ffaith ein bod yn parhau i ddefnyddio enw anaddas i ddisgrifio mudiad a oedd dipyn ehangach na'r hyn a awgrymir gan y term 'hen bersoniaid llengar'. Yn wir, yn ôl Dr. Prys Morgan: 'The female members of the circle of clerical patriots were, in some ways, more remarkable than the men'.[98]

 Williams ymlaen, gan restru'r merched y cred Prys Morgan y dylid eu cyfrif yng nghylchoedd llengar y clerigwyr diwylliedig, rhai megis Angharad Llwyd, Maria Jane Williams 'Llinos',[99] Jane Williams 'Ysgafell',[100] y Foneddiges Charlotte Guest a'r Foneddiges Augusta Hall, 'Gwenynen Gwent'. Ychwanegodd Williams enw'r Foneddiges Greenly 'Llwydlas'[101] i'r rhestr, ac ychwanegodd Sioned Davies enw Jane Davies, merch Gwallter Mechain, yn ogystal.[102] Amryfusedd ar eu rhan yw absenoldeb Mair Richards a Sarah Jane Rees 'Cranogwen' o'r dethol gynulliad.

Term arall a ddefnyddid i ddisgrifio math arbennig o ferch yn y cyfnod hwn oedd y *bluestocking*. Erthygl Sian Rhiannon Williams[103] yw'r unig un y gwyddys amdani sy'n cyfeirio at y garfan hon ymhlith merched Cymru ar drothwy'r bedwaredd ganrif ar bymtheg. Eglurir ystyr y term ymhellach ganddi:

> Bathwyd yr enw *bas-bleu* neu *bluestocking* yng nghanol y ddeunawfed ganrif i ddisgrifio menywod dysgedig y *salons* llenyddol yn ninasoedd cyfandir Ewrop ac yn Llundain, menywod a fyddai'n gwisgo sanau glas, anffurfiol fel arwydd eu bod am gefnu ar draddodiad caeth y gorffennol.[104]

Erbyn canol oes Fictoria llurguniwyd ystyr gwreiddiol y term, gyda merched dysgedig, medrus, a oedd unwaith yn 'dderbyniol mewn rhai cylchoedd',[105] bellach yn cael eu dychanu gan ddynion yr oes am eu dysg a'u dawn. I bob pwrpas, y rhain oedd merched neu wragedd y graig, yn ymwneud â'u dyletswyddau benywaidd disgwyliedig ar y naill law, ac yn ymddiddori mewn llenyddiaeth, pynciau llosg y dydd a byd y wasg argraffu ar y llall. Er eu bod yn destun dirmyg i ddynion eu dydd, rheolai'r rhain eu tynged ar raddfa ehangach nag a wnâi gweinyddes y teulu ac angyles yr aelwyd. Gellir defnyddio'r Arglwyddes Greenly yn enghraifft berffaith o'r *bluestocking* Cymreig. Mewn oes pan nad oedd merched yn arfer ymhél â chyfarfodydd na phwyllgorau, mae'n amlwg mai eithriad oedd 'Llwydlas': 'Yr oedd yn un o saith aelod o'r pwyllgor llywio a sefydlwyd yn Llanofer adeg eisteddfod 1836, a hi oedd yr unig fenyw'.[106] Er nad oedd Mair yn ffigwr cyhoeddus i'r un graddau â 'Llwydlas', gellir dadlau y perthynai ei diddordebau diwylliannol hi yn agos i lawer agwedd ar y garfan herfeiddiol o *bluestockings* a gynhaliai drafodaethau ar ddiwylliant a llenyddiaeth.[107] Fodd bynnag, magwraeth freintiedig a gawsai'r gwir *bluestocking*, a'i hamgylchfyd oedd y trefi a'r dinasoedd,[108] ac er i Mair ymgymryd â'r un meysydd yn union â'r *bluestockings*, gwnaeth hynny o fewn cylchoedd gwledig ei milltir sgwâr. Profa hyn mai deuoliaeth a geir ym mywyd a gwaith Mair. Nid oedd hi'n gwbl gaeth i'w dyletswyddau fel gweinyddes yn y tŷ, ond nid oedd hi ychwaith yn cael penrhyddid i wneud fel y mynnai o fewn cylch yr offeiriaid llengar. Man canol oedd y man lle safai Mair.

Nid oedd dilyn galwedigaeth fel llenor, i ddiben cyhoeddi, yn gam naturiol i ferched y cyfnod, ac yn ôl T. M. Humphreys, 'they were not required to display the "finesse" of the virtuoso'.[109] Defnyddia Jane Aaron Ann Griffiths (Dolwar Fach) fel enghraifft o ferch a wrthododd gyhoeddi am yr union reswm hwnnw: 'Y mae ei phreifatrwydd dewisedig, drwy wrthod hyd yn oed greu llawysgrif o'i phenillion, heb sôn am eu cyhoeddi, yn unol â'r ddelwedd o wyleidd-dra hanfodol y fenyw'.[110] Yr unig fath o lenyddiaeth gan ferched a gyfrifid yn dderbyniol oedd llenyddiaeth '[for] private consumption',[111] megis dyddiaduron neu lythyron, sef y deunydd a geir yn drwch drwy lawysgrifau teulu Darowen ac a gofnodwyd gan Mair. Efallai mai gwyleidd-dra oedd yn ei rhwystro hithau hefyd rhag arddangos ei llawysgrifau'n gyhoeddus: 'To publish was to draw attention to and to expose oneself, almost literally: it suggested immodesty and what inevitably followed, immorality'.[112] Er y gwelodd Mair hi'n dda i gofnodi deunydd y teulu ar bapur, mae'n rhaid mai cronicl preifat yn unig ydoedd iddi hi, yn hytrach na deunydd y dymunai ei rannu â'r byd.

Er hynny, yn raddol daeth merched yn fwy parod i arddangos eu gwaith yn gyhoeddus, ac i chwarae rôl weithredol yn adfywiad y wasg argraffu. Ymheliwyd ag amryfal bynciau newydd a themâu gwahanol ym mhapurau newydd a chyfnodolion y cyfnod, a daeth merched i ymddiddori'n sylweddol yn y cyfrwng,[113] gan hawlio proffil cyhoeddus uwch iddynt eu hunain,[114] fel y noda Geraint Jenkins: 'Women ... were far less anonymous than ever before, especially within the Dissenting fraternity. Some were notably cultured and versatile'.[115] Er enghraifft, noddai Arglwyddes Llanofer amryw gyhoeddiadau Cymraeg, gan gynnwys cyhoeddiad D. Silvan Evans *Geiriadur Cymraeg* (pedair cyfrol rhwng 1887 a 1896) a chylchgrawn *Y Gymraes* (1850) a olygwyd gan Ieuan Gwynedd, 'y cylchgrawn Cymraeg cyntaf ar gyfer menywod',[116] fel ymateb uniongyrchol i Frad y Llyfrau Gleision.[117] Er mai 'a positive reaction to criticism, and an attempt to right wrongs'[118] oedd ymgais yr Arglwyddes yn hyn o beth, ysgrifennwyd nifer o'r erthyglau a anelwyd at ferched Cymru gan ddynion, ac o ganlyniad delfryd a gynrychiolid yn hytrach nag adlewyrchiad o realiti.[119] Bu 'Llwydlas' yn frwd ei nawdd i Iolo Morganwg a chystadlai mewn amryw eisteddfodau,[120] a chymerodd Cranogwen yr awenau wrth olygu cylchgrawn *Y Frythones* rhwng 1879 a 1889.[121] Cyhoeddodd Jane Williams 'Ysgafell' gyfrolau niferus yn seiliedig ar y traddodiad llenyddol Cymraeg, golygodd waith Carnhuanawc, *Literary Remains* (1854–55),[122] a chyhoeddodd ei beirniadaeth yn erbyn canfyddiadau adroddiad y Llyfrau Gleision, yn dwyn y teitl *Artegall; or Remarks on the Reports of the Commissioners of Inquiry into the State of Education in Wales.*[123] Yn wahanol i Mair felly, roedd y gwragedd hyn yn cyfrif eu gwaith a'u llafur yn ddeunydd amgenach na chofnod plwyf, llawysgrifol, yn unig, sy'n cadarnhau'r amheuaeth fod cyfraniad a chymhelliant y merched llengar yn ddibynnol ar anian a phersonoliaeth unigol.

Er na welodd Mair reidrwydd i gyhoeddi ei llafur llawysgrifol, cyfrannai ei gwaith cofnodi at ddadeni hynafiaethol ei dydd, sef ei phennaf uchelgais. Gweithiai'n dawel ac yn ddyfal ar y cyrion, ac nid tan ei diwedd y daeth hyd a lled ei chyfraniad i'r amlwg. Ei gwaddol oedd y llawysgrifau y bu hi'n eu cadw o gyfnod ei phlentyndod, a'i champ fawr, drwy ei mynych gyfrifoldebau yn yr eglwys a'i diddordeb helaeth yng ngweithgarwch ei thad a'i brodyr, oedd iddi gael ei chydnabod yn gydradd ag awdurdod y gwŷr.

Un enghraifft o'r modd y cyfrifid Mair yn aelod o'r un cylch â'i brodyr yw adeg ymweliad yr Arglwydd Ashley (1801–85) ym 1827 â Llangynyw, ardal curadiaeth ei brawd Thomas, pan sicrhaodd fod mintai yno i'w groesawu, yn wŷr a gwragedd, rhai megis Gwallter Mechain a'i ferch Jane, William Owen Pughe, Rowland Williams a'r brodyr a'r chwiorydd Richards oll, gan gynnwys Mair.[124] Roedd gweledigaeth y gwŷr, eu dyheadau a'u disgwyliadau yn eang, a'u gobeithion yn uchelgeisiol, ac mae'r ffaith y bu'r tad, Thomas Richards, mor bleidiol dros addysg i'w ferched yn brawf o'i natur eangfrydig. Tystia hyn nid yn unig i'r agosatrwydd a geid rhwng y brodyr a'r chwiorydd Richards, a ddangosai 'ddiddordeb angerddol yn ei gilydd',[125] ond hefyd i'r modd y cyfrifid merched, ymysg carfan y personiaid llengar, yn gyfartal â'r gwŷr o ran statws, addysg a diwylliant.

Mair, yn sicr, oedd un o ferched mwyaf cynhyrchiol ei dydd o blith carfan oleuedig y merched llengar, gan arwain drwy esiampl yn dawel, hyderus. Dilyn ôl ei throed hi a wnaeth y merched eraill a ddaeth yn amlwg maes o law ym myd cywain deunydd traddodiadol Cymreig, rhai megis Mary Davies (Bangor a Llundain), Grace Gwyneddon Davies (Caernarfon), Ruth Herbert Lewis (Caerwys), Jennie Williams (Aberystwyth) a'u tebyg. Mair Richards oedd yn gyfrifol am gyflwyno maes cofnodi cerddoriaeth draddodiadol Cymru i ferched Cymru, mewn cyfnod pan dra-arglwyddiaethai dynion ar weithgarwch cadwraethol eu dydd. Iolo Morganwg oedd casglwr alawon gwerin cyntaf Cymru, ond ni roddir sylw i Mair, y ferch gyntaf. Camodd i fyd dynion a chyfrannu ato gydag arddeliad. O ystyried hyn, dylid ailystyried ei chyfraniad hynafiaethol a chadwraethol a chydnabod ei fod, heb amheuaeth, gyfuwch â chyfraniad ei thad a'i brodyr.

NODIADAU

1 Hoffwn ddiolch i Mr Wyn Thomas, Prifysgol Bangor, am ei gyngor a'i arweiniad fel mentor ymchwil i mi wrth lunio'r ysgrif hon a ddeilliodd o'm gwaith ar gyfer fy noethuriaeth.

2 Robert Thomas Jenkins, *Hanes Cymru yn y Bedwaredd Ganrif ar Bymtheg* (Caerdydd: Gwasg Prifysgol Cymru, 1933), 115.

3 Thomas Richards (1754–1837). Ganed yn Hirnant, Ponterwyd, Ceredigion a symudodd i Ystrad Meurig i dderbyn addysg gan Edward Richard ac yntau'n bedair ar bymtheg oed. Ym 1779 priododd â Jane Lloyd, yn ogystal â chael ei ordeinio i guradiaeth Eglwys Fach a Llangynfelyn. Ymhen y rhawg symudodd i Lanymawddwy

ym 1783 lle yr olynodd Thomas Charles, cyn cael ei benodi'n ficer plwyf Darowen ym 1800. Gw. ymhellach Mari Ellis, 'Teulu Darowen', *Journal of the Historical Society of the Church in Wales*, III/8 (1953), 120–39 [*TD* o hyn allan].

4 NLW Cwrtmawr MS 285B, 38. Codwyd y dyfyniad hwn o gerdd a gyfansoddwyd ar 24 Rhagfyr 1814 ac a gofnodwyd yn llawysgrifau'r teulu. Mae'n rhan o gorff sylweddol o gerddi a gyfansoddwyd gan feirdd yr ardal i deulu 'Darowen', pan wnâi'r rheini'r siwrne flynyddol bob Nadolig i brofi ymrysonau diddan Ficerdy Darowen. Ni chofnodwyd enw'r bardd wrth y gerdd.

5 Sylweddolir bod mwy o lawer na'r rhai a restrwyd uchod yn perthyn i'r garfan honno, gwŷr megis Eliezer Williams (1754–1820), y Parch. John Jones 'Tegid' (1792–1852), Rice Rees (1804–39), brawd W. J. Rees a Morris Williams 'Nicander' (1809–74). I bwrpas yr erthygl hon, rhestrwyd y rhai oedd â chysylltiad â theulu 'Darowen'.

6 Richard Richards (1780–1860). Ganed ef 21 Tachwedd a bu'n ficer ym Meifod o 1849 hyd ei farwolaeth ar 3 Ebrill 1860. Yr oedd yn ŵr 'defosiynol, yn ofni Duw', chwedl T. I. Ellis (gw. *Crwydro Maldwyn* (Llandybïe: Gwasg Christopher Davies, 1957), 27). Cyn dyfod i Feifod bu'n gurad yng Nghaerwys, sir y Fflint, ers Rhagfyr 1816 hyd 1826, pan ddyrchafwyd ef yn rheithor, ac fel 'Richard Caerwys' yr enillodd enwogrwydd. Am ragor o wybodaeth, gw. Mari Ellis, 'Richard Richards, Caerwys 1780–1860, Portread', *Yr Haul a'r Gangell*, LXXIV (Gwanwyn 1976), 15–20.

7 Dafydd neu David Richards, a ddaeth maes o law yn 'Dewi Silin' (1783–1826). Ganed ef 12 Ebrill yn Llangynfelyn a derbyniodd ei addysg yn Nolgellau ac Ystrad Meurig. Cafodd ei urddo'n ddiacon ym 1809 i guradiaeth Pen-bre, ger Llanelli. Urddwyd ef yn offeiriad ym 1810 a sefydlodd ei hun yn y Drenewydd a Nantglyn, cyn symud i fod yn ficer Llansilin yn Awst 1819. O'r wyth o blant a gafodd Thomas a Jane Richards, Dewi oedd yr unig un a briododd, a hynny yn erbyn ewyllys y teulu. Priododd ag Elinor Williams ar 19 Mehefin 1823, ac er i'r beirdd ddathlu'r achlysur cafwyd ymateb chwyrn gan y brodyr a'r tad, a hynny am iddo 'ddewis gwraig a oedd yn is na'i safle gymdeithasol'. Ceir englynion i Dewi yn llawysgrifau NLW Cwrtmawr MS 261A, NLW Cwrtmawr MS 298B ac NLW AH1/29. Am wybodaeth pellach gw. Mari Ellis, 'Rhai o Hen Bersoniaid Llengar Maldwyn', yn Gwynn ap Gwilym a Richard Lewis (goln), *Bro'r Eisteddfod: Cyflwyniad i Faldwyn a'i Chyffiniau* (Abertawe: Christopher Davies, 1981), 107 [*RhHBLlM* o hyn allan]; *TD*, 136–9; Mari Ellis, 'Teulu Darowen (parhad)', *Journal of the Historical Society of the Church in Wales*, IV/9 (1954), 58–62 [*TDp* o hyn allan].

8 Thomas Richards (1785–1855). Ganed ef 3 Mehefin a sefydlodd ei guradiaeth yn Llangynyw yn ystod Ebrill 1826 ac yno y bu hyd weddill ei ddyddiau, hyd 27 Tachwedd 1855, er mai Rhagfyr yw'r mis a nododd ei chwaer Mair yn ei dyddiadur. Galwai Gwallter Mechain Ficerdy Llangynyw yn 'Noddfa Beirdd'. Gw. *TDp*, 62–8, a *RhHBLlM*, 106.

9 John Jenkins 'Ifor Ceri' (1770–1829). Ganed yn Llangoedmor ger Aberteifi. Daeth yr eisteddfodau taleithiol i fodolaeth yn sgil trafodaethau a gafwyd ar yr aelwyd yng nghartref Ifor ym 1818, wedi iddo gael ei benodi i ficeriaeth Llanfihangel-yng-Ngheri ym 1807, lle bu hyd weddill ei oes. 'Ifor Ceri' oedd yr enw a ddefnyddiwyd gan eraill i gyfeirio ato, tra galwai John ei hun yn 'Ioan Ceri', sef yr enw barddol a ddewisodd pan urddwyd ef i'r Orsedd. Gw. *RhHBLlM*, 93–4; Stephen Williams, 'Ifor Ceri – Noddwr Cerdd (1770–1829)', yn Wyn Thomas (gol.), *Cerdd a Chân: Golwg ar Gerddoriaeth Draddodiadol yng Nghymru* (Dinbych: Gwasg Gee, 1982), 156.

10 William Jenkins Rees 'Casgob' (1772–1855). Ficer Casgob, a gydweithiai'n ddiwyd ag Ifor Ceri dros achos yr eisteddfodau taleithiol, yn ogystal â bywyd a gwaith yr eglwys. Yr oedd yn un o sylfaenwyr 'The Welsh MSS Society' a sefydlwyd ym 1836.

Gw. ymhellach Mari Ellis, 'Y Personiaid Llengar a Llên y Werin', yn E. Wyn James a Tecwyn Vaughan Jones (goln), *Gwerin Gwlad: Ysgrifau ar Ddiwylliant Gwerin Cymru*, 1 (Llanrwst: Gwasg Carreg Gwalch, 2008), 120–2.

11 Thomas Price 'Carnhuanawc' (1787–1848). Magwyd ef ym mhlwyf Llanfihangel Bryn Pabuan lle cafodd ei drwytho yn niwylliant y Gymraeg yng nghwmni telynorion a dawnswyr. Yn ystod ei gyfnod yn Aberhonddu, ac yntau'n fyfyriwr yng Ngholeg Crist, daeth yn gyfarwydd â gwaith Theophilus Jones yr hanesydd, dysgodd sut i ganu'r delyn a daeth o dan ddylanwad nifer o Lydawyr. Gw. ymhellach Mari Ellis, 'Thomas Price, Carnhuanawc 1787–1848', *Yr Haul a'r Gangell*, LVX (Gaeaf 1974), 32–40.

12 David Rowland, neu 'Dewi Brefi' (1782–1820). Ganed yn Llanddewibrefi ac ef oedd yn gyfrifol am yr egin syniad a roddodd fod i'r Cambrian Society. Ym 1805 daeth yn gurad Llanfihangel-y-Creuddyn ac ef biau'r garol plygain 'Trigolion Llanfihangel...'. Bu farw ym 1820 yn dilyn eisteddfod lwyddiannus a drefnodd yng Nghaerfyrddin ym 1819. Dewi Silin a ddewiswyd i'w olynu. Am ragor o wybodaeth, gw. *RhHBLlM*, 89–92.

13 Walter Davies, neu 'Gwallter Mechain' (1761–1849). Ganed yn Llanfechain, sir Drefaldwyn, a bu'n ffigwr amlwg yn eisteddfodau'r Gwyneddigion ar ddiwedd y ddeunawfed ganrif. Ym 1795 cafodd ei ordeinio a chael curadiaeth plwyf Meifod, ond fel person Llanrhaeadr-ym-Mochnant y diweddodd ei ddyddiau. Lluniodd arolwg amaethyddol (ym 1813 ac eto ym 1815), a gyfrifwyd yn waith o arbenigedd trylwyr. Gw. *RhHBLlM*, 85–116.

14 Peter Bailey Williams (1763–1836). Ficer Llanrug a Llanberis o 1792 hyd ei farw. Gw. 'Y Personiaid Llengar a Llên y Werin', 126–7.

15 Rowland Williams (1779–1854). Brodor o Dy'n-y-pwll, Dinas Mawddwy ydoedd, ac ef oedd un o sylfaenwyr *Y Gwyliedydd*. Daeth yn gurad Llandygái ym 1803 ac yn *usher* yn Ysgol Friars, Bangor, lle daeth i adnabod cylchoedd hynafiaethol a llenyddol yr ardal, gan gynnwys Gutyn Peris a Dafydd Ddu Eryri. Ef oedd Ysgrifennydd Cymdeithas Traethodau Bangor. Maes o law, symudodd i Feifod ym 1819 wedi cyfnod fel ficer yng Nghilcain a Helygain. Gw. 'Y Personiaid Llengar a Llên y Werin', 127–8.

16 Evan Evans, neu 'Ieuan Glan Geirionydd' (1795–1855). Ganed yn Nhrefriw, sir Gaernarfon a chafodd ei addysg yn Ysgol Rad Llanrwst. 'Ifi' y'i gelwid ef pan oedd yn blentyn a 'Geirionydd' gan deulu 'Darowen'. Wedi cyfnod yn gweithio ar fferm ei dad aeth i gadw ysgol yn Nhal-y-bont, sir Gaernarfon. Cafodd ei urddo ym 1826 a bu'n gurad hyd nes iddo ymddeol ym 1852. Enillodd fri fel bardd mewn nifer o eisteddfodau taleithiol, gan gynnwys Eisteddfod talaith Powys, Wrecsam ym 1820 gyda'i awdl 'Hiraeth Cymro am ei Wlad mewn Bro Estronawl' ac enillodd y Gadair yn Eisteddfod talaith Powys, Dinbych, ym 1828 am ei awdl 'Gwledd Belsassar'. Am ragor o wybodaeth, gw. erthyglau Mari Ellis, 'Evan Evans: Ieuan Glan Geirionydd (1795–1855): Portread', *Yr Haul a'r Gangell*, LXIX (Gaeaf 1975), 19–26 ac 'Evan Evans: Ieuan Glan Geirionydd (1795–1855): Portread – II', *Yr Haul a'r Gangell*, LXX (Gwanwyn 1976), 24–32.

17 John Blackwell, neu 'Alun' (1797–1840). Brodor o'r Wyddgrug ydoedd ac ymaelododd â Chymdeithas Cymreigyddion Rhuthun, lle cafodd ei drwytho yng nghelfyddyd y gynghanedd a siarad cyhoeddus. Yn debyg i Geirionydd, enillodd fri fel bardd ym 1828 gyda'i farwnad i'r Esgob Heber o Galcutta. Gw. 'Y Personiaid Llengar a Llên y Werin', 137–8.

18 Angharad Llwyd (1780–1866). Merch i'r cyn-reithor John Lloyd (1733–93) oedd Angharad, yn byw yng Nghaerwys, ac etifeddodd hithau ddiddordeb cynhenid ei thad mewn hynafiaethau, hel achau a chasglu llawysgrifau. Enillodd amryw gystadlaethau

mewn eisteddfodau am ei thraethodau yn olrhain achau ac ar bynciau hanesyddol, a ffrwyth ei hymchwil yw ei chyhoeddiad *History of the Island of Mona* a ddaeth yn fuddugol yn Eisteddfod Biwmares ym 1833. Fel Mair, roedd hi'n Gymraes i'r carn, gymaint nes peri iddi newid ei henw o 'Anne' i 'Angharad'. Gw. ymhellach erthyglau Mari Ellis, 'Angharad Llwyd, 1780–1866', *Flintshire Historical Society Publications*, 26 (1973–4), 52–95 ac 'Angharad Llwyd, 1780–1866, Part II', *Flintshire Historical Society Publications*, 27 (1975–6), 43–84.

19 Ymddengys mai ymylol yw ei chyfraniad o ddarllen yr hyn a geir amdani yn y *Bywgraffiadur Cymreig ar-lein* ac yn y pedair erthygl ganlynol o eiddo Mari Ellis: *TD*, 136–9; *TDp*, 58–62; 'Mair Richards Darowen (1787–1877): Portread', *Yr Haul a'r Gangell*, 6 (Hydref 1977), 21–5 a 'Mair Richards Darowen (Ail ran)', *Yr Haul a'r Gangell*, 2 (Gwanwyn 1978), 28–34.

20 Jane Richards (1794–1876). Ganed hi ar 27 Medi yn y Bryn, Llanymawddwy. Derbyniodd ei haddysg yn y Drenewydd ac Amwythig, ac yno y bu hyd 1812. Erbyn 1815 yr oedd wedi ymsefydlu yn Aberriw gyda'i brawd Thomas lle bu'n gwneud menyn ac yn cynnal yr arfer o ganu mewn plygeiniau. Bu hithau'n casglu alawon gwerin ei hardal hefyd, ond nid i'r un graddau â Mair. Urddwyd hi yn Ofyddes yn Eisteddfod talaith Gwent, Aberhonddu ym 1826 gan ddewis yr enw barddol 'Enid Mathrafal'. Fe'i hadwaenid wrth yr enw 'Siân' gan ei chyfoedion a'i theulu.

21 Elizabeth Richards (1797–1840). Ganed hi ar 7 Mehefin yn Llanymawddwy. Treuliodd y rhan fwyaf o'i hamser yng nghwmni ei brawd Thomas yn Aberriw a Llangynyw. Bu farw ym mis Chwefror 1840.

22 'Mair Richards Darowen (1787–1877): Portread', 21 a *RhHBLlM*, 112.

23 *TDp*, 77.

24 'Y Personiaid Llengar a Llên y Werin', 116.

25 Sioned Davies, '"*Far From the Madding Crowd*": A Montgomeryshire Lady in London', *Transactions of the Honourable Society of Cymmrodorion*, 13 (2006), 80 [*FFMC* o hyn allan].

26 NLW Cwrtmawr MS 284B, 8v–20v.

27 *FFMC*, 90.

28 NLW Cwrtmawr MS 284B, 15v.

29 Ibid., 20r.

30 *FFMC*, 89.

31 T.M. Humphreys, 'Rural society in eighteenth-century Montgomeryshire', traethawd PhD (Coleg Prifysgol Abertawe, 1982), 524.

32 Gw. cyfrol Robert K. Wallace, *Jane Austen and Mozart: Classical Equilibrium in Fiction and Music* (Athens: University of Georgia Press, 2009), 2, sy'n nodi mai 'according to the conceptual framework of music history, the stylistic shift is from "classical" to Romantic. According to the framework of literary history, it is from "neo-classical" to Romantic'.

33 Bobi Jones, 'Y Frenhines Ddioddefus', *Y Traethodydd*, CXIX/513 (Hydref 1964), 151.

34 Branwen Jarvis, 'Dysgeidiaeth Cristnoges o Ferch a'i Gefndir', *Ysgrifau Beirniadol XIII* (1985), 222.

35 Petra Meyer-Frazier, 'Music, Novels, and Women: Nineteenth-century Prescriptions for an Ideal Life', *Women and Music: A Journal of Gender and Culture*, 54.

36 Sandra Hagan a Juliette Wells (goln), *The Brontës in the World of the Arts* (Surrey: Ashgate Publishing, 2008), 1.

37 Mari Headley, *Awelon Darowen* (Llandybïe: Christopher Davies, 1965), 17. Dywed Simone Clarke yn ei erthygl 'The Construction of Genteel Sensibilities: The socialization of daughters of the gentry in seventeenth- and eighteenth-century Wales', yn Sandra Betts (gol.), *Our Daughters' Land* (Caerdydd: Gwasg Prifysgol

Cymru, 1996), 62–6, y ceid tair elfen lywodraethol a wahaniaethai rhwng addysg i ferched ac addysg i fechgyn yn y cyfnod dan sylw: 'Firstly, whilst boys were ostensibly taught by professionally trained educators, girls were taught by a diverse mix of people ... The sons of the gentry could look forward to attending a grammar school, either locally or in England ... by contrast, a girl received the greater part of her education in the private sphere of the household ... there are examples of girls going to public school ... boys could hope for a more diverse and wide-ranging formal curriculum'. Gw. hefyd 'Rural society in eighteenth-century Montgomeryshire', 503, sy'n nodi: 'the full range of dame schools, private establishments, endowed and charity schools existed in the county, and few parishes were without some type of school for some length of time during the century'.

38 Ceir 'cwrlid gwely o glytiau amrywiol' a gwblhawyd gan Mair ym 1808, gw. 'Mair Richards Darowen (Ail ran)', 34.

39 NLW Cwrtmawr MS 284B, 10v ac 11r.

40 Augusta Hall, sef 'Arglwyddes Llanofer' neu 'Gwenynen Gwent' (1802–96). Bu'n byw ei bywyd yn ôl yr hyn a dybiai oedd safonau a dulliau traddodiadol yr oes. Er nad Cymraeg oedd ei hiaith gyntaf bu'n ddiwyd yn noddi a hyrwyddo agweddau gwahanol ar ddiwylliant gwerin Cymru, er enghraifft ei cherddoriaeth a'r wisg Gymreig, ac o ganlyniad i'w diwydrwydd rhoddwyd iddi'r ffugenw 'Gwenynen Gwent', sef ei henw barddol. Am ragor o wybodaeth, gw. Rachel Ley, 'Pencerddes Gerddgar: Augusta Hall (1802–1896) a Cherddoriaeth Werin Gymreig', *Canu Gwerin*, 19 (1996), 22–34 a Prys Morgan, *Gwenynen Gwent* (Casnewydd: Pwyllgor Llên Eisteddfod Genedlaethol Casnewydd, 1988).

41 Maxwell Fraser, 'The Girlhood of Augusta Waddington (Afterwards Lady Llanover) – 1802–23', *Cylchgrawn Llyfrgell Genedlaethol Cymru*, XII/4 (Gaeaf 1962), 313.

42 Dylid nodi nad y piano oedd yr unig offeryn a chwaraeid gan ferched yr oes. Er enghraifft, canai Maria Jane Williams (Aberpergwm) y gitâr ac roedd yr harpsicord hefyd yn offeryn poblogaidd. Gw. 'Rural society in eighteenth-century Montgomeryshire', 258.

43 'Music, Novels, and Women: Nineteenth-century Prescriptions for an Ideal Life', 46.

44 *The Brontës in the World of the Arts*, 2.

45 'Music, Novels, and Women: Nineteenth-century Prescriptions for an Ideal Life', 45.

46 *Jane Austen and Mozart: Classical Equilibrium in Fiction and Music*, 69. Gw. yr atodiad a geir yng nghyfrol Wallace sy'n dwyn y teitl 'Jane Austen at the Keyboard', 249–63, am ddarlun ehangach o'i diddordebau hamdden.

47 Mari Ellis, 'Ifor Ceri a'r "Melus-Seiniau"', *Cerddoriaeth Cymru/Welsh Music*, V/9 (Haf 1978), 13–14; 'Mair Richards Darowen (1787–1877): Portread', 22; *TDp*, 70.

48 *RhHBLlM*, 109.

49 *TDp*, 70.

50 Ibid., 74.

51 Ibid., 72.

52 Ibid., 62.

53 *TD*, 137; *FFMC*, 76; *TDp*, 76.

54 *TD*, 127 a chyfarfod gyda Mari Ellis (Aberystwyth), 7.06.09.

55 *Awelon Darowen*, 97. Nid peth anghyffredin oedd merched yn gwrthod cynigion dynion i'w priodi yn y cyfnod hwnnw. Un ferch arall a wrthododd ddyweddïad (o bosib dri chynnig) oedd Charlotte Brontë, a hynny cyn ei phen-blwydd yn 35 oed. Maes o law, priododd â'r Parch. A. B. Nicholls yn 38 mlwydd oed. Gw. M. Smith, 'A Chronology of Charlotte Brontë', yn Charlotte Brontë, *Jane Eyre* (Llundain, 1973), xxxvii–xxxviii.

56 *FFMC*, 86–7.

57 NLW Cwrtmawr MS 287A.

58 Siwan M. Rosser, *Y Ferch ym Myd y Faled: Delweddau o'r ferch ym maledi'r ddeunawfed ganrif* (Caerdydd: Gwasg Prifysgol Cymru, 2005), 18 [*YFMF* o hyn allan].

59 Ibid.

60 Cyfarfod gyda Mari Ellis (Aberystwyth), 7.06.09.

61 Cyfarfod gyda Dwynwen Jones (Llangadfan), 12.06.09.

62 'Rural society in eighteenth-century Montgomeryshire', 271 a C.P.Hill, *British Economic and Social History 1700-1982* (London: Edward Arnold, 1985), 230.

63 Dror Wahrman, *The Making of the Modern Self: Identity and Culture in Eighteenth-century England* (London: Yale University Press, 2004), 12.

64 Barbara Taylor, *Mary Wollstonecraft and the Feminist Imagination* (Cambridge: Cambridge University Press, 2003), 209.

65 W. Gareth Evans, 'The Gendering of the Elementary and Secondary School Curriculum in Victorian and early twentieth-century Wales', yn Sandra Betts (gol.), *Our Daughters' Land*, 82 a W. Hamish Fraser ac R. J. Morris (goln), *People and Society in Scotland, Vol. II, 1830–1914* (Edinburgh: John Donald Publishers, 1990), 206.

66 *YFMF*, 11.

67 Ibid., 160.

68 Ibid., 161.

69 I. W. Williams, 'Teulu Thomas a Jane Richards, Darowen', *Plu'r Gweunydd* (Mehefin 2007), 11.

70 I. W. Williams, 'Llyfrau Prin y Bala', *Y Casglwr*, 81 (Haf 2004), 21 a *TDp*, 62.

71 *FFMC*, 77.

72 Jane Aaron, *Pur fel y Dur* (Caerdydd: Gwasg Prifysgol Cymru, 1998), 12. PFD o hyn allan; Sian Rhiannon Williams, 'The True "Cymraes": Images of Women in Women's Nineteenth-century Welsh Periodicals', yn Angela John (gol.), *Our Mothers' Land: Chapters in Welsh Women's History, 1830–1939* (Caerdydd: Gwasg Prifysgol Cymru, 1991), 74 [*TTC* o hyn allan]; *People and Society in Scotland, Vol. II, 1830–1914*, 206. Yn ôl Jean Markale, *Women of the Celts* (Rochester: Inner Traditions, 1986), 14, dyfeisiwyd y term 'little woman at home' mor gynnar â'r cyfnod neolithig.

73 Jane Aaron, 'The Way Above the World: Religion and Gender in Welsh and Anglo-Welsh Women's Writing, 1780–1830', yn Carol Shiner Wilson a Joel Haefner (goln), *Re-Visioning Romanticism: British Women Writers, 1776–1837* (Philadelphia: University of Pennsylvania Press, 1994), 112.

74 *PFD*, 12–14.

75 *TTC*, 81.

76 *YFMF*, 161.

77 *FFMC*, 78.

78 Cyfarfod gydag E. Wyn James (Ysgol y Gymraeg, Prifysgol Caerdydd), 11.11.09; Robert Brink Shoemaker, *Gender in English Society, 1650–1850: The Emergence of Separate Spheres?* (Essex: Longman Publishers, 1998), 91.

79 Katie Gramich, *Kate Roberts: Writers of Wales* (Caerdydd: Gwasg Prifysgol Cymru, 2011), 70.

80 *PFD*, 14.

81 *British Economic and Social History, 1700–1982*, 229.

82 *PFD*, 9 a 134. Dadleua Aaron mai elfennau gwahanol a nodweddai'r Gymraes o'u cymharu â'r Saesnes: 'Darlun arwrol a gawn o'r Gymraes ddelfrydol; hi yw merch anhreiddiadwy y graig, yn ddewr ac yn gryf, ond nid yw'n ddibynnol ar ddynion ... ac nid yw'n 'fenywaidd' yn yr ystyr Saesneg', sef delwedd angyles yr aelwyd. Dywed

hefyd, 'erbyn 1886 yr oedd y gwrthgyferbyniad a geir ... rhwng y Gymraes 'dduraidd' a'r Saesnes 'felfedaidd' eisoes bron yn ddihareb'.

83 Hywel Teifi Edwards, 'The Eisteddfod Poet: An Embattled Figure', yn Hywel Teifi Edwards (gol.), *A Guide to Welsh Literature, c.1800–1900*, (Caerdydd: Gwasg Prifysgol Cymru, 2000), 38.

84 *TTC*, 80.

85 *Awelon Darowen*, 113.

86 Cyfarfod gyda Gwyn James ('Bryn Tanat', Llanerfyl), 12.06.09.

87 Cyfieithydd oedd y Foneddiges Charlotte Guest (1812–95), a hi oedd yn gyfrifol am gyfieithu'r un chwedl ar ddeg a adwaenid ganddi fel *Y Mabinogion* (cyhoeddwyd tair cyfrol rhwng 1838 a 1849). Ganed hi yn Uffington, swydd Lincoln, ond yn dilyn ei phriodas ym 1835 â Syr Josiah John Guest, meistr gweithfeydd haearn Dowlais, enynnwyd ei diddordeb yn arferion a diwylliant Cymru. Ailbriododd ym 1855 gan ddod yn Lady Charlotte Schreiber. Yr oedd yn gofnodwr trwyadl a chadwai ddyddiaduron lu. Gw. C. W. Sullivan III, *The Mabinogi: A Book of Essays* (London: Routledge, 1996), erthygl Sioned Davies, 'Ail Gainc y Mabinogi – Llais y Ferch', *Ysgrifau Beirniadol XVII* (1990), 15–27 a chyfrol Revel Guest ac Angela John, *Lady Charlotte Guest: An Extraordinary Life* (Stroud: Tempus, 2007).

88 Angela John, 'Beyond Paternalism: The Ironmaster's Wife in the Industrial Community', yn Angela John (gol.), *Our Mothers' Land: Chapters in Welsh Women's History, 1830–1939* (Cardiff: University of Wales Press, 1991), 52.

89 *YFMF*, 3.

90 *People and Society in Scotland, Vol. II, 1830–1914*, 226. Un enghraifft o ferch a brofodd annhegwch ym myd addysg oedd Dr. Martha Carey Thomas (1857–1935). Er iddi astudio yn Leipzig am dair blynedd gwrthodwyd iddi'r radd am ei bod hi'n ferch. Gw. cyfrol Terry Breverton, *100 Great Welsh Women* (Pontypridd: Glyndwr Publishing, 2001), 262–4. Hefyd, un wraig a oedd ymysg carfan y pregethwyr lleyg benywaidd oedd Sarah Jane Rees 'Cranogwen', ond gwrthodwyd iddi ganiatâd i bregethu o'r pulpud, am yr un rheswm. Gw. *TTC*, 88.

91 *People and Society in Scotland, Vol. II, 1830–1914*, 155. Am wybodaeth ynghylch traddodiad y 'Ceffyl Pren', sef un agwedd ar y modd y llwyddodd merched a gwragedd i integreiddio'r sffêr breifat â'r sffêr gyhoeddus, drwy ddefnyddio 'communal, unofficial pressure and sanctions', gw. cyfrol Angela John (gol.), *Our Mothers' Land: Chapters in Welsh Women's History, 1830–1939*, ac yn arbennig erthygl Rosemary A. N. Jones, 'Women, Community and Collective Action: The "Ceffyl Pren" Tradition', 17–38.

92 Roedd hyn hefyd yn wir yn yr Alban yn ystod yr un cyfnod. Gw. *People and Society in Scotland, Vol. II, 1830–1914*, 207.

93 NLW Cwrtmawr MS 298B, 189.

94 Ibid., 383.

95 Ibid., 384.

96 Ibid., 386.

97 *RhHBLlM*, 101.

98 Sian Rhiannon Williams, 'Llwydlas, Gwenynen Gwent a Dadeni Diwylliannol y Bedwaredd Ganrif ar Bymtheg', yn Geraint H. Jenkins (gol.), *Cof Cenedl XV: Ysgrifau ar Hanes Cymru* (Llandysul: Gwasg Gomer, 2000), 99.

99 Maria Jane Williams (1795–1873) o Aberpergwm. Daeth i boblogrwydd yn sgil ei chyhoeddiad ym 1844, *Ancient National Airs of Gwent and Morganwg*, a gynhwysai nifer o alawon a phenillion a godwyd o lawysgrifau Iolo Morganwg, gan

ei fab Taliesin. Ffrwyth un o gystadlaethau Eisteddfod Cymreigyddion y Fenni, Hydref 1838 oedd casgliad Jane, sef y casgliad cyhoeddedig cyntaf o alawon gwerin Cymreig (gw. Daniel Huws (gol.), *Ancient National Airs of Gwent and Morganwg* (Aberystwyth: Gwasg Llyfrgell Genedlaethol Cymru, 1994), xvi). Nid Taliesin ab Iolo oedd ei hunig gymorth wrth ddwyn y gyfrol ynghyd, oherwydd cawsai awgrymiadau a gwelliannau gan Augusta Hall yn ogystal. Hanes trist a geir i'w bywyd. Cafodd ferch anghyfreithlon o'r enw Fanny Baker gydag Iarll Dunraven. Dywed Daniel Huws: 'Yr oedd Jane Williams yn enghraifft nodedig o ddynes y llyffetheiriwyd ei bywyd emosiynol gan gonfensiynau ei dosbarth a'i hoes... dim ond wedi i Fanny briodi a dod yn fam yr ymddengys i Jane fedru ymroi i'w theimladau greddfol, gan eu cyfeirio tuag at ei hwyrion a'i hwyresau.' Am ragor o wybodaeth ynghylch hanes carwriaethol Jane, gw. *Ancient National Airs of Gwent and Morganwg*, xi–xiv, ac erthygl gan Daniel Huws yn dwyn y teitl 'Ancient National Airs of Gwent and Morganwg: 1844–1994', *Welsh Music*, IX/7 (Gaeaf 1994/5), 24.

100 Jane Williams (1806–85). Ganed hi yn Llundain a bu'n awdures doreithiog a mabwysiadodd yr enw 'Ysgafell' gan ei bod yn ddisgynnydd i'r pregethwr Piwritanaidd Henry Williams o Ysgafell, sir Drefaldwyn.

101 Elizabeth Brown Greenly 'Llwydlas' (1771–1839). Hi oedd yn gyfrifol am roddi'r wobr ar gyfer un o gystadlaethau Eisteddfod Cymreigyddion y Fenni, Hydref 1838, pan enillodd M .J. Williams (Aberpergwm) gyda'i chasgliad o alawon gwerin Gwent a Morgannwg.

102 *FFMC*, 78.

103 Llwydlas, Gwenynen Gwent a Dadeni Diwylliannol y Bedwaredd Ganrif ar Bymtheg, 97–128.

104 Ibid., 102.

105 Ibid., 127.

106 Ibid., 115. Nid tan y 1870au y gwelwyd merched a gwragedd yn cael eu hethol yn aelodau ar Fyrddau Ysgolion. Gw. *Our Mothers' Land*, 7.

107 Karen M. Offen, *European Feminisms 1700-1950: A Political History* (Redwood City: Stanford University Press, 2000), 43.

108 Elizabeth Eger, *Bluestockings: Women of Reason from Enlightenment to Romanticism* (Efrog Newydd: Palgrave Macmillan, 2010), 62.

109 'Rural society in eighteenth-century Montgomeryshire', 253.

110 *PFD*, 38.

111 *Gender in English Society*, 283.

112 Ibid.

113 Aled G. Jones, 'The Welsh Newspaper Press', yn Hywel Teifi Edwards (gol.), *A Guide to Welsh Literature c.1800–1900*, 1.

114 *YFMF*, 8.

115 Geraint Jenkins, *The Foundations of Modern Wales: 1642–1780* (Oxford: Oxford University Press, 1993), 388.

116 *PFD*, 4.

117 Prys Morgan, 'Lady Llanover (1802–1896), "Gwenynen Gwent"', *Trafodion Anrhydeddus Gymdeithas y Cymmrodorion*, 13 (2006), 101.

118 *TTC*, 70.

119 *Our Mothers' Land*, 4.
120 Maxwell Fraser, 'Lady Llanover and her circle', *Transactions of the Honourable Society of Cymmrodorion* (1968), 177.
121 *TTC*, 80.
122 *100 Great Welsh Women*, 284.
123 Ibid. Ariannodd Arglwyddes Llanofer rai o gyhoeddiadau 'Ysgafell', sy'n tystio i'r modd y bu hi'n gymorth i gefnogi mentrau ymhlith merched o fewn sffêr y dynion (Cynhadledd 'Writing Welsh History' (Bangor), 20.07.11).
124 *RhHBLlM*, 106.
125 *TD*, 120.

Manon Wyn Williams

HUW LLOYD EDWARDS: FE'I GWTHIWYD I'R CYSGODION

'[D]iddordeb byw mewn pobol a chymhellion rhyfeddol y natur ddynol': dyna a barodd i'r llenor a'r darlithydd Huw Lloyd Edwards '[b]ori ym maes y ddrama yn arbennig'.[1] Cyfoethogodd y ddrama yng Nghymru, nid yn unig trwy rannu ei wybodaeth am y ddrama gyda chenedlaethau o fyfyrwyr y Coleg Normal, Bangor, lle'r oedd yn uwch-ddarlithydd drama, ond trwy ei waith fel dramodydd yn ogystal. Yng ngeiriau Nia Wynn Tomos, fe wnaeth 'gyfrannu i fyd y ddrama ymhob agwedd arni',[2] ac fe'i hystyrid yn ddeialogwr heb ei ail a allai droi ei law at amryw o arddulliau theatrig. Cyhoeddodd dair drama gomedi, sef *Yr Orffiws* (1954), *Llwyn Brain* (1955) ac *Y Gŵr Drwg* (1956), un ddrama fer, sef *Noson o Lety* (1955), dwy ddrama radio (*Y Felin Wynt* (d.d.) ac *Y Gŵr o Gath Heffer* (1958)), a chwe drama hir, sef *Ar Ddu a Gwyn* (1956), *Cyfyng-gyngor* (1958), *Y Gŵr o Wlad Us* (1960), *Pros Kairon* (1966), *Y Llyffantod* (1973), ac *Y Lefiathan* (1977), ynghyd â phasiant a dramâu radio i blant. Fel y gwelir, cyfansoddodd y comedïau yn ystod blynyddoedd cynharaf ei yrfa fel dramodydd, a'u hunig amcan, yn nhyb J. Ellis Williams, oedd 'adlonni cynulleidfa'. Yn ddiweddarach y daeth y dramâu 'ag amcan mwy difrifol iddynt na chynhyrchu chwerthin', yng ngeiriau J. Ellis Williams.[3] Ac yn sgil y rhain y daethpwyd i osod Huw Lloyd Edwards, ynghyd â Saunders Lewis, John Gwilym Jones, Gwenlyn Parry a W. S. Jones, yn rhan o fudiad newydd ym myd y ddrama Gymraeg yn ail hanner yr ugeinfed ganrif. Fel y dywedodd Bobi Jones mewn erthygl yng nghylchgrawn *Barn* ym 1970, '[Mae] yna bum dramodydd da bellach, sy'n ymwybodol o'i gilydd, yn ysgrifennu yr un adeg, a'r rhain oll yn haeddu'r math o ddarllen (neu wrando) deallus yr ydym wedi hen arfer â'i roi i feirdd ac efallai ambell ryddieithwr'.[4]

Fodd bynnag, cred llawer 'na chafodd Huw Lloyd Edwards sylw haeddiannol'[5] fel dramodydd yn ystod ei yrfa, nac yn ddiweddarach ychwaith. Gellir priodoli hyn i ddau reswm. Yn gyntaf, bu'r ffaith iddo gydoesi â ffigyrau mawrion ym myd y ddrama Gymraeg yn ystod ail hanner yr ugeinfed ganrif yn anfantais iddo o ran derbyn sylw a chydnabyddiaeth academaidd:

> Os oes enw y tueddir i'w wthio i'r cysgodion wrth drafod cewri byd y ddrama, yna Huw Lloyd Edwards yw hwnnw. Efallai nad yw'n meddu ar broffeil uchel, ond yn sicr bu'n gynhyrchiol iawn yn ystod ei oes... Efallai bod peryg i'w ddramâu gael eu cysgodi rhwng gweithiau John Gwilym Jones a Gwenlyn Parry, ond mae'n sicr yn ffigur pwysig.[6]

Mae'r ail reswm yn deillio o'r cyntaf. Mae proffil John Gwilym Jones a Gwenlyn Parry yn rhai uchel am eu bod ill dau yn arloeswyr ym myd y ddrama Gymraeg, gan iddynt gyfansoddi gweithiau a oedd yn herio cynulleidfaoedd y cyfnod ac, o ganlyniad, yn torri tir newydd yn hanes y ddrama Gymraeg. Oherwydd y math o arddull, deialog a themâu a arddelai'r ddau, perthynent i fudiadau dramatig ac iddynt enwau a diffiniadau pendant. Adwaenir John Gwilym Jones, ar y naill law, fel dramodydd *naturiolaidd*, a'i themâu yn canolbwyntio ar ddamcaniaethau Darwinaidd am esblygiad ac etifeddeg, a'r argyhoeddiad fod pawb yn gaeth i'w gromosomau a'i amgylchedd. Gellid labelu Gwenlyn Parry, ar y llaw arall, yn ddramodydd abswrdaidd, a'i weithiau yntau'n canolbwyntio'n thematig ar argyfwng gwacter ystyr. Nid yw cyn hawsed gosod gweithiau Huw Lloyd Edwards yn daclus o dan ambarél unrhyw fudiad theatrig. Dywed Dafydd Glyn Jones na pherthyn yn llawn 'nac i'r mudiad swrrealaidd nac i'r mudiad mynegiadol nac i theatr yr afreswm'.[7] O'r herwydd, nid yw'r themâu yr ymdrinia â hwy cyn amlyced, gan ei fod yn eu cyflwyno trwy gyfrwng ystod eang o arddulliau theatrig. Mae hyn, yn ei dro, yn eglurhad pellach pam na dderbyniodd y sylw haeddiannol dros y blynyddoedd.

Yn sicr, *mae* themâu cysylltiol yn nramâu Huw Lloyd Edwards, ond rhaid wrth ddadansoddiadau unigol er mwyn eu canfod. Yn yr ysgrif hon, felly, amlinellir yn fras beth yw cynnwys dramâu pwysicaf Huw Lloyd Edwards (am nad ydynt mor gyfarwydd i ni â gweithiau eraill canon dramatig ail hanner yr ugeinfed ganrif), cyn mynd ymlaen i drafod y themâu cysylltiol a gyflwynir ynddynt – a'r rheiny, o'u cymryd yn eu cyfanrwydd, yn rhoi bod i weledigaeth feirniadol-obeithiol y dramodydd hwn a wthiwyd, hyd yn hyn, i'r cysgodion.

Crynodeb o gynnwys y dramâu

Wrth drafod comedïau cynnar Huw Lloyd Edwards, dywedodd William R. Lewis mai'r 'hyn sy'n nodweddu'r rhain yw nid yn unig y ddeialog fyrlymus sy'n llifo trwyddynt ond diddordeb obsesiynol yr awdur yn noniolwch troeon trwstan bywyd'.[8] Prif bwrpas y theatr, yn nhyb Huw Lloyd Edwards, oedd adlonni, ac wrth drafod y dramodydd Groegaidd, dywedodd: 'Yn wir, bydd yn eitha bodlon os llwydda i roi rhyw ddwyawr o adloniant i'w gynulleidfa. Ac fel un a fu'n ymhél ychydig â'r ddrama, i mi mae hyn ynddo'i hun yn ddigon o fraint.'[9] Pan gyhoeddwyd ei gomedi gyntaf, *Yr Orffiws*, ym 1954, roedd yn amlwg fod Huw Lloyd Edwards yn adnabod ei gynulleidfa ac yn ymwybodol o'i hanghenion. Gwyddai mai comedïau oedd wrth fodd cynulleidfaoedd a chwmnïau drama Cymru, a bod 'amryw o gwmnïau'n gwrthod pob math arall ar ddrama'.[10] Pwysleisiai J. Ellis Williams nad cyfrwng theatrig israddol mo comedi. Yn hytrach, dyma oedd yn cynnal theatr Gymraeg y cyfnod:

> Nid eiddo clic cul mohono: y mae'r sawl sy'n fodlon gwario deuswllt ar ddwyawr o chwerthin â chymaint o hawl yno â'r uchaf ei ael. Y mae'r theatr, fel groser, yn gorfod cofio gofynion ei holl gwsmeriaid. Y mae lle ar silffoedd y groser i'r caws ac i'r *caviare*; ac y mae lle yn y theatr i'r gomedi ysgafn ac i'r drasiedi ddwys.[11]

Barn ddiweddarach Huw Lloyd Edwards oedd mai gwaith prentis oedd *Yr Orffiws* (yn ogystal ag *Y Gŵr Drwg* a *Llwyn Brain* a gyfansoddwyd wedyn), barn a adleisiwyd gan J. Ellis Williams pan ddywedodd eu bod yn gynnyrch dramodydd a oedd 'heb ddysgu digon am grefft y llwyfan i fedru gwahaniaethu rhwng ffârs a chomedi'.[12] Yn ôl Nia Wynn Tomos, 'parhad o'r dramâu cegin' yw'r comedïau hyn, a hwythau 'wedi'u lleoli o fewn pedair wal ystafell', a'r stori yn cylchdroi o amgylch y 'teulu traddodiadol'[13] a gynhwysai'r tad, y fam gegog a chwynfanllyd, y ferch neu'r mab hynaf, a'i chariad sy'n rhoi cymorth i'r teulu, a'r hen ŵr neu'r hen wraig bigog ond gonest. Ychwaneger at y rhain gymeriad hanfodol y dieithryn a ddatguddir yn dwyllwr erbyn diwedd y ddrama. Yr un, hefyd, yw strwythur eu plot: gŵr y tŷ yw'r prif gymeriad bob tro. Mae ei awch am arian yn wastad wedi creu helynt rhyngddo a'i deulu, ac, o ganlyniad, mae mewn sefyllfa o syrffed teuluol. Ceir sawl tro trwstan yn ystod y digwydd, sy'n ychwanegu at hiwmor y ddrama, gan i'r prif gymeriad, wrth geisio adfer ei sefyllfa, fynd yn fwyfwy rhwystredig wrth i'w ymdrechion fynd yn ofer. Ond daw tro ar fyd erbyn y diwedd: mae un digwyddiad, a ymddengys yn ddibwys, yn arbed popeth wrth i'r prif gymeriad wneud ei ffortiwn ac, o ganlyniad, ddatrys holl broblemau'r teulu. Cyfunir hyn â stori garu yn cylchdroi o amgylch mab neu ferch y prif gymeriad, ac felly ceir diweddglo taclus a hapus i'r ddrama.

Ar gelc ei Yncl Enoc mae llygad Huw Clocsiwr, prif gymeriad drama *Yr Orffiws*. Cymeriad crintachlyd ac anodd ei drin yw'r ewythr, ond gŵyr Huw a'i gefnder, Dic Betsi, fod gan yr hen ŵr gryn dipyn o arian wrth gefn, ac er na all yr un ohonynt ddioddef bod yn ei gwmni, maent am y gorau i'w ddenu i ddod i fyw atynt fel y gallant gael gafael ar ei arian. Wrth iddynt geisio holi'r hen ŵr am ei fodd, yr unig beth a ddywed Enoc yw ei fod yn ddiogel yn yr Orffiws. Wedi peth dadlau ymysg y cefndryd wrth geisio pendroni beth yw'r Orffiws, canfyddir yr arian y tu ôl i organ a roed yn anrheg i Wili John, mab Huw, gan ei hen ewythr. Orffiws yw enw'r harmonia.

Adrodd hanes gŵr, William, yn dychwelyd i'w gartref wedi deng mlynedd o fod ar goll ar y môr mae'r ail gomedi a gyfansoddwyd gan Huw Lloyd Edwards, sef *Y Gŵr Drwg*. Mae ei wraig, Dora (sy'n ddynes gwynfanllyd), bellach wedi ailbriodi ac yn cadw gwesty gyda'i gŵr newydd, Tomos, prif gymeriad y ddrama. Fodd bynnag, twyll yw'r cyfan: rhedeg i ffwrdd a wnaeth William, nid mynd ar goll, ac yn awr mae yn ei ôl, ac yn blacmelio Dora a Tomos trwy ddweud bod eu priodas yn anghyfreithlon, gan gymell Tomos un ai i adael y cartref neu dalu 'compo'[14] iddo. Yn y cyfamser, mae Tomos a'i ffrind diniwed, Benja, wedi bod yn hel arian tuag at Gaban i'r Hynafgwyr, ond dywed Benja ei fod wedi rhoi'r arian i gyd ar geffyl o'r enw Y Gŵr Drwg, a bod hwnnw wedi colli'r ras, felly nid oes gan Tomos yr un ddimai i'w rhoi i William. Ar ddiwedd y ddrama, canfyddir nad dyma'r tro cyntaf i William gyflawni'r ffasiwn dwyll, a'i fod wedi chwarae'r un tric ar ei wraig gyntaf hefyd. Wrth i Tomos weld llygedyn o olau ym mhen draw'r twnnel, daw Benja i mewn gan gyhoeddi mai camgymeriad oedd y cwbl a bod Y Gŵr Drwg wedi dod yn fuddugol yn y ras. Dychwel William at ei wraig gyntaf, gan adael Tomos a Dora i fyw'n ddedwydd gyda'u ffortiwn.

Yn yr olaf o dair comedi gynnar Huw Lloyd Edwards, *Llwyn Brain*, ceir siopwr canol oed, Jonah Defis, sy'n aelod blaenllaw o gwmni drama amatur y dref. Mae ef, fel prif gymeriadau'r ddwy gomedi gyntaf, a'i fryd ar wneud mwy o arian. Mae'n mynd i bartneriaeth gyda Robert Philip, gan fuddsoddi mewn hen blasty, Llwyn Brain. Ond oherwydd trafferthion ariannol, rhaid i Jonah dynnu'n ôl o'r fenter a gofyn am ei siâr o arian yn ôl. Ysgrifenna lythyr at ei bartner yn esbonio'i sefyllfa, a dywed ei fam-yng-nghyfraith y postiai ef iddo. Yn y cyfamser, daw cyfreithiwr newydd ifanc i'r dref, Elfed Prydderch, gan ddod yn gyfeillgar gyda Dilys, merch Jonah. Mae ganddo newyddion da i'r teulu, sef bod cefnder i Margiad Defis, gwraig Jonah, wedi marw yn Awstralia ac wedi gadael ffortiwn ar ei ôl, a chan mai hi yw ei berthynas agosaf, hi fyddai'n etifeddu'r arian. Ond er mwyn gwneud y trefniadau priodol mae'n rhaid iddynt dalu £200 i Elfed cyn y cânt yr arian. Twyll yw'r cwbl, wrth gwrs. Nid cyfreithiwr mo Elfed mewn gwirionedd, ac mae'n diflannu gydag arian y teulu, a'u gadael, yn awr, heb ddim. I wneud y sefyllfa'n waeth, darllena Jonah yn y papur fod Llwyn Brain wedi ei werthu am £1600. Ond daw'r fam-yng-nghyfraith i achub y sefyllfa: nid oedd wedi postio'r llythyr a ysgrifennodd Jonah at ei bartner yn tynnu'n ôl o'r fenter wedi'r cwbl, ac o ganlyniad y mae sefyllfa ariannol y teulu yn ddiogel.

Ymddengys y comedïau hyn, ar yr olwg gyntaf, yn arwynebol ac ystrydebol, gyda'u sefyllfaoedd cyfarwydd a'u cymeriadau stoc. Maent, fodd bynnag, yn arddangos dawn feistrolgar Huw Lloyd Edwards i greu 'cymeriadau lliwgar',[15] ac i ysgrifennu deialog lithrig a chyhyrog. Ac er i'w plotiau gael eu beirniadu am fod 'yn rhy hen i fod â deunydd comedi'[16] ynddynt, mae iddynt haen ddyfnach, sef yr hyn a alwodd William R. Lewis yn 'feirniadaeth o fath ar gyflwr dynol'.[17] Yr elfen feirniadol hon sy'n gyfrifol am wneud gweithiau cynnar Huw Lloyd Edwards yn amgenach pethau na chynnyrch yr hyn a alwodd Bobi Jones yn '[g]refftwr yn bwrw'i blu'.[18] Arian yw gwraidd y broblem bob tro, a thrwy ddefnyddio arian yn gatalydd i'r digwydd, fe ddatguddir sut y mae dyn, mewn sefyllfa o argyfwng, yn arddangos ei natur anfoesgar, twyllodrus, barus a hunanol. Adlewyrchir effaith hynny ar y teulu cyfan. Nid oes neb heb ei fai, fel y gwelir o'r dyfyniad isod o *Yr Orffiws*:

BLODWEN: Peidiwch â bod mor hen ffasiwn. 'Does gen i ddim cywilydd mod i'n ferch i grydd. Mi ydach chi'n grefftwr. Be gewch chi'n well na hynny?... 'Dydw i ddim yn deall pobl yn y pentrefi bach yma, Mam. Os yr ydach chi'n weithiwr cyffredin, o, Huw Clocsiwr, ne Dic Betsi gewch chi'ch galw. Ond os yr ydach chi'n dipyn o glarc ne'n ddyn siwrans, mi gewch fynd yn Mr. Jones ne Mr. Evans mewn munud. Dyna snobyddiaeth os leciwch chi![19]

Yng ngeiriau J. Ellis Williams, ''roedd ganddo ddawn gynhenid i greu difyrrwch a adlonnai gynulleidfa; ac fe sylweddolodd y gellid defnyddio'r ddawn hon nid yn unig i gyffroi cynulleidfa i chwerthin, ond hefyd i'w chyffroi i feddwl drosti ei hun.'[20]

Fodd bynnag, bu newid trawiadol o ran cynnwys ac arddull gweithiau Huw Lloyd Edwards wedi'r cyfnod cynnar hwn. Ar ôl iddo ysgrifennu'r tair comedi, teimlai'r angen i roi cynnig ar ddrama hollol wahanol. Fel yr eglurodd J. Ellis Williams:

> Aeth ati i astudio'r grefft o ddifrif ... Gwelodd fod dau fath o berfformiad drama: y perfformiad lle cyflwynir portread gwrthrychol o fywyd, a'r perfformiad y gwahoddir cynulleidfa i gyfranogi'n oddrychol ynddo. Symudodd ei ddiddordeb yntau o'r math cyntaf i'r ail; ac fel yr aeddfedodd ei grefft, aeth y comedïwr ysgafn yn ddramodydd difrifol.[21]

Cynnyrch y datblygiad hwn yn ei yrfa fel dramodydd yw'r ddrama lwyfan, *Ar Ddu a Gwyn*, a'r ddrama radio, *Y Gŵr o Gath Heffer*. Mae'r dramâu hyn yn pontio'r comedïau cynnar a'r dramâu diweddarach o ran cynllun, thema ac iaith, gan lenwi'r 'bwlch rhwng comedïau ysgeifn y prentis cynnar a dramâu diweddar y crefftwr aeddfed'.[22]

Dyfarnwyd *Ar Ddu a Gwyn* yn ail yng nghystadleuaeth y Ddrama Wreiddiol Un Act yn Eisteddfod Genedlaethol Aberdâr, 1956. Ond ar gais Theatr Fach Garthewin yr ysgrifennwyd y ddrama mewn gwirionedd, ac yno y cafwyd y perfformiad cyntaf o'r ddrama gan Chwaraewyr Rhosllannerchrugog ym 1956. Yr un flwyddyn, fe'i darlledwyd ar y teledu ddwywaith, ac ym 1957 cafwyd cyfieithiad Saesneg ohoni, dan y teitl *Salvador*. Pwnc y ddrama hon oedd y gyfundrefn apartheid a fodolai yn Ne Affrica ar y pryd. Yng ngeiriau'r dramodydd ei hun: 'Yn fy nrama "Ar Ddu a Gwyn" ... ymdriniais ag un o broblemau mwyaf trallodus ein dydd; problem sydd hefyd yn llawer mwy cymhleth nag yr ymddengys ar yr wyneb.'[23]

Mewn cyflwyniad i weithiau Huw Lloyd Edwards, nododd Gerwyn Wiliams i'r ddrama ymddangos 'ar yr un adeg yn union ag yr oedd y rhan fwyaf o bwyllgor gwaith yr ANC, a Nelson Mandela yn eu plith, yn cael eu herlyn am deyrnfradwriaeth yn Ne Affrica'.[24] Ynddi, cyflwynir hanes Jan Botha, seneddwr sy'n bleidiol i'r gyfundrefn apartheid a pherchennog pwll aur. Mae Botha wedi ei rwystro rhag traddodi araith yn Senedd De Affrica o blaid apartheid gan waeledd difrifol. Yr unig ffordd i achub ei fywyd yw trwy dderbyn gwaed sydd o'r un grŵp â'i waed ef. Yr unig ŵr sy'n rhannu'r un grŵp ag ef yw Karl Hendricks, peiriannydd yn y pwll aur. Fodd bynnag, datgelir bod Hendricks yn ddisgynnydd i deulu croenddu, ac ar ben hynny, mai ef yw Salvador, awdur pamffledi comiwnyddol sydd yn beirniadu apartheid. Mae Hendricks hefyd mewn cariad â merch Botha. Rhoddir diwedd ar y cyfyng-gyngor moesol gan y Cymrodyr, sef criw o ormeswyr gwaedlyd a oedd yn cam-drin dynion duon, wrth iddynt lofruddio Hendricks funudau wedi i'w gariad ei ddarbwyllo i roi ei waed i achub bywyd Botha.

Nid bwriad Huw Lloyd Edwards wrth ysgrifennu'r ddrama hon oedd cyflwyno unrhyw atebion i broblem gymdeithasol fawr, nac ychwaith adlewyrchu'n fanwl ddigwyddiadau difrifol De Affrica ym 1956. Yn hytrach, ceisiodd gyflwyno problem ddynol i'w gynulleidfa gan ddisgrifio'r tensiynau a fodolai pan oedd apartheid mewn grym. Yn y bennod, 'Creu Drama', yn y gyfrol *Ysgrifennu Creadigol* a olygwyd gan Geraint Bowen, esboniodd Huw Lloyd Edwards beth fu'r sbardun ar gyfer y ddrama hon:

> Un bore, rai blynyddoedd yn ôl, 'r oeddwn i'n darllen yn y papur newydd hanes merch ddisglair yn yr Unol Daleithiau yn ennill ysgoloriaeth i un o'r colegau enwocaf yno, ac yn cael ei gwrthod yn ddiweddarach am fod ei chroen yn ddu. Fel roeddwn i'n darllen hyn, clywn lais ar y Radio Sain yn apelio am wirfoddolwyr i roi eu gwaed i'r ysbytai. Yn y fan, dyma syniad yn dŵad imi o rywle – beth petai un o bleidwyr pybyr apartheid, i arbed ei fywyd ei hun, yn gorfod derbyn gwaed negro?[25]

Mae *Y Gŵr o Gath Heffer* yn seiliedig ar stori Feiblaidd. Portread dychmygol o'r proffwyd Jonah a geir yma, ac yn ôl J. Ellis Williams, 'mae gan y ddrama hon hithau gyfraniad gwerthfawr iawn i grefft yr awdur'.[26] Cred Israeliaid Gath Heffer oedd mai hwy oedd pobl etholedig Duw, ac, felly, diystyrient bawb arall. Teimla Jonah ei fod wedi'i anfon gan Dduw i geisio codi'r Iddewon o'u safonau byw isel, a'u harwain ar hyd y llwybr cyfiawn. Bu ymdrechion Jonah yn llwyddiant, gyda'r trigolion yn edifeiriol ac yn byw bywydau llawer 'mwy gweddaidd a pharchus – fel y dylai Cenedl Etholedig'.[27] Ond wedi i Jonah ymadael, dychwel Gath Heffer i'w hen ffyrdd ac ymbellhau unwaith eto oddi wrth Dduw, ac mae ffydd Jonah yntau yn Nuw yn dechrau simsanu. Fodd bynnag, fe'i hadferir pan gaiff ei arbed rhag boddi mewn storm enbyd ar y môr wrth i forfil ei lyncu. Mae yn awr yn barod i wynebu Ninefe. Â yno a phregethu wrth y bobl, gan ddweud wrth y Brenin fod Ninefe'n wynebu cwymp o fewn deugain niwrnod, oherwydd eu hoferedd anfoesgar. Pan na ddaw'r gwymp, teimla Jonah gymaint o gywilydd hyd nes deisyfu marw. Ond daw Angel ato, gan esbonio iddo fod Duw yn drugarog a'i fod wedi tosturio wrth drigolion Ninefe a maddau eu pechodau.

Yn dilyn llwyddiant *Ar Ddu a Gwyn* ac *Y Gŵr o Gath Heffer*, aeth Huw Lloyd Edwards rhagddo i lunio cyfres o ddramâu a ystyrir gan Bobi Jones yn 'fwy uchelgeisiol a chaboledig'[28] na'r ddwy ddrama gynharach. Yn wir, wrth gymharu safon y gweithiau, dywed J. Ellis Williams y 'dengys ei waith gynnydd mor anhygoel yng nghrefft y llwyfan nes bod [*sic*] yn anodd credu mai'r un awdur a ysgrifennodd *Y Gŵr Drwg* ac *Y Gŵr o Wlad Us*'.[29] Y gyntaf o'r dramâu hyn oedd *Cyfyng-gyngor* a ddaeth i'r brig yn Eisteddfod Genedlaethol Glyn Ebwy 1958 ac a berfformiwyd yr un flwyddyn yng Ngŵyl Ddrama Garthewin. Eglura'r dyfyniad isod o eiddo Huw Lloyd Edwards y modd y daeth y ddrama i fod:

> Mae pawb sy'n sgriblan yn gorfod cydnabod methiant o bryd i'w gilydd a thaflu ei waith i'r fasged. Fe ddigwyddodd hyn i mi droeon; cael syniad am thema; llunio'r plot, a dechrau sgrifennu'r dialog. Yna'n sydyn yn gorfod aros oherwydd imi sylweddoli i'r cymeriadau dyfu dan fy nwylo yn y fath fodd fel na fuasent yn dilyn y llwybr a arfaethwyd iddynt ar y cychwyn. Pe buaswn wedi eu gwthio ymlaen ni fuasent namyn pypedau, a'r canlyniad fyddai drama sâl, arwynebol ac anniddorol. Tybed a ellid defnyddio'r profiad hwn ynddo'i hun fel plot drama?[30]

Hanes dramodydd sydd wrthi'n ceisio cyfansoddi drama sydd yma, ond nid yw'n cael llawer o lwyddiant gan nad yw'r cymeriadau na'r plot yn datblygu fel y dymuna, hynny yw, mae mewn cyfyng-gyngor. Yn sydyn, daw Ann, un o gymeriadau ei ddrama, i mewn i'r ystafell ato, a fesul un daw gweddill cymeriadau'r ddrama i mewn. Cyhuddant y dramodydd o 'fethu gwybod beth i'w wneud â hwy yn y rhan nesaf o'r ddrama',[31] a hawlio'r rhyddid i ddewis eu dyfodol eu hunain. Dan brotest, ildia'r dramodydd, gan ddweud:

AWDUR: O'r gora'. Cymrwch yr awenau yn eich dwylo, ac ewch y ffordd a fynnoch. Ond os digwydd i chi syrthio i'r gors, peidiwch â gweld bai arnaf fi ... Duw a'ch helpo![32]

Mae'r cymeriadau yn llawn gobaith yn eu rhyddid newydd, ond ni ddigwydd pethau fel y disgwyliant. Ymhen ychydig amser, canfyddant eu hunain yn y gors, a rhaid yw galw ar yr awdur i'w hachub o'u trybini.

Ceir tebygrwydd rhwng *Cyfyng-gyngor* a'r ddrama *Sei personaggi in cerca d'autore* (1921) (Chwe Chymeriad yn Chwilio am Awdur) gan yr Eidalwr, Luigi Pirandello. Adrodd hanes chwe chymeriad anorffenedig yn tarfu ar ymarfer llwyfaniad o ddrama gan Pirandello a wna'r gomedi Eidalaidd. Maent yn chwilio am awdur newydd i'w chwblhau. Maent yn darbwyllo rheolwr y theatr i lwyfannu eu drama, er nad ef a'i hysgrifennodd, gyda'r actorion yn actio rhannau'r chwe chymeriad. Thema'r ddrama hon yw'r berthynas rhwng yr actor a'r cymeriad, ac mae'n anodd credu, o ystyried ei swydd, nad oedd Huw Lloyd Edwards erioed wedi darllen na gweld drama Pirandello! Serch hynny, ceir un gwahaniaeth amlwg rhwng y ddrama Eidaleg a'r ddrama Gymraeg, gan mai'r berthynas rhwng yr awdur a'r cymeriadau a amlygir yn *Cyfyng-gyngor*.

Fel *Y Gŵr o Gath Heffer*, addasiad o stori Feiblaidd yw *Y Gŵr o Wlad Us* sef addasiad o stori Job. Ond yn groes i *Y Gŵr o Gath Heffer*, lleolir y ddrama hon ym mhresennol cyfansoddi'r ddrama, sef yng nghanol yr ugeinfed ganrif. Serch hynny, 'Job yr Hen Destament, Job ein dyddiau ni, Job pob oes' sydd yma,[33] ac mae'r sefyllfa a'r arwyddocâd yn gyfoes. Gŵr duwiol a chyfiawn yw Job. Mae'n ddyn o awdurdod ac yn olygydd papur newydd *Y Darian*. Ar ddechrau'r ddrama, mae sefyllfa Job a'i deulu yn gyfforddus a llewyrchus, ond yn ystod y ddrama, mae pob aelod o'i deulu yn dioddef. Mae ei ferch, Ruth, yn dioddef o gancr y gwaed, ei fab, Hamor, wedi gorfod dychwelyd adref wedi iddo golli ei fraich yn y rhyfel, ac mae Lois, ei ferch hynaf, yn marw ar enedigaeth ei phlentyn. Dirywio hefyd y mae'r busnes. Ond er hyn oll, ni chyll Job ei ffydd. Yn wahanol i'r diweddglo a geir yn Llyfr Job, nid yw Job yn adfer ei holl gyfoeth, yn iawn am ei ddioddefaint, gan na fyddai hynny yn cyd-fynd â nodweddion trasiedi – a drama drasig yw'r ddrama hon.

Comisiynwyd *Pros Kairon* gan Gwmni Theatr Cymru ar gyfer Eisteddfod Genedlaethol Aberafan ym 1966. Y term Groegaidd am 'dros amser' yw *Pros Kairon*, sef enw'r tŷ yn y ddrama. Mae arwyddocâd yr enw yn glir wrth ystyried plot y ddrama. Wedi i Mac a Sadi gyrraedd y tŷ, rhagwelant fywyd syml o'u blaenau. Addawant i Martin, y cynrychiolydd o'r Swyddfa, y cadwant drefn ar y lle ond nid felly y digwydd pethau, ac erbyn diwedd y ddrama, o ganlyniad i ymddangosiad y ffoaduriaid a Smith, mae eu byd yn un materol a chymhleth. Cynrychioli bywyd dyn ar y ddaear a wna'r tŷ, a'r cymeriadau yn cynrychioli dynoliaeth: wrth i'w hawch am arian a llwyddiant materol gynyddu, ânt ar gyfeiliorn. O ganlyniad, cânt eu hanfon oddi yno gan y Swyddfa, er mwyn gwneud lle i'w dilynwyr, yn y gobaith y gallent hwy gadw gwell trefn.

Cyfansoddwyd *Y Llyffantod* yn arbennig ar gyfer myfyrwyr yr Adran Ddrama yng Ngholeg Normal, Bangor, er mwyn rhoi'r cyfle i gast mawr gael ymgymryd â gwahanol agweddau ar ddrama, megis dawns, cydadrodd a meim. Cymerodd Huw Lloyd Edwards un o'r 'comedïau enwocaf a ysgrifennwyd erioed'[34] yn batrwm ar gyfer ei ddrama, sef y gomedi Roegaidd, *Y Llyffantod*, gan Aristoffanes a berfformiwyd gyntaf tua 405 CC. Yn y stori wreiddiol mae Dionysos, nawdd-dduw drama a gwin, yn mynd i Hades i geisio cyngor dau o brif ddramodwyr trasiedi Athen, Aeschylws ac Ewripides, a'u perswadio i ddychwelyd i Fyd y Byw er mwyn sicrhau parhad y theatr yn Athen. Yn y cyfnod hwn, roedd Athen mewn sefyllfa o argyfwng wedi cyfnod o chwarter canrif mewn rhyfel gyda Sparta. Yr un Athen a geir yn nrama Huw Lloyd Edwards hefyd, ond ceir peth amrywiad ar y stori wreiddiol: â Dionysos â Nicias, Atheniad cyffredin, i Athen oherwydd ei bryder ynglŷn â thynged y ddinas. Sylweddola Dionysos gymaint yw dallineb a difaterwch trigolion Athen. Yr unig rai a gais brotestio yw'r ifainc, ond mygir eu lleisiau. O ganlyniad, ni wêl Dionysos unrhyw ateb ond 'troi at y gorffennol am waredigaeth',[35] gan fynd gyda Nicias i Hades i geisio cyngor gan arwyr mawr Athen gynt. Yr unig ateb a geir ganddynt, fodd bynnag, yw eu bod hwy wedi cyflawni eu gwaith yn eu cyfnod eu hunain a bod 'tynged Athen, bellach, yn ei dwylo hi ei hun'.[36]

Themâu cysylltiol y dramâu

O edrych yn fanwl ar ddatblygiad gweithiau Huw Lloyd Edwards, o'i gomedïau cynnar i'w ddramâu mwy difrifol, gwelir, er mor amrywiol ei ddulliau theatrig, fod yma themâu penodol yr ymdriniodd â hwy trwy gydol ei yrfa. Ariangarwch a materoliaeth yw dwy o'r prif themâu cysylltiol. Daw'r comedïau cynnar i ben yn hapus, gyda'r prif gymeriad yn llwyddo i wneud ei ffortiwn, ond ymdriniaeth bur wahanol â'r thema hon a gawn yn y dramâu diweddarach. Yma, mae ariangarwch yn arddangos y gwacter ystyr ym mywyd dyn, ac wrth i'r cymeriadau geisio sicrhau ystyr i'w bywydau trwy gyfrwng arian ac eiddo materol, cânt eu harwain, yn y pen draw, at gwymp. Yn *Ar Ddu a Gwyn*, mae Amos, gwas croenddu Botha, yn bradychu Salvador am arian. Mae cyd-deithwyr Jonah ar y llong yn *Y Gŵr o Gath Heffer* yn anfodlon ymwared â'u heiddo materol er mwyn achub eu bywydau yn ystod y storm ar y môr. Yn yr un modd, mae dyfodol papur newydd *Y Darian* yn y fantol yn *Y Gŵr o Wlad Us*, a'r rheswm dros hynny yn deillio o ariangarwch. Dyna sy'n gyfrifol am gwymp y teulu yn *Pros Kairon* hefyd: ar ôl cael blas ar arian, ceisiant ffordd o greu rhagor ond nid oes digon i'w gael, ac mae arian yn rheoli eu bywydau. Arian yw'r unig beth ar feddyliau trigolion Athen yn y *Y Llyffantod* yn ogystal, yn enwedig mewn cyfnod pan fo etholiad ar y gorwel. Yn wir, y ffaith fod ei gŵr yn ddi-waith a hithau'n feichiog unwaith yn rhagor sy'n peri poen meddwl i Iris, gwraig Nicias, ar ddechrau a diwedd y ddrama honno. Wrth i Dionysos holi'r bobl ar y stryd am eu safbwyntiau ynghylch cyflwr y ddinas, mynegir y thema hon yn glir: mae'n amlwg fod arian yn rheoli pob agwedd ar eu bywydau, gyda'r dynion ar goll yn eu gêm gardiau, yr hen wraig yn cwyno am y pensiwn isel nad yw'n bosibl byw arno, y dyn busnes o'r farn fod y gyllideb yn gadarn a busnes yn ffynnu, tra bo ei weithwyr yn ddiolchgar eu bod mewn gwaith.

Fel teulu *Pros Kairon*, arian yw crefydd newydd y cymeriadau yn *Cyfyng-gyngor* hefyd – nid oes arnynt angen unrhyw beth arall i gynnal eu bywydau, boed awdur neu Dduw:

Lewis: Os felly, 'does yna ddim ystyr i foesoldeb; materoliaeth a'i piau hi... A beth ydi'r canlyniad? Ysgariad yn beth ffasiynol, a godineb yn destun hwyl. Esgusodi hunanladdiad; cefnogi llofruddiaeth dan enw rhyfel; gwawdio popeth cysegredig, – dyna'r grefydd newydd i ti. Dyna fateroliaeth yn ei chrynswth.[37]

Thema ganolog arall yng ngweithiau Huw Lloyd Edwards, ac un sy'n gysylltiedig â thema ariangarwch, yw ffydd a diffyg ffydd yn Nuw. Mae ariangarwch a materoliaeth ynddynt eu hunain yn awgrym o fywydau gwag, digrefydd, ond mae i'r thema o ddiffyg ffydd haen ddyfnach yn y dramâu hyn. Ceir enghraifft o ŵr a'i ffydd yn simsanu yng nghymeriad Jonah yn *Y Gŵr o Gath Heffer* pan fo'r Angel yn ei anfon i Ninefe. Cred Jonah y bydd Duw yn ei adael unwaith y cyrhaedda'r ddinas. Ond fe adferir ei ffydd wedi iddo oroesi'r storm ar y môr. Ffydd a diffyg ffydd yn Nuw yw prif thema *Y Gŵr o Wlad Us* hithau. Yn y ddrama hon, mae Duw yn llefaru adnodau a darn o salm trwy'r set radio. Hyd yn oed pan na fo'r Llais i'w glywed o'r radio, y mae'n bresennol trwy gydol y ddrama yn gefndir i'r holl ddigwydd, fel y mae presenoldeb Duw i'w deimlo. Er ei holl ddioddefaint, nid yw ffydd Job yn gwanio. Dywed:

JOB: Nid trwy reswm y mae deall. Dyna gamgymeriad dyn... Pa fodd y gallwn ni ddeall y Pwrpas sydd uwchlaw y ffiniau hynny? Ond y mae Pwrpas, a hwnnw er daioni. Rhan o'r Pwrpas hwnnw yw fy mywyd i, fy methiant a'm profedigaeth ... Mae gwybod hynny'n ddigon. 'Mi wn fod fy Mhrynwr yn fyw, ac a saif yn y diwedd ar y ddaear.'[38]

Nid yw ffydd Mara, ei wraig, cyn gryfed. Wedi ceisio cysuro Hamor, eu mab a gollodd ei fraich yn y rhyfel, mae ffydd Mara yn gwegian, ac ar ddiwedd y ddrama, wrth afael ym mhlentyn amddifad ei merch, mae hi'n amau Duw ac yn herio'r Llais.

Thema gysylltiedig arall yw rhyddid ac ewyllys rydd. Fe fynnodd y cymeriadau yn *Cyfyng-gyngor* ryddid ac ewyllys rydd i benderfynu eu tynged eu hunain, ond, fel Adda ac Efa gynt, aethant ar gyfeiliorn, a rhaid oedd galw am yr awdur – eu crëwr – yn ôl i'w gosod eto ar y llwybr cyfiawn. Rhybuddiwyd cymeriadau *Cyfyng-gyngor* hwythau mai hwy fyddai'n gyfrifol am yr hyn a ddigwyddai iddynt pe mynnent eu rhyddid eu hunain. Y neges yma yw nad Duw sy'n gyfrifol am gyflwr truenus y byd, ond dyn, ac er bod amryw o gymeriadau Huw Lloyd Edwards yn herio Duw, eu crëwr, yn y dramâu, Ef sydd yn wastad yn pennu tynged y cymeriadau ar ddiwedd y ddrama. Rhaid iddynt hwythau dderbyn hynny. Yng ngeiriau Nia Wynn Tomos: 'Ef sy'n gyfrifol am arbed Ninefe yn *Y Gŵr o Gath Heffer* ac *Y Lefiathan*; mae'n holl-lywodraethol yn *Y Gŵr o Wlad Us*; ac Ef a bennodd dynged Mac a Sadi yn *Pros Kairon*.'[39] Ceisiodd Jonah ddianc oddi wrth ei Dduw, ond ei wynebu Ef a'i dynged fu raid. Ceisiodd Botha, fel Job, ymladd yn erbyn ei salwch, ond yn y diwedd cydnabu fod rhaid 'plygu i'r Drefn'.[40] Yn yr un modd, y Drefn 'annealladwy' hon sy'n gorfodi'r cwpl i adael *Pros Kairon* ar ddiwedd y ddrama:

MAC: ... Sut mae deall y Drefn, sgwn i!

SADI: Y Drefn?

MAC : Ia, wyddost ti – petha. Sut mae deall petha?

SADI: Fedrwn ni mo'u deall nhw. Wedyn, paid â mwydro dy ben. Pa ddiben dyfalu a phendroni? Derbyn, a dal ein gafael, dyna'r peth gora.[41]

At yr un Drefn y cyfeiria Hamor yn *Y Gŵr o Wlad Us* hefyd, pan sylweddola fod ei deulu oll yn hollol ddibynnol arni:

HAMOR: Ond pwy yw'r actorion? Ti a minnau. Unigolion diymadferth heb allu i newid cwrs y ddrama. Dyna drallod bywyd heddiw – bod yr unigolyn yn ddiymadferth. Edrych ar 'nhad. Er holl ragoriaeth ei actio, beth yw ei dynged? Methiant a phoen.[42]

Neu yng ngeiriau Job: 'I bob golwg mae'r diniwed yn diodde' a'r euog yn ffynnu. 'Alla' i ddim esbonio pam. Dyna'r Drefn: rhaid ei derbyn heb ei deall.'[43]

Ceir math arall o 'Drefn' yn nramâu Huw Lloyd Edwards yn ogystal, sef y math o drefn sy'n dwyn hunaniaeth ei chymeriadau. Dyma drefn cymdeithas enfawr sy'n ceisio gwneud dynion yn unffurf. Cyfeirir at ddynolryw fel defaid yn aml, ond y ddelwedd o ieir, yn hytrach na defaid, a ddefnyddia Huw Lloyd Edwards i gynrychioli'r unffurfiaeth hon yn *Pros Kairon*. Ar ddechrau'r ddrama mae gan yr ieir oll eu henwau a'u personoliaethau eu hunain, a chânt eu trin fel unigolion gydag enw gwahanol ar gyfer pob iâr – Cleopatra, Alis, Meri Ann. Ond er mwyn creu mwy o elw, rhaid oedd cynyddu nifer yr ieir, ac yn hytrach na rhoi enwau personol iddynt oll, fe'u rhifwyd. Ceir yma bortread o 'bobl sydd dan rym awdurdod yn colli eu hunaniaeth a'u rhyddid... Maent yn ddiymadferth yn nwylo awdurdod'.[44] Yn yr un modd, ceir y llyffantod yn y ddrama, *Y Llyffantod*, sydd yn cynrychioli difaterwch pobl Athen am dynged eu gwlad a hithau mewn cyfnod o argyfwng. Nid ydynt am gael newid er gwell, dim ond dilyn yr un drefn ag y maent yn gyfarwydd â hi:

CÔR Y LLYFFANTOD:

Ein gofal ni beunydd –
Ein hunig ddyletswydd –
Yw gweld bod ein ffosydd
A'n llynnoedd yn llonydd;
Dim rhaid bod yn effro –
Ond gochel rhag cyffro –
Cawn gwsg mewn seguryd
A nefol esmwythyd.
Mor ddibwys i Lyffant
Yw iaith a diwylliant,
A chenedlaetholdeb
Yn ddim ond ffolineb!
Ym mhob oes ceir ffyliaid
Ac amryw benboethiaid,
Sy'n teimlo rhyw ysfa
I wella sefyllfa!
Mae rhai'n ddigon eiddgar
I fyned i garchar;
Ac eraill yn barod
I ddiodde merthyrdod!
Rôl meddwl yn sobor
Am hyn, dyma'n cyngor:
Os baich yw Egwyddor,
Peth doeth yw ei hepgor![45]

Trefn gymdeithasol awdurdodol a gorthrymus sy'n peri poendod i Job yn y ddrama *Y Gŵr o Wlad Us*. Saif ei bapur newydd ef, *Y Darian*, dros egwyddorion a moesoldeb, ond oherwydd diffyg gwerthiant, mae mab-yng-nghyfraith Job o blaid gwerthu'r papur i *Y Drych*, papur newydd di-chwaeth ac isel ei safon sydd, yng ngeiriau Job, 'mor anystyriol o Wlad Us, mor ddirmygus o'i hiaith, mor sgornllyd o'i thraddodiadau'.[46] Pan ddaw Bildad at Job i'w hysbysu fod un o'r gweithwyr yn gwrthod ymuno ag undeb oherwydd ei ddaliadau crefyddol, ni chais Job ei berswadio fel arall, ond, yn hytrach, parcha ei farn unigol. Nid yw Bildad o'r un farn wrth gwrs, a chred y dylai'r gweithiwr gael ei gosbi am geisio bod yn wahanol. Mae ef, fel y ddau gyfaill arall, yn rhan o'r Drefn awdurdodol, a gellir dadlau mai symbol yw hi o ormes Lloegr, y genedl fawr sy'n cynrychioli'r mwyafrif, ar Gymru, y lleiafrif. Dywedodd y dramodydd:

> [g]an mai Cymro ydw i, yn byw yng Nghymru, mae'n dilyn fod gen i rywbeth i'w ddweud am gyflwr fy nghenedl a'm cymdeithas yn y byd sydd ohoni. Ond mi hoffwn i feddwl, yn wylaidd, bod yr hyn sydd gen i i'w ddweud am Gymru yn wir hefyd am unrhyw genedl fach arall sy'n byw yng nghysgod cenedl fwy.[47]

Mae sefyllfa druenus Gwlad Us yn cynrychioli Cymru'r cyfnod. Cymru yw'r genedl fach sy'n ceisio hawlio rhyddid a 'herio grym yr Ymerodraeth. A'r Ymerodraeth yn ei sathru i'r llwch',[48] ys dywed Hamor, mab Job, yn y ddrama. Fodd bynnag, y bygythiad mwyaf i Gymru, ym marn Huw Lloyd Edwards, oedd y bygythiad oddi mewn i'r wlad, sef difaterwch a diffyg asgwrn cefn ei phobl. Cofier geiriau Dionysos wrth Nicias yn *Y Llyffantod*: 'Nid y Sbartiaid ydy'r gelyn mwya.'[49] Gwelodd Huw Lloyd Edwards debygrwydd rhwng sefyllfa wleidyddol Cymru yn y 1970au ac Athen yn y bumed ganrif cyn Crist. Yn wir, clywir lleisiau gwleidyddion Cymru yn lleisiau Chleon a Chadmos, y ddau wleidydd yn y ddrama. Mae'r bobl ifanc yn Athen yn protestio yn erbyn eu sefyllfa wleidyddol, ond rhoddwyd taw arnynt a'u llusgo i garchar:

CÔR: Ond teg yw dweud, yn ddistaw bach, fod ambell lais,
Os nad yw'n plesio'r Awdurdodau'n llawn,
Yn cael ei fygu, neu ei foddi'n llwyr
Gan gytgan cryf y cydymffurfwyr.[50]

Cymeriad Nicias a'r llyffantod yn y ddrama yw'r cydymffurfwyr 'difater a di-asgwrn cefn',[51] a chynrychioli'r Cymry a wnânt. Yn nhyb Huw Lloyd Edwards, hwy ac nid estroniaid yw'r bygythiad mwyaf i Gymru, a bwriad Huw Lloyd Edwards wrth ei hysgrifennu oedd ceisio deffro Cymry'r 1970au i sylweddoli bod eu gwlad a'u hiaith a'u diwylliant yn werth eu hachub.

Mae a wnelo'r themâu hyn oll â chymhellion y dramodydd wrth ysgrifennu. Dywed Huw Lloyd Edwards mai dyletswydd dramodydd yw cyflwyno problem ddynol. Yng ngeiriau Bobi Jones: 'Perthynas personau â'i gilydd y tu fewn i ymddygiad cymdeithasol, dyma sy'n mynd â bryd Huw Lloyd Edwards.'[52] Sylwer ar y cysylltiad amlwg rhwng y themâu a gyflwynir yn ei weithiau a'r problemau dynol a chymdeithasol a'i symbylodd i ysgrifennu *Y Gŵr o Wlad Us*, er enghraifft:

> Merch fach chwe blwydd oed a myfyriwr ifanc o'r un stryd yn marw o gancr y gwaed, a achoswyd, mae'n debyg, gan y gwlith dieflig a syrthiai ar fryniau Arfon ar ôl arbrofion niwcliar; wedyn, marwolaeth sydyn un o arolygwyr ffatri leol oherwydd pryder yn dilyn anghydfod streic; argyfwng parhaus newyddiadur Cymraeg, methiant papur newydd Saesneg, o safon; a ffyniant cynyddol y wasg felen; dolur cydwybod bechgyn o'r ardal yn gorfod mynd i Gyprus gyda'r fyddin; caplan o'r fyddin yn gofyn bendith Rhagluniaeth ar faner catrawd leol; cystudd hir cyfaill imi, – dyn o gymeriad dilychwin; a chryn dipyn o hunandosturi ar ôl cyfnod o anhwyldeb poenus yn fy hanes fy hun.[53]

Dywed Nia Wynn Tomos hithau i Huw Lloyd Edwards 'sylweddoli rhagoriaeth y ddrama ... fel cyfrwng i ddeall gwendidau a phroblemau'r ddynoliaeth'.[54] Ond wrth bwysleisio 'gwendidau a phroblemau' y ddynoliaeth, llwyddodd Huw Lloyd Edwards i fynegi neges arloesol ynglŷn â'i dyfodol. Ynghanol y themâu anobeithiol, y dioddefaint a'r syrffed, mae yna lygedyn o obaith yn ogystal: yn wir, y gobaith hwn, yn ddi-os, yw'r thema fwyaf arwyddocaol o'r cwbl yn nramâu Huw Lloyd Edwards. Deillia'r gobaith hwnnw o'r ffydd a oedd ganddo mewn dynoliaeth, ac yn y dramâu, fe ymgorfforir hynny yn ei ddarlun o'r genhedlaeth iau. Yr ifainc sy'n protestio am newid byd yn *Y Llyffantod*, er enghraifft, fel y mynegir gan Dionysos: 'Yr unig lygedyn o obaith a welais i oedd protest yr ifanc.'[55] Diwedda *Y Gŵr o Wlad Us* hithau gyda Job yn gafael ym maban ei ferch, a'i eiriau: 'Diniweidrwydd hwn yw gobaith bythol y byd, Mara.'[56] Pan fo popeth arall wedi'i golli, y plentyn yw'r dyfodol. Yn yr un modd y mae'r awdur – y crëwr – yn *Cyfyng-gyngor* yn rhoi ail gyfle i'w gymeriadau ar ddiwedd y ddrama, fel y rhoddodd Duw ail gyfle i bobl Ninefe yn *Y Gŵr o Gath Heffer*. A dyna pam y mae'n rhaid i Mac a Sadi, a gynrychiola'r ddynoliaeth, adael *Pros Kairon*, er mwyn gwneud lle i'r teulu neu'r genhedlaeth nesaf, yn y gobaith y cadwant hwy well trefn.

Yng ngeiriau Huw Lloyd Edwards ei hun:

> Credaf y bydd dyn, ryw fodd, yn cripian yn araf i fyny o stomp y canrifoedd, i well dyfodol. A hwyrach y goddefir imi ddweud bod y gobaith hwn yn nhynged dyn, yn rhyw fath o ddolen gydiol rhwng fy nhipyn dramâu.[57]

Fel darlithydd ym maes y ddrama, roedd gan Huw Lloyd Edwards ymwybyddiaeth gref o'r gwahanol arddulliau theatrig a ddefnyddid ar draws Ewrop, ac mae dylanwad ei adnabyddiaeth eang o'r cyfrwng arno fel dramodydd yn amlwg wrth iddo droi ei law at nifer o wahanol arddulliau theatrig. Dywedodd Bobi Jones fod y dramodydd 'â'i glust yn agos iawn at ddaear y ddrama Ewropeaidd gyfoes' er bod ei 'wreiddiau beirniadol hefyd yn gryf yng nghefndir meddyliol Cymru'.[58] Er bod y ddrama Gymraeg yn gyfrwng ifanc o'i chymharu â chyfryngau Cymraeg eraill, gellid ystyried gweledigaeth ddramatig Huw Lloyd Edwards yn un flaengar. Mae'r ffaith i rai o'i weithiau, megis *Ar Ddu a Gwyn* a *Pros Kairon*, gael eu cyfieithu i'r Saesneg, gan dderbyn '[c]anmoliaeth estron barchus'[59] (ys dywed Bobi Jones), yn profi bod i'w weithiau arwyddocâd y tu hwnt i Gymru, a bod ganddo statws rhyngwladol fel dramodydd. Yn wir, llwyfannwyd y cyfieithiad Saesneg o *Pros Kairon* yn Iwerddon ac yna mewn gŵyl ddrama ryngwladol yn yr Amerig, a llongyfarchwyd J. O. Roberts, cyfarwyddwr y cwmni perfformio, Cwmni Theatr Fach Llangefni, yn yr ŵyl honno gan ddramodydd o Israel, Yahweh Levin, ar lwyddiant y ddrama.

Cynigiodd Huw Lloyd Edwards arlwy amgenach i'r hyn a fodolai eisoes i actorion a chwmnïau drama Cymru gan ei fod yn ddramodydd a oedd yn barod i arbrofi ac i fentro gyda'i gyfrwng. O ganlyniad i'w hamrywiaeth, cyrhaeddodd ei weithiau, a'i genadwri am obaith am well dyfodol, ystod eang o gynulleidfaoedd a throsglwyddwyd y genadwri honno mewn modd cynnil ac adloniadol. Yn sicr, mae'n gwbl deilwng o gael ei ystyried yn un o brif ddramodwyr Cymraeg yr ugeinfed ganrif, ac mae'n braf gwybod bod camau breision wedi'u cymryd erbyn hyn i sicrhau ei fod yn cael ei goffáu felly: yn Eisteddfod Genedlaethol y Bala 2009, lansiwyd prosiect newydd o dan nawdd y Ganolfan Addysg Uwch Cyfrwng Cymraeg (sydd bellach yn dwyn yr enw Y Coleg Cymraeg Cenedlaethol), ac o dan arweiniad Gerwyn Wiliams, i ddigideiddio testunau dramâu Cymraeg a oedd ar fin mynd ar ddifancoll gan fod y copïau argraffedig ohonynt wedi mynd yn brin. Bydd yr adnodd gwerthfawr hwn (trwy wefan Y Porth), yn sicrhau bod dramâu Huw Lloyd Edwards ar gael i bawb ledled y byd, ac y bydd y dramodydd pwysig hwn, o'r diwedd, yn cael camu allan o'r cysgodion i'w le teilwng yn hanes y ddrama yng Nghymru.

NODIADAU

1 Huw Lloyd Edwards, 'Creu Drama', yn Geraint Bowen (gol.), *Ysgrifennu Creadigol* (Llandysul: Gwasg Gomer, 1972), 132.

2 Nia Wynn Tomos, 'Cyfeiriadau newydd yn y ddrama Gymraeg *c.* 1950–1980, gyda sylw arbennig i weithiau Huw Lloyd Edwards, W. S. Jones a Gwenlyn Parry' (Traethawd M.A., Prifysgol Cymru [Aberystwyth], 1983), 40.

3 J. Ellis Williams, *Tri Dramaydd Cyfoes: Saunders Lewis, John Gwilym Jones, Huw Lloyd Edwards* (Dinbych: Gwasg Gee, 1961), 91.

4 Bobi Jones, 'Dramâu Moes', *Barn*, 90 (Ebrill 1970), 151.

5 William R. Lewis, 'Huw Lloyd Edwards: comedïwr, moeswr a bardd', *Taliesin*, 61 (Mawrth 1988), 46.

6 Dafydd Llywelyn, 'Cyfri mawrion fesul deg', <http://www.theatre-wales.co.uk/barn/manylion.asp?barnID=142>. Cyrchwyd Awst 2016.

7 Dafydd Glyn Jones, 'Y Ddrama Ryddiaith', yn Geraint Bowen (gol.), *Y Traddodiad Rhyddiaith yn yr Ugeinfed Ganrif* (Llandysul: Gwasg Gomer, 1976), 234.

8 'Huw Lloyd Edwards: comedïwr, moeswr a bardd', 46.

9 'Creu Drama', 133.

10 Huw Lloyd Edwards, 'Llwyddiant yn Llwyddo', *Llais Llyfrau*, 3 (Haf 1965), 11.

11 *Tri Dramaydd Cyfoes*, 92.

12 Ibid., 93.

13 'Cyfeiriadau newydd yn y ddrama Gymraeg *c.* 1950–1980', 42.

14 Huw Lloyd Edwards, *Y Gŵr Drwg: comedi* (Aberystwyth: Gwasg Aberystwyth, 1957), 71.

15 *Tri Dramaydd Cyfoes*, 99.

16 Ibid., 94.

17 'Huw Lloyd Edwards: comedïwr, moeswr a bardd', 46.

18 'Dramâu Moes', 151.

19 Huw Lloyd Edwards, Yr *Orffiws: comedi ysgafn tair act* (Aberystwyth: Gwasg Aberystwyth, 1956), 26.

20 *Tri Dramaydd Cyfoes*, 93.

21 Ibid.

22 Ibid., 102.

23 R. Gerallt Jones, 'Sgwrs rhwng R. Gerallt Jones a'r dramodydd', *Arloeswr*, 6 (Haf 1959), 44.

24 Gerwyn Wiliams, Anerchiad yn Lansiad Prosiect Digideiddio Dramâu y Ganolfan Addysg Uwch Cyfrwng Cymraeg yn Eisteddfod Genedlaethol y Bala (Awst 2009).

25 'Creu Drama', 134.

26 *Tri Dramaydd Cyfoes*, 106.

27 Huw Lloyd Edwards, 'Y Gŵr o Gath Heffer', *Y Gŵr o Gath Heffer; Y Gŵr o Wlad Us: dwy ddrama* (Dinbych: Gwasg Gee, 1961), 19.

28 'Dramâu Moes', 151.

29 *Tri Dramaydd Cyfoes*, 91.

30 'Creu Drama', 136–7.
31 Mary Lewis, 'Beirniadaeth Mary Lewis', *Cyfansoddiadau a Beirniadaethau Eisteddfod Genedlaethol Glynebwy 1958* (Lerpwl: Gwasg y Brython ar ran Llys yr Eisteddfod Genedlaethol, 1958), 158.
32 Huw Lloyd Edwards, *Cyfyng-gyngor: drama mewn tair act* (Aberystwyth: Gwasg Aberystwyth, 1958), 17.
33 *Tri Dramaydd Cyfoes*, 115.
34 D. Gareth Edwards, 'Llyffantod', *Barn*, 169 (Chwefror 1977), 64.
35 'Cyfeiriadau newydd yn y ddrama Gymraeg c. 1950–1980', 73.
36 Huw Lloyd Edwards, *Y Llyffantod: drama mewn pedair golygfa* (Dinbych: Gwasg Gee, 1973), 52.
37 *Cyfyng-gyngor: drama mewn tair act*, 29–30.
38 'Y Gŵr o Wlad Us', 99.
39 'Cyfeiriadau newydd yn y ddrama Gymraeg c. 1950–1980', 97.
40 Huw Lloyd Edwards, *Ar Ddu a Gwyn: drama mewn tair act* (Dinbych: Gwasg Gee, 1980), 61.
41 Huw Lloyd Edwards, *Pros Kairon: drama mewn tair act* (Dinbych: Gwasg Gee, 1967), 10.
42 'Y Gŵr o Wlad Us', 80.
43 Ibid., 86.
44 'Cyfeiriadau newydd yn y ddrama Gymraeg c. 1950–1980', 69.
45 *Y Llyffantod: drama mewn pedair golygfa*, 35.
46 'Y Gŵr o Wlad Us', 55.
47 'Holi Awdur y Ddrama "Y Gŵr o Wlad Us"', *Barn*, 53 (Mawrth 1967), 129.
48 'Y Gŵr o Wlad Us', 70–1.
49 *Y Llyffantod: drama mewn pediar act*, 24.
50 Ibid., 22.
51 Ibid., 24.
52 'Dramâu Moes', 152.
53 'Creu Drama', 135–6.
54 'Cyfeiriadau newydd yn y ddrama Gymraeg c. 1950–1980', 41. Cafwyd y wybodaeth am ei fywyd yn Marged Pritchard, *Portreadau'r Faner* (Y Bala: Llyfrau'r Faner, 1976), 31–7, a chan Jane Edwards mewn sgwrs ag awdur yr ysgrif hon.
55 *Y Llyffantod: drama mewn pedair act*, 24.
56 'Y Gŵr o Wlad Us', 100.
57 'Creu Drama', 138.
58 'Dramâu Moes', 152.
59 Ibid., 151.

Ieuan Parri

DYCHYMYG BEIRNIADOL D. TECWYN LLOYD

Yn y flwyddyn 2017, bydd chwarter canrif wedi mynd heibio er pan fu farw gwrthrych yr erthygl hon. Bu farw'n frawychus o sydyn ar 22 Awst 1992, o fewn ychydig wythnosau i gyrraedd deunaw a thrigain mlwydd oed. O fewn ychydig ddyddiau i'w farwolaeth ef, bu farw un arall o lenorion pwysig Cymru ail hanner yr ugeinfed ganrif, sef Bedwyr Lewis Jones, ac yntau o fewn dyddiau i gyrraedd ei drigeinfed pen-blwydd.

Fy mwriad yn yr ysgrif hon yw rhoi sylw i'r cyntaf, a'r lleiaf adnabyddus, efallai, o'r ddau hyn a fu farw chwarter canrif yn ôl, sef D. Tecwyn Lloyd, awdur ac ysgolhaig amryddawn a wnaeth gyfraniad enfawr i fywyd diwylliannol Cymru a'r Gymraeg dros y blynyddoedd, ond na chafodd y sylw dyladwy hyd yn hyn. Sonnir yma am ei waith arloesol gyda Chymdeithas Addysg y Gweithwyr, a chydag addysg oedolion yng Ngholeg Harlech, am ei ddaliadau comiwnyddol yn ystod yr Ail Ryfel Byd, am ei berthynas dymhestlog gyda Phlaid Cymru a'i gofiant dadleuol i Saunders Lewis, am ei waith fel llenor a beirniad dawnus, ac wrth gwrs, am ei ymroddiad hirhoedlog fel golygydd *Taliesin*, y cylchgrawn a ddaeth i ben ym mlwyddyn cyhoeddi'r gyfrol hon.

> Rhyfedd fel y mae ambell enw llenyddol yn mynd ar ddifancoll am gryn amser. Mae hyn, i bob golwg yn digwydd i lenorion mawr yn ogystal ag i rai llai ond er bod gan y 'llewod' well cyfle i ail rodio'r byd y mae eu cyrff wedi ei adael, mae gan y cenawon gyfle hefyd am ryw fath o atgyfodiad amodol yn nhraethodau ymchwil y ceisiaid graddau ... Diau, fe ddaw eu tro i gael sylw newydd ond sylw a barn wahanol i un y rhai a'u hadwaenent yn y cnawd a gânt bryd hynny, canys erbyn y daw eu tro, bydd eu hoes hwy eu hunain wedi mynd yn hanes na ellir disgwyl iddo newid byth mwy. Trwy ddychymyg beirniadol ac nid trwy adnabyddiaeth bersonol y bydd rhaid ceisio gafael yn naws y dyn a'i gyfnod wedyn ac o raid, fe gollir llawer.[1]

Dyna eiriau Tecwyn Lloyd ar ddechrau ei erthygl am y newyddiadurwr o ddechrau'r ugeinfed ganrif, J. H. Jones, golygydd *Y Brython,* cylchgrawn Cymraeg a gyhoeddid yn Lerpwl gan Hugh Evans. Os oedd y geiriau hyn yn wir am y golygydd a'r newyddiadurwr hwnnw, maent yn sicr yr un mor wir am D. Tecwyn Lloyd ei hun. Yn y chwarter canrif ers iddo farw, ni chafwyd fawr ddim sylw iddo mewn erthyglau nac ysgrifau, heblaw am ambell eithriad nodedig megis darlith Gwyn Thomas, *Byd D. Tecwyn Lloyd*, a gyhoeddwyd dan faner 'Darlith Goffa D. Tecwyn Lloyd' ac a draddodwyd yn Eisteddfod Genedlaethol y Bala ym 1997.[2] Un arall a roddodd beth sylw i Tecwyn Lloyd oedd Evan R. Lloyd-Jones mewn erthygl yn *Ysgrifau Beirniadol XIV*, lle ceir darlun o gefndir Tecwyn Lloyd ynghyd â rhai o'r dylanwadau a fu arno.[3] Cyfrol arall a neilltuwyd iddo yw *Bro a Bywyd D. Tecwyn Lloyd 1914–1992* dan olygyddiaeth Elwyn Edwards, cyfrol a gyhoeddwyd gan wasg Barddas ym 1997. Yn unol â natur cyfrolau'r gyfres honno, ceir ffotograffau ohono ef, ei deulu, cyfeillion a chydnabod dros y blynyddoedd, ond ni roddir fawr o sylw i'w waith, ac o ganlyniad, ni wneir cyfiawnder â chyfraniad y gwrthrych i Gymru ac i'r Gymraeg.

Ganed David Tecwyn Lloyd ym mis Hydref 1914, yn fab i ffermwr ym Mhenybryn, Glanrafon, Corwen. Haerai ef ei fod yn hanu o deulu Rhirid Flaidd, Arglwydd Penllyn yn y ddeuddegfed ganrif. Yn wir, roedd mor ffyddiog fod cysylltiad gwaed rhyngddo ef a Rhirid fel y gosododd arfbais Rhirid uwch drws yr adeilad lle cadwai ei fodur ger ei gartref. Addysgwyd ef yn ysgol gynradd Llawrybetws, Glanrafon, ac yna yn Ysgol Tytandomen, sef ysgol ramadeg y Bala lle safodd arholiadau safon uwch mewn Cymraeg, Saesneg a Hanes ac ennill ysgoloriaeth gan gyngor Sir Feirionnydd i Goleg Prifysgol Gogledd Cymru ym Mangor. Cychwynnodd ar ei gwrs yno ym mis Hydref 1934, yn ugain oed, gan raddio yn y Gymraeg ymhen pedair blynedd gydag anrhydedd yn yr ail ddosbarth.

Ei athrawon yn Adran y Gymraeg ym Mangor oedd Ifor Williams, Thomas Parry ac R. Williams Parry (a oedd yn ddarlithydd rhan-amser yno). Roedd Tecwyn Lloyd yn gyfarwydd â gwaith R. Williams Parry ers dyddiau ysgol, ac roedd yn edmygydd mawr o'i farddoniaeth. Edrychai ymlaen yn fawr at gael darlithoedd ganddo yn y brifysgol ym Mangor, ond ei siomi a gafodd:

> Pan welais ef gyntaf, yr oedd yn ddarlithydd yn Adran Gymraeg Coleg Prifysgol Bangor a mawr oedd gobaith llawer ohonom am gael ei glywed yn trafod ein llenyddiaeth a'n barddoniaeth. Ond er siom inni i gyd,

> ychydig o gyfle a gâi i wneud hynny; yn hytrach darlithiai ar bynciau tlawd a thenau fel Llydaweg a Chernyweg Canol, a rhywfaint ar ieitheg, os da y cofiaf – y pynciau olaf yn y byd y disgwyliech glywed gŵr fel ef yn traethu arnynt.[4]

Nid dyna'r unig dro i Tecwyn Lloyd fynegi siom ynghylch y cwrs Cymraeg yng Ngholeg y Brifysgol ym Mangor yn ystod y 1930au. Teimlai nad oedd y cwrs yn rhoi sylw o gwbl i lenyddiaeth gyfoes, boed yn gynnyrch yr Eisteddfod Genedlaethol neu'n gyhoeddiadau eraill. Mewn llythyr at David Thomas, golygydd *Lleufer*, ym mis Hydref 1944, dywedodd:

> [P]an oeddwn i yn y dosbarth anrhydedd yr oedd yn hollol bosibl graddio yn y dosbarth cyntaf heb gymaint â darllen llinell o ryddiaith na barddoniaeth greadigol a sgrifennwyd o 1910 ymlaen. Gallesid meddwl bod cyfrolau beirniadaethau a chyfansoddiadau'r Genedlaethol yn berthnasol [...] i gwrs Cymraeg. Ond na, ni chyfeirid atynt o gwbl. A chanlyniad hyn yw bod y rhan fwyaf o fyfyrwyr anrhydedd Cymru (ac eithrio Caerdydd hwyrach) yn gallu dod allan o'r coleg ar ôl cwrs tair blynedd o Gymraeg, heb feddu'r syniad lleiaf am feddwl a beirniadaeth gyfoes y wlad.[5]

Elfen arall nad oedd Tecwyn Lloyd yn hapus â hi parthed ei gyfnod ym Mangor oedd iaith y coleg yn gyffredinol ac agwedd canran uchel iawn o'r myfyrwyr a'r staff at y Gymraeg. Oherwydd hyn, bu ef a nifer o'i gyfeillion yn ymgyrchu'n frwd i geisio gwell statws i'r Gymraeg ymysg awdurdodau a myfyrwyr y coleg. Bu cryn ohebu ynghylch y mater hwn yng nghylchgrawn y coleg ar y pryd, *Omnibus*, a'r mwyafrif o'r llythyrau yn y Saesneg, er mwyn i dargedau'r neges eu deall (er bod ambell gyfraniad yn y Gymraeg). Un o'r rhai a fu'n ymgyrchu oedd Eirwen St John Williams, Eirwen Gwynn wedyn, a oedd yn aelod o Gyngor Cynrychioladol y Myfyrwyr, ac a ddywedodd mewn cyfweliad yn 2003:

> Rydw i yn cofio i Harri (Harri Gwynn Jones, ei gŵr yn ddiweddarach), a minnau fentro siarad Cymraeg mewn cyfarfod o'r Cyngor Cynrychioladol. Goronwy Roberts

> oedd yn Gadeirydd ar y pryd ac fe gyfieithodd ef y sylwadau ar y pryd. Fe fu helynt yn dilyn hyn, er bod mwyafrif aelodau'r Cyngor yn Gymry Cymraeg, nid oeddynt am ddilyn ein hesiampl ni… Yr oedd yn dalcen caled iawn ceisio cael statws i'r Gymraeg yno yr adeg honno.[6]

Yn ôl y dystiolaeth a fynegir yn nodiadau Tecwyn Lloyd ac eraill o'i gyd-fyfyrwyr ym Mangor ar y pryd, yr oedd hyn yn nodweddiadol o agweddau at y Gymraeg yn y Coleg yn ystod y 1930au ac wedyn. Ac nid agwedd wrth-Gymraeg Coleg y Brifysgol ym Mangor oedd yr unig faes gwleidyddol a boenai Tecwyn Lloyd a'i gyd-fyfyrwyr. Erbyn y 1930au roedd y Blaid Genedlaethol, Plaid Cymru wedyn, wedi ei sefydlu ers nifer o flynyddoedd, ac roedd nifer o'r myfyrwyr a ymgyrchai dros yr iaith yn genedlaetholwyr. Roeddent hefyd yn sosialwyr, fel y dangosodd hanes rhai ohonynt yn ddiweddarach: daeth Goronwy Roberts, er enghraifft, yn Aelod Seneddol dros Arfon ar ran y Blaid Lafur, a bu Tecwyn Lloyd ei hun, gyda'i gyfaill Meredydd Evans, yn ymgyrchu ar ran ymgeisydd y Blaid Lafur ym Meirionnydd, Huw Morris Jones, yn ystod Etholiad Cyffredinol 1945. Cyn hyn bu Tecwyn Lloyd yn aelod o Blaid Gomiwnyddol Prydain, gan gael ei holi am ei ddaliadau gan swyddogion yr heddlu ar ran y gwasanaethau cartref ar y pryd.

Yn ystod ei blynyddoedd cynnar, o dan arweiniad Saunders Lewis, W. Ambrose Bebb a J. E. Daniel, roedd y Blaid Genedlaethol wedi ei lleoli ei hun i raddau helaeth ar adain dde y sbectrwm gwleidyddol, ac yn tueddu i fynegi'r agwedd honno yn ei chyhoeddiadau. Nid oedd yr arweinyddiaeth hon yn fodlon derbyn fod lle i gred sosialaidd o fewn y Blaid Genedlaethol, ac mewn cynhadledd yn Abertawe gwrthododd yr arweinyddiaeth gynnig gan fyfyrwyr a fynnai le i sosialaeth yn strwythur y Blaid. Yn y gynhadledd hon, siaradodd Saunders Lewis, a oedd newydd ei ryddhau o garchar am ei ran yn llosgi'r ysgol fomio ym Mhenyberth, yn gryf iawn yn erbyn y cynnig. Oherwydd hyn, yn bennaf, fe drechwyd y cynnig.[7] Nid hawdd, dan y fath amgylchiadau, oedd arddel daliadau sosialaidd cryf a bod yn aelod o'r Blaid Genedlaethol, a dyna'r sefyllfa y canfyddai cenedlaetholwyr adain chwith, fel D. Tecwyn Lloyd, eu hunain ynddi ar y pryd.

Wedi cwblhau ei radd yn y Gymraeg, ymgymerodd Tecwyn Lloyd yn llwyddiannus â chwrs ymarfer dysgu, er mwyn ennill yr hawl i fod yn athro (er iddo ddweud fwy nag unwaith nad oedd yn awyddus i fynd i ddysgu). Teimlai, fodd bynnag, fod y cwrs ymarfer dysgu yn gwrs gwael, ac nad oedd, mewn gwirionedd, yn ei gymhwyso i fod yn athro. Ar ddiwedd ei gwrs ni chafodd swydd barhaol, ac ymddengys na fu'n ymgeisio'n galed iawn. Ni fynnai ychwaith orfod mynd ati i ganfasio ymhlith aelodau pwyllgorau penodi, er mai dyma'r unig ffordd yn y dyddiau hynny, ddiwedd y 1930au, i gael hyd yn oed ystyriaeth am swydd. Mewn llythyr at ei gyfaill G. G. Evans, fe ysgrifennodd:

> Nid wyf fi wedi ceisio am ddim un [swydd]. Nid oes gennyf mo'r gobaith o drio. Yr wyf yn araf chwerwi o dan y '*cult of futilitarianism*', does yna obaith am gythrel o ddim. Ni chefais schol. ychwaith ac felly y mae gwneud ymchwil yn llwyr allan o'r cwestiwn. Ar hyn o bryd ni allaf weld dim ond misoedd sychion o segurdod – efallai flynyddoedd. Ac yna, fel y gwyddost, ar ôl cael job, blynyddoedd, – degau ohonynt o ddiffaethwch [*sic*] anystyriol a dibris drachefn.[8]

Cafodd swyddi dros-dro yn dysgu yn Llanuwchllyn ac Abermaw, ond ni lwyddodd i gael swydd barhaol hyd nes y penodwyd ef yn diwtor gyda Chymdeithas Addysg y Gweithwyr (WEA), yn Uwchaled. Rhoddodd hyn foddhad mawr iddo, fel y mynegodd flynyddoedd yn ddiweddarach yn ei werthfawrogiad o'i ddisgyblion ym mro Uwchaled:

> Rhwng Corwen a Betws-y-Coed, o Ddinmael i Bont Rhyd Lanfair, y mae darn o wlad uchel eang. Hon yw Uwchaled. Chwe blynedd yn ôl deuthum i gynnal dosbarthiadau nos gyda'r W.E.A., a serch imi gael fy ngeni a'm magu ar ei gororau yr oedd y wlad yn ddieithr i mi o'r bron. [...] Heddiw, wedi treulio chwe blynedd yn y fro hon, teimlaf fy mod yn dechrau ei hadnabod: ei phobl a'i theithi, ei chryfdwr a'i gwendid, ei thraddodiad. Yn y dosbarthiadau nos, cwrddais â rhai o ddynion a merched gorau gwerin Cymru. Trwy gydol hir y rhyfel â'i holl rwystrau fe gadwasant fflam diwylliant ynghyn, a rhywfodd, fe ddeuthum i deimlo mai'r bobl hyn a'u tebyg dros Gymru i gyd, eu diwyrni a'u ffydd hwy, sy'n bwysig, ac mai gennyf fi a'm tebyg y mae'r gwaith anodd o ddysgu ac

> ymwyleiddio. [...] Hebddynt, ni wladychir bro ac ni chyfanheddir gwlad. Rhoes y rhain lawer mwy i mi nag y gallaf i byth obeithio ei ad-dalu a bydd gennyf ddyled bythol iddynt.[9]

Dyna gyffes ffydd Tecwyn Lloyd yn dilyn ei gyfnod fel athro WEA yn ardal Uwchaled. Mae'n amlwg fod yr ardal a'i phobl wedi creu argraff ddofn arno yn ystod y chwe blynedd y bu yno. Yn ei dro, cafodd yntau ddylanwad ar ei fyfyrwyr yn yr ardal. Yn ystod y blynyddoedd hyn, meithrinodd ef a'i gyd-athro, Islwyn Pritchard, nifer helaeth o fyfyrwyr, gan eu cymell a'u hannog i gyfansoddi'n greadigol eu hunain, boed ryddiaith neu farddoniaeth. Ar ddiwedd blwyddyn y dosbarth, cyhoeddid cryn dipyn o'r gwaith hwn mewn cylchgrawn, o dan nawdd y WEA, o dan yr enw *Cefn Gwlad*. Yn ôl Tecwyn Lloyd, un cymhelliad pwysig dros sefydlu'r cylchgrawn oedd fod y WEA yn cael yr enw o fod yn wrthwynebus i'r Gymraeg. Ar sail ei brofiad ef gyda'r mudiad, mynnai wrthbrofi'r cyhuddiad:

> ... sef oedd hwnnw: fod y mudiad yn rhoi sylw i faterion pob gwlad ond Cymru [ac] mai lladd y diwylliant Cymreig a fyddai hanes Mudiad Addysg y Gweithwyr. Y cylchgrawn hwn yw ateb rhai o'r gweithwyr Cymreig hynny i'w beirniaid a'u gwrthwynebwyr.[10]

Yn ôl tystiolaeth rhai o'i gyn-fyfyrwyr yn Uwchaled, 'esgus' oedd y dosbarthiadau ffurfiol i gael y myfyrwyr i drafod pynciau perthnasol, yn aml bynciau gwleidyddol y dydd. Ysgogai'r darlithydd ei fyfyrwyr i feddwl, i lunio barn, ac i fynegi'r farn honno mewn modd a geiriau a oedd yn ddealladwy i weddill y dosbarth. Hynny yw, roedd Tecwyn Lloyd yn creu unigolion a allai fynegi barn a dadlau'n gyhoeddus, boed mewn capel ac ysgol Sul, neu mewn cyfarfodydd gwleidyddol. Gellid dadlau ei fod, gyda'i ddull arbennig ei hun o gynnal dosbarthiadau nos, yn meithrin arweinwyr cymdeithas y dyfodol.

Yn ystod ei flynyddoedd yn Uwchaled, trigai Tecwyn Lloyd yn ei gartref ym Mhenybryn, ac yn naturiol mynychai'r capel Methodistiaid Calfinaidd lleol yng Nglanrafon. Mynychai'r ysgol Sul yno, a phenodwyd ef yn athro ar ddosbarth o hogiau ifanc, yn eu harddegau canol a hwyr. Dywedodd un o'r rhai fu'n mynychu'r dosbarth wrthyf mewn sgwrs:

> O ganlyniad i fynychu ei ddosbarth ysgol Sul yr oeddem i gyd yn gomiwnyddion. Pan euthum i Lerpwl, fel myfyriwr, yr oeddwn yn gwisgo bathodyn y Blaid Gomiwnyddol, y morthwyl a'r cryman ar faner goch. Yr oedd criw ohonom yn frwd iawn dros gomiwnyddiaeth; cafodd Harri Cwm a Tom Tuhwntirafon [dau aelod arall o'r dosbarth ysgol Sul] eu diarddel o'r ysgol am flwyddyn, gan Ben Maelor [Jones, Prifathro ysgol ramadeg y Bala ar y pryd a Chyfarwyddwr Addysg Sir Feirionnydd yn ddiweddarach] am fynd i nôl y *Daily Worker* o'r stesion a'i rannu i fois y lein ac ychydig yng Nglanrafon a Bethel a'r ardaloedd yna. Mi roedd rhywun wedi achwyn arnyn nhw. Doedd o ddim yn beth teyrngar iawn i'w wneud yn amser rhyfel, rhannu'r *Daily Worker*... Dyna sut y cafodd Glanrafon a Llawrybetws yr enw Moscow Bach.[11]

O'r hyn a ddywed Ifan Davies, mae'n amlwg nad maes llafur yr ysgol Sul oedd y peth pwysicaf i'w drafod yn y dosbarth. Roedd materion y dydd, yn enwedig materion yn ymwneud â'r Ail Ryfel Byd – ei achosion, ei ddatblygiad, ac arolwg o'r Cynghreiriaid a'r lluoedd ffasgaidd – yn bwysig yn y drafodaeth. (Llwyddodd Tecwyn Lloyd i oroesi'r cyfnod yn ddianaf, gan osgoi gorfod ymrestru yn y Lluoedd Arfog am iddo'i gyflwyno'i hun o flaen y Tribiwnlys yn gwisgo bathodyn Plaid Gomiwnyddol Prydain.[12]) Hynny yw, ceisid cyfeirio a chymhwyso athroniaeth crefydd, a Christionogaeth yn arbennig, at fywyd bob dydd yr adeg honno. Yn naturiol, yr oedd agwedd Tecwyn Lloyd yn lliwio'r drafodaeth ac nid oes syndod fod rhai, o leiaf, o aelodau'r dosbarth yn tueddu i'r chwith yn wleidyddol.

Roedd yr un peth yn wir yn ei swydd nesaf, ac yntau bellach yn ddarlithydd yn y Gymraeg a Llyfrgellydd Coleg Harlech, y coleg a oedd yn rhoi ail gyfle i fyfyrwyr nad aethant ymlaen i addysg uwch o'r ysgol am amryfal resymau. Bu Tecwyn Lloyd yn y swydd hon o fis Hydref 1946 hyd ddiwedd tymor academaidd y Nadolig 1955, sef cyfnod o ddeng mlynedd, ac aeth yno er mwyn parhau gydag addysgu oedolion na chawsant fanteision addysg uwch. Cyd-ddarlithwyr ag ef yno oedd Meredydd Evans a Gwyn Erfyl, y ddau yn yr Adran Athroniaeth, ar gyfnodau gwahanol. Tystiodd y ddau mewn cyfweliadau i agosrwydd Tecwyn Lloyd at ei fyfyrwyr, a'i barodrwydd i fynd yr ail gam gyda hwy i sicrhau eu bod yn hapus ac yn deall y cwrs. Soniodd Gwyn Erfyl am

Tecwyn Lloyd 'yn trafod yn ddwys, ac nid bob tro yn trafod gwaith academaidd. Yr oedd ganddo ryw ffordd o fynd yn agos at fyfyrwyr yn y ffordd yna'.[13]

Pan gyrhaeddodd Goleg Harlech, teimlai nad oedd y cwrs Cymraeg yno yn un a fyddai'n ysbrydoli'r myfyrwyr, ac yn yr adroddiad blynyddol cyntaf iddo gyfrannu ato, ysgrifennodd hyn:

> Gwneir un argymhelliad pwysig. [...] O hyn ymlaen, dylid cael dau gwrs ar hanes Llenyddiaeth Gymraeg. Mewn un cwrs gellid trafod llenyddiaeth gynnar a chyfnod yr Oesoedd Canol, ac yn y llall, llenyddiaeth ddiweddar. Byddai'r ddau gwrs yn destunau cyflawn ar wahân, a gallai myfyriwr o Gymro pe dewisai, astudio'r ddau.[14]

Credaf fod y newid hwn a ddymunai yn y cwrs Cymraeg yn Harlech yn adlewyrchu ei brofiad ef ar y cwrs Cymraeg ym Mangor ddeng mlynedd ynghynt, fel y mynegodd yn ei lythyr at David Thomas. Yn ei farn ef, pwrpas y cwrs Cymraeg yn Harlech oedd creu ymhlith y myfyrwyr ddiddordeb byw yn y Gymraeg. Ei ddull ef o sicrhau hynny oedd eu cyflwyno i lenyddiaeth fodern, fyw, ac nid i lenyddiaeth y gorffennol, er mor wych oedd honno. Yn yr un modd, gwell ganddo oedd cyflwyno gramadeg mewn modd ymarferol, gan ei dangos yn y gwaith ysgrifenedig a wnâi'r myfyrwyr, yn hytrach na'i dysgu fel set o reolau haniaethol.

Yn wir, gwelai Tecwyn Lloyd fai ar y gyfundrefn addysg am wendidau ieithyddol y myfyrwyr, gan nodi na wyddai llawer o'r myfyrwyr fawr ddim am ramadeg y Gymraeg, er eu bod yn darllen a siarad a gwrando ar Gymraeg croyw a rhugl. Meddai mewn adroddiad blynyddol:

> Gydag eithrio dau neu dri, ychydig o ymarfer a gafodd y rhelyw mewn cyfansoddi ac ysgrifennu Cymraeg, ac nid anodd gweled yr esgeulustra anfaddeuol a gafodd eu haddysg Gymraeg pan oeddynt yn yr ysgolion elfennol. Ar y cychwyn, prin y gallai rhai ohonynt osod brawddeg Gymraeg syml wrth ei gilydd yn gywir.[15]

Cadarnheir hyn gan agwedd y myfyrwyr tuag at Gymraeg llafar. Sylwodd ar hyn wrth ysgrifennu ei draethawd ymchwil ar lenyddiaeth Saesneg Cymru, yr hyn a alwai ef yn lenyddiaeth 'Eingl-Gymreig':

> Cred gamarweiniol a chwbl ddi-sail llawer o'r myfyrwyr hyn oedd mai Cymraeg y Gogledd oedd yr iaith safonol a 'dwfwn', a chofiaf yn dda am syndod mawr un bachgen pan berswadiwyd ef i ddarllen *Cap Wil Thomas* [*sic*], (Islwyn Williams). Fe wnaeth darllen y storïau hyn les llawer mwy iddo na chymoni ei ramadeg a'i arddull; fe roes iddo hyder newydd yn ei Gymraeg trwy weld mai ei iaith <u>ef</u> oedd iaith storïau gwych y gŵr o Ystalyfera.[16]

(Cyhoeddwyd *Cap Wil Tomos* gan Lyfrau'r Dryw ym 1946, felly roedd yn gyfoes ac yn berthnasol i iaith y myfyriwr dan sylw.) Un o'r myfyrwyr fu yng Ngholeg Harlech am gyfnod o dymor ym 1948 oedd Dyfed Evans, a fu wedyn yn ohebydd gydag *Y Cymro*. Yr argraff a adawodd Tecwyn Lloyd arno yntau oedd ei agosrwydd at y myfyrwyr dan ei ofal. Er enghraifft, ambell i fore byddai Tecwyn Lloyd yn cyrraedd yr ystafell fwyta am ei frecwast, ac yn holi Dyfed Evans, 'Oes gen' ti ffag?' Eto, nododd Dyfed Evans fel y bu i Tecwyn Lloyd ei ysbrydoli ef i ysgrifennu, ac yn y diwedd ei arwain at ei yrfa broffesiynol mewn newyddiaduraeth Gymraeg.[17]

Bu Tecwyn Lloyd yn darlithio a gweithredu fel Llyfrgellydd yng Ngholeg Harlech am ddegawd, fwy neu lai, er iddo yn y cyfamser dreulio blwyddyn yn Rhufain yn ymchwilio i hanes y Gwrthddiwygwyr Catholig o Gymru yn yr Eidal, Morys Clynnog a Gruffydd Robert, Milan. Am gyfnod o bum wythnos, rhwng misoedd Mehefin ac Awst 1949, bu'n astudio yn y Coleg Catholig Seisnig yn Rhufain, ac yn Llyfrgell y Fatican. Dilynwyd hyn gan gyfnod sabothol arall o flwyddyn academaidd, tra oedd ar staff Coleg Harlech (Hydref 1951 hyd Fehefin 1952), yn ymwelydd academaidd â cholegau a llyfrgelloedd yn yr Eidal. Cafodd gymrodoriaeth gan Swyddfa Dramor Llywodraeth yr Eidal i gyflawni'r gwaith hwn, ond yn ôl ei dystiolaeth ei hun, ni ddarganfu lawer o ddim deunydd newydd.

Yn ystod y cyfnod hwn, sef canol y 1950au, pylodd diddordeb Tecwyn Lloyd mewn gwleidyddiaeth a phroblemau cymdeithasol, yn rhannol oherwydd clywed gormod o'u trafod yng Ngholeg Harlech, ac yn rhannol oherwydd troi ei sylw i gyfeiriad anthropoleg, seicoleg a hanes gwareiddiad:

> Dros y cyfnod 1946–55, bu newid yng nghymeriad Coleg Harlech, a theimlai DTLl ei fod yn tueddu i fod fwyfwy o ysgol ragbaratoawl ar gyfer arholiadau'r G.C.E.[18]

Efallai hefyd fod y gwahaniaeth barn sylfaenol rhwng dwy garfan o staff Coleg Harlech wedi dylanwadu ar y penderfyniad i adael y sefydliad:

> Yr adeg honno, yr oedd rhaniad [...] rhwng yr hyn yr oedd Mered[ydd Evans] a Tecwyn yn ei gynrychioli ac yn sefyll drosto, a gweddill y staff, sef rhaniad rhwng diwylliant Cymraeg a Chymreictod a gwreiddiau ar y naill law, ac ar y peth arall oedd yn fyw iawn yno, y pwyslais ar wleidyddiaeth ac economeg... yr oedd yr hen draddodiad Cymraeg a Chymreig yn bwysicach iddo nag ystyriaethau economaidd. Creai hyn rwyg i raddau rhwng y ddwy garfan o'r staff.[19]

Felly, ar ddechrau'r flwyddyn 1956, symudodd Tecwyn o Goleg Harlech a'i leoliad mewn ardal gymharol Gymraeg ei hiaith a'i diwylliant i ardal Seisnigedig Maelor yng ngogledd-ddwyrain Cymru. Yno, ceisiodd hybu'r diwylliant Cymreig ar ei ffurf argraffedig, trwy'r wythnosolyn newyddiadurol, *Y Cymro*, a chyhoeddiadau amrywiol y cyhoeddwyr o Wrecsam, Hughes a'i Fab. Ers iddo ddechrau gweithio, dyma'r tro cyntaf i Tecwyn Lloyd ymgymryd â swydd nad oedd yn ymwneud ag addysg i oedolion. Yn sicr, fel yr awgrymwyd uchod, yr oedd nifer o ffactorau wedi ei arwain i newid cwrs. Ei ddyletswyddau oedd golygu *Y Cymro* pan fyddai'r golygydd ei hun i ffwrdd. Y golygydd yn ystod y cyfnod hwn oedd ei hen gyfaill coleg, John Roberts Williams. Yn ôl ei dystiolaeth ef, 'Nid oedd yn newyddiadurwr o gwbl. Ni sgrifennai fawr ddim i'r *Cymro*, is-olygydd oedd o'.[20] Ond yn wahanol i'w haeriad yn y cyfweliad a gefais ag ef yn y flwyddyn 2000, *roedd* cyfraniad Tecwyn Lloyd yn un sylweddol i'r papur newydd. Ysgrifennodd nifer helaeth o erthyglau, neu efallai mai cywirach fyddai eu galw'n ysgrifau, ar wahanol destunau. Yn wir, nid ei ysgrifau ar gyfer *Y Cymro* oedd unig gyfraniad Tecwyn Lloyd yn ystod y cyfnod hwn gyda Hughes a'i Fab. Trefnodd gystadleuaeth ysgrifennu stori fer i'r papur, er enghraifft, gan feithrin doniau newydd, gan gynnwys Dewi Llion Griffiths, a benodwyd maes o law i staff *Y Cymro*, yn olynydd i Tecwyn Lloyd, gan ddal swydd Golygydd am gyfnod o ymron i chwarter canrif a chyfrannu'n helaeth at newyddiaduraeth Cymru. Dyma enghraifft bellach o Tecwyn Lloyd yn meithrin doniau newydd.

Ond yr oedd tynfa'r byd addysg oedolion yn parhau'n gryf iddo, ac ym 1961 gadawodd Hughes a'i Fab a symud i sir Gaerfyrddin ac i swydd fel darlithydd yn Adran Allanol Coleg y Brifysgol, Aberystwyth. Ardal ei sylw oedd de sir Aberteifi, gogledd sir Benfro a rhannau gorllewinol sir Gaerfyrddin. Fel yn Uwchaled a Harlech, ei faes llafur oedd llenyddiaeth Gymraeg, a darlithiai mewn mannau fel Doc Penfro, Crymych, Aberteifi a Chaerfyrddin. Yma eto, meithrin a hybu oedd ei brif gyfraniad. Erbyn diwedd y 1970au, wrth nesáu at ei ymddeoliad, penderfynodd symud yn ôl i'w gynefin. Prynodd dŷ o fewn milltir neu ddwy, fel yr hed y frân, i'w gartref ym Mhenybryn. O ffenestri Maes yr Onnen ym Maerdy gallai weld rhai o ffriddoedd Penybryn: roedd y cylch yn gyflawn. Mudodd yno ym 1980, er na ddaeth ei wraig, Frances, gydag ef, a hithau wedi marw ychydig fisoedd ynghynt.

I raddau helaeth daeth ei yrfa lenyddol i benllanw yn ystod blynyddoedd ei ymddeoliad. Cyhoeddodd nifer o gyfrolau, gan gynnwys ei waith beirniadol pwysicaf, sef ei astudiaeth ar fywyd cynnar Saunders Lewis, gwrthrych a fu'n destun diddordeb iddo ers blynyddoedd Coleg Bangor, a bod yn gywir. Cyhoeddwyd *John Saunders Lewis: Y Gyfrol Gyntaf* gan Wasg Gee ym 1988. Buasai'n ymchwilio i hanes Saunders Lewis am rai blynyddoedd. Yn wir, rai blynyddoedd ar ôl gadael Bangor, roedd Tecwyn Lloyd wedi dechrau gweld mawredd Saunders Lewis fel llenor os nad fel gwleidydd:

> Yr oedd yn amlwg fod agwedd Tecwyn [tuag at Saunders Lewis] wedi newid erbyn diwedd y pumdegau. [...] Yr oedd yn gweld y pethau mawr yr oedd Saunders wedi eu gwneud.[21]

Fodd bynnag, yng nghwrs ei ymchwil, darganfu rai ffeithiau am gefndir a magwraeth Saunders Lewis nad oeddynt yn hysbys i fwyafrif ei gefnogwyr; yn bennaf, mae'n debyg, rai o'r agweddau gwrth-Gymreig a gwrth-Gymraeg a goleddai yn ei ieuenctid (er bod angen gosod y rheiny yng nghyd-destun jingoistiaeth Brydeinig y cyfnod, wrth gwrs). Yn wir, ambell i dro, aeth ei ymchwil ag ef i ddyfroedd ychydig yn ddyfnion gyda theulu'r gwrthrych, a phan gyhoeddwyd y gyfrol, cafodd Ifor Owen, Llanuwchllyn, a gynlluniodd y siaced lwch, ohebiaeth i'r perwyl ei bod yn gywilydd iddo fod wedi cynorthwyo'r 'Tecwyn Lloyd yna'.[22] Pan holais innau'r teulu am sail yr ymateb hwn i'r gyfrol, cefais ateb annelwig yn dweud nad oeddent eisiau tarfu ar Mair Saunders Lewis, merch Saunders.[23] Fel y mae teitl y gyfrol yn ei awgrymu, rhan gynnar hanes Saunders Lewis a geir ynddi ac nid yw'n ymdrin â'i hanes yn ddiweddarach na'r 1920au. Rhoddir sylw i alwadau cenedlaetholwyr Iwerddon, a Sinn Féin yn arbennig, am dorri pob cysylltiad â'r frenhiniaeth Seisnig, a nodir mai polisi'r Blaid Genedlaethol (a Saunders Lewis yn arbennig) oedd parhau'r undeb â Lloegr ar sylfaen y frenhiniaeth, a chael senedd annibynnol i Gymru. Yn ôl y polisi hwn, dylai'r teyrn gael ei alw'n frenin, neu frenhines, Lloegr *a Chymru.*

Anffodus fu i Tecwyn Lloyd droi cefn ar ei ymchwil ar Saunders Lewis, gan adael ail gyfrol y cofiant heb ei chwblhau. Tybed a oedd a wnelo hyn â'r ffaith fod teulu Saunders Lewis wedi ei gwneud yn amlwg nad oedd Tecwyn Lloyd bellach yn gymeradwy ganddynt fel ymchwilydd? Pan holais i weddw Tecwyn Lloyd, Gwyneth (priododd y ddau ym 1984), dywedodd hi ei fod 'wedi blino ar Saunders Lewis'.[24]

Trodd, yn hytrach, ei sylw at lenydda'n greadigol. Roedd yn arferiad ganddo gyhoeddi llawer o'i waith dan ffugenw, a brithid cylchgronau a newyddiaduron gan eitemau wedi eu cyfansoddi gan ddieithriaid i'r byd llenyddol cydnabyddedig, pobl fel E. H. Francis Thomas, Janet Mitchell Davies, R. M. Hughes ac Eric Tomos. Ffugenwau D. Tecwyn Lloyd oedd y rhain oll. Beirdd oedd y tri olaf, a'r farddoniaeth yn dynwared ffasiynau barddonol y cyfnod y cyhoeddwyd hwy ynddo, ac yn gwneud hwyl am ben y ffasiynau hyn. Cyhoeddwyd gwaith E. H. Francis Thomas, er enghraifft, am y tro cyntaf ym 1944, yn rhan o'r gyfres 'Llyfrau Pawb' gan Wasg Gee. Enw'r gyfrol oedd *Rhyw Ystyr Hud,* a hon oedd y gyfrol gyntaf o straeon ysbryd a gyfansoddwyd yn y Gymraeg, er bod nifer o straeon unigol am ysbrydion a digwyddiadau rhyfedd wedi ymddangos cyn hynny. Aeth Tecwyn Lloyd i drafferth mawr wrth geisio cuddio mai ef oedd yr awdur, gan gynnwys rhoi bywgraffiad manwl o E. H. Francis Thomas yn y gyfrol:

> Ganwyd yr awdur yn y Trallwng, a Chymry yn hanfod o sir Gaerfyrddin oedd ei rieni. Pan oedd yn naw oed, symudodd ei rieni i fyw i Gaer, ac yno y derbyniodd ei addysg elfennol. Wedi darfod yr ysgol, aeth i weithio i

> Fanceinion, ac o hynny ymlaen bu'n dal gwahanol swyddi masnachol ym Manceinion a Lerpwl. [...] Chwe blynedd yn ôl, apwyntiwyd ef a dau arall gan ffederasiwn o fasnachwyr i hwylio allan i ogledd India i geisio dealltwriaeth ynghylch helynt masnachol a godasai yno. Gadawodd y wlad hon ym Medi 1938, ond byth er hynny ni chlywyd gair o'i hanes na'i gymdeithion, ac ni wyddys eto pa un ai byw ai marw ydynt.[25]

Erbyn 1972, pan gyhoeddwyd yr ail gyfrol o storïau gan E. H. Francis Thomas, roedd Tecwyn Lloyd wedi 'darganfod' mwy o fanylion am fuchedd yr awdur, a chyhoeddir y manylion hyn ar ddechrau'r gyfrol 'yn lle rhagymadrodd'.[26] Yn y manylion hyn, ceisia'r awdur greu cymeriad 'arallfydol' i Francis Thomas, gan ychwanegu at yr awyrgylch y ceisiai ei chreu gyda'r storïau. Edrydd stori am ddigwyddiad mewn cyfarfod o'r seiri rhyddion ym Manceinion, cangen yr oedd Francis Thomas wedi bod yn aelod ohoni unwaith. Yn ystod y cyfarfod arbennig hwn, gosodwyd y bwrdd uchaf ar gyfer deg o'r aelodau, a chychwynnwyd y cyfarfod gyda deg yn eistedd wrth y bwrdd. Ond ychydig cyn dechrau'r gweithgareddau ffurfiol, sylwodd un o'r aelodau fod unfed aelod ar ddeg wrth y bwrdd, a bod hwnnw'n debyg i Francis Thomas. Roedd hyn yn amhosibl, gan fod hwnnw ymhell i ffwrdd a heb fod mewn cyfarfod ers blynyddoedd.[27] Gan ei fod wedi awgrymu fod gan E. H. Francis Thomas ryw rymoedd goruwchnaturiol, a'i fod yn medru ymbresenoli'n ddisymwth mewn mannau annisgwyl, er ei fod ymhell i ffwrdd mewn gwirionedd, roedd Tecwyn Lloyd yn rhoi rhyw fath o gredinedd iddo yn y stori oruwchnaturiol hon, gan obeithio y byddai hyn yn ei gwneud yn haws i'r darllenydd gredu'r storïau.

Ond nid dibynnu'n unig ar ei ffuglen ei hun i wneud y storïau hyn yn fwy credadwy a wnaeth Tecwyn Lloyd. Dros y blynyddoedd bu'n darllen ac astudio gwaith meistr yn y llenddull hwn, sef Montague Rhodes James (1862–1936), gan ddysgu llawer ganddo am y maes. Nid yn unig roedd James yn awdur toreithiog, ond roedd hefyd yn academydd o fri ym maes hynafiaethau. Ac yntau wedi bod yn brofost Coleg y Brenin, Caergrawnt, defnyddiodd y cefndir hwnnw'n gefndir i'w straeon ei hun, ac yn yr un modd, defnyddiodd Tecwyn Lloyd y cefndir gwledig, a'i gymdeithas dawel a sefydlog ei hun, yn gefndir i'w storïau arloesol yntau yn y Gymraeg.[28]

Yn ystod ei ddyddiau olaf yn yr ysgol yn y Bala, ac wedyn yn y coleg ym Mangor, roedd Tecwyn Lloyd wedi dyfeisio diwylliant newydd, sef diwylliant yr Erimotiaid. Dyfeisiodd iaith iddynt, yr Erimoteg, a lleolodd eu cartref mewn dyffryn isel lle'r oedd grym disgyrchiant mor fawr fel ei fod yn effeithio ar bopeth, gan gynnwys lleisiau'r Erimotiaid, eu dull ymadrodd, ac yn y blaen. (Er enghraifft, nid fel 'uchelwr' y cyfeirid at unigolyn pwysig, ond fel 'trymder'.) Lleolid y dyffryn isel Erimotaidd mewn gwahanol ardaloedd: ambell i dro yng nghyffiniau Tibet, dro arall yn ne America. Treuliodd Tecwyn Lloyd lawer o amser yn caboli a pherffeithio'r diwylliant hwn, ac mae'n debygol fod y ddyfais hon o'i eiddo eisoes wedi ei datblygu cyn i J. R. R. Tolkien gyhoeddi ei nofel, *The Hobbit* ym 1937, a chyn i C. S. Lewis gyhoeddi ei *Chronicles of Narnia* rhwng 1950 ac 1956. Felly, petai Tecwyn Lloyd wedi dyfalbarhau â'r gwaith hwn, ac wedi ei gyhoeddi, y mae'n bur bosibl y byddai saga ddychmygus debyg i *The Hobbit*, neu *The Lion, the Witch and the Wardrobe,* wedi ymddangos yn y Gymraeg o flaen dim tebyg yn y Saesneg. Fodd bynnag, ni fu'r dyfalbarhad hwnnw ganddo ac ni chafwyd y 'saga' Gymraeg.[29]

Ar un ystyr, roedd ei ddyfeisgarwch wrth lunio straeon ysbryd E. H. Francis Thomas, yn ogystal â hanes yr Erimotiaid, yn agwedd greadigol (a ffuglenol) ar nodwedd canolog yng nghymeriad Tecwyn Lloyd, sef ei hoffter o dynnu coes. Roedd hyn yn amlwg yn ei ddyddiau coleg ac wedyn. Edrydd Eirwen Gwynn, a oedd yn cydoesi â Tecwyn Lloyd yng Ngholeg y Brifysgol ym Mangor, fel y dychrynodd Tecwyn Lloyd ei gyd-letywr, G. G. Evans, wrth guddio yn y cwpwrdd yn y llofft a rannai'r ddau, a gwneud oernadau a bygwth G. G. Evans y byddai'r 'ysbryd' yn ei ladd.[30] Yn yr un modd, pan oedd yn ddarlithydd yng Ngholeg Harlech, penodwyd Meredydd Evans yn ddarlithydd mewn athroniaeth yno. Yn fuan wedi priodas Merêd a Phyllis Kinney, bu'r ddau yn darged i dynnu coes Tecwyn Lloyd. Un bore Sadwrn, daeth cnoc ar ddrws eu cartref. Yno roedd gŵr yn ceisio gwerthu yswiriant bywyd i'r ddau. Yn gwrtais a phwyllog, gwrthodwyd y cynnig. Aeth y gŵr ar ei daith. Ymhen ychydig, daeth cnoc arall ar ddrws eu cartref. Gŵr arall yn ceisio gwerthu yswiriant bywyd. Eto gwrthodwyd ei gynnig. Cyn bo hir, daeth trydydd gwerthwr yswiriant i geisio llwyddiant, ond yr un oedd yr ymateb! Erbyn hyn, roedd y pâr ifanc yn amau bod rhywun yn tynnu eu coes. Dim ond Tecwyn Lloyd fyddai'n gwneud y fath beth![31] Dywedodd Dafydd Glyn Jones yntau ei fod ef a Tecwyn Lloyd wedi bod yn ceisio cael gwobr sylweddol i Saunders Lewis. Bu cryn drafod ar y mater, ond araf oedd pethau. Un min nos, derbyniodd Dafydd Glyn Jones alwad ffôn gan neb llai na Saunders Lewis, yn holi beth oedd yn digwydd gyda'r cais. Bu sgwrs sylweddol rhwng y ddau, nes o'r diwedd i 'Saunders Lewis' gyfaddef mai Tecwyn Lloyd ydoedd.[32] Ac nid cyfeillion a chydnabod yn unig fu targed tynnu coes ganddo. Soniodd, er enghraifft, iddo ysgrifennu 'pedair ffwlscap' o bolemig at swyddogion y dreth incwm yn gwrthod talu bil afresymol, a hynny mewn arddull a gynhywsai '[f]ynych briflythrennau a hirion glogyrnaidd frawddegau'.[33] A bu hefyd yn cellwair trwy lunio dogfennau 'hynafol' ar femrwn, gan lunio'r llythrennau cain ei hunan. Cyflwynodd y rhain i unigolion eraill, yn gyfeillion a chydnabod.

Efallai mai cyfraniad llenyddol pwysicaf Tecwyn Lloyd dros y blynyddoedd oedd ei swydd fel golygydd cylchgrawn yr Academi Gymreig, *Taliesin*, swydd a ddaliodd am yn agos i chwarter canrif, o rifyn 10 ym mis Gorffennaf 1965 hyd rifyn 59 ym mis Mai 1987. (Roedd ganddo gyd-olygydd hyd rifyn 14, sef Islwyn Ffowc Elis, ond bu raid iddo ef roi'r gorau i'r swydd yn ystod haf y flwyddyn honno.) Gyda'i arweiniad a'i gyfraniad ef dros y blynyddoedd, datblygodd *Taliesin* yn gylchgrawn safonol, gan ddenu cyfraniadau pwysig. Er enghraifft, llwyddodd Tecwyn Lloyd i berswadio Saunders Lewis i gyhoeddi ei ddrama 'Dwy Briodas Ann' yn y cylchgrawn yn gyntaf. Hefyd, bu'n llwyddiannus yn gwahodd cyfranwyr newydd i'r cyhoeddiad, ac wrth gwrs, cyfrannodd nifer o eitemau ei hun (nifer dan ffugenwau!), yn ogystal â'r Nodyn Golygyddol ymron ymhob rhifyn. O'r dechrau hefyd, bu'n pwyso ar aelodau'r Academi i gyfrannu i'r cylchgrawn, ac yn ei rifyn olaf ond un, sef rhifyn 58 (Rhagfyr 1986), mae'n nodi na chyfrannodd amryw o'r aelodau o gwbl i'r cylchgrawn, a mynnu'n feirniadol mai'r rheswm am hynny oedd bod 'sgrifennu'n llawer mwy proffidiol i'r rhaglenni teledu Cymraeg'.[34] Aeth rhagddo i nodi ei fod ef wedi golygu'r cylchgrawn a chyfrannu ato 'yn ddi-dâl ers blynyddoedd – o'm bodd, cofier, fel y gallwn fod ag ychydig mwy wrth law i awduron o rifyn i rifyn'. Defnyddiodd hyn yn sail dros ddadlau am well nawdd i *Taliesin*:

> Os yw *Taliesin* i barhau a datblygu, rhaid iddo wrth gymorthdal yn awr o hanner can mil y flwyddyn fel *Planet*, ac wrth gilio i'r cysgodion, dyma'r unig beth sydd gennyf i'w ddweud wrth [Gyngor y Celfyddydau]. Rhowch yr un statws a gwerth ar *Taliesin* yn Gymraeg ag i *Planet* yn

> Saesneg. [...] Rydym yn llawer rhy lednais gymedrol ac ofnus wrth hawlio cymorth ariannol gan y llywodraeth i bethau Cymraeg.[35]

Dan ei olygyddiaeth ef, felly, sefydlwyd *Taliesin* yn gylchgrawn llenyddol safonol, a sicrhawyd ei barhad am dros chwarter canrif arall. Yn wir, fel y dangoswyd uchod, agwedd yn unig oedd hynny ar ei gyfraniad cyffredinol i lenyddiaeth Gymraeg yr ugeinfed ganrif; cyfraniad na chydnabuwyd mohono'n foddhaol hyd yn hyn. Gobeithio bod yr ysgrif hon, o leiaf, yn ddigon i godi cwr y llen ar gyfraniad enfawr ac amrywiol D. Tecwyn Lloyd i'w iaith ac i'w ddiwylliant ar adeg go dyngedfennol yn eu hanes.

NODIADAU

1 D. Tecwyn Lloyd, *Safle'r Gerbydres* (Llandysul: Gwasg Gomer, 1970), 129.
2 Gwyn Thomas, *Byd D. Tecwyn Lloyd* (Llanrwst: Gwasg Carreg Gwalch, 1997).
3 E. R. Lloyd-Jones, 'D. Tecwyn Lloyd: Y Llenor Cymdeithasol' *Ysgrifau Beirniadol XIV*, gol. J. E. Caerwyn Williams (Dinbych: Gwasg Gee, 1988).
4 *Safle'r Gerbydres,* 143
5 Llsgr. Bangor 19207 – 19213.
6 Eirwen Gwynn. Tâp 11A. Yn ystod fy ymchwil i fywyd a gwaith D. Tecwyn Lloyd, bûm yn cyfweld â nifer o'i gyfeillion a'i gydweithwyr dros y blynyddoedd, gan recordio'r cyfweliadau. Wedi gorffen y gwaith ar gyfer fy noethuriaeth, cyflwynais y tapiau i Lyfrgell Prifysgol Bangor. Cyfeiria 'Tâp 11A', ac yn y blaen, at rif y tâp yn y casgliad fel y'i cyflwynwyd i'r Llyfrgell.
7 Ieuan Parri, 'Mudiad Gwerin', *Ysgrifau Beirniadol XXVI,* gol. Gwyn Thomas (Dinbych: Gwasg Gee, 2002).
8 G. G. Evans, 'Tecwyn Lloyd yn llythyra', *Y Traethodydd,* cyf. CXLIX, rhif 632 (1994), 137.
9 D. Tecwyn Lloyd, *Erthyglau Beirniadol* (Llandysul: Y Clwb Llyfrau Cymraeg, 1946), vii–viii.
10 D. Tecwyn Lloyd (gol.), *Cefn Gwlad* (Y Bala: Cymdeithas Addysg y Gweithwyr Uwchaled a'r Cylch, 1941), 3.
11 Ifan Davies, Tâp 5B.
12 Gruffydd Aled Williams, mewn sgwrs gydag awdur yr ysgrif.
13 Gwyn Erfyl, Tâp 1A.
14 *Yr Ail Adroddiad Blynyddol ar Hugain*, Coleg Harlech (1949), 30.
15 *Yr Unfed Adroddiad Blynyddol ar Hugain*, Coleg Harlech (1948), 28.
16 D. Tecwyn Lloyd, 'Dehongliad yr Eingl-Gymry o Gymru', Traethawd MA anghyhoeddedig, Prifysgol Lerpwl, 1961.
17 Dyfed Evans, mewn sgwrs gydag awdur yr ysgrif.
18 W. W. Price, 'D. Tecwyn Lloyd', Casgliad Llawysgrifau Llyfrgell Genedlaethol Cymru (XCT383), 133 yml.
19 Gwyn Erfyl, Tâp 1A.
20 John Roberts Williams, Tâp 2A.

21 Gwyn Pritchard, Tâp 13.
22 Ifor Owen, mewn gohebiaeth gydag awdur yr ysgrif.
23 Gohebiaeth bersonol gydag awdur yr ysgrif.
24 Gwyneth Lloyd, mewn sgwrs gydag awdur yr ysgrif.
25 E. H. Francis Thomas, *Rhyw Ystyr Hud* (Dinbych: Gwasg Gee, 1944), clawr cefn.
26 E. H. Francis Thomas, *Hyd Eithaf y Ddaear* (Llandysul: Gwasg Gomer, 1972), 7–15.
27 Ibid., 97.
28 Ibid., 25–57.
29 Ibid., 55.
30 Eirwen Gwynn, Tâp 11.
31 Meredydd Evans, Tâp 3.
32 Dafydd Glyn Jones, mewn sgwrs gydag awdur yr ysgrif.
33 'Tecwyn Lloyd yn llythyra', 136 yml.
34 *Taliesin*, 58 (Rhagfyr 1986), 9.
35 Ibid., 9–10.

Cyfweliad gyda George Gumisiriza

GWEITHIO TUAG AT ADFER YR HUNAN

Mae George Gumisiriza yn awdur o Uganda sydd wedi bod yn byw mewn alltudiaeth ym Mhrydain ers pum mlynedd. Yma, mae'n trafod ei brofiadau fel ffoadur gwleidyddol, ei waith fel gwirfoddolwr gyda ffoaduriaid a cheiswyr lloches eraill ers dod i Gymru, ac wrth gwrs, ei gefndir fel awdur ac athro am bymtheng mlynedd ar hugain yn Uganda ei hun.

YB: Braint oedd eich cyfarfod chi a'r awdur alltud arall, Eric Ngalle Charles o Cameroon, yng Ngŵyl Arall, Caernarfon eleni, a chael cydweithio gyda'r ddau ohonoch ar y cyd ag Ifor ap Glyn. Ar ddechrau eich sgwrs yn yr ŵyl, fe ddefnyddioch chi ddelwedd y planhigyn mewn pot wrth drafod eich dyfodiad i Gymru o Uganda yn y flwyddyn 2011. Allech chi ymhelaethu ychydig ar hynny inni yn awr?

GG: Er fy mod wedi colli llawer pan adewais Uganda, gan gynnwys fy nheulu, fy niwylliant, fy ngyrfa a holl gysylltiadau personol fy magwraeth, dydw i ddim yn teimlo ar goll yn y gymuned yma yng Nghymru. Rydw i'n edrych arni trwy lygaid yr Uganda y ganed fi iddi ddeugain mlynedd yn ôl. Bryd hynny, byddai cymunedau yn gofalu amdanynt eu hunain yn fwy nag a wneir yn yr Uganda a adewais bum mlynedd yn ôl, lle mae gwleidyddiaeth 'rhannu-a-rheoli', llygredd ac anghyfiawnder yn diystyru dynoliaeth.

Mae natur groesawus y Cymry, a'u hoffter o ganu o'r galon, wedi fy ngalluogi i ymroi i ofalgarwch dynol yn yr un modd ag y gwnaeth yr hen ffordd o fyw yn Uganda. Mae cymdeithasu mewn tafarndai ac mewn digwyddiadau gwahanol, nid yn unig yn ysbrydoliaeth, mae hefyd yn norm yng Nghymru. Mae gemau rygbi'n dangos sut i ennill a cholli'n anrhydeddus. Ac wedi'r gêm, mae'r ddau dîm yn dal i allu yfed ynghyd yn yr un dafarn! Yn fy marn i, mae hyn yn gosod y patrwm ar gyfer agweddau eraill ar fywyd, gan gynnwys y gwleidyddol, e.e. etholiadau.

Mae Uganda'n genedl a fendithiwyd gan natur. Mae'n wlad sy'n gorwedd ar draws y cyhydedd, sy'n golygu bod ei phobl yn mwynhau tywydd a hinsawdd braf trwy gydol y flwyddyn. 'Uganda yw perl Affrica,' meddai Winston Churchill. Ond er y potensial enfawr, mae gwleidyddiaeth sy'n rhannu pobl ar sail crefydd a llwyth yn cael ei defnyddio'n strategol i gadw cymunedau'n rhanedig ac yn ddiddatblygiad, a hynny ynghanol anghyfiawnder cymdeithasol a thlodi.

Teimlaf y gall y Cymry hwythau gydnabod cryfderau, yn ogystal â gwendidau, ac maent yn ffynnu ar y naill a'r llall, o gael y cyfle. Roedd slogan y tîm pêl-droed, 'Together Stronger / Gorau Chwarae, Cydchwarae', yn golygu rhywbeth i bawb yng Nghymru, waeth beth fo'u sefyllfa. Mor hawdd ydi tynnu cenedl at ei gilydd, er gwaethaf gwahaniaethau economaidd amlwg mewn rhai ardaloedd.

Roedd bod yn rhan o'r ŵyl yng Nghaernarfon yn gyfle da i mi. Roedd yn teimlo fel edrych trwy ffenest o'r tu mewn a darganfod yr amgylchfyd. A finnau wedi fy ngeni mewn cenedl gosmopolitaidd, amlieithog ac amlddiwylliannol, wrth gwrs, mi welais bethau'n digwydd i raddau eithafol. Cariad a chas, cyfoeth a thlodi, iechyd ac afiechyd.

Roedd synau'r Gymraeg yn anghyfarwydd i'm clust, ond fe wnaethant i mi wrando'n astud er mwyn amsugno'r gwahaniaeth. Trwy gydweithio gyda chi ac Ifor, mi wnaethpwyd hi'n haws i mi drafod profiadau fy mywyd gan ddefnyddio delwedd gyfarwydd y planhigyn mewn pot.

'Mae planhigion mewn pot yn byw dan ormes a thrwy gydymffurfio; maent yn sefyll dan fygu, yn teimlo'n gaeth, neu fel petaent yn byw o ran yn unig.' Daw'r dyfyniad yma o'm hysgrif, 'Song of the Potted Plant', a gyhoeddwyd yn *The Welsh Agenda* (cylchgrawn yr Institute of Welsh Affairs) yn gynharach eleni. Rydw i'n ceisio tanlinellu sut mae hawliau dynol yn cael eu handwyo gan ddiwylliant, crefydd, gwleidyddiaeth a systemau addysgol sydd wedi eu hystumio'n negyddol.

Ond er i mi ganu cân alarus y planhigyn mewn pot, rydw i hefyd yn sylwi sut y cedwir rhai planhigion mewn potiau er mwyn cadw'r rhywogaeth yn fyw, gan ei bod dan fygythiad tranc. Mae diwylliant ac iaith angen y gynhaliaeth honno pan fônt mewn sefyllfa gymdeithasol fregus.

Yr hyn sydd wedi gwneud yr argraff fwyaf arnaf i am y Deyrnas Unedig, a Chymru fel cenedl, ydi'r wleidyddiaeth gynhwysol sydd yma. Mae'r cyfan yn golygu un peth: pobl. Er bod rhagor o waith y mae angen ei wneud, mae'n siŵr, rydw i'n teimlo'n galonogol bod yma strwythur cyfreithiol ar gael. Mae'n hollbwysig bod pob unigolyn yn gwneud ymdrech i gymathu. Efallai mai Cymru fydd cenedl noddfa gyntaf y Deyrnas Unedig. Pwy a ŵyr?

YB: Rydych hefyd wedi ymroi i wneud pob math o waith gwirfoddol ers dod i Gymru.

GG: O'm persbectif deuol, mae gen i'r fraint o fedru deall rhai gwerthoedd Prydeinig, gyda chymorth y bobl leol a'r llenyddiaeth sydd ar gael. Mi osodais her i mi fy hun ar ôl dod yma, sef dysgu Saesneg i geiswyr lloches a ffoaduriaid, mewn ymgais i gryfhau cydlyniad cymunedol. I mi, nid bod yr un fath ydi ystyr perthyn. Mae'n golygu cydnabod gwahaniaethau rhwng pobl, a'u derbyn, gan rannu arferion da.

Mewn ymgais i godi ymwybyddiaeth ac i helpu cymunedau yng Nghasnewydd i ddeall profiadau ceiswyr lloches a ffoaduriaid, rydw i wedi bod mewn amryw o ysgolion yn rhannu fy mhrofiad, a hynny dan adain elusennau fel The Sanctuary Project. Rydw i'n gwirfoddoli gyda'r Groes Goch Brydeinig yn eu hadran 'Addysg Argyfwng', ac mi enillais gymhwyster mewn cwrs Addysg i Bobl Ifanc. Mae'r gwasanaeth yn cynnwys pobl ifanc mewn ysgolion ac yn y gymuned.

Rydw i'n angerddol dros gymunedau yng Nghymru, a bellach rydw i hefyd wedi cael fy hyfforddi'n arweinydd iechyd yn y gymuned. Pobl sy'n bwysig i mi: cydweithio a chyd-fyw er ein lles ein hunain.

YB: Roeddech yn brifathro ar ysgol fawr yn Uganda ac ynddi fil chwe chant o fyfyrwyr ac wyth deg aelod o staff. Roeddech yn byw bywyd cysurus. Yna, am i chi sefyll dros hawliau lleiafrifoedd yn y gymuned, cawsoch eich gorfodi, dros nos, fel petai, i adael eich teulu, eich cyfeillion a'ch diwylliant cyfan, a ffoi am eich bywyd i wlad arall.

GG: Mae'r boen a deimlir gan y rhai sy'n gorfod gadael eu mamwlad ar frys er mwyn osgoi cael eu lladd yn enbyd ac annirnad. Mae hynny'n wir amdanaf i. Wrth i mi siarad, rydw i'n ceisio cadw'r dagrau'n ôl, a phan ydw i'n dawel, byddaf yn meddwl am fy ngholled.

Er hynny, rydw i wedi dod i sylweddoli hyn: ar wahân i leoliad go-iawn ein gwlad enedigol, a'r bobl, a'r adnoddau materol sydd ynddi, mae'r prif elfennau yn ein hunaniaeth yn rhai oesol. Byddaf yn cyfeirio at y ffordd y gwneir pethau yn fy niwylliant fy hun os ydw i am ddeall unrhyw beth estron. Yn anffodus, mae weithiau'n fater cymhleth ceisio canfod cyfieithiad neu gymhariaeth agos rhwng pethau cyfarwydd ac anghyfarwydd. Amser bwyd, er enghraifft, mae 'na ambell un wedi teimlo fy mod yn anniolchgar yma yng Nghymru! Yn y llwyth Banyoro-Batooro (a'r rhan fwyaf o'r llwythau Bantu), dim ond ar ôl gorffen bwyta y mynegir diolch. 'Webale kucumba' – 'diolch am baratoi'r pryd'. A'r ateb: 'Webale kulya' – 'diolch am fwyta'. Mae hyn yn wahanol yng Nghymru neu ym Mhrydain, pan fynegir diolch cyn bwyta! Dyma un enghraifft o blith llawer.

Mae fy mhrofiad blaenorol fel prifathro ysgol fawr yn dal i roi cynhaliaeth i mi. Weithiau, byddaf yn gorfod fy atgoffa fy hun fy mod wedi gweld, clywed a gwneud y cyfan o'r blaen, ac i mi dalu'r pris am hynny. Byddaf yn gwneud fy ngorau i gymharu sefyllfaoedd ar sail fy mhrofiad, er mwyn gwneud y gorau o unrhyw sefyllfa neu o bobl, yma yn y gymuned yng Nghymru.

Mae'r gallu i gyfleu fy neges yn effeithiol yn deillio o'm profiad fel rheolwr adnoddau dynol mewn ysgol. Pan fyddaf yn gwirfoddoli i ddysgu Saesneg ymhlith y ffoaduriaid yma yng Nghymru, mae'n rhaid i mi ddefnyddio fy holl adnoddau a'm profiad os ydw i am gael y maen i'r wal. Wrth ddysgu iaith i ddynion o oedran, gallu, a chefndir cymdeithasol a diwylliannol gwahanol, mae'n rhoi'r cyfle i mi weithio tuag at adfer fy hunan.

YB: Eich mamiaith ydi Rutooro, iaith o deulu Bantu. Ond rydych hefyd yn siarad nifer helaeth o ieithoedd eraill (a bellach yn ystyried dysgu Cymraeg). Sut mae'r ieithoedd hyn yn cydfodoli ac yn cydberthyn yn Uganda?

GG: Mae'r sefyllfa ieithyddol yn Uganda yn gymhleth ac yn rhyfeddol iawn. Mae mwyafrif yr ieithoedd a siaredir yn perthyn i grwpiau ieithyddol eang, er bod gan bob iaith hawliau a statws annibynnol. Mae'r ieithoedd hyn yn perthyn i 'deuluoedd', ac mewn rhai achosion gellir deall hyd at 90% o'r ieithoedd eraill sydd yn yr un teulu.

Mae 'na berthynas agos rhwng teyrnasoedd traddodiadol Uganda a'r ieithoedd hyn, a chânt eu sefydlogi a'u gwarchod gan y teyrnasoedd. Mewn egwyddor, mae'r teyrnasoedd yn geidwaid yr ieithoedd (ac arferion) brodorol. Mae fy mamiaith i, Rutooro, yn perthyn i deulu o chwe iaith Bantu. Yn benodol, dyn Mutooro ydw i sydd yn hanu o deyrnas Tooro. Gallaf siarad un ar ddeg o ieithoedd, gan gynnwys Saesneg a Kiswahili, oherwydd y fantais o berthyn i'r teulu hwn o ieithoedd.

Am i mi gael fy magu mewn teulu Affricanaidd nodweddiadol, a elwir yn gyffredin yn 'deulu estynedig', bu gennyf ddiddordeb erioed yn fy mamiaith a'r ieithoedd eraill. Defnyddia pobl gywair penodol ar gyfer dibenion ac oedrannau gwahanol. Yng nghwmni dieithryn o ddiwylliant arall, defnyddir diarhebion i gyfleu neges heb sarhad: hiwmor a doethineb yn cyfuno'n un. Yng ngeiriau Chinua Achebe (*Things Fall Apart*): 'Diarhebion ydi'r olew palmwydd sy'n gymorth i fwyta geiriau.' Mewn diarhebion ceir harddwch, pwrpas a doethineb mewn iaith, waeth beth fo cefndir addysgol y siaradwr. Er enghraifft, mae 'otagambira enyama mubahuma' (peidiwch â bwyta cig yng ngŵydd y nomad) yn cyfleu rhybudd ynghylch defnyddio'r cywair priodol mewn sefyllfa arbennig.

Rydw i'n wastad yn awyddus i ganfod ystyron tebyg i'r hyn a geir yn fy mamiaith. Yn aml, mae'r delweddau'n wahanol. Yn Runyoro-Rutooro, fe ddywedir, 'Nyineeka obwaba ataroho ebikere bitemba enju' (sef 'pan fydd y gath i ffwrdd, bydd y llyffantod yn dringo i ben y tŷ'). Yn Saesneg, pan fydd y gath i ffwrdd, y llygod fydd yn chwarae!

Mae Chinua Achebe yn pwysleisio crefft sgwrsio ymhlith yr Igbo, un o lwythau Bantu Nigeria. Ymhlith y llwythau Bantu, mae celfyddyd sgwrs yn bwysig, ond hefyd ddoethineb y modd y cyfleir y neges i'r gwrandawr. Gellir cynnwys negeseuon dychanol yn enwau pobl ac anifeiliaid anwes, e.e. 'Nyendwoha' sy'n golygu 'does neb yn fy ngharu'. Ac weithiau, yn Rutooro, cywesgir brawddeg gyfan i un gair, e.e. 'Maguru' sy'n dalfyriad o 'Magurugasiganjuranamuyaga', un o'r enwau hiraf sy'n golygu 'y coesau sy'n gallu rhedeg yn gynt na glaw'. Yn yr un modd, ceir y gair 'Tukashaba' yn yr iaith Runyankole / Rukiga (sy'n perthyn i'r un teulu â Rutooro), sy'n dalfyriad o'r gair 'Tukashabaruhangawahigurumunongayatugarukamugye', a hwnnw'n golygu 'gweddïasom ar y Duw goruchaf ac fe'n hatebodd yn dda'. Hyd yn hyn, dyma'r gair hiraf yn Uganda!

Yn fy ymgais i ddysgu mwy am iaith mi es ati yn y brifysgol i astudio Saesneg ac yn y pen draw i'w dysgu yn brif bwnc. Mae'n her braf i mi fel athro Saesneg geisio cadw ar ben yr iaith: rai degawdau'n ôl roedd yr ymadrodd 'rewind the tape' yn gallu golygu edrych eto ar rywbeth o'r gorffennol, ond gan nad oes neb yn defnyddio tapiau bellach, does yna ddim ystyr i'r ymadrodd, yn enwedig ymhlith yr ifanc! Mae'r iaith Rutooro hithau wedi gallu ymdopi ag elfennau newydd, e.e. y clwstwr o synau 'mpyu' sydd ei angen ar gyfer y gair 'kompyuta' (cyfrifiadur), a ddefnyddir yn lle'r ffurf frodorol hirach, 'ebyooma kalimagezi', a ddefnyddir ar gyfer pob dyfais gyfrifiadurol.

YB: O safbwynt llenyddiaeth, pa fath o statws sydd iddi (ac i awduron) yn Uganda heddiw?

GG: Mae'r sefyllfa wleidyddol sy'n bodoli yn Uganda ers y 1970au wedi effeithio ar y *status quo*. Mi ddatgymalodd y gymuned deuluol, ac mi effeithiodd hynny yn ei dro ar yr iaith llafar a arweiniodd at ddiffyg bywyd mewn llenyddiaeth. Mae nifer y myfyrwyr sy'n astudio llenyddiaeth fel pwnc wedi lleihau dros y blynyddoedd, ac mae'r diwylliant darllen wedi dirywio. Mae'r gyfundrefn addysg yn dibynnu ar ddefnydd o lawlyfrau cwrs (a elwir yn bamffledi arholiad), er mwyn pasio arholiadau yn unig. Yn anffodus, mae'r rhain yn ansafonol, ac yn aml, maent yn cynnwys camsyniadau ffeithiol ac ieithyddol. O ganlyniad, mae'r gyfundrefn addysg wedi creu cenhedlaeth 'bamffled' o bobl ddi-ddysg.

Mae mwyafrif awduron Uganda'n cael eu denu i ysgrifennu llawlyfrau, yn groes i'r 1960au, pan oedd llawer o awduron yn gallu dweud eu storïau gyda phin a phapur. Mae hyn wedi effeithio ar yr iaith lafar yn y cartrefi, ac felly mae yna ddatgysylltiad rhwng y cartref a'r ysgol, rhwng y gorffennol a'r presennol, rhwng gwleidyddiaeth a diwylliant. Mae 'na rai sydd hyd yn oed yn hawlio mai hyn sy'n gyfrifol am golli hunaniaeth yn Uganda heddiw, a'r sefyllfa bresennol a nodweddir gan lygredd, crefyddau ecsbloetiol, aberthu plant, a phob math o anghyfiawnderau cymdeithasol eraill.

YB: Mae gan Uganda orffennol cythryblus iawn (gan gynnwys y cyfnod trefedigaethol, a theyrnasiad Idi Amin yn ystod y 1970au, a'r holl erchyllterau a welwyd bryd hynny ac wedyn). A oes yna rôl wleidyddol i lenyddiaeth wrth ymdrin â'r materion hyn yn Uganda heddiw?

GG: Roeddwn i'n ifanc yn ystod teyrnasiad brawychus Idi Amin rhwng 1971 a 1979. Gallaf gofio tyndra ymhob agwedd ar fywyd. Dim adnoddau cyffredin, fel siwgr, halen a cherosin mewn cartrefi. Yn yr ysgol, doedd gennym ni ddim digon o lyfrau ysgrifennu, ac roedd yn amlwg fod yr athrawon yn byw dan ofn yr awdurdodau lleol. Mi gafwyd gwared ar ffrogiau 'mini' ar gyfer merched, a chyflwynwyd ffrog laes ('maxi') a elwid ar lafar yn yr iaith Luganda yn 'Amin nvaako', sef 'Gad lonydd i fi, Amin'.

Dilëwyd pob crefydd ar wahân i Gatholigiaeth, Protestaniaeth ac Anglicaniaeth, ac wrth gwrs, Fwslemiaeth. (Roedd y grefydd Orthodocs hefyd yn cael rhoi ei phig i mewn.) Roedd yr ysgol yn cau amser cinio ar ddydd Gwener, er mwyn i'r athrawon a'r disgyblion gael mynd i weddïo. Ond wedyn, byddai'r ysgol yn gorfod agor am hanner diwrnod ar ddydd Sadwrn. Yn ôl pob sôn, roedd Amin yn dadlau bod y Cristnogion yn cael diwrnod cyfan bob dydd Sul i weddïo, felly roedd gan y Mwslemiaid yr un hawl.

Dyma oes pan oedd pobl yn magu cymeriad. Roedd y bobl addysgedig yn esgus eu bod yn anllythrennog a thwp, rhag ofn iddyn nhw gael eu lladd (ac mi ddigwyddodd hynny i lawer iawn ohonyn nhw). Doedd pobl ddim ond yn hanner byw. Byddai unrhyw sefydliad newydd yn cael ei gwestiynu gan yr awdurdodau. Yn ôl gorchymyn y Cyfansoddiad, yr Arlywydd, Amin, oedd Canghellor Prifysgol Makarere, y ddelfryd ar y pryd o addysg Affricanaidd: Amin a'i gymwysterau cynradd yn rheoli'r cyfan, er siom chwerw i ysgolheigion ar draws y byd.

Wrth i ddial, trais, creulondeb a llygredd ddod yn fwyfwy amlwg, aeth rhai ati i ecsbloetio'r gyfundrefn, gan 'ffynnu ar anhrefn', yng ngeiriau Charles Handy (*The Age of Unreason*), ar draul bywydau ac adfyd pobl eraill. Roedd gwleidyddiaeth crefydd (Islam ar y pryd) yn tra-arglwyddiaethu, a ffefrid llwyth y Kakwa (sef llwyth Amin ei hun), tra erlidiwyd y llwythau Acholi a Langi yn ddidrugaredd mewn cyflafanau trefnus gan filwyr Uganda.

Wrth feddwl am hyn i gyd, mae fy ysbryd yn cael ei gynhyrfu i alaru'n ddiddiwedd, yn enwedig wrth i mi ystyried bod y sefyllfa bresennol, efallai, hyd yn oed yn waeth, er iddyn nhw gael y cyfle i wneud pethau'n well. Ai dioddefaint yw tynged Uganda? Ac os na, a oes yna arwyddion o adferiad? Fedra' i ddim gweld dim ar hyn o bryd, fedrwch chi?

YB: Oes yna awduron Affricanaidd yr ydych yn eu hedmygu'n arbennig?

GG: Fy hoff awdur erioed ydi Okot p'Bitek (1931–82). Yn ddiddorol iawn, bu Okot yn fyfyriwr ym mhrifysgolion Bryste, Rhydychen ac Aberystwyth (ar droad y 1960au). Mae rhai o weithiau Okot yn tarddu'n uniongyrchol o'r iaith lafar yn yr Uganda draddodiadol yr ydw i'n ei chofio. Un o gampweithiau Okot ydi *Song of Lawino* (1966), cerdd hir arloesol a dylanwadol a ysgrifennwyd yn wreiddiol yn yr iaith Acholi ac a gyfieithwyd gan Okot ei hun i'r Saesneg. Mae'n trafod profiadau gwraig o Uganda wledig sy'n briod â gŵr sy'n dymuno ymdrefoli'n orllewinol. Dilyniant i'r gerdd hon oedd *Song of Ocol* (1970), ei gampwaith arall, sy'n cyfleu profiad y gŵr. Rydw i'n amau bod Okot yn adrodd ei hanes ei hun yn y gweithiau hyn, ac rydw i'n teimlo'n emosiynol wrth roi fy hun yn ei esgidiau o. Fedra' i ddim ond rhyfeddu a phendroni am yr hyn oedd yn ei feddwl pan oedd yn ysgrifennu: ei Gulu enedigol, draddodiadol, o'i chymharu â'r Brydain academaidd.

Awdur arall yw Yoweri Museveni, Arlywydd Uganda. Rydw i'n caru casáu'r dyn yma am bob rheswm. Ac eto, rydw i'n casáu ei garu oherwydd y ffordd y mae'n defnyddio iaith. Mae ei famiaith o, Runyankole, yn perthyn i'r un teulu o ieithoedd â'm hiaith fy hun, Rutooro. Y tu allan i'r byd gwleidyddol, mae melyster a chywirdeb iaith Museveni yn haeddu bod 'mewn potyn', i'w gadw i'r oesoedd a ddêl. Mae'n ieithwedd sydd ar drengi. Mae'r doethineb sydd ymhob gair, cân, dywediad, dihareb a ddefnyddir gan Museveni yn nodweddiadol o fwyafrif y llwythau Bantu, ac mae'n hawdd ei gyfieithu i ieithoedd eraill. Mae'n destun tor calon i mi mai hwn ydi'r un dyn â'r Arlywydd. Mae hunangofiant Museveni, *Sowing the Mustard Seed* (1997), yn gampwaith, ond dydi Museveni ei hun ddim wedi cadw at y geiriau sydd yn y llyfr. Beth aeth o'i le?

Awduron eraill? Susan N. Kiguli a rannodd y llwyfan gyda fy mentor, Rugambwa Otim (RO). Roedd hi'n ddarlithydd prifysgol ifanc ar y pryd. Mae hi'n cario gobeithion llawer o bobl yn ei gwaith, ac mae'n awdur a enillodd gydnabyddiaeth ryngwladol. Mae Chinua Achebe, Wole Soyinka a Ngugi wa Thiong'o i gyd yn awduron y mae eu gweithiau'n dal i ddylanwadu'n drwm ar y byd llenyddol ar gyfandir Affrica – a thu hwnt.

YB: Yn eich ysgrifau am fyw'n alltud, a'r sgyrsiau rydych chi wedi eu rhoi ers dod i Gymru (gan gynnwys sgwrs i garcharorion ym Mhen-y-bont ar Ogwr yn ddiweddar, mae'r pwyslais ar swyddogaeth iachusol y dychymyg yn dod drwodd yn gryf.

GG: Hawdd credu y gellir deall y byd trwy stori. Roedd y teyrnasoedd yn Uganda cyn dyfodiad y trefedigaethwyr yn ffynnu ar adrodd storïau ar lafar, fel modd o ddal gafael ar rym ac ar hunaniaeth. Defnyddid y dychymyg i ddylanwadu ar bobl o bob oedran a chefndir: ar y milwyr i ryfela, ar y bobl ifanc i ymgymryd â defodau aeddfedu'n oedolion, ac wrth gwrs, fe'i defnyddid i roi'r dimensiwn ysbrydol ym mywydau dyddiol pobl. Mae'r anthem hyfryd, 'Hen Wlad Fy Nhadau', yn adrodd stori emosiynol ynghylch y gorffennol, y presennol ac ar gyfer y dyfodol. Grym y dychymyg ar ei orau. Wrth i bobl fwynhau harmoni swynol yr alaw a'r ystyr, maen nhw'n cael eu hysbrydoli i ddychmygu pwy oedd y beirdd a'r cantorion a'r enwogion o fri, a beth oedd campau'r gwrol ryfelwyr a'r gwladgarwyr tra mad. Yn fwy arwyddocaol, defnyddir y dychymyg i geisio deall ystyr hyn i Gymry unigol.

Y dychymyg. Yn fy ngyrfa fel athro a gweinyddwr, yn fy holl fywyd preifat a chyhoeddus, mae grym y dychymyg yn rhoi diferyn ychwanegol o gymhelliad i mi fyw un diwrnod arall! Rydw i wedi defnyddio grym y dychymyg yn fodd i roi hwb i'm disgyblion, ac yn fodd i ddysgu syniadau cymhleth, haniaethol. Rydw i'n ei ddefnyddio wrth gynghori unigolion a grwpiau ynghylch sut i wella'u bywydau, gan ddangos sut y gall eu cryfderau eu helpu i ymdopi â'u gwendidau, a sut y gallant orchfygu'r bygythiadau sy'n eu hwynebu o ddydd i ddydd.

YB: Mae eich ffydd yng ngallu geiriau i godi pontydd rhwng pobl a diwylliannau'n dod drwodd yn gyson...

GG: Ydi, ac i gloi, gadewch i mi ddyfynnu'r gerdd adnabyddus, 'The Bridge Builder' gan y bardd o Americanes, Will Allen Dromgoole (1860–1934), i gyfleu fy ymateb i'r sylw yna. Hon oedd y gerdd a gyfieithwyd gennym i'r Gymraeg yn ystod Gŵyl Arall eleni, ac erbyn hyn, rydw i wedi ei chyfieithu i'm Rutooro gorau hefyd. Dyma hi, felly, mewn dwy iaith.

'Omutinzi Worutindo' (cyf. George Gumisiriza)

Omugurusi, ngenda nyenka muruhanda,
Akahika mukairirizi, mumbeho nekibunda,
Hamugera rugaatwa, nyakugaliha kandi guhamire
Ebigonzi byamaizi nibyetuuta nibigera.
Omugurusi akambuka mukairirizi;
Ekisaaru nyamuhama kitamutiine;
Baitu obuyambukire nseri mirembe
Akatinda orutindo kubaganiza ebigonzi byamaizi.

'Mugurusi,' omugenzi nyakyabo yamugambira,
'Nosiisa amaani kutinda hanu;
Orugendo rwawe osensize nuruhwa izooba niritobera;
Toligaruka hanu kurabaho;
Omugera rugaatwa, nyakugaliha, nyamuhama ogwambukire
Habwaki notinda orutindo mukairirizi?'

Omutinzi kirinju akainunura omutwe:
Yagamba, 'Nganjani, mukirale kyange
Mpondirwe kiro kinu
Ensingato murugendo nurwo rumu.
Omugera gunu ogunyanguhiire
Hali ensingato kyakuba kiremesa.
Nawe aine kwambuka mukairirizi;
Munywani wenda, nimutindira orutindo.'

'Y Codwr Pontydd' (cyf. Angharad Price)

Un noson oer, fe ddaeth hen ŵr
At afon ddofn a'i llond o ddŵr,
Yn serth ei glan, yn wyn ei lli',
Edrychodd yntau arni hi.
A hithau'n nos, heb deimlo ofn
Fe gamodd hwn trwy'r afon ddofn.
Ond trodd yn ôl yr ochr draw
I godi pont drwy waith ei law.

'Hen ddyn,' medd rhywun wrtho'n syn,
'I be' ti'n codi pont fan hyn?
Ti'n sych. Ti'n saff. A deud y gwir,
Wel, fyddi di ddim byw yn hir.'

Ond cododd o ei wyneb hen.
'Fy ffrind,' dywedodd gyda gwên,
'Yn dod i'm canlyn i drwy'r dydd
Roedd dau o blant a'u traed yn rhydd.
A hithau'n nos, i ddyn fel fi,
Peth bychan iawn yw croesi'r lli'.
Ond wedyn, bydd y plant yn dod.
Ac iddyn nhw mae'r bont yn bod.'

Aled Llion Jones

MARTIN BUBER A PHEDAIR CAINC Y MABINOGI: SEIONIAETH, DYNEIDDIAETH A DUW

Wär ich wie du. Wärst du wie ich.
Standen wir nicht
Unter einem Passat?
Wir sind Fremde.

Paul Celan[1]

Ti hebof, nid hebu oedd teu.
Mi hebot, ni hebaf finneu.

Cynddelw Brydydd Mawr

Hanes hir, wrth gwrs, sydd i'r chwedlau Cymraeg canoloesol yn Almaeneg: cylchredai fersiynau o'r 'Rhamantau' (chwedlau Owain, Geraint a Peredur) yn yr iaith honno yn y Canol Oesoedd, a chafwyd golygiad academaidd safonol Almaeneg o *Die vier Zweige des Mabinogi* bum mlynedd cyn *Pedeir Keinc y Mabinogi* Ifor Williams.[2] Yn yr oes fodern, yn fuan ar ôl i Charlotte Guest gyhoeddi ei chyfieithiad o'r 'Mabinogion',[3] troswyd nifer ohonynt i'r Almaeneg gan Albert Schulz.[4] A'i fryd rhamantaidd pennaf ar y traddodiad Arthuraidd, ni chyhoeddodd Schulz gyfieithiadau o'r Pedair Cainc:[5] rhaid oedd aros tan 1914 i straeon Pwyll, Branwen, Manawydan a Math ymddangos yn Almaeneg am y tro cyntaf (a'r unig dro, hyd 1999).[6] Nid Celtegydd a gyflawnodd y gwaith hwnnw, ond un o athronwyr, dyneiddwyr a theorïwyr addysg mwyaf ei oes, Martin Buber. 'Mae'r Iddew Pwylaidd hwn,' meddai'r llenor a'r athronydd Fritz Mauthner, '[yr] atheist, seionydd a chyfaill i'r anarchydd Landauer, yn ddyn rhyfeddol iawn.'[7]

Ar y cyfan, ychydig iawn sydd gan ysgolheigion y Mabinogi i'w ddweud am Buber a'i waith. Anaml y gwelir cyfeiriadau ato, a phrinnach fyth yw'r geiriau gwerthfawrogol. Yn ôl rhai Celtegwyr, am i Buber gyfieithu o Ffrangeg Joseph Loth,[8] yn hytrach nag o'r Gymraeg, mae ei waith yn 'ffilolegol ddi-werth',[9] ac ymhlith arbenigwyr ar Buber ei hun, mae'r sylw wedi tueddu i grynhoi o gwmpas ei waith ar destunau Iddewig ac ar sefydlu gwladwriaeth Israel, neu ar ei gydweithio â Franz

Rosenzweig ar *Die Schrift*, y cyfieithiad arch-fodernaidd (neu'r '*Verdeutschung*', a defnyddio gair Buber) o'r Beibl Iddewig.[10]

Er gwaetha'r tawelwch, ac er gwaetha'r negyddiaeth, mae cyfieithiad Buber – fel y dyn ei hun – yn dra diddorol o sawl safbwynt, ac agwedd eironig ar y diffyg sylw a gafodd yw y byddai nifer o ysgolheigion Celtaidd (*malgré soi*, yn wir) yn cytuno ag ef yn syniadaethol, os nad yn ffilolegol. Yn wir, rwyf am awgrymu bod Buber ymhell o flaen ei amser: cymerodd hanner canrif a mwy i'r Celtegwyr ddal i fyny â rhannau o'i weledigaeth.

*

Dechreuwn, fel y twrist enwog yn Iwerddon, mewn man arall, â 'Brawdoliaeth' Waldo Williams:

> Mae rhwydwaith dirgel Duw
> Yn cydio pob dyn byw;
> Cymod a chyflawn we
> Myfi, Tydi, Efe.
> Mae'n gwerthoedd ynddo'n gudd,
> Ei dyndra ydyw'n ffydd;
> Mae'r hwn fo'n gaeth, yn rhydd.
>
> Mae'r hen frawdgarwch syml
> Tu hwnt i ffurfiau'r Deml.
> Â'r Lefiad heibio i'r fan,
> Plyg y Samaritan,
> Myfi, Tydi, ynghyd
> Er holl raniadau'r byd –
> Efe'n cyfannu'i fyd.[11]

Waldo, yn anad neb, sydd wedi sbarduno beirniaid llenyddol Cymraeg i feddwl am Martin Buber. Sylwn ar eiriau R. M. Jones yn y cyd-destun hwn, wrth iddo drafod 'Brawdoliaeth':

> Ni fynnwn wadu nad yw Waldo yn y gerdd hon yn rhoi pwyslais mawr iawn (o bosibl y pwyslais mwyaf) ar y berthynas *Myfi/Tydi*. Dyma'n sicr ei brif genadwri drwy gydol ei waith, a diau fod sylwadau Buber (megis rhai Berdyaev ac eraill) wedi trwchuso'i ymwybod â'r profiad hwn, a oedd wrth gwrs yn rhan ymarferol o'i

bersonoliaeth yn feunyddiol yn ei ymwneud â'i gyd-ddyn (yn ogystal ag yn ei berthynas wyneb-yn-wyneb â Duw).[12]

Diddorol, yn wir, fyddai ymchwilio ymhellach i ddylanwad Buber ar farddoniaeth ddiweddar Gymraeg (a hynny'n anymwybodol i'r beirdd, efallai). Mae'r cysylltiad cychwynnol â gwaith Waldo yn arwyddocaol iawn, o'r cwestiwn yn nheitl ei gerdd enwog 'Pa Beth yw Dyn?' (sydd, yn fwriadol ai peidio, yn adlewyrchu 'Was ist der Mensch?' Buber, cyfres o ddarlithoedd pwysig o 1938)[13] i holi 'Brawdoliaeth' ynghylch perthynas y 'Myfi', y 'Tydi' a'r 'Efe'. Dyma gwestiynau canolog y dyneiddiwr: beth yw'r bod dynol, a beth yw perthynas y bod hwnnw â'i gyd-ddyn; beth *ydyw* ef/hi, a beth *ddylai fod* er mwyn gwireddu potensial y fodolaeth ddynol honno? Yn achos Buber hefyd, dyma gwestiynau canolog dirfodwr: mae'n hawdd gweld gwaith Buber fel ymgais i ganfod tir canol ar faes *Existenzphilosophie* rhwng athroniaeth Gristnogol Kierkegaard a 'ffenomenoleg ddirfodol' seciwlar Heidegger neu (a hithau'n fwy o wrthgyferbyniad â gwaith Buber) athroniaeth y 'rhyddid radicalaidd' a gyflwynodd Jean-Paul Sartre.[14]

Wrth ddiffinio dirfodaeth, cyfeirir yn aml at haeriad enwog Sartre, mai 'bod sydd yn rhagflaenu hanfod' – 'l'existence précède l'essence'.[15] Hynny yw, wrth fyw mewn dull awthentig, caiff ystyr ei greu heb ddibynnu ar unrhyw hanfod sy'n rhagflaenu'r bywyd gweithredol, penderfynol hwnnw. Yn athroniaeth Sartre, seilir bodolaeth ac ystyr ar ddewisiadau'r hunan unigol, sef ar y 'je' ynysig hwnnw y dechreuai Descartes siarad yn ei gylch pan ddatgelai ym more'r oes Fodern, 'je pense donc je suis' – 'cogito ergo sum' ('meddyliaf felly yr wyf'). Dirfodaeth o fath gwahanol yw eiddo Buber, fel yn achos Waldo: nid wyf fi yn gyfrifol ar fy mhen fy hun am ystyr fy mywyd, ond yn hytrach caf ystyr a phwrpas a hunaniaeth drwy berthynas ag eraill. Nid yw'r 'myfi' hyd yn oed yn bodoli mewn ffordd ystyrlon a gwerthfawr cyn y cyfarfod hollbwysig â'r arall.

Er mwyn cyfryngu rhwng y pegynau duwiol-drosgynnol a'r dynol-faterol, mae Buber yn dyrchafu'r berthynas ail-berson rhwng 'fi' a 'ti' goruwch y berthynas drydydd-person rhwng 'fi' ac 'ef' (neu 'hi', gallwn ychwanegu erbyn hyn). Er mwyn gwireddu potensial bywyd, a dod – yn y diwedd – i *adnabod* (yn hytrach na dim ond *gwybod am*) Dduw, rhaid ymagweddu at eraill mewn dull rhyngbersonol, tydïol, yn hytrach nag mewn ffordd ddigyswllt, oddrychol, drydydd-person. Dyma feddalu'r ffin rhwng yr hunan a'r arall, a symud y tu hwnt i ffiniau perthynas Gartesaidd y goddrych a'r gwrthrych. Cynigir felly ateb pur wahanol i'r cwestiwn 'Pa beth yw dyn?'

Gwaith enwocaf Buber ar yr ynysoedd hyn yw *Ich und Du* – 'Myfi a Thydi' – cyfrol a gyhoeddodd ym 1926 ac a gyfieithwyd i'r Saesneg fel *I and Thou* ym 1937.[16] Crisielir cnewyllyn ei athroniaeth yn y dyfyniad arwyddocaol hwn:

> Das Grundwort Ich-Du kann nur mit dem ganzen Wesen gesprochen werden. Die Einsammlung und Verschmelzung zum ganzen Wesen kann nur durch mich, kann nie ohne mich geschehen. Ich werde am Du; Ich werdend spreche ich Du. Alles wirkliche Leben ist Begegnung.[17]
>
> [Ni fedrir ynganu'r gair sylfaenol Fi-Ti [*Ich-Du*] ac eithrio â'r bod cyfan. Dim ond trwof fi y caiff yr ymgasglu a'r ymdoddi yn fod cyfan ei gyflawni; ni chaiff byth mo'i gyflawni hebof fi. Yr wyf Fi yn dod i fodolaeth mewn perthynas â Thi; wrth imi ddyfod yn Fi dywedaf Ti. Cyfarfod [*Begegnung*] ydyw bywyd go iawn yn ei gyfanrwydd.]

Gwelwn yma athroniaeth aeddfed y ddialog [*Zwiesprache*], sef athroniaeth y cyfarfod [*Begegnung*] rhyngbersonol cydradd. Ac eto, nid y rhyng*bersonol* yn unig – nid yn unig y ddeuoliaeth rhyngof fi a'r arall dynol – y mae angen ei addasu neu ei weld yn iawn, ond hefyd y ddeuoliaeth rhwng goddrych y *fi* a'r byd: trwy hynny gellir agosáu at berthynas 'wyneb-yn-wyneb' â'r Duw mewnfodol y cyfeiria R. M. Jones ati yn achos Waldo, sef at y duwiol sydd yn y byd.

Fel y trafodir eto isod, mae dyled Buber i feddylwyr megis Schiller, Herder, Hölderlin a Dilthey i'w gweld ym mhwysigrwydd *iaith* i'w feddwl. 'Gair,' meddai, yw *Ich-Du*, 'gair sylfaenol' sydd yn dynodi ac yn mynegi'r berthynas benodol hon rhwng yr 'hunan' (yr *ich*) a'r 'arall' (y *du*). Yn yr achos hwn, ystyrir yr arall yn *du*, yn *ti*, yn hytrach nag yn *ef/hi* neu yn *chi*, gosodiadau sydd yn peri ymbellhau rhwng y goddrych a'r arall. Ymwneir â'r arall ym modd personol agos-atat y *ti*, a'r berthynas ail-berson hon yn hanfodol 'ddialogaidd': mae'r ddau bartner yn y ddialog yn cwrdd yn y weithred ryngbersonol, a chyfranogiad y naill yn dibynnu ar y llall. Mae'n berthynas gilyddol heb i neb golli ei arwahanrwydd. Mae Buber yn gwrthgyferbynnu'r *Ich-Du* (*Fi-Ti*) â 'gair sylfaenol' (a hanfodol) arall, yr *Ich-Er* (*Fi-Ef*): y tro hwn, caiff yr arall ei ystyried mewn dull trydydd-person, gwrthrychol: siaredir *am* yr *ef* yn hytrach nag *ag ef*.

Ceir gan Buber felly eirfa benodol am y math o gysyniadau y bu athronwyr eraill ei oes hefyd yn ymwneud â nhw yn eu dulliau priodol. Wele, er enghraifft amlwg, Sartre yn *L'Être et le Néant* ('Bod a Difod' neu 'Bod a'r Dim', 1943) yn bathu'r termau 'en-soi' a 'pour-soi' i ddynodi dau gategori o fod, yr 'ynddo'i hun' a'r 'erddo'i hun'. Mae'r cyntaf yn dynodi bodolaeth foel, sylfaenol, oddefol gwrthrychau y deuir ar eu traws yn y byd (pethau sydd 'yn bodoli yn unig'); ar y llaw arall, mae'r hyn sy'n bodoli 'erddo'i hun' yn medru trosgynnu'r sefyllfa a ddarparwyd, a thrwy hynny greu natur ac ystyr newydd i'r sefyllfa honno. Yn *Sein und Zeit* ('Bod ac Amser', 1927) ceir gan Martin Heidegger y disgrifiad enwog o'r 'zuhanden' ('parod-wrth-law') a'r 'vorhanden' ('presennol-i'r-llaw'). Y prif wahaniaeth yw bod endidau *zuhanden* yn bodoli o fewn cyd-destun ystyrlon byw a nodweddir gan gynlluniau, pwrpas a *Sorge* (gofal) am y dyfodol: megis ysgrifbin neu forthwyl a ddefnyddir at ddibenion gorchwyl benodol, nid yw endidau *zuhanden* yn wrthrychau moel ond maent yn hytrach yn ymdoddi'n rhan o'r broses o lunio cerdd neu gadair.[18]

Gwelir gwahaniaethau sylfaenol rhwng y safbwyntiau athronyddol hyn yn y ffaith mai ar ddulliau bodolaeth y *goddrych* yn anad dim y mae ffocws Sartre (endid hunanymwybodol yw'r *pour-soi*, sydd yn gweithredu yn ôl ei ryddid) tra mae mwy o ddiddordeb gan Heidegger yn y byd y mae'r bod dynol yn ei gael ei hun ynddo. Gair Heidegger am y bod dynol, neu'r fodolaeth ddynol, yw *Dasein*, sef, yn llythrennol, 'bod yma'. Yn ôl Heidegger, *In-der-Welt-Sein* ('bod-yn-y-byd', neu 'bodoli-yn-y-byd') ydyw prif ddull *Dasein* o fodoli. Hynny yw, mae *Dasein* yn ddibynnol ar ei berthynas â'r byd y caiff ei eni ynddo: mae'n sylfaenol leoledig, mewn lle neu fro, yn ogystal ag mewn amser.[19] A dychwelyd at Martin Buber a'r *Ich-Du*, gwelwn fod meddwl y dyneiddiwr Iddewig yn agosach o lawer yn hyn o beth i eiddo ei gyd-wladwr o 'wrth-ddyneiddiwr'[20] nag ydyw i ddaliadau mwy Cartesaidd Sartre: wrth ymagweddu'n 'dydïol' â'r byd o'i gwmpas, caiff yr hunan ei hunaniaeth fel 'Ich' *o fewn* y berthynas *Ich-Du*: nid yw'r *Ich*, ddim mwy na *Dasein*, yn bodoli'n llawn nes iddo/i fyned i berthynas ystyrlon â'r byd.[21]

Bu'r berthynas rhwng yr hunan a'r arall yn elfen ganolog yn athroniaeth a theori'r ugeinfed ganrif, a mudiadau dirfodol, seico-analytaidd, ffeministaidd, ôl-drefedigaethol, dwfn-ecolegol, eco-feirniadol, etc., yn disgrifio amryw ddulliau o ymagweddu ato/i: gall yr 'arall' hwnnw fod yn un ag 'a' fach (sef, fel arfer, unigolion penodol neu aelodau o grwpiau ethnig neu ddiwylliannol eraill y diffinnir hunaniaeth yn wrthgyferbyniol â nhw) neu, yn ieithwedd Lacan, Žižek ac eraill, yr 'Arall mawr' priflythrennog. Mae'r gair olaf hwn yn gallu cynrychioli cyfundrefnau diwylliannol-syniadaethol sydd yn bodoli cyn yr hunan goddrychol ac y mae'r hunan hwnnw yn dibynnu arnynt am ei fodolaeth. Caiff yr hunan felly ei leoli a'i ddatganoli – yn yr isymwybod, mewn iaith, mewn ideoleg, ym myd natur neu Dduw – ac nid amhosibl dal mai'r un, yn y pen draw, yw pob un o'r lleoliadau datganoledig hyn.[22]

Nid yn yr ugeinfed ganrif y dechreuwyd meddwl: roedd isymwybod, byd natur, iaith, ideoleg a Duw bob un yn bodoli yn y ddeuddegfed ganrif – hyd yn oed os mai enwau eraill a ddefnyddid i drafod rhai ohonynt bryd hynny. Mae'r Mabinogi, yn sicr ddigon, yn waith y mae pwysigrwydd dialog, cyfarfod, adnabod a chymodi yn hollol ganolog iddo. Gofyn yn groyw y cwestiwn 'Pa beth yw dyn?', ac am amryw resymau cynigia'i hun yn fuddiol iawn i drafodaeth o bersbectif meddwl Martin Buber. Nod yr erthygl hon yw dechrau'r drafodaeth honno, er na lwyddir yma i gymryd mwy na cham neu ddau digon petrus ar daith a allai fod yn hir a lliwgar.

*

Yr episod cyntaf oll yn y Mabinogi yw cyfarfod Pwyll, pendefig Dyfed, ag Arawn, brenin Annwn (y byd arall, fe ymddengys), a Pwyll wedi caniatáu i'w helgwn fwyta hydd a ddaliwyd gan gŵn Arawn. Cofiwn i Arawn geryddu Pwyll am ei agwedd anfoesol tuag ato, gan wrthod cyfarch Pwyll yn ôl yr arferion disgwyliedig:

> Ac fel yr oedd [Pwyll] yn llithio ei gŵn, ef a welai farchog yn dyfod yn ôl yr erchwys ar farch erchlas mawr; a chorn canu am ei fwnwgl, a gwisg o frethyn llwytlei amdano yn wisg hela. Ac ar hynny y marchog a ddoeth ato ef, a dywedyd fel hyn wrtho. 'A unben', eb ef, 'mi a wn pwy wyt ti, ac ni chyfarchaf i well it.'[23]

Er nad yw Cymraeg Canol yn gwahaniaethu rhwng y *ti* a *chi* unigol, gwelir yma'r pellter a sefydlir rhwng y ddau unigolyn, ac Arawn – sydd eto'n 'farchog' dienw, heb identiti y tu hwnt i allanolion ei ddillad – yn ymagweddu at Pwyll mewn dull gwybyddol sydd yn nacáu perthynas bersonol. '[M]i a *wn* pwy wyt ti,' meddai, ac nid, er enghraifft, 'rwyf yn dy *adnabod* di'. Unwaith i Pwyll gofio ei foesau, mae'r aralledd oer a fu rhyngddynt yn diflannu; maent yn cyfnewid identiti am flwyddyn, a'r testun yn chwarae'n ystyrlon ar y berthynas rhwng y rhagenwau *mi* a *ti* yn yr araith gan Arawn:

> Mi a wnaf â thi gedymdeithas gadarn. Sef fel y gwnaf, mi a'th roddaf *di i'm lle i* yn Annwfn [...] a'm pryd innau a'm hansawdd arnat ti, hyd na bo na gwas ystafell, na swyddog, na dyn arall o'r a'm canlynwys i erioed, a wyppo na bo *myfi fych ti*.'[24]

Mae Pwyll Pendefig Dyfed ar ôl hynny'n cael ei adnabod fel 'Pwyll Pen Annwn', ac fel mae Patrick K. Ford yn ei nodi, [25] nid cyfeillgarwch yn unig a grëir rhwng Dyfed ac Annwn, ond, a Pwyll ac Arawn yn sefydlu arfer o gyfnewid rhoddion, dyma sicrhau proses barhaol o *gyfathrebu* – o ddialog symbolaidd – rhwng y byd hwn a'r byd arall.

Wedi hyn, mae Pwyll yn cwrdd â Rhiannon. Yn dilyn sawl ymgais aflwyddiannus i ddal i fyny â hi ar geffyl – i'w meddiannu'n wrthrychol – mae Pwyll yn *ei chyfarch hi*, a hithau'n arafu. Unwaith eto, mae'r testun yn arwyddocaol wrth bwysleisio'r weithred o sefydlu perthynas uniongyrchol, ryngbersonol, a'r weithred o ohebu:

> Sefyll, ac aros a wnaeth y forwyn, a gwared y rhan a ddylai fod am ei hwyneb o wisg ei phen, ac atal ei golwg arno, a dechrau ymddiddan ag ef.[26]

Heb enwi ond ambell un o'r llu o episodau eraill sydd yn drwm eu harwyddocâd dialogaidd, tydïol, cofiwn Fendigeidfran, Matholwch a Branwen yn cyfarfod er mwyn creu perthynas gydradd rhwng Ynys Prydain a'r Ynys Werdd; wele Efnisien, y cymeriad seicotig, lled-sgitsoffrenig,[27] yn dangos sgil-effeithiau eithafol peidio ag ymagweddu'n gymodlon a phersonol; dyna'r cysylltiad rhwng diffyg lleferydd a marwolaeth yn achos *zombies* y pair dadeni; pen Bendigeidfran a'i ymgom baradwysaidd yng Ngwales, ac ati, trwy weithredoedd Manawydan o degwch a chyfiawnder, nes cyflwyno'r *pietà* wedi i Gwydion alw Lleu Llaw Gyffes – yr Iesu ynghrog – i lawr o'r pren, drwy ei gyfarch ag englynion.[28] Yn y dechreuad ac yn y diwedd y mae'r gair.

Dehonglwyd y ceinciau (yn enwedig y gyntaf, y drydedd a'r bedwaredd) yn fuddiol iawn fel enghreifftiau o'r *speculum principis* ('drych y tywysog', sef genre a gynigiai ganllawiau ynghylch sut i reoli).[29] Testunau ethegol ydy'r chwedlau yn anad dim: mae pob un yn ymwneud â pherthnasau rhyngbersonol – â chyfathrebu, â'r arall. 'There is,' medd J. K. Bollard, 'no incident or detail which remains isolated or superfluous in the Four Branches. [...] The constant concern of the author [...] is the modes of personal conduct which are necessary for society to survive and progress.'[30] Eto, nid yw cyfeiriad yr adlewyrchiad yn syml: yn debyg i'r modd y gellir gweld yn y deunydd chwedlonol hwn gyngor ymarferol, gellir cyflwyno troad arall i'r cylch hermeniwtig, i gyfleu alegori ysbrydol (*geistlich*). Nid yw natur yr 'arall' yn unffurf, nac yn llwyr eglur bob tro (nid drych syml, na *mimesis* amlwg, a gynigir), a rhaid, wrth ddarllen gyda Buber, gofio na chyfyngir y berthynas *Ich-Du* i gyfarfodydd rhwng 'personau' dynol: 'although it is only within this relationship that personality and the personal really exist, the Thou of I-Thou is not limited to men but may include animals, trees, objects of nature, and God.'[31]

Buddiol fan hyn yw dyfynnu un arall o ddarnau mwyaf arwyddocaol *Ich und Du*, lle disgrifia Buber y profiad o ddod i berthynas nid â dyn ond â choeden. Mae'n cyfleu'n glir y gwahaniaeth rhwng y syllu gwrthrychol, gwyddonol, a'r ymwneud, neu'r adnabod:

> Ich betrachte einen Baum. [...] Ich kann ihn als Bild aufnehmen: starrender Pfeiler im Anprall des Lichts[...] Ich kann ihn als Bewegung verspüren: das flutende Geäder am haftenden und strebenden Kern, Saugen der Wurzeln[...] Ich kann ihn in einer Gattung einreihen und als Exemplar beobachten, auf Bau und Lebensweise. [...] Ich kann seine Diesmaligkeit und Geformtheit so hart überwinden, dass ich ihn nur noch als Ausdruck des Gesetzes erkenne[...] Ich kann ihn zur Zahl, zum reinen Zahlenverhältnis verflüchtigen und verewigen. In all dem bleibt der Baum mein Gegenstand und hat seinen Platz und seine Frist, seine Art und Beschaffenheit. [...] Es kann aber auch geschehen, aus Willen und Gnade in einem,

dass ich, den Baum betrachtend, in die Beziehung zu ihm eingefasst werde, und nun ist er kein Es mehr. [...] Mir begegnet keine Seele des Baums und keine Dryade, sondern er selber.'[32]

[Edrychaf ar goeden. Gallaf ei derbyn fel llun: piler cadarn dan lif y goleuni. Gallaf ei theimlo fel symudiad: y gwythiennau llifol am y craidd cadarn, ymegnïol; sugno'r gwreiddiau. Gallaf ei phriodoli i rywogaeth ac arsyllu arni fel esiampl, gan nodi ei hadeiladwaith a'i ffordd o fyw. Gallaf fod mor ddi-ildio wrth oresgyn ei hunigrywiaeth a'i ffurf nes peidio â'i chydnabod yn ddim ond mynegiant o'r gyfraith. Gallaf ei thoddi, ei gwasgaru a'i thragwyddoli'n rhif, yn berthynas bur rhwng rhifau. Drwy hyn oll erys y goeden yn wrthrych imi, ac mae iddi ei lle a'i chyfnod, ei math a'i chyfansoddiad. Gall hefyd ddigwydd, ac ewyllys a gras yn uno, fy mod i – wrth ystyried y goeden – yn cael fy nwyn i berthynas [*Beziehung*] â hi: nid yw hi bellach yn ddim niwtral [*Es*]. Yr hyn a'm cyferfydd, nid enaid y goeden mohono, na duwies y coed [*Dryade*], ond hyhi ei hun.]

Nid yw'r 'hunan' yn gyson nac yn llwyr derfynedig: os ydyw'r 'hunan' yn 'ddynol', yna mae'r 'dynol' yn cwmpasu cryn dipyn yn fwy na'r 'dyn': mae'n naturiol, yn oruwchnaturiol, yn rheswm ('pwyll'), hudoliaeth, moeseg, ffawd, amser, fflora, ffawna, a thirwedd, a gwelir cymeriadau'r Mabinogi yn tramwyo'r ffiniau hyn drosodd a thro. Yn *Pwyll* mae dyn yn mabwysiadu rhith dyn arall; yn *Manawydan* chwelir y ffin rhwng dyn ac anifail, pryd ymddengys gwraig Llwyd fel llygoden, ac yn *Math* gwelir rhwygo'r ffin hon eto (Gwydion a Gilfaethwy yn cael eu troi'n dri math o anifail, er mwyn paru â'i gilydd), yn ogystal â dileu'r ffin rhwng dyn ac aderyn (Lleu Llaw Gyffes yn troi'n eryr), anifail a ffwng (Gwydion yn creu'r cŵn a'r ceffylau) a dyn a phlanhigyn ac aderyn ill tri yng nghymeriad Blodeuwedd, a gaiff ei chreu o flodau a'i throi'n dylluan. Nac anghofiwn ychwaith i Gwydion rithio milwyr a llongau o ddim byd, fel petai'n ddrych i'r weithred o droi Dyfed yn ddiffeithwch diwylliannol yn *Manawydan*.[33] Mae *Branwen* yn sefyll ar wahân i unhryw batrwm syml: mae'n wir bod Efnisien yn cymryd lle Gwyddel marw, ond esgus mae ef ac nid yw'r ffin genedlaethol yn ffin berthnasol: nid identiti unigolyn, eithr iaith sydd yn symud rhwng rhywogaethau yn y gainc hon, a Branwen yn dysgu'r ddrudwen i ddeall geiriau. Yn y traddodiad sydd yn ymestyn yn ôl o Buber a Heidegger, i gyfeiriad Herder, mae hyn efallai'n fwy o gamp: iaith yw'r byd.[34]

Mae ysgrif ardderchog Catherine McKenna ar *Branwen* yn pwysleisio'r bywyd crai sydd nid yn unig mewn dyn ac anifail, ond hefyd yn y dirwedd: p'un ai'n fetafforaidd ai peidio, mae'n ystyrlon bod y gair Gwyddeleg am gi gwyllt neu flaidd (*faolchú*) yn air Cymraeg am y môr:

> Even before those Irish ships appear over the horizon, Bendigeidfran seems to be in some kind of trouble. In the terms of the text, he is dislocated, seated on a cliff at the very edge of his realm, looking out over turbulent waters – for *gweilgi* is something other, wilder and more alive, than *môr*, has something even of the wolfish about it.[35]

Am resymau tebyg – animistiaeth y dirwedd, a chydymdreiddio iaith a thirwedd – mae Alfred Siewers yn gweld y berthynas fyw hon â'r dirwedd, mewn llenyddiaeth Gymraeg a Gwyddeleg:

> Irish sea texts such as *Tochmarc Étaine* and the *Mabinogi* engaged readers in empathy with nonhuman realms, reflecting communal ascetic ethics and relational land practices resisting a centrally controlled landscape. Such narratives of environmental landscape, however different in context, share a radical intertextuality incorporating topography with story and cultural practice. Gilles Deleuze and Félix Guattari wrote that through experience of a regional 'opening' [h.y., yn ôl Heidegger, lle mae 'byd' yn ymbresenoli] brought by such art, 'The landscape *sees*.'[36]

Awgrymwyd uchod fod gan Buber dipyn i'w gynnig i'r Celtegydd, yn syniadaethol os nad yn ffilolegol, hyd yn oed pe bai'r Celtegydd hwnnw fel arall yn tueddu i'w anwybyddu, a dyma ddechrau troedio'r tir hwnnw. Bernhard Maier yw cyfieithydd diweddaraf y Pedair Cainc i'r Almaeneg, o'r Gymraeg wreiddiol y tro hwn (ac ef hefyd, ar achlysur dathlu 150 mlwyddiant cyfieithu'r 'Mabinogion' gan Charlotte Guest, a ysgrifennodd astudiaeth o naw can mlynedd o gysylltiadau diwylliannol rhwng Cymru a'r Almaen heb grybwyll Buber hyd yn oed mewn troednodyn).[37] Dywed Maier hyn am syniadaeth y Pedair Cainc:

> [Y]r hyn a gyflwyna'r awdur gan fwyaf, wrth iddo roi ffurf newydd i ddeunydd traddodiadol, yw cwestiynau sy'n berthnasol i gyd-fyw dynol. Ar y llaw arall gwelir nad yw problemau eraill a drafodid yn fynych yn y Canol Oesoedd – megis pechod dyn a gras Duw, neu'r berthynas rhwng grym [*Macht*] bydol ac ysbrydol – yn cael chwarae unrhyw rôl yma.[38]

Mae'n wir nad oes yn y Mabinogi lawer o sôn am bechod a gras – nid oes yma ddim traethu diwinyddol echblyg – ac ni welir ychwaith gyfryngu rhwng y bydol a'r ysbrydol os edrychir am yr 'ysbrydol' hwnnw mewn sffêr sydd yn trosgynnu'r materol. Ystyriaethau eraill sydd ar waith: mae'r dwyfol-ysbrydol yn bresennol *yn y byd hwn*, a gall syniadau Buber ynghylch myth, cyfriniaeth, chwedl a llenyddiaeth gyfoethogi ein dealltwriaeth o'r wedd hon ar y straeon. Trown at y syniadau hynny ar ôl gair byr bywgraffyddol.

*

Iddew Almaenig oedd Buber – neu Iddew Pwylaidd, fel y soniai amdano'i hun – a aned yn Fienna ym 1878 cyn symud yn blentyn ifanc i ddinas Bwylaidd Lemburg, a oedd ar y pryd dan rym Awstria. L'viv yw'r ddinas honno bellach, yng ngorllewin Iwcráin, ond ar ddechrau'r ugeinfed ganrif, ac am ganrifoedd cyn hynny, bu'n ganolbwynt i ddysg a diwylliant Iddewon dwyrain Ewrop. Yno cafodd Buber ei fagu yn siarad Pwyleg, Almaeneg a Hebraeg, a than ddylanwad ei dad-cu, 'meistr olaf yr hen Haskalah [yr 'Ymoleuo Iddewig']',[39] daeth yn gyfarwydd â diwinyddiaeth a thraddodiadau Iddewaeth. Yn fwy na dim, efallai, profai Buber yn Lemburg agweddau ar y gymdeithas amlieithog, amlgrefyddol, amlddiwylliannol honno y dadleuai drosti ac y chwiliai amdani drwy gydol ei oes (yn anad dim wrth geisio sicrhau sefydlu gwladwriaeth ddwy genedl yn Israel). Cynrychiolai yn ei berson gyfuniad o holl dueddiadau 'Seioniaeth ddyneiddiol',[40] ac wrth iddynt drafod ei waith ar ôl y rhyfel, dywed Glatzer a Mendes-Flohr amdano: '[h]e did not want to address either Jews or Germans, but to speak only to human beings and of human beings.'[41]

Roedd natur amser yn bwnc llosg yn y cyfnod, o syniadau Hegelaidd-Farcsaidd am gerddediad diymwad – a llinynnol – Hanes, i *Ewige Wiederkunft* ('Dychweliad Tragwyddol') cylchol Nietzsche a syniadau Bergson am *durée*. 'The question of time,' meddai Phil

Huston, 'was the disturbing question at the end of nineteenth century and the beginning of the twentieth century', ac i'r Buber ifanc dyma fater a oedd yn fwy na phos academaidd: roedd ceisio dirnad ystyr 'tragwyddoldeb' a'r 'tragwyddol' yn her a barai iddo ystyried ei ladd ei hun.[42] Esbonia Huston mai drwy ddarllen *Prolegomena zu einer jeden künftigen Metaphysik* Immanuel Kant (1783) y rhyddhawyd Buber rhag parlys ei fyfyrfodau. Darllenai Buber nad oedd rhaid meddwl am amser a gofod fel allanolion deddfol: roeddynt yn hytrach yn greadigaethau dynol:

> Kant [...] exercised an initial calming effect on the young Buber. It was in Kant's *Prolegomena to any Future Metaphysics* that Buber found that he no longer had to ask the question. He learned that space and time are 'formal conditions of our sensory faculty' and 'not real properties that adhere to the things in themselves.' As the question was unanswerable by its nature, Buber felt liberated from it: 'Time was not a sentence hanging over me; it was mine, for it was "ours"'.[43]

Bryd hynny, meddai Buber, wrth iddo sylweddoli dibyniaeth amser, dechreuodd synio am 'gysylltiad posibl rhyngof fi, ddyn, a'r tragwyddol',[44] a dyma, meddai Friedman, ragfynegi gweledigaeth y Buber aeddfed ynghylch Dialog a'r 'Tydi tragwyddol'.[45]

I gystadlu ym meddwl Buber â dylwanwad rhesymegol athronydd amlycaf yr Ymoleuo, deuai llyfr 'i bawb ac i neb' gan Anghrist o iconoclast, sef gwaith mawr Friedrich Nietzsche, *Felly y Llefarodd Zarathustra* (*Also Sprach Zarathustra*, 1883–85).[46] Dyma feddyliwr yr oedd ei weledigaeth yn milwrio yn erbyn rhesymoliaeth Kant, a dylanwadodd Nietzsche ar holl ystod myfyrio Buber, yn enwedig adeg ei gyfnod cynnar, rhamantaidd:

> Nietzsche offered a dynamism and a creative flow of life force that held the young Buber in thrall throughout the period of his earliest writings. [...] For years, a distinctly Nietzschean note sounded forth even in Buber's essays on Judaism, Zionism, and the Jewish Renaissance.[47]

Roedd dechrau'r ganrif yn gyfnod cyffrous yn athronyddol, a gwelwn dyndra ym meddwl Buber sydd yn ymgorffori un o'r pegyniadau amlycaf, rhwng Neo-Kantiaeth a'i gwrthwynebwyr.[48] Nod y mudiadau Neo-Kantaidd oedd osgoi idealaeth ddamcaniaethol a metaffiseg gymhleth, gan roi blaenoriaeth i'r gwyddonol, y rhesymegol a'r gwrthrychol. Ar y llaw arall, roedd syniadau gwrthgyferbyniol yr 'Athroniaeth Newydd' yn blaguro, yn deillio o waith meddylwyr megis Nietzsche. Yn enghreifftio'r tueddiadau hyn, wele Ffenomenoleg Edmund Husserl, neu *Lebensphilosophie* ('Athroniaeth Bywyd') Wilhelm Dilthey, a'u bryd ar flaenoriaethu profiadau byw y bod dynol yn ei amryw weddau, yn hytrach na safbwyntiau rhesymegol, honedig-wrthrychol am y byd.

Fel yr awgrymwyd uchod wrth gyfeirio at Heidegger, roedd Buber yn gyd-deithiwr agos â'r 'Athroniaeth Newydd' hon, a phan fu'n astudio yn Berlin, 1899–1900, dan Georg Simmel, a Wilhelm Dilthey ei hun, datblygodd lawer o'r syniadau perthnasol.[49] Diolch i Dilthey, yn ogystal â mewnoli syniadau pwysig ynghylch amser ac *Erlebnis* (profiad greddfol, byw, sydd i'w wrthgyferbynnu ag *Erfahrung*, profiad ymenyddol, deallusol), daeth Buber ar draws cyfrinwyr mawr y Dadeni megis Nicolas de Cusa, Paracelsus, a Jakob Böhme, y cyfrinydd o Görlitz a ddylanwadodd gymaint ar Morgan Llwyd.[50] Dyma lwybr a arweiniai Buber yn ôl at y gyfriniaeth Iddewig y cawsai gyflwyniad iddi yn Lemburg ei blentyndod, ac roedd dylanwad Dilthey i'w weld yn y ffordd *hermeniwtaidd* y dehonglai Buber y traddodiad hwnnw, fel y gwelwn maes o law.[51]

Mae enw cymdeithas yr ymunodd â hi yn Berlin yn crisialu ei brif weithredoedd – a'i brif ddaliadau yn y degawd a hanner rhwng troad y ganrif a chyhoeddi'r Mabinogi. Roedd *Die neue Gemeinschaft* (y Gymuned Newydd) yn fudiad iwtopaidd-ddyneiddiol a sefydlwyd gan y llenorion naturiolaidd Julius a Heinrich Hart ynghyd â'r anarchydd Gustav Landauer.[52] Roedd yr awydd i geisio agweddau newydd ar gymuned (*Gemeinschaft*) – drwy ailfeddwl am gelfyddyd a gwleidyddiaeth – yn deillio o deimladau Buber mai un rheswm am y gwacter ystyr cyfredol oedd ynysu'r unigolyn. Wrth geisio cymuned newydd, rhaid felly oedd adleoli'r unigolyn, a sefydlu perthynas newydd rhwng unigolion. Hynny yw, a mabwysiadu geirfa ddiweddarach, rhaid oedd symud oddi wrth yr *Ich-Er* tuag at yr *Ich-Du*.

Dyma edefyn, a datblygu awgrym Friedman a ddyfynnir uchod, sydd yn cysylltu ymrwymiad Buber i Seioniaeth â'i ddiddordeb yn y cyfrinwyr modern cynnar, yn union fel mae'n asio ei angerdd Nietzscheaidd â'i ddiddordeb yn y Pedair Cainc. Mae myfyrdodau a gweithgareddau *gwleidyddol* Buber yn llwyr gysylltiedig â'r *diwylliannol*, ac yn hynny o beth fe'i cafodd ei hun yn ymbellhau oddi wrth weledigaeth Theodor Herzl, fel y pwysleisia Mendes-Flohr:

> [W]hile the leadership of the Zionist movement was negotiating with Great Britain for what is now known as the Balfour Declaration, issued in 1917 and hailed as a crowning victory of political Zionism, Buber warned that Zion could only be redeemed through *Kulturpolitik*: 'Palestine can only be built through a life-affirming activity that stems from the spirit and the effect of a Judaism attuned and bound to the spirit.'[53]

Mae'r dyfyniad hwn o Ionawr 1917, ychydig dros ddwy flynedd ar ôl cyhoeddi'r Mabinogi, yn datblygu syniadau a welwyd gan Buber eisoes ym 1903: defnyddiodd eirfa Nietzscheaidd bryd hynny hefyd, i ddisgrifio gwleidyddiaeth Seionaidd ddelfrydol: hynny yw, 'a transvaluation (*Umwertung*) of all aspects of [...] the life of the people to its depths and very foundations'.[54] Cawn ragweld un o brif gasgliadau'r drafodaeth bresennol drwy ddyfynnu Andrew Welsh yn cyfeirio at brif ddadl wleidyddol-ddiwylliannol y Pedair Cainc. Mae'r ddadl hon yn cyrraedd uchafbwynt yng nghymeriad Manawydan, y mae Welsh yn cyfeirio ato yn nheitl ei ysgrif fel 'New Man'. Gwelir yn syth y tebygrwydd rhwng dehongliad Welsh a geiriau Buber, ac er nad oes unrhyw rym ffilolegol i hyn, hoffwn awgrymu fod eto gryn arwyddocâd i'r cyd-ddigwyddiad:

> [A]fter the terrible destruction that takes place in the Second Branch, a new society, or a whole new civilization, needs to be established. But it will not be like the old one, with giant warriors such as Bendigeidfran or violently unpredictable ones such as Efnisien. It is not the warrior Pryderi who frees the land from its spell, but Manawydan, who does it in the process of establishing a new way of life with new values.[55]

Mae 'New Man' Welsh yn cynnig ei ateb ei hun i gwestiwn dyneiddiol Buber, Kant a Waldo, 'Pa beth yw dyn?', a diddorol fan hyn yw cofio barn Saunders Lewis na ellid bod wedi cyfansoddi Mabinogi Manawydan ac eithrio yng nghyfnod Dadeni'r ddeuddegfed ganrif, rhagflaenydd i Ddadeni'r unfed ganrif ar bymtheg a nodweddid hefyd gan flaguro dyneiddiaeth.[56] Dyma Athroniaeth Newydd y Mabinogi, a dyma gnewyllyn fy nadl ynghylch perthnasedd y Mabinogi i athroniaeth Buber. Yn fwy na dim, natur y 'byd arall' yw hynny, neu natur perthynas y byd hwn ag Annwn, a'r ffordd y mae'r Pedair Cainc yn cyflwyno dadl mai *fan hyn* y mae ystyr i'w brofi. Y mae *hwn* yn fyd i'w werthfawrogi a'i berffeithio, er mwyn byw ynddo'r ffordd orau bosibl. Nid yw'r weithred fytholegol-arwrol (y weithred ramantaidd, unigol) yn dda i ddim os difethir felly'r *Gemeinschaft* – y gymuned – a'r posibiliadau diwylliannol. Ym 1914, wrth fynegi'n glir iddo ymwrthod â safbwyntiau cyfriniol negyddol, ceir gan Buber y datganiad hwn ynghylch natur y byd 'go iawn':

> Wirklichkeit ist keine feststehende Verfassung, sondern eine steigerungsfähige Größe. Ihr Grad is funktionell abhängig von der Intensität unseres Erlebens. [...] Wirkliche Welt – das ist offenbare, erkannte Welt.[57]
>
> [Nid yw realiti yn gyflwr sefydlog; mae'n feintiol, a gellir ei helaethu. Mae ei faintioli yn weithredol ddibynnol ar ddwyster ein profiad [*Intensität unseres Erlebens*]. Y byd go iawn: dyma'r byd sydd yn amlwg ac yn hysbys.]

*

Daw'r syniadau gwleidyddol-ddiwylliannol-gymdeithasol hyn ynghyd yn y gwaith a wnaeth Buber ar chwedlau o amryw draddodiadau. Erbyn cyfieithu'r Mabinogi roedd Buber wedi dod yn brif awdurdod ar y traddodiad Hasidig, a gwelir ffrwyth ei ymchwil a'i gasglu – o hen lyfrau ac oddi ar dafod leferydd y werin Iddewig – yn y ddwy gyfrol bwysig a gyhoeddodd ym 1906 a 1908. *Die Legende des Baalschem* oedd yr ail o'r cyfrolau hyn, sef casgliad o straeon yn ymwneud â bywyd Israel ben Elieser, sylfaenydd Hasidiaeth yn y ddeunawfed ganrif a elwid 'Baal Schem Tov' ('Meistr yr Enw Da'). Deunydd yn ymwneud â gor-ŵyr y Baal Schem a gyhoeddwyd yn *Die Geschichten des Rabbi Nachman*.[58] Gwelir yn y rhageiriau i'r gweithiau hyn fynegiant clir o syniadaeth Buber ar y pryd, ac esboniad o bwysigrwydd Hasidiaeth iddo. Wele, er enghraifft, destun 1908:

Die Juden sind vielleicht das einzige Volk, das nie aufgehört hat, Mythos zu erzeugen. Im Anfang ihrer grossen Urkunde ist das reinste aller mythischen Symbole, der Pluralsingular Elohim, und die stolzeste aller mythischen Sagen, die vom Kampfe Jakobs mit dem Elohim. In jener Urzeit entspringt der Strom mythengebärender Kraft, der – vorläufig – im Chassidismus mündet; von dem die Religion Israels zu allen Zeiten sich gefährdet fühlte, von dem aber in Wahrheit die jüdische Religiosität zu allen Zeiten ihr inneres Leben empfing.

Alle positive Religion ruht auf einer ungeheuren Vereinfachung des in Welt und Seele so vielfältig, so wildverschlungen auf uns Eindringenden; sie ist Bändigung, Vergewaltigung der Daseinsfülle. Aller Mythos hingegen ist Ausdruck der Daseinsfülle, ihr Bild, ihr Zeichen; unablässig trinkt er von den stürzenden Quellen des Lebens. [...] Deshalb sieht die Religion im Mythos ihren Erzfeind und bekämpf ihn, wo sie ihn nicht aufzusaugen, ihn sich nicht einzuverleiben vermag.[59]

[Fe allai mai'r Iddewon ydyw'r unig bobl na pheidiasant erioed â chreu myth. Yn nechreuad eu prif lyfr wele'r symbol mythologol puraf oll, yr unigol-luosog Elohim, a'r chwedl fythig ardderchocaf, am frwydr Jacob ag Elohim. Yn y cyn-amser tarddodd ffrwd rymus myth, a llifodd honno – am y tro – i mewn i Hasidiaeth; ym mhob amser mae crefydd Israel wedi teimlo dan fygythiad ganddi, ond y gwir yw mai ganddi hi bob amser y derbyniai crefyddoldeb Iddewig ei fywyd mewnol.

Cynhelir crefydd bositif i gyd gan symleiddiad aruthrol o'r grymoedd lluosog sydd wedi ymglymu'n wyllt am y byd a'r enaid, gan dreiddio i'n byw. Dyma hyweddu cyflawnder bodolaeth a'i dreisio. Ac eto, myth yw mynegiant [*Ausdruck*] y gyflawn fodolaeth honno: ei delwedd, ei harwydd; yn ddi-baid mae'n yfed o ffynnon ymarllwysol bywyd. [...] Mewn myth, o'r herwydd, mae crefydd yn gweld ei archelyn, ac mae'n ymladd ag ef lle na fedr ei feddiannu a'i ymgorffori.]

Aiff Buber ymlaen i ddisgrifio sut y ciliodd myth o grefydd sefydliadol i'r Kabbalah a'r saga werin: am fod y Kabbalah yn perthyn i elît bychan yn unig, yn y saga, meddai, cawsai myth wir ddylanwad ar fodolaeth y bobl, gan lenwi bywyd â 'lliw, golau a melodi gyfrin'.[60] Daeth y cam pwysicaf ar ddechrau'r ddeunawfed ganrif, pan gychwynnodd mudiad Hasidiaeth ymhlith cymunedau cefn gwlad dwyrain Ewrop: dyma fudiad, meddai Buber, a barai 'buro myth' gan 'uno cyfriniaeth a saga yn un ffrwd'.[61] Wrth gloi ei gyflwyniad i *Chwedlau'r Baalschem* mae Buber yn cyflwyno gwahaniaeth pwysig rhwng myth a chwedl, sef nad oes, mewn myth pur, amrywiaeth i fodolaeth ('[i]n dem reinen Mythos gibt es keine Verschiedenheit des Wesens'). Ni chynhwysir mewn myth pur, meddai, yr *Ich* a'r *Du* (y *fi* a'r *ti*): mewn gwrthgyferbyniad, 'myth y Fi a'r Ti yw chwedl, [myth] y terfynedig sydd yn myned i mewn i'r diderfyn, a'r diderfyn y mae arno angen y terfynedig'.[62]

Os yw cynnwys a syniadaeth y Mabinogi mewn sawl ffordd yn gyson ag agweddau pwysig ym meddwl Buber (a dyma syniad a ddatblygwn isod), mae'r chwedlau *qua* chwedlau (a *qua* llenyddiaeth) hefyd o bwys:

> Like the poets of the German classical period, and like many of his own contemporaries, Buber regarded 'poetry' – in the wider German sense of creative writing in general – as 'a natural form of prophesy,' to use the formulation of Johann Georg Hamann. And although the poet-seer Hölderlin remained for Buber an unfulfillable ideal, he felt he had achieved a union of the poetic and religious missions in his hasidic legends. He characterized them as 'poetic works based on traditional motifs but following their own inner laws.'[63]

Yn wir, '[n]id wyf wedi cyfieithu chwedlau Rabbi Nachman,' meddai Buber ym 1906, 'eithr eu hadrodd o'r newydd, â rhyddid llwyr; ac eto, [gwnaed hynny] allan o'i ysbryd yntau fel y mae'n bresennol imi.'[64] Dyma ddatganiad echblyg Ramantaidd, yn gyson â daliadau Buber ar y pryd. Mae Gilya Schmidt yn ychwanegu hyn: '[b]y extracting the essence from the Hasidic tales and reconstructing the legends for his own time, Buber was, in fact, creating a new myth while at the same time transmitting the original myth of the prophets, of Jesus, and of the Hasidim.'[65]

Gwelir yma batrwm o'r hyn ydyw'r Mabinogi: h.y., cynnyrch awdur a oedd yn 'reconstructing the legends' at ddibenion creadigrwydd newydd, perthnasol. Yn hyn o beth mae Buber yn gwneud dau beth wrth gyfieithu'r testunau: fel y gwelwn yn fuan, mae'n cydnabod i raddau (ond i raddau'n unig) y grym hanesyddol sydd yn y chwedlau, ac o bersbectif anffilolegol ac anhanesyddiaethol mae'n eu defnyddio er mwyn dangos beth oedd i'w wneud yn ei ddydd ef.[66] Eto, erbyn cyrraedd 1914, roedd argyhoeddiad ei Ramantiaeth eisoes yn pylu megis ei gyfriniaeth; roedd ei feddwl yn datblygu fel yr awgryma teitl cyfrol Paul Mendes-Flohr, *From Mysticism to Dialogue*,[67] ac roedd yn symud ar hyd ffordd a arweiniai at Foderniaeth. Gwelir egin y symudiad hwn yn y dyfyniad uchod sydd yn gwahaniaethu rhwng 'myth pur' a 'chwedl'.[68]

'To clarify our own understanding of the concept "myth",' meddai Buber, 'we can do no better than to start with Plato's interpretation of this term: a narrative of some divine event described as corporeal reality.'[69] Nid yw Buber yn nodi ffynhonnell y diffiniad hwn, a chan ystyried mor ddyrys yw'r cwestiynau ynghylch y berthynas rhwng *mythos* a *logos* yng ngwaith Plato,[70] haws ei dadogi ar Buber ei hun. Mae'n bwysig iddo nad yw disgrifiadau o ddigwyddiadau *trosgynnol* i'w hystyried yn fythau, a phwysleisia droeon mai anghywir yw'r farn bod mythau yn perthyn i bobloedd polytheistaidd. Bu myth, meddai, yn ganolog i Iddewaeth o gyfnod y Beibl trwy'r Aggadah, y Midrash, a'r Kabbalah hyd Hasidiaeth,[71] a thra ffurfiai'n gyson wrthbwynt i grefydd sefydliadol, nid arhosai byth yn unffurf. '[T]he outward form of myth shifts,' medd Claire E. Sufrin, ond '[t]he most basic meaning of the mythic stage – the accessibility of the divine – remains consistent regardless of how it is expressed.'[72] Hynny yw, ni raid, *ac ni ddylid*, ceisio ffurf 'wreiddiol' y 'myth'. Yn ôl Buber, dyma ladd creadigrwydd:

> To attempt to judge so immense an asset as a people's heritage of myths from the woefully ephemeral viewpoint of 'originality' is a perverted and presumptuous undertaking. [...] This 'for the first time' can be the concern only of a mole's stunted intellect, incapable of discerning the mind's never-ending history with its eternally new creations carved out of the eternally same matter.[73]

Mae'r 'chwedl', felly, drwy iddi gael ei hailadrodd a'i hailgyflwyno, yn *llenyddiaeth* sydd yn cyfleu'r profiad mythig allweddol, sef 'the memory of the meeting between God and man'[74] a hynny ar ffurf dialog rhwng y duwiol a'r dynol sydd yn gydbresennol. Nid yw'r mythig yn 'fytholegol' os unig ystyr hynny yw stori am 'yr hen dduwiau': dyma ddiffiniad marwaidd.

Ar ôl cyflwyno chwedlau'r Hasidim, trodd Buber ei olwg at gyd-destunau diwylliannol eraill: cyhoeddodd ym 1911 gyfrol o chwedlau o Tsieina,[75] ac ym 1914 ailgyhoeddodd, gan ychwanegu nodiadau ac ysgrif, gyfieithiad 1852 Anton Schiefner o'r *Kalevala*.[76] Gwelir yn ei lyfrau nodiadau fod Buber yn astudio chwedlau'r gwledydd Celtaidd wrth iddo weithio ar y *Kalevala* (neu efallai'n fuan wedyn). Mewn un llyfr, ac iddo glawr coch gweddus,[77] mae llyfryddiaeth helaeth o astudiaethau a thestunau; nodiadau ar gymeriadau chwedlonol; a chopi o 'Gân Amairgen', cerdd Wyddeleg chwedlonol wedi ei chyfieithu gan d'Arbois de Jubainville.[78] Ar y tudalennau y copïwyd y gerdd ohonynt mae de Jubainville yn cymharu 'Cân Amairgen' â deunydd yn Llyfr Taliesin, gan gyfeirio at *The Four Ancient Books of Wales*, ac yn wir, y peth nesaf yn llyfr coch Buber yw detholiad o gyfieithiadau Skene.[79] Ar nifer o dudalennau rhydd, ysgrifennodd Buber enw Taliesin mewn sawl rhestr o enwau duwiau a chymeriadau chwedlonol-fytholegol o ddiwylliannau gorllewinol a dwyreiniol:[80] llinyn cyswllt i'r rhain – sydd hefyd yn creu cyswllt â'r *Kalevala* – yw grym creadigol iaith a barddoniaeth.

Anodd dweud i sicrwydd sut yn union y cafodd Buber ei ffordd at y Mabinogi: mae'r llyfr coch yn cynnwys y llyfryddiaeth a ddefnyddiai wrth baratoi'r cyfieithiad, ond er bod y cysylltiadau syniadaethol rhwng y chwedlau Hasidig, y *Kalevala* a'r Mabinogi yn weddol amlwg yng nghyd-destun diddordebau Buber, nid yw'n bosibl profi yn hanesyddol-ffilolegol a gamodd yn syth o'r Ffindir i Gymru, na phwy – os rhywun – a'i cymhellodd. Wedi dweud hynny, mae un cliw diddorol. Yn 1909, ysgrifennodd Gustav Landauer at Fritz Mauthner. 'Ychydig ddyddiau yn ôl,' meddai, 'ysgrifennais chwedl fach; fe'm hysgogwyd gan fotîff chwedlonol Celtaidd, a oedd yn adfeiliedig, anghofiedig.'[81] Y chwedl hon oedd 'Der gelbe Stein' ('Y Garreg Felen'),[82] a'r 'motîff anghofiedig' oedd yr hanesyn ar ddechrau'r Gainc Gyntaf pryd mae Pwyll ac Arawn yn cyfarfod ac yn ffeirio bywydau. Yn ei chyfrol ar Landauer, mae Corinna R. Kaiser yn cyflwyno'r drafodaeth hwyaf hyd yn hyn ar gyfieithiad Buber o'r Mabinogi,[83] ac er nad oes ganddi dystiolaeth bendant i ategu'r syniad mai Landauer a ysgogodd y cyfieithiad, y tebyg yw bod o leiaf ryw gysylltiad: annhebyg iawn, meddai Kaiser, na fyddai Buber yn ymwybodol o waith y cyfaill a edmygai gymaint.[84] Hyfryd fyddai meddwl i Buber gael ei gyflwyno i'r Pedair Cainc (ac felly i'r Pedair Cainc ddod i'r Almaeneg) drwy law yr anarchydd chwyldroadol hwnnw, cyfieithydd Shakespeare ac Eckhardt.

*

Roedd barn Buber ynghylch y deunydd hwn ymhell o flaen ei amser, a hoffwn gyfeirio'n frysiog at ei ymateb i'r cwestiwn penodol ynghylch y deunydd 'mytholegol' honedig yn y chwedlau. Yn ei ragair i'w gyfieithiad, wrth drafod cymeriadau megis teulu Llŷr, y cysylltir eu henwau'n aml â duwiau Gwyddelig (yn enwedig Manawydan fab Llŷr/Mannanán mac Lir), dywed hyn:

> Und stärker noch als die Namen künden die Taten der Helden, die Atmosphäre von heimlicher Macht und Magie, die um sie ist, von ihrer instigen Natur (wobei allerdings zu bedenken ist, dass die keltischen Götter niemals olympisch vom Menschlichen abgehoben waren, sondern ihm immer wesensverwandt und verbunden blieben).[85]
>
> [[M]wy fyth na'r enwau, mae gweithredoedd yr arwyr, a'r awyrgylch o rym [*Macht*] a hud cyfrin sydd o'u cwmpas, yn dangos eu natur flaenorol. (Ac eto rhaid ystyried na fu duwiau'r Celtiaid fyth yn rhai Olympaidd, wedi eu dyrchafu oddi wrth y dynol; yn hytrach, parhaent i fod o natur gytras [â'r dynol], ac yn gysylltiedig â'r natur ddynol honno.)]

Y frawddeg rhwng y cromfachau sy'n bwysig: hyd yn oed os ydyw'r cymeriadau hyn yn dduwiau, duwiau'r byd hwn ydynt: yn y byd hwn y mae'r cyfrin, ac yn wir mae'r safbwynt hwn yn un y mae ei wreiddiau yng nghyfnod Buber yn fyfyriwr yn Berlin. Ysgrifennai ei draethawd PhD ar y cyfrinwyr mawr, Nicolas de Cusa a Jakob Böhme, a gwelwn o'r dyfyniad canlynol gan Schmidt fod y disgrifiad o farn de Cusa, bod Duw yn drosgynnol ond eto ar yr un pryd yn fewnfodol neu'n gynhwynol yn y byd hwn, mor hawdd ei gymhwyso at Annwn:

> Cusa's observation that the soul has the same relationship to the body that God has to the world was immensely useful to Buber because it meant that the world is the body of God. Such a perception allowed Buber to see God as transcending the universe and also being simultaneously immanent in it. Most important, creation reflects the essence of God, for 'every created thing is [...] a finite Infinity, it is God created.'[86]

Y duwiol mewnfodol: yr arallfydol sy'n bodoli o fewn y byd hwn. Gwelir hyn oll yn chwedlau'r Mabinogi. Dyma (os caf eto chwarae ennyd ag etymoleg)[87] union ystyr 'Annwn' – y 'mewn-fyd'.[88] Cofiwn sut y bu Pwyll ac Arawn yn hela'r un tir, a sut y gallai'r naill chwarae rhan ei gilydd heb broblem. Drych i'r byd hwn yw'r byd arall neu, fel arall, y byd hwn yw'r byd arall, o bersbectif arall: mae ef eisoes yn bresennol ynddo, yn botensial, i'w weld drwy ddehongli. Dyma neges a welir o bryd i'w gilydd mewn celfyddyd, yn ogystal ag mewn cyfriniaeth, ond fel yr awgrymwyd uchod sawl tro, erbyn cyfieithu'r Mabinogi, ni fodlonai Buber ar ei Ramantiaeth gynnar nac ar gyfriniaeth yr *unio mystica*. Roedd erbyn 1914 yn dechrau gweld angen creu dialog rhwng y dynol a'r duwiol – yn ôl dull y chwedl – yn hytrach nag uno'r naill yn y llall yn null 'myth pur'.[89]

Gwelir hyn oll – a mwy – yn chwedlau'r Mabinogi, a'u cwestiynu dwys ynghylch hanes, myth ac amser. Ystyrier eto'r berthynas rhwng amser a gofod yn y Pedair Cainc: mae'r ceinciau ar ryw wedd amlwg naratifol yn gydamserol ond eto maent yn arddangos *amseroedd gwahanol*: hynny yw, *gwahanol fathau o amser* a *gwahanol agweddau at hanes*. A defnyddio termau Walter Benjamin, nid yw amser yma yn 'wag' nac yn 'homogenaidd', a chaiff ei lenwi mewn sawl ffordd wahanol wrth symud o'r Gainc Gyntaf i'r olaf. Amser hanesyddol-sanctaidd sydd yn *Pwyll*: trigir yn saith gantref hanesyddol Dyfed, ond trefnir cyfarfodydd a gwleddau yn flynyddol. Ar y llaw arall, amser chwedlonol, cyn-hanesyddol (neu anhanesyddol) sydd yn *Branwen*: dyma amser yr Ynys Prydain led-fytholegol,[90] a Phryderi ac eraill yn ymddangos mewn modd sydd yn dryllio cronoleg naturiol. Wedyn, ac wedi Apocalyps y rhyfel rhwng Prydain ac Iwerddon, symudir o'r Ail Gainc ymlaen yn naratifol ond yn ôl i strwythur y Gainc Gyntaf. Mae amser *Manawydan* yn hanesyddol: anghofiwyd daearyddiaeth a hanesyddiaeth Ynys Prydain, gydag ymddangosiad Lloegr a Chymru, lle llwydda Manawydan i adennill realiti diwylliannol yn Nyfed drwy ymwrthod â gwerthoedd arwrol-fytholegol *Pwyll* a *Branwen*.[91]

Pwysig nodi mai *Branwen* yn unig sydd yn rhoi inni gipolwg echblyg ar dragwyddoldeb, a gwrthodir hyn gan ddadl y straeon: gwrthodir sffêr dragwyddoldeb gan Heilyn ap Gwyn ar sail chwilfrydedd – nodwedd amseryddol, aniwtopaidd – a gwrthodir metaffiseg dragwyddoldeb Blatonaidd gan weddill y straeon sydd wedi eu lleoli'n gadarn mewn amser cronolegol. Diddorol nodi yn y cyd-destun hwn na welir yr un farwolaeth ddynol yn *Pwyll*[92] – ni chlywn am farwolaeth Pwyll ei hun (nac ychwaith am farwolaeth Rhiannon wedyn), ac mae hyd yn oed Hafgan yn diflannu megis rhyw Arthur; dim ond yr hydd a'r cŵn bach sy'n trigo. Does neb fel petai'n heneiddio chwaith, er bod Pryderi'n prifio'n arwrol (deallwn yn *Manawydan* nad yw Rhiannon bellach yn ifanc).

Erbyn diwedd *Manawydan* mae amser a gofod wedi uno, ac yn *Math* am y tro cyntaf mae Cymru ei hun i'w gweld yn un, yn ddaearyddol ac yn amseryddol: mae'r 'aralledd' a ddeuai i fyd Pwyll o'r tu draw i len hud, ac a fodolai ym myd Matholwch a Bendigeidfran yn sgil eu bodoli mewn amser chwedlonol, 'mytholegol', yn perthyn i wead ontolegol y Gymru unedig. Yn *Math*, mae bydoedd rhyfeddol y ceinciau eraill yn cael eu 'normaleiddio', nid drwy wneud y byd yn 'naturiol' ond drwy gyffredinoli presenoldeb hud a lledrith. Yma, mae penderfyniadau'r unigolion hyd yn oed yn fwy sylfaenol: nid agweddau at hanes, traddodiad a systemau moesol sydd dan sylw bellach, ond ymddygiad cywir o fewn y gyfundrefn sydd ohoni.[93] Yn y ddwy gainc olaf hefyd, fel y gwelwyd uchod, mae'r ffin rhwng dyn ac anifail – a dyn a phlanhigyn – yn dod yn bwysig, yn hytrach na'r ffin rhwng 'bydoedd': mae 'mewn-fyd' Annwn yn cael ei fewnoli hyd yr eithaf. (Erys y cwestiwn a yw moesau neu realiti yn profi cynnydd neu welliant rhwng y Drydedd Gainc a'r Bedwaredd.)

*

I gloi, rwyf am wneud un pwynt arall ynghylch hen, hen ddadl sy'n troi o gwmpas efallai'r dyfyniad enwocaf yn hanes beirniadaeth y Mabinogi, sef dyfyniad y mae Buber yn ei drafod yn ei ragair i'r Mabinogi:

> The very first thing that strikes one in reading the 'Mabinogion' is how evidently the medieval story-teller is pillaging an antiquity of which he does not fully possess

> the secret; he is like a peasant building his hut on the site of Halicarnassus or Ephesus; he builds, but what he builds is full of materials of which he knows not the history, or knows by a glimmering tradition merely – stones 'not of this building,' but of an older architecture, greater, cunninger, more majestical.[94]

Gallwn ddyfalu beth fuasai ymateb Buber ym mlwyddyn erthygl W. J. Gruffydd, 'The Mabinogion', a phedair blynedd ar ddeg cyn cyhoeddi *Math fab Mathonwy* ganddo.[95] Amcan prosiect enfawr Gruffydd oedd cyrraedd yn ôl at ffurf 'wreiddiol' y 'fytholeg' hon – ffurf drosgynnol, a fai'n negyddu realiti'r testunau. Gwelir Buber, ar y llaw arall, yn gwrthod symud gyda llif Astudiaethau Celtaidd:

> Und doch trifft Arnolds Gleichnis nicht völlig zu; denn mochten die Schöpfer der Mabinogion der heiligen Gewalt des Mythus halb entfremdet sein, sie standen im Dienst einer andern, die, wo sie wie hier in ihrem reinen, starken Wesen lebt, sich als jener ebenbürtig offenbart: der seligen Gewalt der Dichtung.[96]
>
> [[N]id yw cymhariaeth Arnold yn llwyr gywir. Am y medrai creawdwyr [*Schöpfer*] y Mabinogion eu cadw eu hunain wedi eu hanner dieithrio rhag grym [*Gewalt*] sanctaidd myth, cawsant eu hunain yn gwasanaethu grym arall, a hwnnw – pan ydys, megis fan hyn, yn byw yn ei hanfod cryf, pur – sydd yn ei ddatgelu'i hun yn llawn gyfartal â'r llall. Hynny yw, grym bendigedig [*seligen Gewalt*] llenyddiaeth [*Dichtung*].]

Mae'r ffaith bod *Schöpfer* ('creawdwyr') yn y lluosog yn dangos i Buber ddilyn beirniadaeth yr oes yn hynny o beth. Erbyn heddiw, yn gyson â'r farn gyffredinol, defnyddiai'r unigol. Eto, mae'n air penodol iawn, yn llawn cynodiadau Nietzscheaidd, *übermenschlich*, ac yn dangos, fel gweddill y dyfyniad, fod Buber yn dehongli'r Mabinogi yn ôl ei athroniaeth ei hun. Nid yw'n bwysig yn y pen draw a oedd awdur y Mabinogi yn ymwybodol o draddodiadau hŷn ei ddeunydd, nac a ddeallai bwysigrwydd gynt ei Halicarnasws: prif fyrdwn y *chwedlau* yw eu bod yn *fyth* (yn ystyr Buber), ac yn *llenyddiaeth*. Maent yn caniatáu – ac yn wir yn gorfodi – symud y tu hwnt i ffurfiau pob teml.[97]

1 'Petawn i fel ti. Petaet ti fel fi./ Oni safem ni/ o dan un gwynt masnach?/ Yr ydym yn ddieithriaid.' *Sprachgitter* (1959).

2 Ludwig Mühlhausen (gol.), *Die vier Zweige des Mabinogi* (Haale (Saale): M. Niemeyer, 1925); Ifor Williams (gol.), *Pedeir Keinc y Mabinogi* (Caerdydd: Gwasg Prifysgol Cymru, 1930). Athro Celtaidd ym Mhrifysgol Berlin oedd Mühlhausen; roedd hefyd yn Nazi a ddarlledai bropaganda yn y Wyddeleg ym mlynyddoedd cynnar yr Ail Ryfel Byd: gw. David O'Donoghue, *Hitler's Irish Voices* (Belfast: Beyond the Pale Publications, 1998).

3 Ar ystyr – neu ddiffyg ystyr – y gair 'Mabinogi' (a'r 'Mabinogion' eilradd), gw. Diana Luft, 'The meaning of Mabinogi', *Cambrian Medieval Celtic Studies*, 62 (2013), 57–80.

4 Ar Schulz, gw. Edith Gruber, 'Y Mabinogion yn Almaeneg: Gwaith Albert Schulz ar "faes brwydr" rhwng Rhamantiaeth a Moderniaeth', yn Tudur Hallam ac Angharad Price (goln), *Ysgrifau Beirniadol* 33 (2014), 82–90. Hefyd, eadem, 'King Arthur and the privy councillor: Albert Schulz as a cultural mediator between the literary fields of nineteenth century Wales and Germany' (traethawd PhD anghyhoeddedig, Prifysgol Bangor, 2013).

5 Dylid nodi gyda Jerry Hunter nad oes dystiolaeth lawysgrifol gadarn dros ystyried y 'Pedair Cainc' yn enw ar uned naturiol: er bod yno gyfeiriadau at 'gainc' ac at 'Fabinogi', ni chyfeirir byth yn Llyfr Gwyn Rhydderch na Llyfr Coch Hergest at y straeon a gopiir yno fel 'Pedair Cainc'. 'What Kinds of Windows on Which Ages? Rethinking the Four Branches of the Mabinogi', darlith anghyhoeddedig, Coleg yr Iesu, Rhydychen (19 Rhagfyr 2012). Hoffwn gydnabod fy mod yn ddyledus iawn i Hunter am sawl syniad gwerthfawr, yn enwedig yn y rhannau o'r ysgrif hon sydd yn ymwneud â 'mytholeg'.

6 Bernhard Maier (cyf.), *Das Sagenbuch der walisischen Kelten: Die vier Zweige des Mabinogi* (München: Deutscher Taschenbuch Verlag, 1999).

7 Geiriau Fritz Mauthner yn ei ddyddiadur, a ddyfynnir gan Dominique Bourel, *Martin Buber: Sentinelle de l'humanité* (Paris: Albin Michel, 2015), 139. Cyfieithwyd gennyf o Ffrangeg Bourel; fi biau pob cyfieithiad oni nodir yn wahanol.

8 Joseph Loth, *Les Mabinogion du Livre rouge de Hergest avec les variantes du Livre blanc de Rhydderch* (Paris: Fontemoing, 1913).

9 'In the bibliography to the Mabinogi (p. 292), my first name is misspelt (also in the index p. 611); M. Buber's philologically worthless second-hand version (translated from the French of J. Loth) is given, but B. Maier's fine translation (1999) neglected.' Stefan Zimmer, Adolygiad o Herbert Pilch, *Die keltischen Sprachen und Literaturen*, *Journal of Celtic Linguistics*, 13.1 (2009), 137.

10 Cafwyd yn ddiweddar gan Corinna Kaiser yr unig astudiaeth o unrhyw hyd neu sylwedd ar Buber a'r Mabinogi, ac rwyf fan hyn yn aralleirio ei chrynodeb o'r sefyllfa. Gw. Kaiser, *Gustav Landauer als Schriftsteller: Sprache, Schweigen, Musik* (Berlin: De Gruyter, 2014), 297: 'Eine intensive Beschäftigung mit Bubers Mabinogi-Übertragung wäre durchaus lohnenswert, da diese Arbeit von der Buber-Forschung vernachlässigt wurde, die auf die Übersetzung jüdischer Texte, insbesondere natürlich auf seine mit Franz Rosenzweig geleistete ›Verdeutschung‹ des Tanach und die chassidischen Texte, konzentriert ist. Im Rahmen der hiesigen Untersuchung kann dies jedoch nicht geleistet werden, und es muss sich auf einige knappe Anmerkungen beschränkt werden.'

11 Waldo Williams, 'Brawdoliaeth', *Dail Pren* (Aberystwyth: Gwasg Aberystwyth, 1956).

12 R. M. Jones, 'Y Cyfrinydd Ymarferol', *Cyfriniaeth Gymraeg* (Caerdydd: Gwasg Prifysgol Cymru, 1994), 235.

13 Cyhoeddwyd yn gyntaf yn Hebraeg (1942), ac yna yn Saesneg: 'What is Man?' yn Ronald Gregor Smith (cyf.), *Between Man and Man* (London: Routledge and Kegan Paul, 1947), 118–205. Cafwyd cyfieithiad Almaeneg wedyn: Buber, *Das Problem des Menschen* (München: Schneider, 1954). Mae Buber fan hyn yn cynnig ateb i'r olaf o bedwar cwestiwn enwog Immanuel Kant sydd, yn ôl Kant ei hun, yn cwmpasu holl faes Athroniaeth. Y tri cyntaf, a ofynnir yn *Kritik der reinen Vernunft* ('Beirniadaeth y Rheswm Pur', 1781) yw (1) Beth y gallaf ei wybod? (2) Beth y dylwn ei wneud? (3) Beth y caf obeithio amdano? Ychwanegodd Kant at y rhain, yn y cyflwyniad i'w ddarlithoedd ar resymeg (1800), bedwerydd, sef (4) 'Pa beth yw dyn?'

14 Mae 'What is Man?' yn gyflwyniad da i'r ffordd y lleolai Buber ei feddwl ei hun yng nghyd-destun athroniaeth ei oes.

15 Jean-Paul Sartre, *L'existentialisme est un humanisme* (Paris: Nagel, 1946), 29.

16 Martin Buber, *Ich und Du* (Stuttgart: Reclam, 1995); *I and Thou*, cyf. Ronald Gregor Smith (Edinburgh: T. & T. Clark, 1937). Erbyn hyn, Martin Buber, *I and Thou*, cyf. Walter Kaufmann (New York: Touchstone, 1970).

17 *Ich und Du*, 11–12. Nid yw'r cyfieithiad i'r Gymraeg yn cyfleu cystrawen arwyddocaol yr Almaeneg.

18 Gw. adran 2.2.2, 'Modes of Encounter', yn yr erthygl 'Heiddeger', *Stanford Encyclopedia of Philosophy* <www.plato.stanford.edu/entries/heidegger>.

19 Gw. adran 2.2.3, 'Being-in-the-World', ibid.

20 Ar Heidegger a dyneiddiaeth, gw. ei 'Brief über den Humanismus' (1946, 1947), a ysgrifennodd yn ymateb i *L'existentialisme* Sartre. Ceir cyfieithiad Saesneg, 'Letter on Humanism', yn David Farrell Krell (gol.), *Martin Heidegger: Basic Writings* (London: Routledge, 2010), 141–82.

21 Er i Buber feirniadu Heidegger yn llym yn 'Was ist der Mensch?', mae'n gwneud hyn ar sail cambriodoli athroniaeth orunigolyddol iddo (haws o lawer na beirniadu ei athroniaeth yw beirniadu Heidegger am ei ddaliadau gwleidyddol a'i weithgareddau yn y tridegau a'r pedwardegau). Am drafodaethau sydd yn lleoli syniadau'r ddau feddyliwr yn agosach at ei gilydd, gw., e.e., Leora Batnitzky, 'Renewing the Jewish Past: Buber on History and Truth', *Jewish Studies Quarterly*, 10.4 (2003), 336–50, yn enwedig 341–3; Meike Siegfried, *Abkehr vom Subjekt: Zum Sprachdenken bei Heidegger und Buber* (Freiburg/München: Verlag Karl Alber: 2010). Hefyd, er nad yw'n canolbwyntio ar Buber, mae'r berthynas rhwng athroniaeth 'Almaenig' Heidegger a chyd-destun yr athroniaeth 'Iddewig' yr oedd Buber yn rhan ohoni yn cael sylw manwl gan Peter Gordon, *Rosenzweig and Heidegger: Between Judaism and German Philosophy* (Berkeley: University of California Press, 2003): gw. yn enwedig y cyflwyniad, 1–38, a thrafodaeth Gordon ar *Die Schrift* Rosenzweig a Buber, 237–74.

22 Gwelir maes o law yn yr ysgrif hon gryn gyfeirio at 'Dduw' yng ngwaith Buber, ond nid oes raid darllen y gair hwnnw mewn modd 'crefyddol.' Am drafodaeth ddefnyddiol ynghylch symud i gyfeiriad y duwiol o safbwynt atheistaidd, gw. Richard Kearney, *Anatheism: Returning to God after God* (New York: Columbia University Press, 2011).

23 Ifor Williams (gol.), *Pedeir Keinc y Mabinogi*, 2. Diweddarwyd gennyf.

24 Ibid., 3.

25 Patrick K. Ford, 'Prologomena to a Reading of the *Mabinogi*: "Pwyll" and "Manawydan"', yn C.W. Sullivan III (gol.), *The Mabinogi: A Book of Essays*

(London: Garland Publishing, 1996) [MBO o hyn allan], 197–216; 204. [Cyhoeddwyd yn wreiddiol yn *Studia Celtica*, 16–17 (1981–2), 110–25.]

26 Williams, *Pedeir Keinc y Mabinogi*, 12.

27 Ar sgitsoffrenia Efnisien, gw. Branwen Jarvis, 'Yr Awdur a'i Gymeriadau: Y Portread o Efnisien yn Ail Gainc y Mabinogi', yn Jason Walford Davies (gol.), *Gweledigaethau: Cyfrol Deyrnged yr Athro Gwyn Thomas* (Abertawe: Cyhoeddiadau Barddas, 2007), 61–78.

28 Mae Alfred K. Siewers, *Strange Beauty: Ecocritical Approaches to Early Medieval Landscape* (New York: Palgrave Macmillan, 2009), yn trafod sawl agwedd ddiddorol o'r Mabinogi Cristolegol. Gw. sylwadau yn n. 36 isod.

29 Ar y *speculum principis* yn y Mabinogi, gw. erthyglau Catherine A. McKenna: 'The theme of sovereignty in *Pwyll*', yn MBO, 303–30 [yn wreiddiol yn *Bwletin y Bwrdd Gwybodau Celtaidd*, 29 (1980), 35–52]; 'Learning lordship: the education of Manawydan', yn John Carey et al. (gol.), *A Festschrift for Proinsias Mac Cana* (Andover ac Aberystwyth: Celtic Studies Publications, Inc., 1999), 101–20; 'Revising Math: Kingship in the Fourth Branch of the *Mabinogi*', *Cambrian Medieval Celtic Studies*, 46 (Gaeaf 2003), 95–117.

30 J. K. Bollard, 'The Structure of the Four Branches of the Mabinogi', MBO, 167, 168. [Cyhoeddwyd yn wreiddiol yn *Transactions of the Honourable Society of Cymmrodorion* (1974–5), 250–76.]

31 Maurice S. Friedman, 'Symbol, Myth, and History in the Thought of Martin Buber', *The Journal of Religion'* 34.1 (Ionawr 1954), 1.

32 *Ich und Du*, 7–8. Gw. hefyd *I and Thou*, 58–9. Os yw'r syniad o gyfathrebu â byd natur synhwyrol, cyfathrebol, yn ymddangos yn rhyfedd, gellir ystyried ymhellach y dadleuon a geir mewn cyfrolau megis David Abram, *The Spell of the Sensuous: Perception and Language in a More-than-Human World* (New York: Vintage Books, 1997); Peter Wohlleben, *Das Geheime Leben der Bäume: was sie fühlen, wie sie kommunizieren – die Entdeckung einer verborgenen Welt* (München: Ludwig Verlag, 2015).

33 Gw., ar drawsnewidiadau, Sarah Laratt Keefer, 'The Lost Tale of Dylan in the Fourth Branch of *The Mabinogi*', MBO, 80 *et passim*; noda Keefer mai gwraig Llwyd yw 'the sole true animal metamorphosis in all of the first three Branches' (81). [Cyhoeddwyd yr erthygl yn wreiddiol yn *Studia Celtica*, 24–5 (1898–90), 26–37.]

34 Gw., e.e, Siegfried, *Abkehr vom Subjekt*. Yn berthnasol i lenyddiaeth ganoloesol Gymraeg, gw. y drafodaeth ar iaith yn Heidegger yn Aled Llion Jones, *Darogan: Prophecy, lament and absent heroes in medieval Welsh literature* (Cardiff: University of Wales Press, 2013); e.e., 72 ff.

35 Catherine A. McKenna, 'The Colonization of Myth in *Branwen Ferch Lŷr*', yn J. F. Nagy (gol.), *Myth in Celtic Literatures: CSANA Yearbook 6* (Dublin: Four Courts Press, 2007), 114.

36 Siewers, *Strange Beauty*, 38; dyfynnir o Gilles Deleuze a Félix Guattari, *A Thousand Plateaus: Capitalism and Schizophrenia* (London: The Athlone Press, 2000). Mae gwaith mentrus Siewers yn gwneud defnydd da iawn a ffrwythlon o weithiau theoretig ac athronyddol; mae hefyd yn troedio rhai tiroedd llai ffrwythlon, gan fynnu bod yn y testunau ystyron hynafol, mytholegol, cf. trafodaeth ar ddiwedd yr erthygl hon). Am feirniadaeth ddefnyddiol o waith Siewers o safbwynt arall (sydd eto braidd yn llawdrwm ar ddefnydd Siewers o eirfa dechnegol), gw. adolygiad Barry Lewis: 'Celtic Ecocriticism', *Cambrian Medieval Celtic Studies*, 59 (Haf 2010), 71–81.

37 Bernhard Maier, 'Deutsch-walisische Kulturbeziehungen. Wales und Deutschland: Neun Jahrhunderte kulturellen Austauschs', yn Bernhard Maier a Stefan Zimmer (gol.), *150 Jahre "Mabinogion" – deutsch-walisische Kulturbeziehungen* (Tübingen:

Max Niemeyer Verlag GmbH, 2001), 131–40. Nid Maier yw'r unig un i anwybyddu Buber a'r Mabinogi mewn astudiaeth 'gynhwysfawr': nid oes gan Friedmann air i'w ddweud am y Mabinogi yn ei gofiant, *Encounter on the Narrow Ridge: A Life of Martin Buber* (New York: Paragon House, 1991), a chwta baragraff gweddol gamarweiniol sydd yn y cofiant diweddaraf: Bourel, *Sentinelle de l'humanité* (2014), 196. Gellid lluosogi enghreifftiau: tawelwch yw'r norm.

38 'Wie diese Beispiele zeigen, sind es also vor allem Fragen des menschlichen Zusammenlebens, die den Autor bei der Gestaltung der Überlieferung bewegt haben, wohingegen etwa die im Mittelalter häufig erörterten Probleme menschlicher Sünde und göttlicher Gnade oder des Verhältnisses zwischen geistlicher und weltlicher Macht überhaupt keine Rolle spielen.' Maier, *Das Sagenbuch*, 112–13.

39 Geiriau Buber, wrth gyflwyno i'w dad-cu *Die Geschichten des Rabbi Nachman* [Chwedlau Rabbi Nachman] ym 1906: 'Meinem Großvater Salomon Buber dem letzten Meister der alten Haskala bringe ich dies Werk der Chassidut dar in Ehrfurcht und Liebe.' Ymhlith cyfraniadau diwylliannol pwysig Salomon Buber y mae'r golygiadau safonol cyntaf o'r Midrash.

40 Bourel, *Le Sentinelle de l'humanité*, 145–6.

41 Nahum N. Glatzer a Paul Mendes-Flohr (gol.), *The Letters of Martin Buber: A Life of Dialogue* (NYC: Shocken Books, 1991), 4.

42 Buber, *Das Problem des Menschen*, 38; 'What is Man?', 136.

43 Phil Huston, *Martin Buber's Journey to Presence* (New York: Fordham University Press, 2007), 11. Mae Huston yn dyfynnu 'What is Man?', 136. Diolch i Jason Walford Davies am dynnu fy sylw yn y cyd-destun hwn at linell glo 'Cymru'n Un' gan Waldo Williams yn *Dail Pren*: 'Gobaith fo'n meistr: rhoed Amser inni'n was.' Y mae pwyslais Waldo ar undod a '[ch]ymdogaeth' yn y gerdd hon (ac eraill) hefyd yn arwyddocaol.

44 Buber, 'What is Man?', 136.

45 Maurice Friedman, *Encounter on the Narrow Ridge*, 18.

46 'Ein Buch für Alle und Keinen' ('Llyfr i bawb ac i neb') yw is-deitl *Zarathustra*; cyhoeddodd Nietzsche *Der Antichrist* ['Yr Anghrist' neu 'Y Gwrth-Gristion'] ym 1895. Diddorol nodi yn y cyd-destun hwn y ffaith enwog i Nietzsche lofnodi cyfres o lythyron hwyr fel 'Der Gekreuzigte' ['yr un a groeshoeliwyd']. Ar berthynas Buber â *Zarathustra* Nietzsche, gw. Paul Mendes-Flohr, 'Zarathustra as a Prophet of Jewish Renewal: Nietzsche and the Young Martin Buber', *Revista Portuguesa de Filosofia*, 57.1 (2001), 103–11; idem, 'Zarathustra's Apostle: Martin Buber and the Jewish Renaissance', yn Jacob Golomb (gol.), *Nietzsche and Jewish Culture* (London: Routledge, 1997), 233–41. Hefyd, ar Buber a Nietzsche: Ron Margolin, 'The Implicit Secularism of Martin Buber's Thought', *Israel Studies*, 13.3 (Hydref 2008), 64–88, yn enwedig 69–72; Phil Huston, 'The Becoming God', *Martin Buber's Journey to Presence*, 24–56.

47 *Encounter on the Narrow Ridge*, 18, 19.

48 Ar Neo-Kantiaeth a Bergson (a pherthynas T. H. Parry-Williams â'r syniadau hyn yn yr un cyfnod), gw. trafodaethau diweddar Angharad Price: 'Henri Bergson, T. H. Parry-Williams ac Amser', *Taliesin*, 145 (Gwanwyn 2012), 52–65; *Ffarwél i Freiburg* (Llandysul: Gwasg Gomer, 2013), yn enwedig 115, 130 ff. Mae 'Henri Bergson' ar gael ar-lein: <http://www.cylchgrawntaliesin.co.uk/amser/>. Cyrchwyd 6 Mehefin 2016.

49 Gw., e.e., Jules Simon, 'Dilthey and Simmel: A Reading From/Toward Buber's Philosophy of History', yn Michael Zank (gol.), *New Perspectives on Martin Buber* (Tübingen: Mohr Siebeck, 2006), 127–48.

50 Am fanylion, ar wahân i'r cyfrolau bywgraffyddol eraill y cyfeirir atynt *passim*, gw. Gilya Schmidt, *Martin Buber's Formative Years: from German culture to Jewish renewal, 1897–1909* (Tuscaloosa: University of Alabama Press, 1995); hefyd, Israel

Koren, *The Mystery of the Earth: Mysticism and Hasidism in the Thought of Martin Buber* (Haifa: University of Haifa Press, 2010 [2005]), 31–68.

51 Am drafodaeth, gw. Jon D. Levenson, 'The Hermeneutical Defense of Buber's Hasidism: A Critique and Counterstatement', *Modern Judaism*, 11.3 (Hydref 1991), 297–320.

52 *Martin Buber's Formative Years*, 11 *et passim*.

53 Mendes-Flohr, 'Zarathustra', 113. Dyfynnir cyfieithiad Mendes-Flohr o 'Bericht über den ausserordentlichen Delegiertentag der Zionistischen Vereinigung für Deutschland (25. und 26. Dezember 1916)', *Jüdische Rundschau* (5 Ionawr 1917), 10.

54 'Zionistische Politik' (1903), *Jüdische Bewegung*, cyfres gyntaf, 113. Dyfynnir cyfieithiad Mendes-Flohr, ibid.

55 Andrew Welsh, '*Manawydan fab Llŷr*: Wales, England, and the "New Man"', MBO 135–6. [Cyhoeddwyd yn wreiddiol yn Cyril J. Byrne et al. (gol.), *Celtic Languages and Celtic Peoples* (Halifax, Nova Scotia: St Mary's University, 1989).]

56 Saunders Lewis, 'Manawydan fab Llŷr', yn R. Geraint Gruffydd (gol.), *Meistri'r Canrifoedd* (Caerdydd: Gwasg Prifysgol Cymru, 1973), 19–25.

57 'Mit einem Monisten', yn *Ereignisse und Begegnungen* (Leipzig: Insel-Verlag, 1917), 31–2. Cyfieithiad Saesneg: 'With a Monist', yn Maurice S. Friedman (gol., cyf.), *Pointing the Way: collected essays by Martin Buber* (New York: Schocken Books, 1974), 25–30.

58 Martin Buber, *Die Geschichten des Rabbi Nachman* (Frankfurt am Main: Rütten und Loening, 1906); *Die Legende des Baalschem* (Frankfurt am Main: Rütten und Loening, 1908).

59 *Baalschem*, iii–iv. Newidiasai Buber y testun hwn erbyn argraffiad 1955, ac er iddo honni yn ei Ragair mai newidiadau i arddull yn unig a gyflwynai, cyffredinolir ei safbwynt yn sylweddol: ceir bellach 'Mae'r Iddewon yn bobl...', a hepgorir hefyd y cyfeiriadau at ragoriaethau Llyfr Genesis. Gwelir nifer o newidiadau tebyg eraill yn tystio i gymedroli barn. Testun 1955 yw sail y cyfieithiadau safonol Saesneg a Ffrangeg, ac o'r herwydd caiff union safbwynt Buber ar ddechrau'r ganrif ei gamddehongli'n aml. Mae'r cymedroli hwn yn arwyddocaol yng nghyd-destun y newidiadau eraill yn ei feddwl a drafodir yn yr erthygl hon.

60 'Die Sage lebte wohl im Volke und fühlte dessen Dasein mit Farbe und Wohllaut, mit Lichteswellen und heimlicher Melodie.' *Baalschem*, v.

61 Ibid.

62 'Die Legende is der Mythos des Ich und Du [...] des Endlichen, der ins Unendliche eingeht, und des Unendlichen, der des Endlichen bedarf.' *Baalschem*, vi–iii. Mae Dominique Bourel yn nodi tebygrwydd rhwng barn Buber fan hyn ac eiddo'i gydoeswr, Max Weber: gw. *Sentinelle de l'humanité*, 150.

63 Glatzer a Mendes-Flohr, *The Letters of Martin Buber*, 14–15; ni nodir ffynhonnell y dyfyniad.

64 'Ich habe die Geschichten des Rabbi Nachman nicht übersetzt, sondern ihm nacherzählt, in aller Freiheit, aber aus seinem Geiste, wie er mir gegenwärtig ist.' *Rabbi Nachman*, 1.

65 *Martin Buber's Formative Years*, 116.

66 Anhanesyddol a hermeniwtaidd oedd methodoleg Buber, ac am hynny fe'i beirniadwyd yn llym gan Gershom Scholem: gw. Simon, 'Dilthey and Simmel'; Levenson, 'Hermeneutical Defence'; Mendes-Flohr, 'Zarathustra', yn enwedig 25–8; hefyd, Steven Kepnes, *The Text as Thou: Martin Buber's Dialogical Hermeneutics and Narrative Theology* (Bloomington: Indiana University Press, 1992), pennod 1.

67 *From Mysticism to Dialogue: Martin Buber's Transformation of German Social Thought* (Detroit: Wayne State University Press, 1989).

68 Erbyn 1921 roedd Buber yn gwahaniaethu rhwng 'myth', 'saga' a 'chwedl': gw. *Der grosse Maggid und seine Nachfolge* (Frankfurt am Main: Rütten und Loening, 1922), v ff. Wrth symud o un i'r llall, gwahaniaethir fwyfwy rhwng y dynol a'r duwiol er mwyn caniatáu dialog rhyngddynt. Cf. Maurice S. Friedman, 'Symbol, Myth, and History in the Thought of Martin Buber', *The Journal of Religion*, 34.1 (Ionawr 1954), 1–11; 6.

69 Buber, 'Myth in Judaism', yn Nahum N. Glatzer (gol.), *On Judaism* (New York: Schocken Books, 1996 [1967]), 95–107; 95.

70 Gweler, am drafodaethau buddiol ar y cwestiwn hwn, Catherine Collobert et al. (gol.), *Plato and Myth: Studies on the Use and Status of Platonic Myths* (Leiden: Brill, 2012).

71 Ibid., 96.

72 Claire E. Sufrin, 'On Myth, History, and the Study of Hasidism: Martin Buber and Gershom Scholem', yn James A. Diamond ac Aaron W. Hughes (gol.), *Encountering the Medieval in Modern Jewish Thought* (Leiden: Brill, 2012), 129–51; 142.

73 Buber, 'Myth in Judaism', 97–8.

74 Friedman, 'Symbol, Myth and History', 6.

75 Martin Buber, *Chinesische Geister- und Liebesgeschichten* [Straeon Ysbryd a Chariad o Tsieina] (Frankfurt: Rütten & Loening, 1911).

76 Anton Schiefner (cyf.), *Kalewala, das national-epos der Finnen*. Gyda nodiadau ac ysgrif gan Martin Buber (München: G. Müller, 1914).

77 Llyfrgell Genedlaethol Israel, Martin Buber Archive. Arc. Ms. Var. 350 02 74.

78 Henri d'Arbois de Jubainville, *Le Cycle mythologique Irlandais et la mythologie celtique* (Paris: E. Thorin, 1844), 243 ff.

79 William Forbes Skene, *The Four Ancient Books of Wales* (Edinburgh: Edmonston and Douglas, 1868).

80 Llyfrgell Genedlaethol Israel, Martin Buber Archive. Arc. Ms. Var. 350 02 75.

81 'Vor ein paar Tagen habe ich auch eine kleine Märchengeschichte geschrieben, zu der mich ein keltisches Märchenmotiv, das verwahrlost unter Trümmern lag, anregte.' Dyfynnir yn Corinne Kaiser, *Gustav Landauer als Schrifsteller: Sprache, Schweigen, Music* (Berlin: de Gruyter, 2014), 294.

82 'Der gelbe Stein', *Die Zukunft*, 71 (1910), 323–7; hefyd ar gael yn Walter Fähnders a Hansgeorg Schmidt-Bergmann (gol.), *Die Botschaft der Titanic: Ausgewählte Essays* (Berlin: Kontext, 1994), 179–85.

83 *Gustav Landauer*, 297–9.

84 Ibid., 298–9.

85 Buber, Rhagair i *Die vier Zweige des Mabinogi*, 10–11.

86 Schmidt, *Martin Buber's Formative Years*, 38, yn dyfynnu o draethawd PhD Buber, 'Zur Geschichte des Individuationsproblems (Nicholaus von Cues und Jakob Böhme)', National Library of Jerusalem, Martin Buber Archives, Ms. Var. 350 A/2, 17.

87 Yn ddiweddar, mae Jessica Hemming wedi edrych yn fanwl ar enwau cymeriadau'r Pedair Cainc gan ofyn pa mor 'fytholegol' y gallant fod: 'Ancient Tradition or Authorial Invention?: The 'Mythological' names in the Four Branches', yn Nagy, *Myth in Celtic Literatures*, 83–104. Mae Hemming o'r farn nad yw'n bosibl olrhain unrhyw un ohonynt – ar wahân, efallai, i 'Rhiannon' a 'Teyrnon', i hen fytholeg Gymreig: '[m]ost [appear] to come from common nouns, a few [are] historical, and some [are] quite possibly jokes devised by the author' (83).

88 Gw. Patrick Sims-Williams, 'Some Celtic Otherworld Terms', yn A. T. E. Matonis a Daniel F. Melia (gol.), *Celtic Language, Celtic Culture: A Festschrift for Eric P. Hamp* (Van Nuys: Ford & Baile, 1990), 292–304.

89 Mae dull Buber o gyfieithu'r Mabinogi yn sefyll ar dir canol rhwng chwedlau Hasidig ei gyfnod Rhamantaidd-gyfriniol a chyfieithu uwch-Fodernaidd *Die Schrift*. Nid yw Buber yn newid strwythur na chynnwys y chwedlau Cymraeg fel y'u ceir yng nghyfieithiad Loth, ond mae Corrine Kaiser (*Gustav Landauer*, 298) yn nodi iddo amrywio arddull yr ysgrifennu rhwng y naratif a'r ddialog: mae Buber yn gwneud iaith y naratif yn fwy personol ac agos-atoch. Dyma gysoni ffurf ac arddull â syniadaeth y *Zwiesprache* ('Dialog').

90 Ar Ynys Prydain, gw. Dafydd Glyn Jones, *Gwlad y Brutiau*, Darlith Goffa Henry Lewis 1990 (Abertawe: Prifysgol Cymru Abertawe, 1990). Mae'r ddarlith wedi ei chasglu yn *Agoriad yr Oes* (Talybont: y Lolfa, 2001). Gweler hefyd Rachel Bromwich, *Trioedd Ynys Prydain* (Caerdydd: Gwasg Prifysgol Cymru, 2016 [4ydd argraff.]).

91 Ar y pwynt olaf, gw. Welsh, '*Manawydan fab Llŷr*', 369–82.

92 Sylwa Jeffrey Gantz ar hyn, 'Thematic Structure in the Four Branches of the Mabinogi', MBO, 265. [Yn wreiddiol yn *Medium Aevum*, 47 (1978), 247–54.]

93 Rwy'n ddiolchgar i Jerry Hunter am y syniad hwn.

94 Matthew Arnold, *On the Study of Celtic Literature* (London: J. M. Dent, 1910), 51.

95 W. J. Gruffydd, 'The Mabinogion', *Trafodion Anrhydeddus Gymdeithas y Cymmrodorion* (1912–1913), 14–80; *Math fab Mathonwy: An Inquiry into the Origins and Development of the Fourth Branch of the Mabinogi* (Cardiff: University of Wales Press Board, 1928).

96 Maes o law, gwelir beirniaid y Mabinogi, yn enwedig erbyn y saithdegau a'r wythdegau, yn dod i gasgliadau tebyg; dyma Proinsias Mac Cana: 'However much mythology the Four Branches contains, it is not a mythological document in the primary sense: it is a literary construct which makes use of mythological, and other, materials. Its author is not a mythographer conscientiously recording the traditions of the gods for their own sake, but a gifted writer shaping the shattered remains of a mythology to his own literary ends.' *The Mabinogi* (Cardiff: University of Wales Press, 1992 [1977]), 54 (cf. Welsh, '*Manawydan fab Llŷr*', 126). Y cam pellach na wnaeth Mac Cana oedd gwahaniaethu rhwng mytholeg a myth, er mwyn sylweddoli nad oes yma fytholeg o gwbl, eithr myth. Buber, Rhagair, 12.

97 Hoffwn ddiolch i Jerry Hunter a Jason Walford Davies am sawl sgwrs ac awgrym dros gyfnod hir, ac i Sabine Heinz am drafod Almaeneg Buber. Rwyf yn ddyledus iawn hefyd i'r golygydd, ac i'm tad, Handel Jones.